北京市社会科学界联合会　北京市哲学社会科学规划办公室资助

市场经济、社会治理与和谐发展

北京外国经济学说研究会　编
苏　剑　主编
张冬梅　副主编

中国经济出版社
CHINA ECONOMIC PUBLISHING HOUSE
·北　京·

图书在版编目（CIP）数据

市场经济、社会治理与和谐发展 / 苏剑主编；北京外国经济学说研究会编. -- 北京：中国经济出版社，2023. 12

ISBN 978 - 7 - 5136 - 7583 - 3

Ⅰ. ①市… Ⅱ. ①苏… ②北… Ⅲ. ①中国经济 - 经济发展 - 研究 Ⅳ. ①F124

中国国家版本馆 CIP 数据核字（2023）第 252019 号

责任编辑 严 莉
责任印制 马小宾
封面设计 任燕飞设计室

出版发行 中国经济出版社
印 刷 者 北京科信印刷有限公司
经 销 者 各地新华书店
开　　本 787mm × 1092mm 1/16
印　　张 26
字　　数 517 千字
版　　次 2023 年 12 月第 1 版
印　　次 2023 年 12 月第 1 次
定　　价 128.00 元
广告经营许可证 京西工商广字第 8179 号

中国经济出版社 **网址** www.economyph.com **社址** 北京市东城区安定门外大街 58 号 **邮编** 100011

绪　言

北京外国经济学说研究会（以下简称“研究会”）是一个历史悠久与积淀雄厚的学术团体，对加强西方经济学在中国的传播与应用起到了至关重要的作用。研究会积极开展对外国经济学说的研究，为中国现代化建设与改革开放事业做出了杰出的贡献。

本论文集是在北京市社会科学界联合会（以下简称“北京市社科联”）、北京市哲学社会科学规划办公室（以下简称“市社科规划办”）的资助和指导下，在研究会成员的共同努力下完成的，由研究会会长、北京大学经济学院苏剑教授主编。本论文集的题目《市场经济、社会治理与和谐发展》是该会针对 2022 年北京市社科联、市社科规划办社会组织资助项目申报指南中“学习宣传习近平新时代中国特色社会主义思想相关议题”，结合研究会自身经济学专业特长、准确把握学术前沿与时代需求特点选取的。希望本论文集的出版为研究会会员提供一个相互借鉴、相互学习、交流经验、讨论学术、成果展示的平台，对中国的经济学研究起到一定的推动作用，为推动中国经济问题的理论探索与政策建议提供一些思考与启迪。

在国际环境变幻莫测的复杂背景下，在“十四五”规划承上启下重要的 2022 年，让我们重温党的十九大提出的“建设现代化经济体系”与“加强和创新社会治理”等主题；2035 年我国基本实现社会主义现代化的首要目标，要实现经济实力、科技实力、综合国力大幅跃升，无疑要依赖市场经济，我国社会主义市场经济持续快速发展，推动人民生活水平显著提高；习近平总书记在党的十九大报告中指出要加快完善社会主义市场经济体制，使市场在资源配置中起决定性作用。市场为中国持续注入了生机和动力，激发出人们干事创业的热情，驱动经济社会变革发展。2022 年“两会”最热门的“社会治理”问题，再次强调社会的法治、公正与公民的诚信等为社会主义市场经济提供秩序与信任基础，现代化的社会治理是维护公民根本权利平等与实现国家文明的制度保证。“和谐”对于人类社会的包容发展非常重要，中华文化“和谐”的基本理念，是社会主义现代化国家建设领域的价值诉求，和谐发展是经济社会稳定、持续健康发展的重要保证。在新时代，社会治理与和谐发展更是市场经济高效运行的良好环境基础。

为学习宣传贯彻党的二十大精神，在未来相当长的一个全新时期，我国经济社会发展以推动高质量发展为主题，为加强市场经济、社会治理与和谐发展多层面的价值观培育，加强首都北京在“全国政治中心、文化中心、国际交往中心、科技创新中心”多维度的引领与示范，我们紧紧围绕“市场经济、社会治理与和谐发展”这一主题，精选一些具有重要理论意义与学术价值、具有重要现实意义与应用价值、具有前瞻性与探索性的文章编制成本论文集。本论文集由六篇构成，分别为市场运行、区域协调、创新驱动、社会治理、绿色转型与和谐发展。

“经济基础决定上层建筑”，首都北京作为“四个中心”影响力的基础保障是经济实力，经济实力源自发展市场经济。市场经济一经产生便成为最具效率和活力的经济运行载体，其运行的基础是市场竞争，其理念强调开放竞争的有效性和公平性。市场运行篇就国内外市场经济运行相关议题进行深入探讨，希望能够精准识别我国未来经济的趋势性变化，在稳增长与防风险的权衡下设计和评估我国的宏观经济政策。

党的二十大报告强调了“深入实施区域协调发展战略”。在区域协调篇中，不仅构思了新发展格局下的超大城市建设的思路与方向，探讨数字化转型中韧性城市建设的制度基础、演化机制与现实路径；而且就我国地区差异、社会保障等区域经济协调问题进行深入探索，同时将国内区域协调拓展到中国制造业企业对外投资的国际区域经济协调发展问题。着力解决我国超大特大城市发展问题，为促进实施城市更新行动，打造宜居、韧性、智慧城市献计献策。

邓小平的重要论断“科学技术是第一生产力”，足见科学技术在经济社会发展中的重要作用。在创新驱动篇中，不仅再次强调了这一重要论断，还深入探讨数字技术助力我国技术赶超的理论逻辑与政策取向，以及人工智能对劳动力市场、精神性劳动与就业结构的影响，不断拓展与认识数字时代应用科学技术的广度和深度，大胆尝试以新的理论指导新的实践，紧跟时代步伐，顺应实践发展。

市场经济需要社会治理，现代化的社会治理是维护公平竞争的市场环境基础，且需要与有秩序的经济治理、有规则的政府治理进行良性互动。为加强中国社会主义市场经济的法治建设，社会治理篇紧紧围绕进一步健全共建共治共享的社会治理制度，深入探讨了伦理、社会信用，乃至基层乡村治理等议题，构建中国社会信用体系与乡村振兴长效机制，走向人民主体的共同富裕之路。

党的二十大报告中还指出中国式现代化是人与自然和谐共生的现代化，我们坚持“绿水青山就是金山银山”的理念。在绿色转型篇中侧重了环境规制、能源转型、碳汇测算及绿色信贷政策等议题，实质性推动经济社会发展全面绿色转型，坚持可持续发展，坚定不移走生产发展、生活富裕、生态良好的文明发展道路。

“和谐”体现了国人的生存智慧与社会理想，“发展”是我国实现中长期经济社会发展目标和中华民族伟大复兴的保证，“和谐发展”需要不同事物甚至是对立事物之间相辅相成、互助合作、互促互补、共同发展。在和谐发展篇中还追求国内的城乡和谐、政企和谐及理性经济外交的国际和谐，走和平发展的中国式现代化道路，实现中华民族的伟大复兴，为构建人类命运共同体的世界和谐发展做出贡献。

目 录

第一篇 市场运行

第二篇 区域协调

第三篇　创新驱动

第四篇　社会治理

第五篇　绿色转型

第六篇 和谐发展

/第一篇/

市场运行

本篇由5篇文章构成。

《稳增长与防风险权衡下的宏观政策——宏观政策评价报告2022》总结出2021年中国经济持续恢复、稳中有进，但也面临一定下行压力，需要不断完善与创新宏观调控方式。从“政策目标设定的合理性”“政策整体效果”“政策力度”“政策传导效率”“政策空间”“预期管理”和“政策协调性”七大维度对2021年中国宏观政策及其效果进行系统评价；为助力2022年宏观政策更好地稳定宏观经济大盘，保持经济运行在合理区间，宏观调控改善的空间包括：一是货币政策与财政政策的力度应有所加大，从而更好地熨平负向的产出缺口与潜在的增速缺口；二是宏观政策的传导效率需进一步提升，从而促使宏观政策“稳健有效”；三是在实施中国特色预期管理的同时，可进一步加强货币政策预期管理；四是宏观政策协调性有待加强，要实现宏观政策“三策合一”，从而更好地应对经济的“三重压力”。

《中国经济的三个趋势性变化：原因与对策》总结了近年来中国经济出现了三个趋势性变化：一是中国经济内向化趋势；二是消费取代资本形成成为拉动中国经济增长的主力马车；三是消费率偏低并且呈下降趋势。中国经济内向化趋势主要是国内经济结构升级和国际经济关系大变局共同作用形成的，其中，2012年以来中国经济中的第三产业占比持续超过第二产业，是中国经济内向化的主要国内原因。中国消费率和居民消费率偏低且呈波浪式下降的趋势，主要是收入分配差距过大造成的。从劳动者自身来看，受教育年限低，自雇而没有正式、稳定的工作是低收入群体的主要特征。这就提示我们，实施促进共同富裕的发展战略势在必行。要促进共同富裕，需要实现“三个共同”，即共同提高、共同奋斗和共同发展。

《如何理解债券市场的风险?》从不同角度对债券市场的风险进行了深入探索。中国经济正在面临发展模式和增长方式的结构革命性剧变，一方面，以投资拉动和人口红利推动为主要特征的效率优先模式已经走向式微，房地产预期已经改变，城投面临巨大的转型压力；另一方面，主动迎接全球气候变化的挑战，我国正在以壮士断腕的勇气自我革命，主动加快“碳中和”进程，经济能源结构正在酝酿翻天覆地的革命性巨变。重大结构革命正在引发全方位的行业调整，金融资源先行对推动低碳转型显得越发重要和紧迫，相关行业内的微观主体的经营风险将加大，相应的债券市场局部系统性违约风险隐患将进一步扩大化、显性化。

《世界向何处去——从工业化历史和发展角度看世界走向》试图从18世纪以来各国相继实现工业化的历史角度考察21世纪20年代的世界政治经济发展走向。特朗普时代到拜登时代均在组团围堵中国。在美国的打压下，中国率先走出疫情，实现了经济社会教育科技稳步增长和发展。在这种情况下，中国乃至整个世界不免担忧世界的未来走向。本文从历史发展角度判定，今天的世界依然处于工业化、信息化时代，实现工业化和信息化依然是各国人民脱贫致富的主要手段；“喀布尔时刻”的出现意味着再强大的国家也很难征服组织起来的弱小民族和国家。然而今天的世界依然为大国政治所左右。由于核武器的极端性以及世界主要大国的持续稳定发展，和平与发展依然是可预见未来的世界主题；美欧日等发达国家（或地区）国民过着高质量的物质生活，广大发展中国家的处于贫困状态的弱势群体迫切需要摆脱贫困，拥有教育、医疗、交通、通信、电力、能源等国家基础设施，这是世界经济增长的主要动力。

《“双循环”新格局下中国对外直接投资可持续发展研究》指出随着改革开放的深入，我国对外直接投资规模不断扩大、结构不断优化。目前，我国进入了新发展阶段，审时度势提出“加快构建以国内大循环为主体、国内国际双循环相互促进的新发展格局”。随着世界经济发展和环境保护思潮的兴起，世界各国更加关注可持续发展问题。受多种因素的影响，中国对外直接投资正遭遇如下可持续发展困局：部分海外投资企业环保意识淡薄，环保投入严重不足；中国对外直接投资分布不均衡，部分投资容易引致环境问题；我国绿色金融发展相对滞后，海外项目环境信贷监管有待提高。我们应该采取切实有效措施，积极践行“碳达峰”和“碳中和”的“双碳”环保目标，与东道国一道进行绿色投资、绿色建设、绿色生产、绿色运营和绿色创新，积极践行《对外投资合作建设项目生态环境保护指南》；大力发展跨国绿色投融资，构建绿色金融硬性约束机制；加强“双循环”的有效协调，促进对外直接投资可持续发展。

稳增长与防风险权衡下的宏观政策[①]

——宏观政策评价报告2022

陈彦斌[②] 陈小亮[③] 刘哲希[④]

摘 要：2021年中国经济持续恢复、稳中有进，但也面临一定下行压力，需要不断完善与创新宏观调控方式，从而保证经济平稳运行。本文从“政策目标设定的合理性”“政策整体效果”“政策力度”“政策传导效率”“政策空间”“预期管理”“宏观政策协调性”七大维度对2021年中国宏观政策及其效果进行系统评价。总体来看，2021年中国宏观调控的目标设定合理，而且通过跨周期调节与逆周期调节的有机结合，既保证了政策空间的充裕度，又在经济稳定与金融稳定方面取得了较好成绩。不过，宏观调控也存在一定的改善空间：一是货币政策与财政政策的力度应有所加大，从而更好地熨平负向的产出缺口与潜在增速缺口；二是宏观政策的传导效率需进一步提升，从而促使宏观政策“稳健有效”；三是在实施中国特色预期管理的同时，可进一步加强货币政策预期管理；四是宏观政策协调性有待加强，要实现宏观政策“三策合一”，从而更好地应对经济的“三重压力”。这些举措将有助于2022年宏观政策更好地稳定宏观经济大盘，保持经济运行在合理区间。

关键词：宏观政策评价；经济稳定；金融稳定；宏观政策“三策合一”

宏观经济政策（简称宏观政策）对于一国的经济稳定和金融稳定至关重要，尤其是在百年变局加速演进、外部环境更趋复杂严峻和不确定的背景下，宏观政策的重要性更加突出。在此背景下，对宏观政策进行系统性评价，既有重要的现实意义，也有重要的理论意义。就现实意义而言，宏观政策评价有助于提高宏观调控效率，推动中国经济高质量发

---

① 本文为中国宏观经济论坛“宏观政策评价课题组”的研究成果，课题组组长为陈彦斌，课题组主要成员包括陈小亮、刘哲希、陈伟泽、郭豫媚、王兆瑞、谭涵予、姚一旻、韩少华、刘玲君等。国家自然科学基金专项项目“中国特色宏观调控理论研究：规律总结、理论构建与实践应用”（项目编号：72141306）。本文首发于《经济学动态》2022年第1期。

② 陈彦斌，中国人民大学经济学院。

③ 陈小亮，中国社会科学院经济研究所。

④ 刘哲希（通讯作者），对外经济贸易大学国际经济贸易学院。

展，从而顺利实现第二个百年奋斗目标。就理论意义而言，宏观政策评价有助于将中国特色宏观调控的成功实践经验理论化，助力构建和完善中国经济学理论体系。《中华人民共和国国民经济和社会发展第十四个五年规划和2035年远景目标纲要》明确提出，要“健全宏观经济政策评估评价制度”，将宏观政策评价的重要性提升到了新的高度。

本文将在“大宏观”和宏观政策“三策合一”视角下，结合宏观经济理论与中国国情，从“政策目标设定的合理性”“政策整体效果”“政策力度”“政策传导效率”“政策空间”“预期管理”“宏观政策协调性”七大维度对2021年的宏观政策操作及其效果进行系统评价。[①] 与以往年度的《宏观政策评价报告》相比，本文主要有两方面创新：第一，突破既有宏观政策理论的局限性，使用宏观政策“三策合一”新理论框架对宏观政策进行评价。宏观政策“三策合一”新理论将稳定政策、增长政策与结构政策纳入统一框架，突破了以新凯恩斯主义为代表的主流宏观调控理论主要聚焦于稳定政策的局限。从宏观政策“三策合一”的新理论视角，既能更好地发现中国宏观调控有待完善之处，也能进一步创新与完善宏观经济治理，促进中国经济更好地实现高质量发展。第二，结合宏观政策理论与中国现实情况，系统测算了宏观政策力度指数和效率指数等政策指数，从而能够更完整、更系统地反映宏观调控运行情况。往年宏观政策评价报告对于宏观政策力度的评价，主要是基于对M2、社会融资规模、赤字率与财政支出等关键指标的分析。仅依据这些指标对宏观政策进行评价还不够全面与完善。鉴于此，本文系统测算了宏观政策的力度指数和效率指数，这既是对已有研究的重要拓展与补充，也是相比往年评价报告的重要创新。

一、政策目标设定的合理性评价

宏观政策的目标不是越多越好，更不能等价于国家治理目标。国家治理目标一般包含经济发展、制度建设、社会稳定与环境治理等多个维度，较宏观政策目标更为宽泛。宏观政策的核心目标是实现经济稳定和金融稳定。就经济稳定目标而言，主要是设定经济增速、失业率与价格总水平的目标，并予以实现。就金融稳定目标而言，主要是保证金融体系的稳定运行，防控金融风险，守住不发生系统性金融风险的底线。本文基于2021年《政府工作报告》设定的宏观政策目标，对目标设定的合理性进行评价。

---

① 《宏观政策评价报告》所构建的七大维度评价体系涵盖了对宏观政策的事前评价、事中评价与事后评价的完整链条，是一个较为完善的评价体系。具体而言，“政策目标设定的合理性”是对宏观政策目标制定合理性的事前评价，“政策整体效果”是对宏观政策最终效果的事后评价，而“政策力度”“政策传导效率”“政策空间”“预期管理”“宏观政策协调性”则是对宏观政策实践过程中影响最终政策效果的重要因素进行评价，即事中评价。

（一）2021 年 GDP 增速目标设定在 6% 以上，体现了高质量发展阶段不再追求过快增速的理念，目标设定合理

2020 年中国 GDP 增速在新冠疫情的冲击下降至 2.2%①，形成了低基数效应，这会相应地抬高 2021 年 GDP 增速。国际货币基金组织（IMF）等机构在 2021 年年初均预测 2021 年中国 GDP 增速将达到 8% 以上。然而，中国并没有将 2021 年 GDP 增速目标设定在过高水平，而是设定在 6% 以上。这是因为中国经济不仅要实现一定的经济增长速度，更要实现经济增长质量的提升。没有设定过高的 GDP 增速目标，有利于为改革创新与经济结构转型等工作留下空间。将 6% 作为 GDP 增速目标的下限，是基于底线思维的考量。客观来看，受新冠疫情与全球经济不确定性加剧等因素影响，2021 年中国经济增长仍存在不确定性。根据笔者测算，2021 年中国经济潜在增速为 6% 左右（消除疫情带来的基期效应之后，2020 年和 2021 年两年平均增速为 5.3%），因此将 6% 作为 2021 年 GDP 增速的底线较为合理。

（二）城镇调查失业率目标值下调 0.5 个百分点至 5.5% 左右，体现了高质量发展阶段对“稳就业”目标的重视，具有必要性

与 2020 年相比，2021 年城镇新增就业目标由 900 万人以上提高至 1100 万人以上，城镇调查失业率目标由 6% 左右下调至 5.5% 左右。在经济增速目标提高的情况下，就业目标相应提高，体现了宏观政策对“稳就业”的重视。同时，2021 年就业目标发生的一个突出变化是只设定了城镇调查失业率的目标值，不再设定城镇登记失业率目标值。城镇登记失业率的目标值自 2005 年以来一直作为《政府工作报告》发布的重要目标值之一。不过，囿于统计方式与统计范围等方面的局限性，该指标难以准确反映就业的实际情况。城镇调查失业率可以弥补城镇登记失业率存在的不足，更真实地反映失业情况。2018 年的《政府工作报告》首次增设城镇调查失业率目标值，与城镇登记失业率目标值同时发布。2021 年的《政府工作报告》不再公布城镇登记失业率目标值，只公布城镇调查失业率的目标值，这有助于提高就业目标的准确性与合理性。

（三）CPI 涨幅目标值下调至 3% 左右，较为合理，主要是考虑到食品价格回落的因素

2021 年《政府工作报告》将 CPI 的涨幅目标值设定在 3% 左右，低于 2020 年 0.5 个

---

① 如无特别说明，本文所使用的数据全部来自国家统计局、财政部和中国人民银行官方网站。

百分点。从理论上看，CPI 涨幅目标应与 GDP 增速目标和就业目标保持一致。但是，在 GDP 增速目标和就业目标较 2020 年有所提升的情况下，CPI 涨幅目标反而低于 2020 年，这主要是考虑到食品价格回落的影响。从实际情况来看，2021 年食品价格同比下跌 1.4%，这也导致 CPI 同比涨幅仅为 0.9%。因此，年初下调 CPI 涨幅目标值具有一定的合理性。不过，对于宏观政策目标而言，更应该关注的是剔除食品和能源价格的核心 CPI。这是因为食品价格与能源价格容易受到季节性与随机性因素干扰而具有较强的波动性，这不仅容易扰乱公众的通胀预期，还可能会误导宏观政策的制定。相比之下，核心 CPI 的运行较为稳定，能够更准确地反映经济运行态势。因此，对于食品价格以及能源价格，宏观政策应予以密切关注但不能作为其主要调控目标，而要依靠产业政策与社会政策等其他政策加以调控。宏观政策在价格总水平方面，应明确设定核心 CPI 的量化目标。

（四）继续高度重视金融稳定，强调要“处理好恢复经济与防范风险的关系”，具有较大的必要性

金融稳定的核心是防控金融风险，保证金融体系的稳定运行，守住不发生系统性金融风险的底线。近年来，中国对于金融稳定的重视程度不断提高。2021 年《政府工作报告》进一步提出了“处理好恢复经济与防范风险的关系”与“坚决守住不发生系统性风险的底线”的总体要求。具体来看，《政府工作报告》在金融风险防控方面重点提及以下几个方面：第一，“保持宏观杠杆率稳定”。受新冠疫情影响，2020 年年末，中国宏观杠杆率攀升至 270.1% 的高位，宏观杠杆率攀升过快不仅会加大偿债压力从而抑制经济增长，还容易触发系统性金融风险。因此，“保持宏观杠杆率稳定”是防控金融风险的重要内容。第二，“保持人民币汇率在合理均衡水平上的基本稳定”。中国作为发展中大国，在国际环境不确定性增加的情况下，需要防范汇率的大幅波动与资本的异常流动。第三，“强化金融控股公司和金融科技监管，确保金融创新在审慎监管的前提下进行”，以防不当的金融创新风险对金融体系与宏观经济造成冲击。

二、政策整体效果评价

评价宏观政策的整体效果，主要是分析宏观政策追求的核心目标是否实现。宏观经济理论表明，宏观政策的核心目标是实现经济稳定和金融稳定。2021 年中国宏观政策同样高度重视经济稳定与金融稳定两大目标，2020 年年末召开的中央经济工作会议在部署宏观政策任务时明确提出要“处理好恢复经济和防范风险关系”。基于此，本文将从经济稳定和金融稳定两个方面对 2021 年宏观政策的整体效果进行系统分析和评价。

（一）经济稳定情况分析

2021 年中国经济呈现稳中向好的恢复态势，全年 GDP 增速达到 8.1%，从全球范围来看，这一增速水平继续领先于大多数主要经济体。根据 IMF 发布的数据，2021 年全球经济增速为 5.9%。就发达经济体而言，美国为 6.0%、欧元区为 5.2%、英国为 7.2%、日本为 1.6%。就发展中经济体而言，印度的经济增速虽然达到了 9.0%，但这一增速是在 2020 年增速仅为 -7.3% 的情况下实现的，俄罗斯为 4.5%，巴西为 4.7%。2021 年年底召开的中央经济工作会议对 2021 年的经济工作也给予了高度评价与充分肯定，指出“我国经济发展和疫情防控保持全球领先地位”，“构建新发展格局迈出新步伐，高质量发展取得新成效”。

要想更为全面准确地评价经济稳定的情况，一个重要的参考指标是产出缺口。如果产出缺口显著为正，表明经济相对过热。反之，如果产出缺口显著为负，则表明经济面临下行压力。从跨周期调节的视角来看，宏观政策并非一定要使产出缺口保持为零，但测算产出缺口有助于评估经济稳定情况。在此基础上，陈彦斌和陈伟泽（2021）指出，不仅实际增速会偏离潜在增速进而形成产出缺口，而且潜在增速也会偏离其本身的合理水平进而形成潜在增速缺口。负向的潜在增速缺口也是经济下行压力的突出体现。因此，本文以产出缺口与潜在增速缺口为主要评价依据，同时结合总需求、价格总水平与微观主体效益等方面的情况，对经济稳定目标的实现状况进行评价。总体而言，2021 年宏观政策在经济稳定方面取得了较好成效，实现了年初制定的各项主要目标。不过，2021 年下半年中国经济下行压力有所加大，宏观政策在经济稳定方面的成效不显著，有待进一步提升，以更好地应对“三重压力”。

1. 从产出缺口与潜在增速缺口来看，受 2021 年下半年经济下行压力加大的影响，2021 年产出缺口与潜在增速缺口双双为负，反映出中国经济发展面临“三重压力”

2021 年上半年，中国经济逐步摆脱新冠疫情的影响，且稳步恢复。然而，受世界经济恢复势头放缓、国际大宗商品价格高位运行等多重因素的影响，2021 年下半年中国经济面临的下行压力有所增大。2021 年年底的中央经济工作会议明确强调“在充分肯定成绩的同时，必须看到我国经济发展面临需求收缩、供给冲击、预期转弱三重压力”。“三重压力”突出表现为中国经济所面临的产出缺口与潜在增速缺口双双为负的局面。在产出缺口方面，2021 年上半年随着中国经济的稳步恢复，产出缺口回归至零附近，但前三季度中国经济的产出缺口再次转负（实际增速与潜在增速均采取两年平均值，消除疫情带来的基期效应），由上半年的 0 左右转为 -0.1% 左右，全年的产出缺口进一步扩大为 -0.2%。在潜在增速缺口方面①，

① 潜在增速缺口等于潜在增速与潜在增速合理水平的差值，采用基于经济波动频域识别的 BP 滤波法测算得到，具体请参见陈彦斌和陈伟泽（2021）的方法。

受“供给冲击”等因素的影响，2021 年中国经济的潜在增速缺口为 -0.12%。2021 年的潜在增速缺口比疫情冲击下的 2020 年有所收窄，但依然比疫情之前的 2016—2019 年有所扩大，同样反映出“经济恢复仍不稳固、不均衡”的情况。详见图 1。

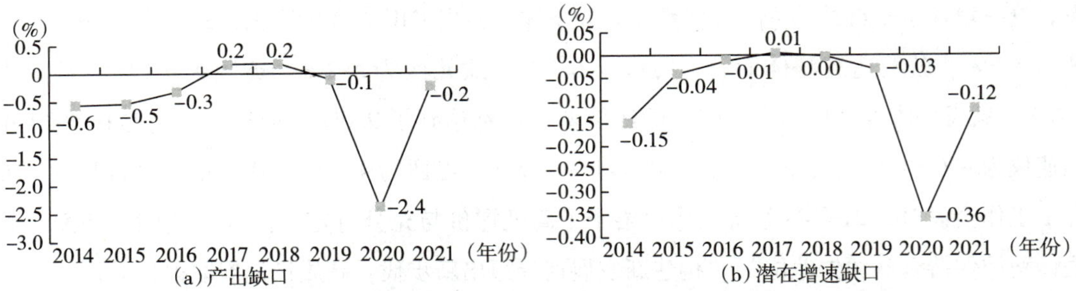

图 1 2014—2021 年产出缺口和潜在增速缺口的变化情况

资料来源：笔者测算得到。

2. 从总需求来看，出口需求增长较快，但消费与投资需求较为疲软，导致“需求收缩”

2021 年，中国经济三大需求的表现明显不同，其中出口总额累计增速达到 21.2%，两年平均增速达到 12.3%。出口总额的较快增长既与全球经济恢复等因素有关，也与国际大宗商品价格上涨等价格因素有关。相比之下，消费与投资两大内需较为疲软。在消费方面，社会消费品零售总额同比增长 12.5%，两年平均增速仅为 3.9%。全国居民人均消费支出同比实际增长 12.6%，两年平均实际增速为 4.0%，显著低于人均 GDP 增速。在投资方面，全国固定资产投资累计同比增长 4.9%，两年平均增速为 3.9%，同样处于偏低水平。其中，基础设施投资仅同比增长 0.4%，两年平均增速为 0.6%。房地产开发投资增速的回落势头也较为明显，2021 年 1—6 月，房地产开发投资累计额的两年平均增速为 8.2%，而全年增速的两年平均增速已降至 5.7%。

3. 从价格总水平来看，CPI 与 PPI 呈现结构性分化态势，反映经济同时面临“供给冲击”与“需求收缩”的冲击

2021 年 CPI 与 PPI 呈现明显的结构性分化走势。一方面，CPI 同比涨幅持续较为低迷，仅为 0.9%，核心 CPI 涨幅仅为 0.8%，均处于近年来的较低水平。另一方面，PPI 同比涨幅显著扩大，达到 8.1%，其中 10 月 PPI 同比涨幅更是达到 13.5%，创下了该指标自 1993 年有统计数据以来的最高点。CPI 与核心 CPI 衡量的是消费领域的物价水平，主要反映下游需求端情况。PPI 衡量的是生产领域的物价水平，主要反映上游生产端情况。PPI 持续走高而 CPI 较低的“剪刀差”走势，意味着企业部门既面临上游成本抬升的“供给冲击”，又面临“需求收缩”情况下销售价格难以提升的困境，对经济增长产生了较为显著

的抑制作用。

4. 从微观主体效益来看，中低收入群体的收入增速恢复偏缓，企业盈利状况分化明显，是“预期转弱”的重要原因

在居民收入方面，2021 年全国居民人均可支配收入同比实际增长 8.1%，两年平均实际增长 5.1%，与人均 GDP 增速基本同步。但是，中低收入群体的收入增速恢复偏缓，突出表现为居民人均可支配收入中位数增速偏低。2021 年全国居民人均可支配收入中位数同比名义增长 8.8%，低于人均可支配收入同比名义增速 0.3 个百分点。中低收入群体收入增速偏低既是当前消费需求较为疲软的直接原因，也是居民“预期转弱”的主要原因。在企业效益方面，2021 年全国规模以上工业企业实现利润总额同比增长 34.3%，两年平均增长 18.2%。虽然企业利润总额快速增长，但分化情况明显。一方面，不同行业的利润存在明显分化。受 PPI 大幅上涨的推动，钢铁、有色金属等上游行业利润迅猛增长，电力、热力、燃气及水生产和供应业以及汽车等下游制造业的利润较为低迷。另一方面，不同类型企业的利润也存在明显分化。2021 年，国有控股企业利润总额同比增长 56.0%，显著高于民营企业（27.6%）。而且，2021 年民营企业亏损数量同比增长 5.4%。在上游成本大幅攀升的情况下，下游行业的企业尤其是一些民营企业盈利状况反而有所恶化，容易导致企业“预期转弱”。

（二）金融稳定情况分析

实现金融稳定的核心目的是使金融体系拥有足够的稳健性，从而能够抵御经济和金融环境变化所带来的不可预期冲击，从而更好地保证经济平稳运行。可以将威胁金融稳定的风险点概括为五类：外汇风险、不当的金融创新风险、资产价格大幅波动风险、金融体系信用风险和流动性风险、高债务风险。本文将基于上述风险情况对 2021 年中国金融稳定情况进行评估。

1. 2021 年部分金融风险得到有效控制，系统性金融风险水平整体改善

2021 年，面对复杂多变的经济形势，中国在金融风险防控方面仍然取得显著成效，系统性金融风险水平整体得到改善，表现为以下几个方面：

一是宏观杠杆率稳中有降，高债务风险得到一定控制。各类金融危机的教训表明，高杠杆不仅会显著地抑制经济增长，而且容易触发系统性金融危机，是必须防控的金融风险。在 2008 年全球金融危机之后的 10 余年中，中国的宏观杠杆率持续攀升，而且中国是这一时期宏观杠杆率上升最快的主要经济体。2021 年，中国宏观杠杆率过快攀升的势头得到有效遏制，国家资产负债表研究中心（CNBS）的数据显示，截至 2021 年第三季度末，

中国的宏观杠杆率为264.8%，比2020年同期下降了6.4个百分点。

二是人民币汇率稳中有升，外汇储备保持稳定，外汇风险总体可控。2021年以来，美元指数反弹回升，但人民币汇率并未走弱，呈现稳中有升的走势。美元兑人民币中间价从2021年年初的6.5左右上升至年末的6.4左右。在美元指数回升的背景下，人民币汇率不降反升主要与中国经济良好表现以及贸易顺差扩大等因素密切相关。2021年中国外汇储备也保持稳定，截至年末，外汇储备为3.25万亿美元，比2020年年末上升约336亿美元。根据IMF（2015）提出的风险加权法，按照“浮动汇率+资本管制”情形计算可得出中国最优外汇规模的下限值（可以视为外汇储备的安全线）应在1.9万亿美元左右（见表1）。由此可知，当前中国外汇储备规模显著高于安全线，为抵御外汇风险提供了重要保障。

表1　实际外汇储备规模与最优外汇储备规模比较　　单位：万亿美元

年份	IMF风险加权法测算的最优外汇储备规模								实际外汇储备	实际外汇储备与下限距离
	固定汇率		浮动汇率		固定汇率+资本管制		浮动汇率+资本管制			
	下限	上限	下限	上限	下限	上限	下限	上限		
2018	3.67	5.50	2.09	3.14	2.29	3.43	1.40	2.10	3.07	1.67
2019	3.83	5.75	2.18	3.27	2.39	3.59	1.46	2.20	3.11	1.64
2020	4.29	6.44	2.43	3.65	2.68	4.02	1.65	2.48	3.22	1.57
2021年上半年	4.86	7.29	2.78	4.18	3.07	4.61	1.89	2.83	3.21	1.32

资料来源：借鉴IMF（2015）提出的风险加权法，计算得出不同情形下的最优外汇储备规模。

三是不当金融创新风险得到有效监管，“影子银行”风险持续收敛。金融创新有助于提高金融资源配置效率，促进经济发展。但是，不当金融创新不仅无助于改善资源配置效率，还会加剧系统性金融风险。2017年以来，中国一方面加强了对宏观审慎监管框架的完善，对金融部门的过快扩张进行总量把控；另一方面加强了微观审慎监管，对不当的金融创新行为实施了更为严格的管控治理。2021年，不当的金融创新风险继续改善，影子银行风险进一步收敛。根据国际评级机构穆迪的测算数据，2021年前三季度中国广义“影子银行”资产减少约1.58万亿元，延续了2017年以来的下降趋势。“影子银行”资产占名义GDP的比重从2020年年底的58.3%降至51.5%，该值为2013年以来的最低点。

2. 一些潜在的金融风险点仍需高度关注

一是部分地区房价的下跌风险加大。2021年下半年以来，受部分大型房企流动性风险加剧等因素的影响，居民对于房价预期发生显著改变，房价下跌幅度与范围显著扩大。根据国家统计局发布的70个大中城市商品住宅销售价格数据，2021年6月仅有14个城市的二手住宅价格同比下降，而12月已增至26个城市。根据央行对储户的调查，预期房价上涨的居民占比在2021年第一季度与第二季度分别达到25.2%和25.5%，而第三季度这一比重显著降至19.9%，第四季度进一步降至16.8%。由此可见，本轮房价下跌已经出现了价格下跌与下跌预期相互强化的迹象，需要对部分地区的房价下跌风险有所重视与防范。而且，由于长期以来房地产企业普遍采取高杠杆、高负债、高周转的运营模式，其资产负债表较为脆弱，在房价下跌阶段很容易引发资金链断裂等问题。2021年，部分房地产企业已经开始面临流动性风险与债务违约风险。虽然这并未构成系统性金融风险，但是随着房价下跌与下跌预期加剧的循环不断强化，可能会导致更多房地产企业陷入资金困境，因此这一风险不容忽视。

二是虽然宏观杠杆率稳中有降，但结构性问题依然突出，地方政府隐性债务风险依然较为严峻，居民部门债务风险有所上升。就地方政府隐性债务风险而言，以显性债务与隐性债务余额之和占地方财政收入比重对地方政府债务率进行测算，2021年青海、贵州、湖南、湖北和吉林等11个省份的地方政府债务率在600%以上，财政收入已难以负担每年的债务还本付息额。① 不少地区更多的是靠“借新还旧”来滚动债务缓解偿债压力，但这只是权宜之计且会导致债务规模越滚越大，带来更严重的潜在系统性金融风险。就居民债务风险而言，相较于宏观杠杆率的整体下降，2021年居民部门杠杆率仍在上升，第三季度末达到了62.1%。显著高于新兴经济体的平均水平（46.0%），更高于德国（57.8%）等一些发达经济体。不仅如此，中国居民部门背负的实际债务负担更重。其一，由于中国存在居民收入占GDP比重偏低的典型特征，目前“居民债务总额/GDP”测算方式会低估中国居民部门的实际债务压力。其二，杠杆率只是统计了居民部门从金融机构获取的信贷总额。中国家庭的借贷还是以向亲戚朋友借钱的民间借贷为主，存在较大规模的隐性债务。

三是金融体系的信用风险与流动性风险不容忽视。在信用风险方面，近年来一些企业的经营状况有所恶化，债务违约情况有所增加。2021年商业银行的不良贷款率虽然有所下降，但主要与商业银行加大了不良贷款的核销力度有关，同时普惠小微企业贷款延期还本付息政策也在一定程度上降低了不良贷款率，潜在的信用风险依然不容忽视。在流动性风险方面，2021年金融部门的流动性总体保持在合理水平，货币市场利率较为稳定。不过，与大型金融机构相比，中小金融机构在流动性风险上面临较大挑战。截至2021年第三季度末，城市商业银行与农村商业银行的资本充足率分别为12.96%和12.46%，显著低于大型商业银行的16.84%；城市商业银行与农村商业银行的拨备覆盖率分别为197.18%和131.72%，也显著低于大型商业银行的232.57%。其中，农村商业银行的拨备覆盖率没有达到监管要求的150%的基本标准。《中国金融稳定报告2021》明确指出，个别中小银行

① 相关数据引自Wind数据库。

风险较为突出，由此可能带来的金融体系流动性风险不容忽视。

三、政策力度评价

政策力度大小是决定政策调控效果的关键因素之一。如果政策力度不足，将难以实现调控目标。反之，如果政策力度过大，则可能产生一定的负面影响，而且会过度损耗政策空间。2021 年，面对新冠疫情的持续影响以及国内外的复杂经济形势，中国人民银行和财政部采取了多项举措予以应对，本部分将系统评估货币政策和财政政策力度的大小。

（一）货币政策力度评价

中国的货币政策正处于转型过程中，既包括数量型货币政策的调控，也包括价格型货币政策的调控，因此在评价货币政策时，既要评价数量型货币政策的力度，也要评价价格型货币政策的力度。

1. 就数量型货币政策而言，2021 年 M2 增速与社会融资规模余额增速均明显放缓至疫情之前的水平，数量型货币政策力度有所不足

2021 年以来，M2 增速快速下降，从 1 月的 10.1% 降至 2 月的 9.4% 和 3 月的 8.1%，此后基本处于 8.3% 左右的水平，与疫情之前 2018—2019 年的水平相当，直到 12 月末才恢复到 9% 的水平。社会融资规模余额增速的降幅更加明显，已经从 2021 年年初的 13% 左右降到 8—12 月的 10.0% ~10.3%，这是 2017 年以来的最低水平。但是，2021 年以来尤其是第三季度以来的负向产出缺口和潜在增速缺口明显扩大。面临有所加剧的经济下行压力，M2 增速和社会融资规模余额增速并没有相应提升，本文据此认为数量型货币政策力度有所不足。

2. 就价格型货币政策而言，虽然货币市场利率维持在相对低位，但是信贷市场实际利率高企，并且已经超过疫情之前的水平，价格型货币政策力度也有所偏小

2021 年以来，以 DR007 为代表的货币市场利率走势较为平稳，基本上在 2.2% 上下徘徊，处于近年来的相对低位。与之对应，信贷市场名义利率也处于相对低位，2021 年前三季度金融机构一般贷款加权名义利率一直处于 5.2% ~5.3% 的水平，比疫情之前 2016—2019 年的平均水平低 0.6 个百分点左右。但是，2021 年 CPI 涨幅明显下降，导致实际利率显著升高，① 2021 年前三季度金融机构一般贷款加权实际利率的平均值为 4.63%，比疫情之前 2016—2019 年的平均值高出近 1 个百分点。考虑到 2021 年经济下行压力超过疫情

---

① 影响企业投资和居民消费的是信贷市场实际利率而非名义利率（Mishkin，2016），因此应该基于信贷市场实际利率的走势及高低判断价格型货币政策力度的大小。

之前2016—2019年的平均状况，本文认为价格型货币政策的力度有所不足。

3. 综合来看，2021年的货币政策力度指数低于疫情之前2019年的水平，但是负向产出缺口却有所扩大，由此进一步表明货币政策的整体力度有待加大

为了更加系统、全面地评估货币政策的力度大小，本文使用货币政策力度指数进行衡量。本文计算货币政策力度指数的指标体系主要包括政策工具性指标和逆周期指标。政策工具性指标直观反映各类政策工具的力度，包括M2同比增速和社会融资规模存量同比增速等数量型指标，以及DR007和金融机构一般贷款加权实际利率等价格型指标，共计4个指标。逆周期指标旨在体现货币政策逆周期调节的本质，包括M2同比增速、社会融资规模存量同比增速、DR007等指标相对应的逆周期调节指标，共计4个指标。将上述8个指标分别采用Z－Score方法进行标准化处理并赋予不同权重，然后加权平均即可得到货币政策力度指数。测算结果表明，疫情之前的2019年，中国经济产出缺口为－0.1%，货币政策力度指数为45.2。相比之下，2021年中国经济的产出缺口扩大至－0.2%，但是货币政策力度指数却只有45.0。由此表明，2021年货币政策的整体力度相对偏小，需要适当加大货币政策力度才能更好地实现逆周期调节的目标。2022年以来，央行明显加大了货币政策力度，1月17日将1年期MLF中标利率和7天逆回购利率降低10个基点，这是2020年4月之后时隔近两年央行再度启动降息操作，由此也可以间接反映货币政策力度有待加强的状况。详见图2。

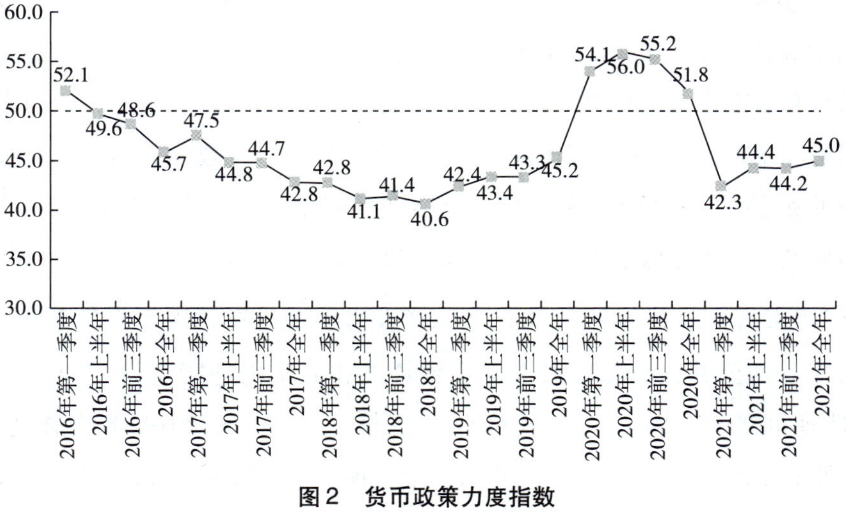

图2　货币政策力度指数

注：50分代表的是2000—2020年货币政策力度指数的平均值，货币政策力度指数的数值越大表示政策力度越大。

之所以货币政策力度偏小，是因为受到稳杠杆、稳物价等因素的共同约束。其一，2020年疫情期间，中国的宏观杠杆率大幅攀升了25个百分点左右，这是过去20多年间仅

次于2009年的第二高年度涨幅，进入2021年之后，“保持宏观杠杆率基本稳定”成为货币政策的重要目标之一。其二，受国际大宗商品价格上涨等因素的影响，PPI涨幅持续走高，为了防止市场形成通胀预期，从而“保持物价水平总体稳定”，货币政策力度也因此受到了一定掣肘。

（二）财政政策力度评价

财政政策包括财政支出工具和财政收入工具。当经济面临下行压力时，需要实施积极财政政策加以应对，既包括增加财政支出，也包括减少财政收入。两方面政策的共同作用将使得赤字率随之升高。因此，要想判断财政政策的力度大小，需要结合赤字率、财政支出和财政收入状况加以分析。

1. 就赤字率而言，2021年降至近年来的相对低位

2021年《政府工作报告》指出，“积极的财政政策要提质增效、更可持续”，“考虑到疫情得到有效控制和经济逐步恢复，今年赤字率拟按3.2%左右安排”。虽然较2020年赤字率有所下调，但仍然是历史第二高的赤字率。而且，由于《政府工作报告》制定目标赤字率时没有将“调入资金”和“结转结余资金”考虑在内，此外也没有将政府性基金预算考虑在内，因此往往会低估财政政策的力度。将“调入资金”“结转结余资金”考虑在内后，可以得出《政府工作报告》设定的一般公共预算赤字率（口径1）达到了4.5%。进一步将政府性基金预算考虑在内后，可以发现广义口径下的赤字率达到了7.6%（口径2），处于历史高位，仅次于2020年应对疫情期间的水平。然而，从实际情况来看，2021年一般公共预算赤字率（口径1）只有3.8%，是2018年以来的最低水平，与本文重新计算得到的目标赤字率（4.5%）相比存在明显差距。同时，一般公共预算与政府性基金预算加总之后的赤字率（口径2）为5.2%，与本文重新计算得到的目标赤字率（7.6%）相比同样明显偏低，而且也低于2019年的5.6%和2020年的8.6%。

2. 就财政支出而言，2021年支出进度和支出增速偏慢，支出力度相对不足

2021年，一般公共预算与政府性基金预算之和的支出进度仅为94.4%，不仅低于2020年疫情期间的97.2%，而且大幅低于疫情之前2016—2019年的进度（均值为103.6%）。根据财政部《关于2020年中央和地方预算执行情况与2021年中央和地方预算草案的报告》所制定的目标，2021年一般公共预算支出与政府性基金支出之和要比2020年增长4.9%，但是从实际情况来看，2021年一般公共预算支出与政府性基金支出之和相比2020年下降了1.0%。进一步计算可知，2021年一般公共预算支出与政府性基金支出之和占GDP的比重为31.5%，与2020年相比下降了4.4个百分点，而该口径下的赤字率

下降了3.4个百分点，可见2021年赤字率的下降可归咎于财政支出的相对不足。

3. 就财政收入而言，虽然呈现恢复性增长，但是宏观税负仍然处于近年来的低位

随着经济逐渐摆脱疫情影响，财政收入呈现恢复性增长，2021年一般公共预算收入增速达到了3.1%（两年平均值），一般公共预算收入与政府性基金收入之和的增速达到了4.6%（两年平均值），与2020年相比明显反弹。但是，2021年一般公共预算口径下的宏观税负（口径1）为17.7%，不仅低于2020年疫情时期的18.0%，而且显著低于疫情之前2016—2019年的均值20.3%。类似地，2021年一般公共预算与政府性基金预算口径下的宏观税负（口径2）为26.3%，不仅低于2020年的27.3%，而且显著低于2016—2019年的均值27.9%。由此可知，财政收入的恢复性增长并不是2021年赤字率下降的原因。

4. 综合来看，2021年财政政策力度指数相对偏低，由此进一步表明2021年财政政策的整体力度相对偏小

为了便于综合评估财政政策的整体力度，本文使用货币政策力度指数进行衡量。计算财政政策力度指数的指标体系同样包括政策工具性指标和逆周期指标。将一般公共预算（窄口径）以及一般公共预算与政府性基金预算（宽口径）两个口径下①的财政支出累计同比增速、财政支出执行进度、财政收入累计同比增速、宏观税负、赤字率等10个政策工具性指标，以及两个口径下财政支出对经济增长的逆周期调节指标和财政收入对经济增长的逆周期调节指标等4个逆周期指标，分别采用Z－Score方法进行标准化处理并赋予不同权重，然后加权平均即可得到财政政策力度指数。图3的测算结果显示，2021年财政政策力度指数为50.6，这不仅低于疫情之下2020年的水平（57.9），而且与2016—2019年相比也明显偏低。由此表明，2021年财政政策力度相对偏小，财政政策需要更加积极有效，加大跨周期调节力度并更好地进行逆周期调节。

之所以财政政策力度有所偏小，尤其是财政支出进度有所偏慢，在一定程度上是因为疫情反复出现，导致部分项目的开展受阻。此外，还是为了避免政府部门债务过快上涨，尤其是部分地方政府债务上涨较快的问题，从而“保持宏观杠杆率基本稳定”。

---

① 根据《新预算法》，完整的预算体系包括一般公共预算、政府性基金预算、国有资本经营预算、社会保险基金预算“四本账”，不过社会保险基金专项用于社会保险，国有资本经营预算规模非常小，因此本文重点分析一般公共预算和政府性基金预算“两本账”的财政政策力度。

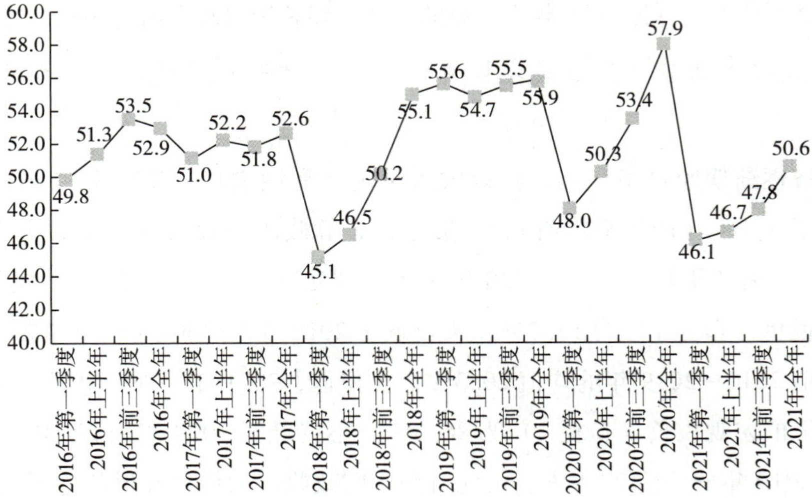

图3 财政政策力度指数

注：50分代表的是2000—2020年财政政策力度指数的平均值，财政政策力度指数的数值越大表示政策力度越大。

四、政策传导效率评价

宏观政策的最终调控效果受到政策传导效率的影响。如果传导效率不高，则需要额外加大政策力度，才可能实现既定的调控目标，这既是对政策空间的过度损耗，也是经济效率的损失。鉴于此，需要对宏观政策的传导效率进行评价。

（一）货币政策传导效率评价

可以通过评估货币政策传导机制当中三个主要环节的通畅程度（见图4），进而评估货币政策的传导效率。一是央行的货币政策操作对金融机构流动性的调控能力，央行可以直接调控该环节的传导。二是金融机构对企业和居民家庭发放信贷的通畅程度，央行可以通过调控资金可获得性以及资金成本间接调控该环节的传导。三是企业和居民所筹集资金是否真正用于生产性投资和消费活动，该环节的影响因素较为复杂，央行难以进行调控。本文通过分析这三个环节的传导效率，进而评估货币政策的传导效率。不难发现，对第一环节的评价同时涵盖了数量型货币政策和价格型货币政策，央行可以综合使用降准等数量型货币政策和降息等价格型货币政策工具对第一环节的传导效率加以调节。对第二环节和第三环节的评价则主要涉及数量型货币政策，在分析过程中可以重点考虑央行释放的资金是否顺畅地流向了实体部门并最终用于生产性投资和居民消费活动。

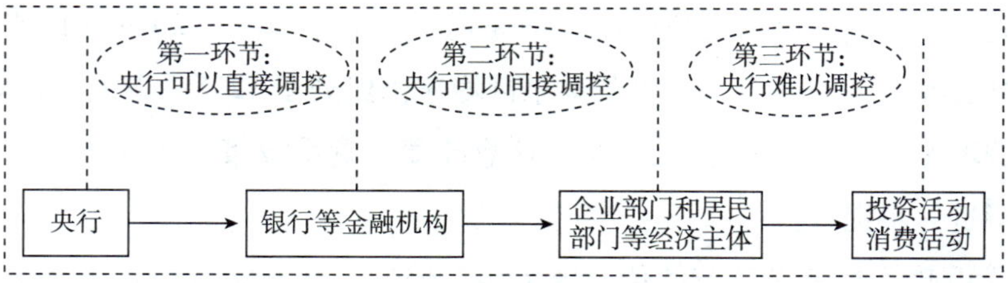

图 4　货币政策传导机制示意图

1. 在数量型货币政策和价格型货币政策的共同作用下，货币市场利率保持在低位，因此货币政策在第一环节的传导效率相对较高

2021 年以来，央行综合运用降准、再贷款、中期借贷便利（MLF）、公开市场操作等多种货币政策工具“保持银行体系流动性总量合理充裕”，并且使得货币市场利率保持在相对低位。以 DR007 为代表的货币市场利率走势较为平稳，基本上在 2.2% 的低位浮动，由此表明央行对金融系统流动性的调控效果较好，可见货币政策在第一环节的传导效率相对较高。

2. 流向房地产等虚拟经济领域的新增信贷显著减少，流向工业等实体经济领域的新增信贷显著增加，因此货币政策在第二环节的传导效率明显提升

信贷资金“脱实向虚”问题自 2012 年以来饱受诟病，不过 2020 年以来这一问题逐渐得到缓解。由于中央“牢牢坚持房子是用来住的、不是用来炒的定位，坚持不将房地产作为短期刺激经济的手段，坚持稳地价、稳房价、稳预期，保持房地产金融政策的连续性、一致性、稳定性，实施好房地产金融审慎管理制度”，流向房地产领域的信贷资金占比显著降低，流向实体经济领域的信贷资金占比显著升高。就新增贷款而言，2021 年前三季度流向房地产的新增贷款占比已经降至 18.1%，比 2016—2019 年的均值下降了 20 个百分点，流向工业和服务业的新增贷款占比已经升至 40%，比 2016—2019 年的均值上升了近 20 个百分点。①

3. 企业投资和居民消费仍较为疲软，因此货币政策在第三环节的传导效率有待提升

在经历了 2020 年疫情冲击下的低迷之后，2021 年的企业投资和居民消费状况虽然有所改善，但依然较为疲软。2021 年前三季度工业中长期贷款余额增速达到了 20.1%（两年平均值），服务业中长期贷款余额增速也达到了 13.7%（两年平均值），均处于 2016 年

① 需要注意的是，流向房地产的资金减少，有可能会导致部分地区房价的下跌风险加大和部分房地产企业债务违约风险加剧，本文第二部分在分析金融风险时已经予以强调。下一步，应该有针对性地提前防范部分城市房价下跌以及由此可能带来的金融风险，更好地处理经济稳定与金融稳定之间的关系。

以来的相对高位，但是工业和服务业投资增速仍明显低于2016—2019年的平均水平。与之类似，2021年前三季度住户消费性贷款余额增速仍然处于12.5%以上的相对较高水平，但是居民消费增速却不及2019年的一半。这意味着，货币政策对企业投资和居民消费的带动效果有待进一步提升。

之所以货币政策在第三环节的传导效率相对偏低，并非完全由货币政策本身的问题所致，因为货币政策已经将资金从金融系统借贷到企业和居民手中，但是企业和居民没有充分地开展投资活动和消费活动。一个直观证据是，在企业投资和居民消费低迷的同时，企业部门存款增速和居民部门存款增速持续居于高位。2021年第三季度末，非金融企业和住户的存款余额增速分别为8.6%和12.2%（两年平均值），而2017—2019年的均值分别为5.4%和10.7%。可见，企业投资和居民消费低迷的主要原因并非缺少资金，而是一些结构性因素的存在导致企业和居民不愿意进行投资和消费活动。一是实体经济投资回报率偏低导致企业不愿投资。由于民间投资在教育、医疗、金融等行业面临进入门槛，大量资金集聚在产能本就过剩的第二产业，导致投资回报率处于低位，降低了企业投资意愿。二是教育、医疗和社会保障体系不够完善导致居民预防性储蓄动机较强，不敢贸然消费。疫情冲击加大了居民收入的不确定性，导致居民预防性储蓄动机进一步加强。三是收入分配结构失衡，中低收入阶层收入水平偏低，这是导致居民消费长期低迷的重要原因之一。

（二）财政政策传导效率评价

理论上，可以主要根据财政政策对投资和消费的带动效果来判断财政政策的传导效率。对于中国而言，由于收入分配结构失衡和社保保障体系不够完善等结构性问题的存在，财政政策对居民消费的作用效果有限。一方面，收入分配结构有所失衡，中低收入群体的收入占比和收入增速相对偏低，但是中低收入群体是消费的主力群体，由此使得居民消费整体而言有所不足，表现为中国的居民部门消费率长期相对偏低。另一方面，教育、医疗、养老等领域的社会保障体系有待进一步完善，居民的预防性储蓄动机仍然较强，从而进一步限制了居民部门的消费能力。相比之下，财政政策对民间投资和基建投资的作用效果更值得关注。本文将重点分析面临疫情和国内外复杂形势所带来的经济下行压力，积极财政政策是否有效带动了民间投资和基建投资的恢复。

1. 财政政策对民间投资的带动效果有所改进，民间投资占比有所反弹

2021年以来，中央和地方出台了鼓励民间投资的一揽子政策：《政府工作报告》明确提出要“完善支持社会资本参与政策，进一步拆除妨碍民间投资的各种藩篱，在更多领域

让社会资本进得来、能发展、有作为”;[1] 4 月 15 日的国务院政策例行吹风会专门强调,要“用好向民间资本推介项目长效机制,完善支持社会资本参与政策。推动规范的政府和社会资本合作(PPP)项目尽快落地实施”,从而“进一步调动民间投资积极性”;不少地方政府也相继出台鼓励民间投资的举措。[2] 一揽子政策的出台扩大了民间投资的范围,降低了民间投资在融资等方面的障碍,促进了民间投资信心的恢复,从而改进了财政政策对民间投资的带动效果,突出表现为民间投资占全社会固定资产投资比重的回升。截至 2021 年年末,民间投资占比为 56.5%,比 2020 年年末高出了 0.8 个百分点。不过,民间投资增速仍然处于相对低位,这主要与疫情冲击下的不确定性、第三产业(尤其是金融、教育、医疗等行业)进入门槛仍然存在、实体经济投资回报率偏低等因素有关。下一步,应该多措并举消除民间投资面临的障碍,才能更好地提高财政政策对民间投资的带动效果。

2. 财政政策对基建投资的带动作用持续减弱

基建投资是中国固定资产投资的重要组成部分,在全社会资本存量中,基金资本存量占比高达 25% 左右,而在美国等发达经济体该指标仅为 10% 左右。很长时间以来,中央和各级地方政府都将基建投资作为稳增长的重要力量。2013—2017 年基建投资累计同比增速的平均值为 19.7%,比全社会固定资产投资增速高出 7.6 个百分点。但是,2018 年之后,在财政政策力度明显加大的情况下,基建投资不仅不再拉动反而越来越“拖累”全社会固定资产投资的增长。2018—2020 年,全年赤字率分别升至 4.6%、5.6% 和 8.6%,但是基建投资累计同比增速却分别只有 3.8%、3.8% 和 0.9%,平均而言比全社会固定资产投资增速低 1.9 个百分点。2021 年,基建投资累计同比增速更是只有 0.4%,比 2020 年疫情期间还低 0.5 个百分点。可见,财政政策对基建投资的带动作用正在不断减弱,这主要源于地方政府为了防范政府债务风险而难以再持续提供基建投资配套资金。

(三)宏观政策整体效率评价

本文专门构建了宏观政策效率指数,用来综合反映货币政策与财政政策的整体调控效率,这是因为现实中货币政策与财政政策的传导相互影响,难以准确剥离货币政策与财政

① 2021 年《政府工作报告》还专门提出,要“建立常态化财政资金直达机制并扩大范围,将 2.8 万亿元中央财政资金纳入直达机制、规模明显大于去年,为市县基层惠企利民提供更加及时有力的财力支持”。这同样有助于提高财政政策对民间投资的带动效果。

② 2020 年 12 月 27 日,青岛市发布《关于进一步促进民间投资若干措施的通知》,并于 2021 年 2 月 7 日专门举办“‘抓项目落地、促企业扎根’2021 年青岛市促进民间投资政策宣讲活动”;2021 年 3 月 20 日,广西印发《广西进一步促进民间投资发展若干政策措施》;2021 年 11 月 25 日,贵州省印发《关于发布贵州省 2021 年重大民间投资项目和重点 PPP 项目工程包的通知》,向社会资本推介重大民间投资项目 134 个,项目总投资 863.3 亿元,拟引入民间资本规模为 583.76 亿元,民间资本占比达到 67.6%。

政策各自的调控效率。宏观政策效率指数由 GDP/M2 增量、GDP/信贷增量、GDP/政府债务增量与 GDP/财政支出增量 4 个子指标构成。考虑到货币政策与财政政策的时滞效应，当期 GDP 受到当前与过去一段时间内宏观政策的共同作用，M2、信贷、政府债务与财政支出不能采取当期增量。综合考虑多方面因素后，本文采取季节调整后的当期及滞后 5 期累计增量进行测算。子指标的数值越大，表明一单位的货币数量扩张或财政支出规模扩大能够带动的总产出越多，宏观政策的调控效率也就越高。对 4 个子指标分别采用 Z－Score 方法进行标准化处理并赋予不同权重，然后加权平均即可得到宏观政策效率指数。

由图 5 可知，自 2020 年第一季度宏观政策效率在疫情冲击下触及 42.4 的低点以来，已经连续七个季度呈现回升态势。2021 年以来，宏观政策效率指数回升势头更加明显，到 2021 年第四季度末已经恢复至 49.7，由此表明宏观政策的整体效率不断改善。不过，与 2018—2019 年相比，2021 年的宏观政策效率指数仍然偏低。2018—2019 年，宏观政策效率指数平均达到了 51.2，除了 2019 年第四季度为 48.9 之外，其余七个季度全都超过了 50。可见，宏观政策传导效率有待进一步提升。

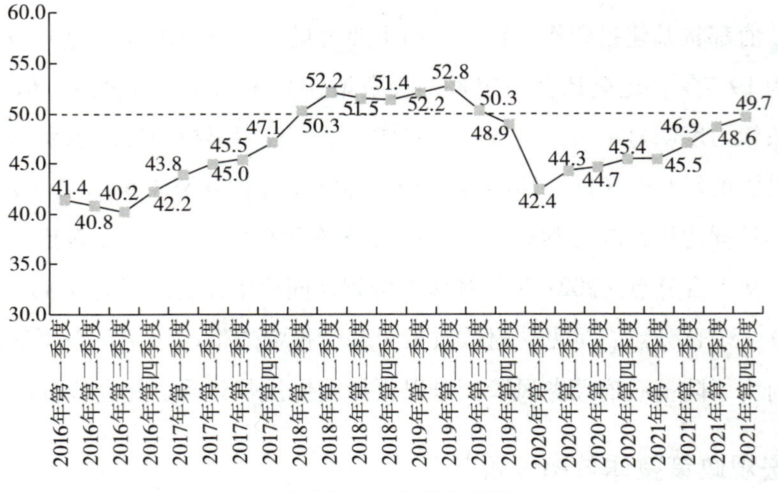

图 5　宏观政策效率指数

注：50 分代表的是 2000—2020 年宏观政策效率指数的平均值，宏观政策效率指数的数值越大表示政策效率越高。

综上可知，2021 年中国宏观政策调控效率在持续改善，但仍需进一步提升。从宏观政策“三策合一”新理论框架来看，宏观政策传导效率仍然有所偏低，并不完全是货币政策与财政政策本身的问题所导致的，而是经济结构失衡等问题所导致的。长期存在的供给结构失衡、收入分配结构失衡、社会保障体系不完善等结构性因素使得企业投资（尤其是民间投资）和居民消费面临不小的阻碍。疫情冲击下的风险和不确定性的增加，进一步削弱了企业投资和居民消费的动机。基于宏观政策“三策合一”的新调控思路，要想改善宏观政策的整体效率，只关注货币政策和财政政策本身是不够的，还需要结构政策与增长政策的积极配合。就结构政策而言，需要进一步深化供给侧结构性改革和需求侧管理，不断优化经济结构，消除企业投资和居民消费面临的结构性与制度性障碍，从而不断改进货币政策和财政政策对企业投资（尤其是民间投资）和居民消费的带动作用。就增长政策而言，需要多措并举为经济增长注入内生动力，提高实体经济的投资回报率，这样才能切实提高货币政策和财政政策对企业投资的促进效果。

需要特别强调的是，下一步财政政策的工作重点并非增强对基建投资的带动作用，而是要强化财政政策对民间投资和居民消费的带动作用。经过数十年的建设，中国的基础设施日趋完善，中西部一些地区的基础设施甚至处于过度投资的状态（Shi & Huang，2014；胡李鹏等，2016）。再加上地方政府债务风险不断攀升而难以为基建筹集资金，不应该寄希望于重走依靠基建投资稳增长的老路。下一步，要想提高积极财政政策的传导效率，需要重点做好两方面工作：第一，消除民间投资在教育、医疗、金融等行业面临的进入门槛以及减轻非税负担等举措，进一步改善民间投资的营商环境，从而改善财政政策对民间投资的带动效果。第二，进一步补齐教育、住房、养老等领域的短板，减轻居民的预防性储蓄动机，从而提高财政政策对居民消费的带动效果。

五、政策空间评价

政策空间与政策力度之间存在密切关联，要想保持一定的政策力度并且保持政策的可持续性，必须要有足够的政策空间。近年来，中央高度重视宏观政策的可持续性，在《政府工作报告》、中央经济工作会议、中央政治局会议中多次强调要“保持宏观政策连续性稳定性可持续性”。要想保持宏观政策的可持续性，需要具有一定的政策空间作为前提。如果政策空间不足，那也就很难保持宏观政策的可持续性，进而很容易发生急转弯。美国在应对1929—1933年大萧条时期以及日本在应对20世纪90年代经济泡沫时期的政策操作中，都出现过政策空间不足导致的政策操作不可持续的情况。因此，很有必要对政策空间进行评估，从而做好前瞻性应对工作，这样才能更好地实现宏观政策的可持续性。

（一）货币政策空间评价

与货币政策力度评价部分保持一致，本部分同时评估数量型货币政策和价格型货币政策的政策力度。对于数量型货币政策，央行主要依靠调整存款准备金率予以实现，因此本文通过存款准备金率的高低判断数量型货币政策空间的大小。对于价格型货币政策，结合近年来央行降息操作的主要工具，央行主要依靠调整7天OMO逆回购利率和1年期MLF中标利率水平予以实现，因此本文主要通过这两类政策利率的高低来判断价格型货币政策空间的大小。

1. 2021 年央行先后两次全面降准，中小型金融机构的降准空间较小，不过大型金融机构仍然存在一定的降准空间

为了支持实体经济发展，促进融资成本稳中有降，央行分别于 2021 年 7 月 15 日和 12 月 15 日全面下调金融机构存款准备金率 0.5 个百分点（不含已执行 5% 存款准备金率的金融机构）。两次全面降准后，中国金融机构加权平均存款准备金率降为 8.4%，比 2020 年年底下降 1 个百分点，比 2018 年年初的 14.9% 更是下降了接近一半。可见，2018 年以来央行的降准空间正在不断缩小。不过，目前金融机构执行的是"三档两优"的存款准备金制度框架，大型金融机构和中小型金融机构的存款准备金率存在较大差异。截至 2021 年年底，大型金融机构的存款准备金率仍然处于 11.5% 的水平，在国际范围内处于相对较高水平。未来央行仍然可以主要通过降低大型金融机构的存款准备金率来应对经济下行压力。相比之下，部分县域金融机构的存款准备金率已经降至 5% 的历史低位，未来降准空间较小。从 2021 年央行的操作也可以看到，两轮降准均没有将已执行 5% 存款准备金率的金融机构考虑在内，预计未来针对这些小型金融机构降准的空间也较小。

2. 2021 年中国的各项政策利率保持不变，持续高于美国、日本、欧盟等发达经济体，央行的降息空间仍然较为充裕

2021 年，央行始终没有调整主要的政策利率，7 天 OMO 逆回购利率维持在 2.2% 的水平，1 年 MLF 中标利率维持在 2.95% 的水平。进入 2022 年之后，央行再次启动降息操作，于 1 月 17 日将 7 天 OMO 逆回购利率和 1 年 MLF 中标利率分别下调了 10 个基点。考虑到美国、日本、欧盟等发达经济体的政策利率持续处于零利率附近，中国的政策利率与之相比仍然明显偏高。虽然美联储可能于 2022 年开启加息周期，但是在疫情反复等复杂政治经济环境下，美国货币政策的收紧力度将会相对温和，因此中国人民银行降息的可操作空间较大。

（二）财政政策空间评价

国内外研究普遍使用政府部门债务率作为财政政策空间的主要测度指标（Romer & Romer，2018，2019）。这是因为在应对经济下行压力时，不管是增加财政支出还是减税降费，都会转变为政府债务的扩张。如果政府债务负担过重，财政政策空间随之收窄，积极财政政策将难以持续。本文同样使用政府部门债务率作为财政政策空间的测度指标。

2021 年中国政府部门债务率稳中有降，财政政策空间略有增加。根据 CNBS 的数据，截至 2021 年第三季度末，中国政府部门债务率总和为 45.5%，比 2020 年年末下降了 0.1

个百分点（见表2）。国际清算银行（BIS）的统计口径比CNBS更宽，不过BIS数据同样显示，2021年以来中国政府部门债务率略有下降，2021年第二季度末比2020年年末下降了0.6个百分点。需要注意的是，地方政府部门的债务率仍在不断增长，从而会对财政政策空间形成掣肘。CNBS数据显示，2021年前三季度地方政府债务率提高了0.5个百分点。IMF的统计口径包含了更多的地方政府隐性债务，据其测算，2021年中国地方政府部门债务率增长了4.1个百分点。

表2 中国政府部门债务率走势（不同口径对比） （%）

年份		窄口径：CNBS			中口径：BIS	年份	宽口径：IMF		
		中央政府	地方政府	政府部门合计	政府部门合计		中央政府	地方政府	政府部门合计
2017		16.1	19.8	35.9	51.6	2017	16.3	56.5	72.8
2018		16.2	20.0	36.2	53.7	2018	16.3	60.1	76.4
2019		16.9	21.6	38.5	57.4	2019	16.9	63.6	80.5
2020		20.3	25.3	45.6	67.3	2020	19.7	72.0	91.7
2021	Q1	19.6	24.7	44.3	66.5	2021	20.3	76.1	96.4
	Q2	19.4	25.2	44.6	66.7	2023	21.7	83.9	105.6
	Q3	19.7	25.8	45.5		2025	23.1	89.6	112.7
	Q4					2026	23.8	92.1	115.9

注：在IMF数据中，2021—2026年的数据是预测值，数据来源于IMF（2018，2020）。

未来，随着老龄化的不断推进以及社会保障体系的不断完善，中国的政府部门债务率将会呈现上升趋势。据IMF预测，未来5年中国政府部门债务率将会提高20个百分点左右，从而使得财政政策空间逐步收窄。因此，中国需要为未来预留一定的宝贵财政政策空间。不过，中国的政府部门债务主要是地方政府债务，中央政府债务占比明显偏低，此外中国政府债务中的外债占比明显偏低。因此，中国政府部门的债务风险更加可控，希腊、西班牙、葡萄牙等爆发过政府债务危机的国家普遍是因为政府债务中的外债占比偏高。未来中国可以适当增加中央政府发债规模，这样有助于财政政策在进行逆周期调节时保持较为充足的力度并维持政策的可持续性。

六、预期管理评价

预期管理可通过加强与公众的信息沟通来引导公众预期，从而提高宏观政策的调控效率。在西方宏观政策理论和实践中，预期管理局限于货币政策，主要是通过提高货币政策的透明度或加强前瞻性指引来引导公众预期，从而改善货币政策的调控效果。中国特色预期管理则广泛地应用于整个宏观经济治理体系之中，包括货币政策的短期预期管理（与西方国家的预期管理近似）、通过年末召开的中央经济工作会议与年初《政府工作报告》实施的年度预期管理，以及通过定期制定经济发展的五年规划与发布经济发展的远景目标所实施的长期预期管理。根据宏观政策“三策合一”新理论框架，将短期预期管理、年度预期管理与长期预期管理相结合，能够更好地提高宏观政策的整体调控效率。

（一）就货币政策的短期预期管理而言，2021 年货币政策预期管理继续改善，但在前瞻性指引方面仍有提升空间

货币政策预期管理包含提高政策透明度和前瞻性指引两个方面。政策透明度主要包括目标信息透明度、经济信息透明度、决策信息透明度和操作信息透明度。前瞻性指引主要是对未来货币政策取向的明确指引。

2021 年中国货币政策的透明度进一步提升，主要是在经济信息透明度和操作信息透明度方面有所改善。经济信息主要包括央行用于政策分析的宏观经济模型、反映货币政策力度和效果的基本经济数据，以及央行对通货膨胀和 GDP 等经济变量的定量预测等。2021 年央行继续对经济形势与重要问题的分析，表明了货币政策制定的主要考量，提升了经济信息透明度，帮助公众形成对经济运行的理性预期。比如，针对通胀形势，2021 年第二季度的货币政策执行报告在专栏 1《正确认识货币与通胀的关系》中进行了分析与判断，从而帮助公众对于通胀形势以及未来的货币政策走势有一个正确的认识。操作信息透明度主要指央行货币政策操作工具的定义和说明是否清晰，以及对货币政策操作是否进行解释说明。2021 年，央行加强构建常态化货币政策沟通机制，形成了多元化的货币政策沟通方式，如每月月中固定时间开展中期借贷便利操作并提前发布有关操作安排，稳定市场预期。通过答记者问与新闻发布会等多样化形式及时阐明货币政策立场，释放货币政策信号。这些举措均较为有效地提高了操作信息的透明度。

相比之下，货币政策的前瞻性指引有待改进。虽然央行形成了常态化的货币政策操作与沟通机制，但是在降准等一些非常态化的重要操作之前，对公众的前瞻性指引有所不足。以 12 月 15 日的降准操作为例，第四季度初公众对降准操作本已形成较为一致的预期，但是央行相关官员在 10 月 15 日的新闻发布会上并未做出回应，从而弱化了公众对降准的一致预期。而从李克强总理在 12 月 3 日释放“适时降准”信号到 12 月 6 日央行正式公布降准，中间仅仅相隔两天，难以对公众预期进行较好的引导。因此，未来央行可以增强对货币政策操作的前瞻性指引，使得公众更好地形成一致预期，提高货币政策调控效率。

（二）就年度预期管理而言，2020 年年底召开的中央经济工作会议与 2021 年年初发布的《政府工作报告》较好地发挥了预期引导作用

每年年底召开的中央经济工作会议与年初的《政府工作报告》通过前瞻性地设定全年经济运行目标以及宏观政策的预期定位，在稳定公众预期方面发挥了重要作用。从现实情况来看，2021 年的 GDP 增速为 8.1%，完成了年初预设的“6% 以上”目标；CPI 涨幅为 0.9%，同样在预设的 3% 涨幅目标之内；城镇调查失业率全年的平均值为 5.1%，较快地完成了年初预设的“城镇调查失业率 5.5% 左右”的目标。预设目标的圆满实现既源于年度预期管理对公众预期的引导，也有助于进一步强化对公众的预期管理。

（三）就长期预期管理而言，2021 年年初发布的“十四五”规划纲要对未来 5 年和 15 年的经济增长预期进行了较好的前瞻性指引

2021 年 3 月发布的《中华人民共和国国民经济和社会发展第十四个五年规划和 2035 年远景目标纲要》，不仅对“十四五”时期中国经济发展的重要目标设定了具体目标值，如“国内生产总值年均增长保持在合理区间、各年度视情提出，全员劳动生产率增长高于国内生产总值增长”，“城镇调查失业率控制在 5.5% 以内，居民人均可支配收入增长与国内生产总值增长基本同步”，而且提出了到 2035 年的远景目标，包含“经济总量和城乡居民人均收入将再迈上新的大台阶”“人均国内生产总值达到中等发达国家水平”等具体要求。根据笔者测算，到 2035 年“人均国内生产总值达到中等发达国家水平”就意味着到 2035 年中国人均实际 GDP 水平应该要比 2020 年翻一番，由此能够更好地引导公众对中国经济发展的长期预期。

总体而言，国外预期管理的应用主要局限于货币政策，而中国的预期管理具有典型的中国特色，范畴更为宽泛。中国特色预期管理通过将短期、中期、长期三个维度的预期管理有机结合，更加彰显了中国特色预期管理的优越性，更好地锚定了公众预期，是中国宏观经济治理的重要创新举措。

七、宏观政策协调性评价

2008 年全球金融危机以来，面临复杂多变的经济局面，加强宏观政策协调成为国内外学者与政策制定者的共识。中国对于宏观政策协调的重视程度也在不断提高。《中华人民共和国国民经济和社会发展第十四个五年规划和 2035 年远景目标纲要》明确提出，要构建“以财政政策和货币政策为主要手段，就业、产业、投资、消费、环保、区域等政策紧密配合，目标优化、分工合理、高效协同的宏观经济治理体系”。鉴于此，本部分主要就

2021 年中国宏观政策的协调性进行评价。

（一）2021 年中国应实施“积极的财政政策 + 稳健偏宽松的货币政策 + 偏紧的宏观审慎政策”的政策组合，从而更好地实现“稳增长”与“防风险”的双重目标

2021 年中国既面临一定的经济下行压力与经济发展的新挑战，又面临守住不发生系统性金融风险底线的硬性要求，宏观政策需要“处理好恢复经济与防范风险的关系”。在这一局面下，应实施“积极的财政政策 + 稳健偏宽松的货币政策 + 偏紧的宏观审慎政策”的政策组合。一方面，“积极的财政政策 + 稳健偏宽松的货币政策”能够更好地实现经济稳定目标，推动经济增速尽快向长期合理的潜在增速靠拢。尤其是在当前中国货币政策和财政政策空间都受到一定掣肘的情况下，货币政策与财政政策更应该加强协调，均增加一定力度以形成合力，在避免各自政策空间被大幅压缩的前提下稳定经济增长。另一方面，偏紧的宏观审慎政策与“积极的财政政策 + 稳健偏宽松的货币政策”相互协调，能够更好地实现金融稳定目标，抑制金融风险的加剧。比如，偏紧的宏观审慎政策与稳健偏宽松的货币政策相协调，可以防止在货币政策增加力度时，较多资金“脱实向虚”催生资产泡沫的情况，从而更好地维护金融稳定与防范风险。

在实践中，2021 年各类政策之间协调得较好，但仍有进一步提升的空间。主要是货币政策与财政政策力度应进一步加大，从而更好地在稳定经济方面形成合力。就货币政策而言，2021 年以来货币政策力度指数显著下降，不仅显著低于 2020 年的水平，而且低于疫情之前 2016—2019 年的平均水平。就财政政策而言，2021 年的财政政策力度指数为 50.6，同样显著低于 2016—2019 年的同期均值（51.8）。货币政策与财政政策力度偏小，在稳定经济方面形成的合力不足，导致 2021 年尤其是下半年以来经济下行压力有所增加，全年的产出缺口为 -0.2%。而且需要注意的是，经济下行压力的增加也会通过影响微观主体偿债能力与加大资产价格波动等渠道来影响金融体系的稳定性，进而加剧系统性金融风险。

（二）中国需要加强稳定政策、增长政策与结构政策三者的协调，实现宏观政策“三策合一”，从而更好地应对经济发展面临的需求收缩、供给冲击、预期转弱“三重压力”

无论是从当前主流宏观政策理论还是从各国的宏观政策实践来看，宏观政策往往局限于短期内对总需求进行逆周期调节的稳定政策，但实际上，宏观政策还包括促进经济长期增长的增长政策与调节经济结构的结构政策。以新凯恩斯主义为代表的主流宏观政策理论

在短期与长期二分法研究范式的禁锢之下，忽视了增长政策与结构政策在保持经济稳定运行方面的重要作用。宏观政策局限于稳定政策的弊端也在 2008 年全球金融危机之后凸显，危机之后主要经济体普遍面临短期经济下行压力加大、长期潜在增速下滑与虚拟经济过度膨胀等结构性问题加剧的复杂局面，仅依靠稳定政策难以应对。宏观政策“三策合一”新理论框架将稳定政策、增长政策与结构政策三大类宏观政策有机结合起来，从而能够更好地促进一国或地区经济的平稳发展。

当前中国经济面临“需求收缩、供给冲击、预期转弱三重压力”时，更加需要宏观政策“三策合一”。具体而言，货币政策和财政政策等稳定政策的核心任务是扩大总需求，通过货币政策与财政政策的有效协调，应对需求收缩的压力。结构政策的核心任务是应对供给冲击所带来的结构性压力，畅通国民经济循环。增长政策的核心任务是提升长期经济增长动力，增强公众信心，以应对预期转弱的压力。秉持宏观政策“三策合一”新调控思路，促使稳定政策、结构政策与增长政策加强协调、形成合力，才能更好地应对中国经济发展所面临的“三重压力”。

2021 年的中央经济工作会议针对中国经济面临的“三重压力”，提出了宏观政策、微观政策、结构政策、科技政策、改革开放政策、区域政策与社会政策的“七大政策”组合。与以往通常采用的“宏观政策要稳、微观政策要活、社会政策要托底的政策框架”表述相比，会议将结构政策、科技政策、改革开放政策、区域政策纳入了宏观经济治理框架之中。从宏观经济理论范畴来看，会议提及的宏观政策属于狭义的宏观政策，即稳定政策；新提及的结构政策与理论层面的结构政策是一致的；微观政策、科技政策、改革开放政策和区域政策等均属于理论层面的增长政策。由此可见，中央经济工作会议提出的“七大政策”组合与宏观政策“三策合一”具有内在逻辑一致性。在“七大政策”组合的基础上，进一步加强宏观政策“三策合一”，有助于中国经济更好地应对“三重压力”，使中国经济保持平稳较快增长。

八、2022 年宏观政策的总体思路

2021 年，在多项宏观政策的共同努力之下，中国经济增速继续在全球范围内保持领先，“构建新发展格局迈出新步伐，高质量发展取得新成效”。而且，2021 年宏观政策操作在多个方面显著改善，包括优化了就业目标、提高了金融体系对实体经济的资金支持力度、改进了财政资金对民间投资的带动效果、提升了货币政策操作的经济信息透明度与操作信息透明度等。同时，也有一些有待完善之处。一是需要增补一些重要的宏观政策目标。二是货币政策和财政政策的力度有待加大。三是一些结构性问题的存在导致货币政策和财政政策的传导效率有待提高。四是货币政策预期管理有待进一步强化。五是对增长政

策和结构政策的重视程度有待提高，不同政策之间的协调配合有待强化。

展望2022年，中国经济发展面对“需求收缩、供给冲击、预期转弱三重压力”，需要创新与完善宏观调控，以进一步改善宏观调控的整体效果。第一，增设核心CPI目标值和潜在增速缺口等重要指标，进一步提高宏观政策目标设定的合理性。第二，适当加大货币政策和财政政策的力度，以熨平产出缺口与潜在增速缺口。就货币政策而言，可以考虑适时进一步降低大型金融机构的存款准备金率。此外，由于绝大多数主要经济体的政策利率维持在低位，因此还可以考虑进一步采取降息操作，以降低融资成本。就财政政策而言，需要加快财政政策的执行进度，落实好2021年年底中央经济工作会议提出的“加快支出进度”要求。考虑到地方政府债务负担尤其是隐性债务已经较高，需要“坚决遏制新增地方政府隐性债务”。相比之下，中央政府债务仍然处于较低水平，可以通过适当增加中央政府债务来为财政政策筹集资金。第三，进一步推进供给侧结构性改革和需求侧管理，不断优化经济结构，疏通货币政策与财政政策的传导机制，从而提高政策调控效率。第四，在充分发挥中国特色年度预期管理和长期预期管理的同时，进一步加强货币政策短期预期管理，特别是加强货币政策的前瞻性指引。第五，从宏观政策“三策合一”视角加强稳定政策、增长政策和结构政策之间的协调配合，有机地统筹中央经济工作会议提出的“七大政策”组合。宏观政策要着力稳定宏观经济大盘，保持经济运行在合理区间，保持社会大局稳定，迎接党的二十大胜利召开。

参考文献

[1]陈彦斌，陈伟泽．潜在增速缺口与宏观政策目标重构——兼以中国实践评西方主流宏观理论的缺陷[J]．经济研究，2021(3)．

[2]胡李鹏，樊纲，徐建国．中国基础设施存量的再测算[J]．经济研究，2016(8)．

[3]林晨，陈小亮，陈伟泽，陈彦斌．人工智能、经济增长与居民消费改善：资本结构优化的视角[J]．中国工业经济，2020(3)．

[4]Bernanke B S. The courage to act: A memoir of a crisis and Its aftermath[M]. New York: W W Norton & Company, 2015.

[5]Blanchard O, Dell'Ariccia G, Mauro P. Rethinking macroeconomic policy [J]. Journal of Money, Credit and Banking, 2010, 42(S1): 199 - 215.

[6]Blinder A S. Central banking in theory and practice[M]. Cambridge: MIT Press, 1998.

[7]IMF. Assessing reserve adequacy - specific proposals[EB/OL]. IMF Policy Paper, https://www.imf.org/en/Publications/Policy-Papers/Issues/2016/12/31/Assessing-Reserve-Adequacy-Specific-Proposals-PP4947, 2015.

[8]IMF. 2018 article IV consultation—press release; staff report; staff statement and statement by the executive director for the People's Republic of China[R]. IMF Country Report No. 18/240,2018.

[9]IMF. People's Republic of China staff report for the 2020 article IV consultation key issues[R]. IMF Country Report, December 2, 2020.

[10]Lucas R E. Expectations and the neutrality of money[J]. Journal of Economic Theory, 1972,4(2):103 -124.

[11]Mishkin F S. The economics of money, bank and financial markets[M]. New York: Pearson Education,2016.

[12]Romer C D,Romer D H. Why some times are different: Macroeconomic policy and the aftermath of financial crises[J]. Economica,2018,85(337):1 -40.

[13]Romer C D,Romer D H. Fiscal space and the aftermath of financial crises: How it matters and why[R]. NBER Working Paper, No. 25768,2019.

[14]Shi H,Huang S Q. How much infrastructure is too much? A new approach and evidence from China[J]. World Development,2014,56(C):272 -286.

[15]Woodford M. Central bank communication and policy effectiveness[R]. NBER Working Paper, No. 11898,2005.

中国经济的三个趋势性变化：原因与对策

方福前①

摘　要：近年来中国经济出现了三个趋势性变化：一是中国经济内向化趋势；二是消费取代资本形成成为拉动中国经济增长的主力马车；三是消费率偏低并且呈下降趋势。中国经济内向化趋势主要是国内经济结构升级和国际经济关系大变局共同作用形成的，其中，2012年以来中国经济中的第三产业占比持续超过第二产业，是中国经济内向化的主要国内原因。中国消费率和居民消费率偏低而且还呈波浪式下降的趋势，主要是收入分配差距过大造成的。从劳动者自身来看，受教育年限低，自雇而没有正式、稳定的工作是低收入群体的主要特征。这就提示我们，实施促进共同富裕的发展战略势在必行。要促进共同富裕，需要实现“三个共同”，即共同提高、共同奋斗和共同发展。

关键词：中国经济内向化；消费；消费率；双循环；收入分配；深化改革

1979—2019年中国经济年均增长9.38%，以1978年为基期，到2020年，中国GDP增长了39倍多，刷新了世界经济史上国别经济长期高增长的纪录。伴随40多年的高增长，中国经济结构发生了一系列重大变化，形成了完整的工业体系和世界第一大体量的制造业，一、二、三次产业的比重由1978年的2.8∶4.8∶2.4变化为2020年的0.8∶3.8∶5.4，同时也积累了一些结构性矛盾。在2008年国际金融危机冲击下，中国经济增速放缓，经济结构加速调整和变化。在这个过程中，一些结构性矛盾也水落石出。面对这些变化，中国政府先后提出“中国经济新常态”“供给侧结构性改革”和“中国经济高质量发展”来积极应对。自2015年11月以来，供给侧结构性改革已取得明显成效，虽然遭遇2020年以来的全球新冠疫情冲击，但中国经济的韧性和耐力强劲，经济稳定向好。不过，结构性

① 方福前，中国人民大学经济学院特聘教授A岗，大华讲席教授，博士生导师，博士。主要研究方向为宏观经济理论与政策等。

改革、调整和升级是一个长期的动态过程，不可能毕其功于一役。特别是中国经济迈向高质量发展和建设现代化经济体系的新征程，经济结构优化和升级的重要性更加凸显，发展不平衡不充分的问题仍然突出。现代化经济体系需要有一个现代化经济结构，高质量发展必须以优化的高级化的经济结构为依托。因此，党的十九大报告提出，“以供给侧结构性改革为主线，推动经济高质量发展”。《中华人民共和国国民经济和社会发展第十四个五年规划和2035年远景目标纲要》把“必须坚持深化供给侧结构性改革，以创新驱动、高质量供给引领和创造新需求，提升供给体系的韧性和对国内需求的适配性”列为“十四五”规划和2035年远景目标的战略导向之一。

要深化供给侧结构性改革，实现高质量发展，首先必须研究中国经济发展不平衡不充分问题有哪些，其症结何在，从而为供给侧结构性改革和高质量发展提供方向和指引。本文就是基于这个逻辑对近些年中国经济结构的若干变化进行探讨，并提出相应的改革和发展建议。

一、中国经济的三个趋势性变化

近年来中国经济发生了许多变化，本文主要考察和分析中国经济的三个趋势性变化：一是中国经济的内向化趋势；二是消费取代资本形成成为拉动中国经济增长的主力马车；三是消费率偏低并且呈下降趋势。

（一）中国经济的内向化趋势

中国经济内向化趋势有两个特征事实：一个特征事实是2007年以来中国外贸依存度和出口依存度持续下降。

如图1所示，2001年中国正式成为WTO成员后，外贸依存度快速上升。2002年即突破40%，由2001年的38.05%上升到42.21%；2003年和2005年分别突破50%和60%，分别达到51.29%和62.42%；2006年更是达到64.24%的最高点。2008年国际金融危机沉重打击了世界主要经济体，导致全球贸易萎缩。2009年中国外贸依存度由上年的56.36%大幅回落到43.23%，下降了13个百分点；2010年和2011年虽然回升了5个百分点，分别达到48.95%和48.45%，但是自2011年开始又逐年走低，2015年跌破40%（为35.64%），2019年和2020年进一步分别下降到31.99%和31.65%，低于20世纪90年代的外贸依存度平均值。现在中国的外贸依存度不到国际金融危机前的2005—2007年的一半。

中国出口依存度的走势与外贸依存度大体一致，2006年达到最高点（35.36%），国际金融危机后跌破30%，2016年进一步跌破20%，2018—2020年均低于18%，与20世

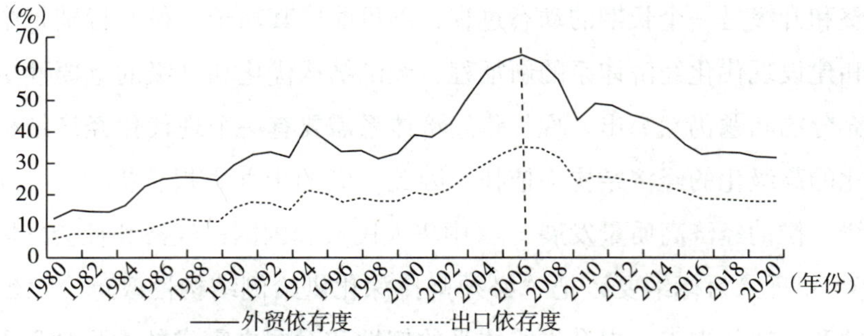

图 1　1980—2020 年中国外贸依存度及出口依存度变化

资料来源：《中国统计年鉴》(2021)。

纪 90 年代初的出口依存度大体持平。

中国外贸依存度和出口依存度双双回落意味着 2006 年前后中国每年需要依靠出口来实现总产出价值的比重在 1/3 以上，而现在通过国际市场来实现总产出价值的比重下降到 1/6 左右。这也表明，国际金融危机以来，中国每年生产出来的总产出有越来越大的比例需要通过中国国内市场消化，也就是说，总产出中越来越大的份额需要通过国内市场进入生产消费和生活消费，以实现其价值。

另一个特征事实是中国总需求结构中的"三驾马车"对经济增长的作用发生了变化：内需对经济增长的贡献增大，进出口对中国经济增长的贡献率（见图 2）和拉动率（见图 3）总体是负数。

如图 2 和图 3 所示，如果抛开受疫情影响的 2020 年数据，2001—2019 年中国最终消费、资本形成和净出口对 GDP 增长的平均贡献率分别为 53.95%、48.28% 和 -2.22%，对 GDP 增长的平均拉动分别为 4.77 个、4.43 个和 -0.17 个百分点，净出口对经济增长的贡献和拉动平均都是负数。2001—2019 年，净出口对经济增长的贡献和拉动有 10 年都是负数；国际金融危机后的 2009—2019 年，净出口对经济增长的贡献和拉动更是有 7 年都是负数。

这个特征事实表明，21 世纪以来，中国经济增长主要是内需贡献和拉动的；国际金融危机以来，内需中的最终消费和资本形成对中国经济增长的贡献和拉动作用在增大。

以上两个特征事实说明，2008 年国际金融危机以来，中国经济增长越来越倚重内需或国内市场。这种变化已经持续了 10 年以上，目前仍然看不出有逆转的倾向，因此可以称作中国经济的内向化趋势。

中国经济结构这些年呈现内向化的趋势，其原因可能是多重的，但主要是国内经济结构升级和国际经济关系大变局共同作用形成的。

改革开放促进了技术进步和生产力发展，市场化和生产资料所有制结构改革促进了民

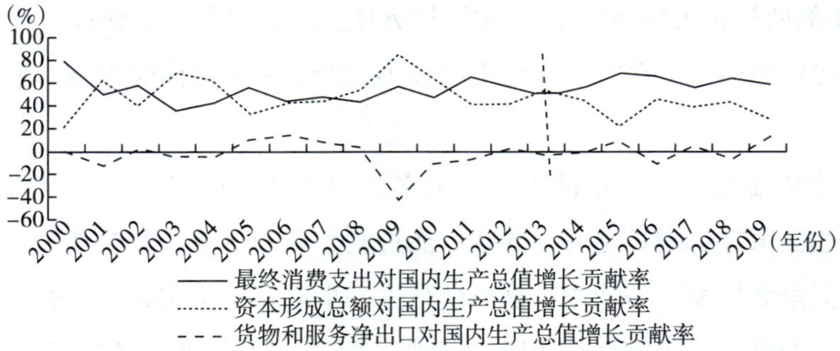

图 2 2000—2019 年三大需求对中国 GDP 增长的贡献率

资料来源：《中国统计年鉴》(2021)。

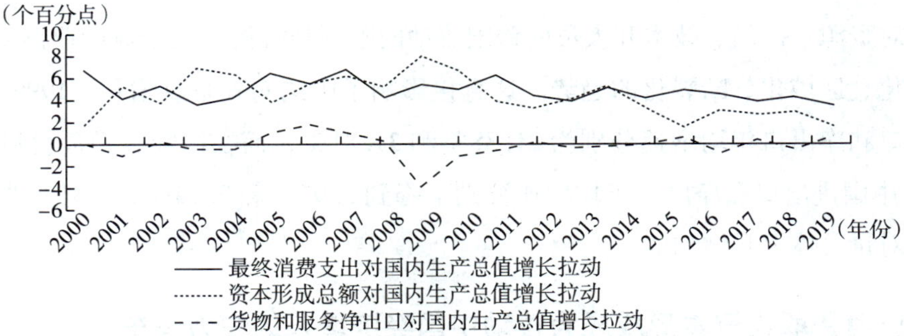

图 3 2000—2019 年三大需求对中国 GDP 增长的拉动

资料来源：《中国统计年鉴》(2021)。

营经济发展，推动了中国经济结构变革和升级，这表现为自 2012 年以来，中国国内生产总值中的第三产业增加值占比持续超过第二产业，并且二、三产业在 GDP 中的比重呈现此降彼升的走势（见图 4）。

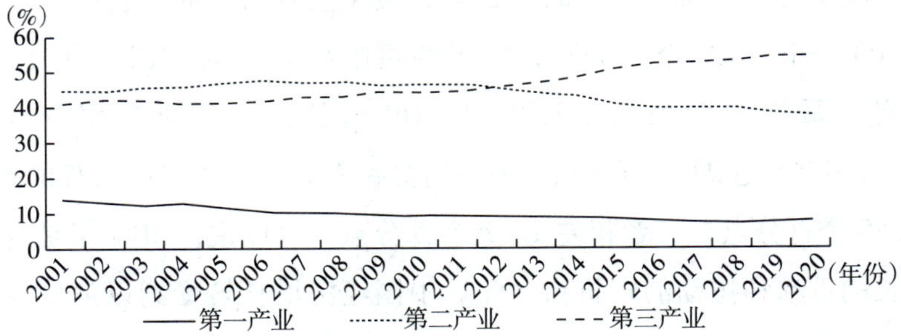

图 4 2001—2020 年中国三次产业结构

资料来源：《中国统计年鉴》(2021)。

与第二产业相比，第三产业的产业链和供应链的链条相对较短，劳动密集型程度较高，资本—劳动比率较低，劳动生产率也相对较低，并且我国服务贸易国际竞争力总体上较弱，其产品和服务主要是满足国内需求，生产经营活动主要是依托国内市场，加上 1998

年和2008年的两轮扩大内需使中国国内市场的潜力得到进一步释放，这些因素叠加在一起使得中国经济内向化与第三产业比重超过第二产业差不多同时出现，并且一直保持同方向变化。

2008年国际金融危机严重冲击了绝大多数经济体，造成世界经济和国际贸易增速放缓，主要发达国家经济增长乏力，导致产能过剩、利润下降、亏损和失业增加、社会矛盾激化，市场竞争和国家竞争加剧，这些变化进一步导致保护主义、民粹主义、单边主义等一些逆全球化的现象频频发生。2017年以来，西方一些发达国家发起了对中国的贸易战、科技战和人才战，某些大国通过提高关税和非关税壁垒措施恶意打压中国企业和进出口，使中国货物和服务贸易进出口的成本和难度增加。随着2020年前后暴发的新冠疫情，各国加强了对资源、产品、技术和人员的跨国流动的限制和管控，使全球产业链、供应链出现了本地化、区域化、断裂化的趋势。这直接影响了中国对外贸易增长。1999—2008年，中国进出口和净出口年均增速分别为21.38%和31.81%，而在国际金融危机后的2009—2019年，中国进出口和净出口年均增速分别下降到5.97%和7.14%，虽然这期间中国进出口的绝对量总体上是增加的。

（二）消费取代资本形成成为拉动中国经济增长的主力马车

从2014年开始，中国经济中内需增长的一个明显变化趋势是最终消费对GDP增长的贡献和拉动都持续、稳定地超过资本形成的贡献和拉动，而2014年以前内需两大部分对经济增长的贡献和拉动的大小是交替变化的。

图2和图3显示，以2014年为分界点，2001—2013年，最终消费和资本形成对GDP增长的平均贡献率分别为50.41%和53.26%，最终消费和资本形成对GDP增长的平均拉动分别为5.03个和5.29个百分点，二者的贡献率和拉动率都非常接近，差距不大。2014—2019年，最终消费和资本形成对GDP增长的平均贡献率分别为61.63%和37.48%，二者相差超过24个百分点；最终消费和资本形成对GDP增长的平均拉动分别为4.22个和2.55个百分点，二者相差1.67个百分点。可以说，2014年是内需两大部分对中国经济增长的贡献和拉动的转折点，此后中国经济增长转变到以消费为主要支柱的路径上。

这个趋势变化在一定程度上标志着中国经济增长方式正在由过去长期的投资驱动型转向消费拉动型，由粗放式增长转向集约式增长，由数量扩张型增长转向质量提高型增长。这种结构性转变符合H. 钱纳里（1975，1986）所发现的经济发展的型式转换规律。

（三）消费率偏低且呈下降趋势

中国消费率偏低这个特征事实早已被国内外学术界观察到，20 世纪末 21 世纪初一些学者就对这个问题进行过分析。

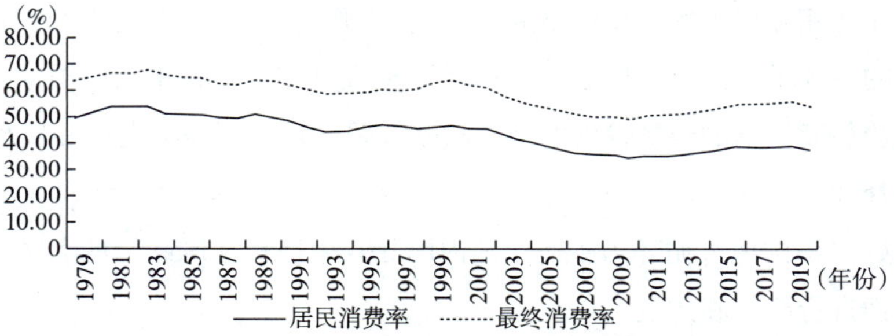

图 5　1979—2019 年中国最终消费率和居民消费率

资料来源：《中国统计年鉴》(2021)。

如图 5 所示，改革开放以来，中国（最终）消费率和居民消费率呈现“两下降两回升”的波浪式下降走势：1983 年最终消费率从改革开放以来的最高点（67.3%）逐渐下降，一直下降到 1993 年和 1994 年的最低点（均为 58.5%），10 年间下降了约 9 个百分点；此后消费率开始回升，一直上升到 2000 年的高点（63.9%），6 年间回升了 5.4 个百分点；2000—2010 年消费率再度下降，一直下降到 2010 年的 49.3%，10 年间下降了近 15 个百分点，并且跌破 50%；此后又进入新一轮回升期，一直回升到 2019 年的 55.8%，9 年间回升了 6.5 个百分点。两轮消费率回升无论就其回升时间长度还是回升幅度来看，都不敌下降的时间长度和下降幅度，从而使 1979—2020 年的消费率整体上呈下降的走势：1979—2002 年的年均消费率高于 60%，为 62.75%，2003—2020 年的年均消费率低于 60%，为 53.08%；高低相差接近 10 个百分点，消费率下降了一个大台阶。

中国居民消费率的走势和最终消费率的走势大体一致，只是前者的升降幅度要小一些。值得注意的是，自 2005 年以来，中国居民消费率一直低于 40%，2010 年甚至只有 34.63%。这意味着，近 15 年来，中国每年生产的总产出用于居民消费的部分不到 40%。

无论是与发达国家中的七国集团（G7），还是中国周边的亚洲 7 国（韩国、新加坡、印度、马来西亚、菲律宾、泰国和越南），或是人均 GDP 水平在 3000 ~ 10000 美元的若干国家进行比较，中国消费率和居民消费率都是偏低的。

二、构建“双循环”应对中国经济内向化

中国经济内向化趋势和不稳定不确定的世界格局提示我们，中国国内市场在广度和深度上发展对今后中国经济的发展越发重要，中国经济发展的主战场应当是国内市场。2020

年5月14日的中共中央政治局常委会会议首次提出“深化供给侧结构性改革，充分发挥我国超大规模市场优势和内需潜力，构建国内国际双循环相互促进的新发展格局”这个重大战略构想，党的十九届五中全会通过的《中共中央关于制定国民经济和社会发展第十四个五年规划和二〇三五年远景目标的建议》进一步提出“加快构建以国内大循环为主体、国内国际双循环相互促进的新发展格局”，并把它作为“十四五”时期中国经济社会发展的指导思想的一项重要内容，构建“双循环”新发展格局正是中央和国务院为了适应中国经济内向化趋势而做出的经济发展的重大战略部署，是我国经济发展和实现社会主义现代化的必然选择和必要途径。

如何做好“以国内大循环为主体、国内国际双循环相互促进”的大文章？我认为需要从以下几方面进行改革和建设。

（一）构建统一且畅通的国内大市场

中国内向化趋势客观上要求中国经济增长和发展以国内大循环为主体，以国内大市场为主要依托，以国内消费需求和投资需求为主要拉动力。以国内大循环为主体，首先需要有一个统一且畅通的国内大市场。所谓统一且畅通的国内大市场，其主要特征或标志为：①从社会再生产的角度看，生产、分配、交换、消费的各个环节是有机衔接的、循环畅通的，投入到产出到消费的实物流量和金融流量循环是正常的。生产、分配、交换、消费四个环节构成社会再生产一个完整的循环过程，如果一个环节出现障碍或梗阻，国民经济流量循环都将受阻，社会再生产过程将被迫停顿或中断，经济增长会受到抑制，甚至会发生经济危机。②形成统一的国内大市场。这里的“统一”是经济学意义上的统一，而不是地理学意义上的。经济学意义上的统一的国内大市场意味着，在一个国家领土范围内，生产要素市场和商品市场不存在城乡分割、区域分割和行业分割，要素、商品和技术在城乡之间、区域之间和行业之间是自由流动的，不存在制度或人为限制。③国内经济循环的体系结构是独立完整的。这意味着我们不但需要有完整独立的产业体系和经济结构，而且基础性的、关键性的产品和服务的产业链和供应链也是完整独立的。我们不但要把饭碗牢牢地端在自己手里，而且要把主要产品和服务生产的自主权和知识产权牢牢掌控在自己手里，基础性、关键性的产品和服务都是“中国生产”“中国制造”。④国内经济循环的动力是强劲有力的。国民经济循环的动力是由供给和需求两方力量的合力形成的。供给一方的力量主要来自“三个引擎”，即生产要素提质增效、经济结构优化升级和全要素生产率（TFP）提高；需求一方的力量主要来自“两驾马车”，即投资需求和消费需求。要使“三个引擎”“两驾马车”强劲有力，需要通过不断深化体制改革和制度创新来充分调动个人、企业、政府和社会组织的积极性，这些积极性是推动创新和技术进步从而推动TFP提高的原动力，也是推动投资需求和消费需求不断增长的原动力。

（二）推进高水平对外开放

“双循环”的完整内涵是“以国内大循环为主体、国内国际双循环相互促进的新发展格局”。“以国内大循环为主体”是强调中国经济发展要立足于国内市场，要自主发展，不能过度依赖国际市场，不能让国际市场左右中国经济发展甚至卡中国发展的脖子。但是，“以国内大循环为主体”不能被解读为我们要闭关锁国、脱离国际市场来发展经济，也不意味着我们要放弃或削弱对外开放，回到改革开放前“关起门来搞建设”的老路上去。“把国门开得更大些”“推进高水平对外开放”是双循环新发展格局的题中应有之义。我们要防止把“双循环”误读为“单循环”或“自循环”。

高水平对外开放是更大的开放和更高质量的开放。推进高水平对外开放需要从以下几方面着力：①不断提高中国经济的实力和竞争力。现代市场竞争主要是科技、知识和人才竞争，国际市场竞争还是一种国家实力、制度优势比拼。推进高水平对外开放，必须提高中国企业的竞争力和国家实力，发挥我们的制度优势。科技发展离不开教育，自主创新离不开人才。一个国家的创新能力和技术进步速度总是和教育发展程度正相关的，总是和制度环境的宽松、激励机制健全有效正相关的，总是和人才的数量及其积极性正相关的。这就要求我们不仅要重视教育，重视人才培养，更要注重制度改革和创新，提高制度效率，注重调动人才的积极性。②对外经济贸易结构和模式转型升级。由以劳动密集型产品出口为主转向以资本密集型和知识密集型产品出口为主，由以自主知识产权含量较低、附加值较低的产品出口为主转向以自主知识产权含量较高、附加值较高的产品出口为主，由以货物贸易为主转向以货物出口和服务贸易出口并重，由以商品出口为主转向以资本和企业走向国际市场为主。③落实好“一带一路”倡议，不断拓展中国经济发展的国际市场空间。“一带一路”建设是21世纪世界级的伟大工程。建设好发展好“一带一路”，不仅可以推动沿线各国经济贸易互联互通，开展更大范围、更高水平、更深层次的区域合作，拓展沿线国家的国际市场和经济发展空间，而且可以通过共同打造政治互信、经济融合、文化包容的利益共同体、责任共同体和命运共同体，为共同构建人类共同体奠定基础。“一带一路”建设和发展过程必将是中国经济更广更深地融入全球化的过程，是中国经济发展增添新动力、获得新机遇的过程。④积极加入WTO以外更多的跨国、多边的自由贸易关系协定，创建和参与发展区域性的和国际性的自由贸易组织或自由贸易区。与更多的贸易伙伴合作，建立更多更密切的国际经济贸易关系网络，中国才能实现更高水平的对外开放。

（三）做大做强国内市场，促进国内国际双循环

改革开放以来，中国利用劳动力低成本优势，积极参与国际分工与国际经济大循环，市场和资源“两头在外、大出大进”，通过产业发展逐步成长为“世界工厂”，“中国制造”在全球产业链和供应链中占比不断提高。然而随着经济规模的扩大、发展水平的提升以及人口红利的减少，中国廉价的生产要素不可持续，低成本的“中国制造”也不再是竞争优势；并且，过于依赖国外市场势必会对国内市场的重视和开发利用不足，这与中国作为一个发展中大国和世界第二大经济体是不相称的。大国经济发展不能长期、过度地依赖外部市场，必须以国内市场为主要支柱；但是大国经济发展又不能脱离国际市场，特别是中国经济的生产力和总供给能力已经发展到了相当的高度，融入国际化也达到一定的深度，不可能独立于国际市场而获得稳定持续发展。

构建“双循环”新发展格局，首先和关键是要做好做实国内大循环。中国的国内市场统一为一体的了，市场循环畅通了，生产要素和产品的自由流动性提高了，企业创新能力和智能科技水平提高了，法治和知识产权保护完善了，就会吸引更多的外商外资进入中国市场，就会引致外国企业和产业更加依赖中国的供应链、产业链以及巨大的市场潜力。中国经济的未来发展，不是简单地引进技术水平一般、品牌一般、经营模式大众化的外商和外资，而是要吸引那些技术领先、经营模式独特和具有品牌优势的外国企业和外国资本进入中国市场，以适应中国经济高质量发展的需要。要达到这个目的，就需要做大做强国内市场。只有做大做强国内市场，中国超大规模市场的优势真正呈现出来了，才能增强对高质量的外商和外资的吸引力。

因此，构建“双循环”相互促进的新发展格局要做好“两个开放”和“双向开放”。所谓“两个开放”，是指在继续扩大对外开放、实现高水平对外开放的同时，抓好“对内开放”，即对个人和企业的经济活动、对生产要素和产品的自由流动进一步放开。国家需要出台更多的类似于“地摊经济”“微商”“直播带货”等形式的对内开放举措，撤除阻碍商品、要素、技术、人才自由流动的障碍。同时，各级政府要进一步做好“放管服”改革，营造良好的营商环境。通过改革扩大对内开放，不断完善、发展和繁荣国内市场，就会有更多更好的中国产品和企业走出去，同时也会吸引更多更好的外资外企进入中国市场。所谓“双向开放”，是指中国市场对外开放和外国市场对中国开放。“把国门开得更大”“促进高水平对外开放”是中国坚持对外开放的承诺和追求，要保持外国市场对中国开放，我们能够做的主要是强化中国经济自身的实力和竞争力，不断挖掘和发挥国内市场潜力，在国际经济贸易合作中发挥积极的协调作用，利用好国内国际两个市场的资源，推进人类命运共同体建设。

三、促进共同富裕应对消费率下降

前面所述的第三个趋势性变化与第二个趋势性变化是不相称、不匹配的。第二个趋势性变化表明消费已经成为中国经济增长的主力马车，消费在拉动中国经济增长中越来越重要，但是第三个趋势表明中国消费率和居民消费率不但偏低而且呈波浪式下降的趋势。也就是说，如果消费率和居民消费率稳定或稳中有升，中国经济增长会获得更强的有效需求支撑，经济增长会更快更稳定。

对于中国消费率偏低和走低的原因，这些年学术界从不同角度做过许多探讨，本文主要从收入分配的角度进行分析，在此基础上再讨论如何应对消费率下降。

无论哪一种消费函数理论，收入都是其中的主要自变量，这里的收入包括绝对收入（家庭可支配收入、人均 GNI）或相对收入（实际上反映了收入分配状况）、持久收入或预期收入（实际上是经济社会发展前景和制度状况赋予消费者对未来的信心）。改革开放以来，随着中国经济持续高增长，中国人均 GDP 由 1978 年的 385 元增加到 2020 年的 72000 元，增长了 186 倍。2000—2019 年，中国劳动者报酬增速稍低于 GNI 增速，年均增速分别为 12.83% 和 12.94%，二者增长基本上保持了同步。但是，2000 年以来中国居民消费倾向总体上是下降的（见图 6）。

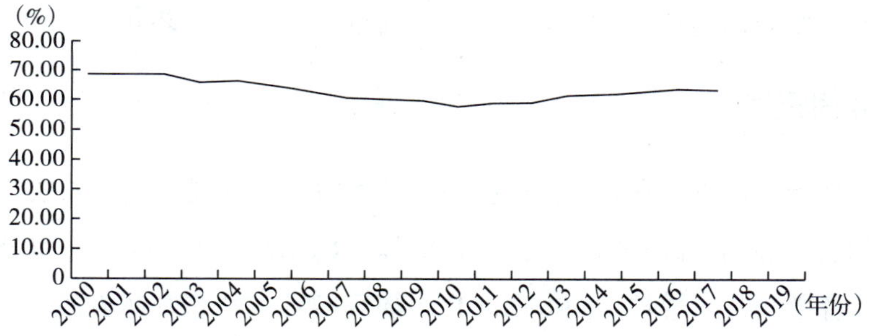

图 6 2000—2017 年中国居民消费倾向

注：其中资金流量表缺少 2018 年“住户部门实物交易资金运用居民消费”数据，因此居民消费倾向只计算至 2017 年。

资料来源：《中国统计年鉴》（2021）。

由图 6 可以看出，就 21 世纪来看，2010 年中国居民消费倾向下降到谷底，为 57.90%，此后虽然逐渐回升，但是仍没有恢复到 2000—2005 年的高度。以 2010 年为分界点，2000—2009 年中国居民消费倾向平均为 64.64%，2011—2017 年为 61.79%，平均降低了 2.85 个百分点。中国居民消费倾向下降应当是中国消费率和居民消费率走低的主要原因。

什么导致中国居民消费倾向下降呢？其主要原因应当从国民收入分配中去寻找。根据凯恩斯的消费倾向规律，随着收入水平提高，消费者的消费倾向是递减的，这就导致高收入人群的消费倾向低于中收入人群，中收入人群的消费倾向又低于低收入人群。一个经济社会收入分配差距越大，收入分配的金字塔越大，其居民消费倾向就会越低。

收入分配差距过大已经是中国经济的一个特征事实，也是政府和学界的共识。改革开放以来持续的经济高增长，人均 GDP 增长了 186 倍，4 亿多人成为中等收入群体，并且出现了富人阶层，一些人登上了亚洲富豪榜和世界富豪榜，但是低收入群体过于庞大。

根据《中国统计年鉴》（2020）的“全国居民按收入五等份分组的人均可支配收入”数据，2019 年 20% 低收入组家庭和 20% 中间偏下收入组家庭的年人均可支配收入分别为 7380. 4 元和 15777 元[①]，40% 的家庭涵盖 6. 1 亿人，月人均收入近 1000 元。

不难理解，这个月人均收入 1000 元的 6. 1 亿人群，消费倾向应当是很高的，可能接近 100%。如果他们的月人均收入提高到 2000 元或 3000 元，中国居民消费需求将会增加很多，消费率走低的趋势将能够逆转，中国实施国内大循环为主体、国内国际双循环相互促进的发展战略将会有稳固的基础。

以上收入分配状况说明，中国经济经历了差不多 40 年的高增长，人均 GDP 和人均可支配收入有了很大提高，现在到了实施促进共同富裕的发展战略、使更多的人口享受到经济发展的成果的时候了。

关键是怎么促进共同富裕？我认为主要是促进以下三个“共同”。

（一）共同提高

共同提高是指个人或家庭收入共同提高。这种收入共同提高包括两层含义的“水涨船高”：一是家庭收入随着经济增长“水涨船高”。家庭收入增长不一定和经济增长同比例提高，但是二者必须共同增长、同方向变化。随着 GNI 这块蛋糕越做越大，家庭分到的那部分蛋糕也应该越来越大。这样社会成员才会有获得感，才能感受到经济增长使他变富裕了。二是不同家庭的相对收入“水涨船高”。也就是一个家庭与周围家庭相比，其收入都是提高的。在不同阶段不同家庭的收入提高的幅度可能不同，但是不能一部分家庭的收入不断提高，另一部分家庭的收入“原地踏步”；不能大多数家庭的收入提高了，少数家庭的收入却绝对或相对下降了。不同家庭的收入共同提高不意味着不同家庭的收入同步增长或齐头并进或没有差别，而是指不同家庭的收入都随着经济增长“水涨船高”。共同提高不是同比例提高，共同富裕不是所有的家庭都同步富裕、同等富裕。从长期来看，共同富裕要求家庭之间的收入差距在不断缩小并最终保持在社会普遍认可的差距范围内，这样才

---

① 《中国统计年鉴》(2020)。

能使社会成员感受到经济增长和社会制度的公平性、共享性。

实现家庭收入与经济增长的共同提高，首先要从制度上保证劳动者报酬增长与劳动边际生产率增长同步。劳动者报酬是绝大多数家庭收入的主要来源，应当努力实现劳动报酬增长和劳动边际生产率提高同步，居民收入增长和经济增长同步。其次是要做好初次收入分配、二次分配和三次分配这个大文章。初次分配本质上是一种市场分配，是市场按照劳动者的体力和智力及其发挥作用的大小来分配生产成果，多劳多得，多贡献多得，这个分配原则激励人们多劳动多贡献。但是市场是没有头脑的，它没有办法识别出各人的体力和智力差异，没有办法识别出各人的机遇差异和在生产关系中的地位差异，因而市场分配很难自动导致公平的分配结果。二次分配实际上是政府分配，政府通过税收、转移支付和社会保障来“抽肥补瘦”“削强补弱”。但是政府分配仍然有盲区，仍然有财政税收政策覆盖不到的“死角”。因此需要三次分配。三次分配可以叫作社会分配，由社会非营利组织和非政府组织（例如慈善基金会、公益性的协会）进行收入和财富再分配；还可以由个人和组织根据实际需要自愿组织再分配，例如自愿为灾区居民、为遭受意外灾难和重大疾病的家庭临时筹款捐赠。

（二）共同奋斗

收入和财富是劳动创造的，资本和技术也是劳动创造的。要通过共同提高来促进共同富裕，其前提条件是靠共同奋斗来创造收入和财富。没有蛋糕，再公平的分配也是画饼充饥，不关注如何把蛋糕做大仅仅把眼光盯在分配上只会导致斤斤计较甚至你死我活。

如同国际歌所唱的“要创造人类的幸福，全靠我们自己”，要实现共同富裕也只有靠我们共同奋斗。无论是个人或家庭富裕还是全社会共同富裕，不可能是天上掉馅饼，要靠劳动、奋斗、创新、创造。共同富裕不是均贫富，更不是“杀富济贫”。我们的共同富裕应当是高于和超越西方的福利国家，我们的共同富裕是全体劳动者共同享用共同奋斗的劳动成果。我们上面所说的家庭收入共同提高主要不是靠财政供养，不是靠福利制度支持。共同富裕不是坐享其成，不是养懒人，一个人有劳动能力而不奋斗，光靠别人的劳动和贡献过着优渥的生活只能算是“分享富裕”，而不是“共同富裕”；坐享他人的劳动成果和享用自己奋斗的成果，其满足感和幸福感是大相径庭的。通过激发广大人民的积极性和创造性，人人努力，共同奋斗，来发展生产、创新创业，才是通向共同富裕的康庄大道。

共同奋斗的含义有二：一是每个人在财富创造过程中都积极有为，尽力而为，有多大力出多大力。每个人的能力、起点和机会是不同的，但只要认真实干，为财富创造尽心尽力了就是奋斗了。二是在财富创造过程中，大家同心协力，团结互助，在既分工又合作的基础上贡献各人的劳动和智慧，把 GNI 蛋糕不断做大，并且大家都想方设法不断提高 GNI

蛋糕的质量和品位。财富是自己创造出来的，不是等靠要来的，袖手旁观、消极抱怨不会增加财富，只会削减财富。

（三）共同发展

共同提高和共同奋斗需要一定的制度环境，这就是共同发展。这里所说的共同发展包括两个方面的充分发展：①经济和社会的协调发展、均衡发展、充分发展和高质量发展。②个人的充分发展和全面发展。

经济和社会的协调发展与均衡发展主要包括产业之间、私人物品生产和公共物品生产之间的协调发展，城乡之间、区域之间、各民族之间的均衡发展，经济建设、政治建设、文化建设、社会建设、生态文明建设“五位一体”共同发展。经济和社会的充分发展是指经济和社会的发展能力或潜力得到充分发挥，社会和谐稳定，经济持续增长。经济和社会的高质量发展是指教育和科学技术发达，创新能力强，物质产品和精神产品丰富，公共服务普及普惠，环境优美宜居，人与自然关系友好和谐。现代社会的富裕，不仅是生活富裕富足，还需要高品位的精神产品和高质量的公共服务，以及优美的自然环境、清洁的空气、便捷的交通、安全文明的社会环境。在居民消费结构中，衣食住行消费客观上存在一个生理和心理界限，虽然衣食住行消费在相当大比重的人群中还有增长空间，但是经济社会发展了，人均收入不断提高了，衣食住行以外的消费将是居民消费的增长点。

在经济和社会发展进程中，不能让一部分地区、一部分行业和一部分家庭掉队落伍，必须通过实现经济的全面发展和社会全面进步促进共同富裕。经济社会协调发展和均衡发展了，才能使不同行业、不同职业、不同地区的人群特别是广大农村地区得到共同发展，才能缩小城乡之间、行业之间、地区之间的收入差距，大家一起迈向共同富裕。因此，要实现共同富裕，必须解决好发展的不平衡不充分问题，必须持续推进供给侧结构性改革，改革和完善总需求管理。

经济社会发展进入一定的阶段后，我们不能单纯地追求提高增加值和利润，应当把满足国内需求特别是居民消费，不断提高社会成员福祉作为经济发展的出发点和落脚点。

个人的充分发展和全面发展主要是指，个人有平等的受教育、就业、流动（包括横向流动和纵向流动）、升迁、创业机会，每个人都能够通过积累人力资本和财富、奋斗和贡献公平地获得相应的回报，共享发展成果；个人还有以国家主人翁的资格平等参与政治和管理社会的权利和机会，人人都能“尽其力，用其能，圆其梦”。正如习近平总书记多次强调的，“人人都有通过勤奋劳动实现自身发展的机会”。

经济和社会协调发展、均衡发展、充分发展和高质量发展了，才能促进个人的充分发展和全面发展。每个人只有通过不断发展增强自己的能力才能不断提高自己的收入、改善自己的境况，才能通过努力奋斗融入和实现共同富裕。

经济和社会协调发展、均衡发展、充分发展和高质量发展，机会平等和自由流动是实现社会成员共同发展的重要条件，是促进共同富裕的重要前提和重要途径。只有在经济和社会协调发展和均衡发展、机会平等和自由流动的条件下，个人才不会因为“投错胎”“入错行”而在社会地位、收入、财富上长期不能翻身。个人能够通过努力奋斗实现其人生梦想，就会激发人们的积极性，就会使人们对社会充满信心，对未来满怀期待，如此，经济和社会发展自然就有足够强大的民心民意支持，经济和社会发展就有源源不断的推动力。

如何实现经济和社会协调发展、均衡发展、充分发展和高质量发展？如何实现机会平等和自由流动？答案是改革和创新。经济和社会协调发展、均衡发展、充分发展和高质量发展的动力源泉是改革和创新，个人的机会平等和自由流动的条件是通过改革和创新创造出来的。因此，不断改革和创新是促进共同富裕的根本动力，是实现共同富裕的根本途径，也是实现共同富裕的根本保证。

注释

①如无特殊说明，此处及文中其他数据均为笔者根据历年《中国统计年鉴》的数据计算得到。

②对于这个特征事实，笔者曾在《中国居民消费潜力及增长点分析：基于2035年基本实现现代化的目标》（载于《经济学动态》2021年第2期）一文中做过分析。这部分内容是根据《中国统计年鉴》（2021）的最新数据加以更新的。

参考文献

[1]习近平．决胜全面建成小康社会 夺取新时代中国特色社会主义伟大胜利——在中国共产党第十九次全国代表大会上的报告[M]．北京：人民出版社，2017.

[2]中华人民共和国国民经济和社会发展第十四个五年规划和2035年远景目标纲要[N]．人民日报，2021-03-13(05).

[3]方福前．从消费率看中国消费潜力与实现路径[J]．经济学家，2020(8)：27-38.

[4]方福前．中国式供给革命[M]．北京：中国人民大学出版社，2018.

[5]范剑平．我国居民消费率偏低的原因分析与开拓城镇市场的对策选择[J]．宏观经济研究，1999(6).

[6]方福前．中国居民消费需求不足原因研究[J]．中国社会科学，2009(2).

[7]王宋涛．中国居民消费率缘何下降——基于宏观消费函数的多因素分解[J]．财经

研究，2014(6).

[8]傅程远．中国消费率下降成因的实证研究——基于1999—2012年省际面板数据的分析[J]．经济问题探索，2016(2).

[9]方福前．中国居民消费潜力及增长点分析——基于2035年基本实现现代化的目标[J]．经济学动态，2021(2).

[10][美]H. 钱纳里，等．发展的型式：1950—1970[M](中译本)．李新华，等，译．北京：经济科学出版社，1988.

[11][美]H. 钱纳里，等．工业化和经济增长的比较研究[M](中译本)．吴奇，等，译．上海：三联书店上海分店，1989.

[12]中共中央关于制定国民经济和社会发展第十四个五年规划和二〇三五年远景目标的建议[N]．人民日报，2021-03-13.

[13][英]J. M. 凯恩斯．就业、利息和货币通论[M](高鸿业重译本)．北京：商务印书馆，1999.

[14]万海远，孟凡强．月收入不足千元，这6亿人都在哪[EB/OL]．财新网，2020-06-03.

如何理解债券市场的风险？①

——在这种特别复杂的系统工程情形下，债券市场违约风险将呈现违约领域多发散发、违约方向变化多端的特点

盛　军　盛　洁

中国经济正在面临发展模式和增长方式的结构革命性剧烈变化，一方面，以投资拉动和人口红利推动为主要特征的效率优先模式已经走向式微，房地产预期已经改变，城投面临巨大的转型压力；另一方面，主动迎接全球气候变化的挑战，我国正在以壮士断腕的勇气自我革命，主动加快“碳中和”进程，经济能源结构正在酝酿翻天覆地的革命性巨变。重大结构革命正在引发全方位的行业调整，金融资源先行对推动低碳转型显得越发重要越发紧迫，相关行业内的微观主体的经营风险将加大，相应的债券市场局部系统性违约风险隐患将进一步扩大化、显性化。

一、随着低碳革命的到来，存量债券资源将乾坤大挪移，目前债券存量结构中以房地产、城投为代表的大类资产的违约风险将持续加大

（一）低碳新发展模式不可逆转，“房住不炒”总基调不可撼动，房地产行业性风险和外溢风险将持续发酵

近年来，各地区各部门坚定“房住不炒”和“一城一策”的总方向，严防资金违规流入房地产市场。2021 年年末，人民币房地产贷款余额 52. 17 万亿元，同比增长 7. 9%，比上年增速低 3. 7 个百分点，低于各项贷款平均增速 6. 5 个百分点；近 10 年来房地产贷款增速较人民币贷款总增速持续走低，近几年在总贷款中的占比平稳回落，特别是房地产开发贷款，详见图 1。

进入 2022 年以来，对于地产行业整体波动加剧的情况，高层释放了房地产信贷环境

① 本文首发于《中国经济报告》2021 年第 5 期（双月刊）“债券市场违约风险对金融安全及经济稳定的影响”，作者盛军、盛洁，招商银行总行风险主管。

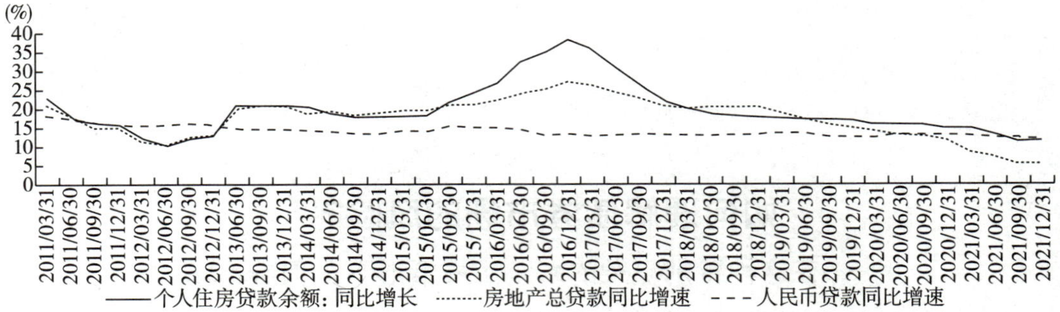

图1　房地产贷款增速与人民币贷款总增速比较

资料来源：中国人民银行。

改善的信号，房地产贷款在“大方向没有改变”的前提下，在刚性需求上按揭贷款有所放松，推动房地产行业持续稳定发展，防范可能的系统性风险，而在这一过程中更强调对刚需等“合理资金需求”的满足，“房住不炒”政策基调未发生任何变化。由于快销高负债模式终结，保障房长租模式兴起，虽然房地产整体融资环境有所改善，但对于经营激进的尾部地产企业，面临流动性枯竭违约破产倒闭或被国企并购的概率反而持续增加，今后一段时间将给债券市场带来一定的扰动和冲击。

“房住不炒”理念持续强化，保障性租赁住房制度的强力推进进一步改变供求、抑制房价；内需基点和科技驱动战略客观上要求房地产业回归正常本位；居民部门负债率快速持续攀升而收入预期下降；信贷政策持续收缩，按揭价格飙升额度受控，房地产税进入读秒阶段进一步加大购房和持有成本预期。综合来看，房地产价格拐点已经来临，房地产行业下滑风险概率加大。

（二）住户贷款杠杆率攀至新高，居民房价预期悄然改变

住户贷款占国民可支配收入的比重，在2010年仅为27.25%，2020年达到了62.60%，上升了35.35个百分点（见图2）。近10年居民部门杠杆率增长超过1倍；而房贷在其中占据绝大比例。还贷压力和房产下跌将导致不良率进一步提升。

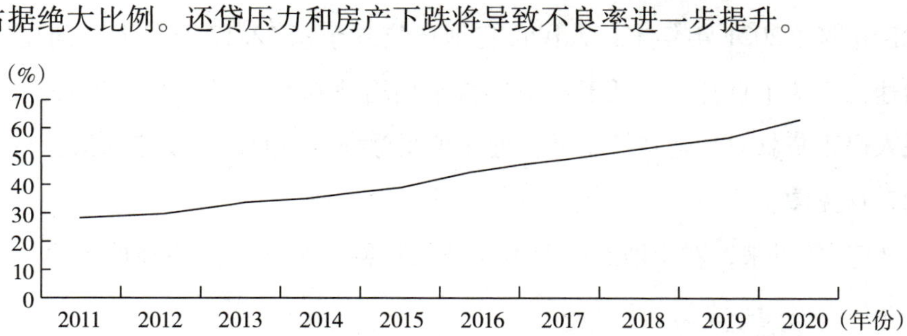

图2　2011—2020年住户贷款占国民可支配收入的比重

资料来源：Wind。

从20%多到60%这样的一个杠杆水平，美国用了近40年，日本用了20多年，中国只用了10年。而新兴经济体的这个指标平均仅为38.7%。央行发布的最新政策研究显示，2021年第一季度我国居民杠杆率为72.1%。《中国家庭财富指数调研报告》显示，计划购房家庭占比自2020年第四季度以来持续回落，居民购房意愿下行明显。2021年10月，全国人大常务委员会授权国务院在部分地区开展房地产税改革试点工作。房产税开征在即，结合长期租赁住房供给的迅速上量等政策组合拳，将持续推动居民购买商品房的预期改变。

（三）出生率持续下滑，中国人口下降趋势陡峭化，城镇化红利已近尾声，中长期房屋需求出现断崖

2021年5月31日中共中央政治局审议《关于优化生育政策促进人口长期均衡发展的决定》并指出，为进一步优化生育政策，实施一对夫妻可以生育三个子女政策及配套支持措施。但是2021年以来的数据显示，生育趋势仍然不容乐观。官方公布的2021年各地出生人口与生育登记情况统计汇总显示，2021年上半年（部分地区统计范围是1—7月），河南、宁夏等13个省份出生人口总数同比下跌17.2%，而根据国家统计局的数据，2021年中国新增人口只有48万人，零生育率临界点比相关专家的预计提前了5年以上。

基于上述原因，加之“十四五”规划吹响了经济革命性转型的号角，以科技创新为绝对主导的全新发展模式进一步压缩了房地产的发展空间，并持续推进各项资源向科技驱动的实体经济强力转移，对房地产行业形成抽水效应；从微观尾部市场主体近期频频违约来看，房地产行业将加速分化，引致2021年尾部发债主体违约风险进一步加大。虽然政策有所松动，“房住不炒”的基调没有改变，2022年仍存在需求弱化和销售及投资缩减带来的房价下跌和资产减值的较大可能性，如出现过度波动将引发较大震动和金融资产的连锁反应，防止房价过度下滑将成为政府政策的关注重点。当然，房地产行业尾部风险虽然仍未出清，但大概率以个体孤立事件为主，对国内债券市场的整体冲击有限，一方面房地产债券占比在存量中未超过10%，另一方面国内债券市场的准入始终较紧。

与此同时，房地产正在成为中资美元债市场最大风险源，并将持续发酵一段时间，特别是以快销加杠杆特征狂奔的地产企业在外部支持与自身造血方面都将面临持续的压力，部分尾部个体的破产和被兼并不可避免，将成为旧时代完结的标志风险事件和新时代开启的铺路石，同时让激进的投资者为不审慎承担代价，承受激进房地产发行主体的违约损失。

二、“双碳”目标加速正在带来革命性的新型产业替代和传统产业变革升级，将引发特定领域的结构性债券违约风险

（一）“双碳”政策的紧迫性推动非化石能源消费提升进一步加快，将持续加大债券市场煤炭、电力、石油等传统能源行业发债主体的结构性风险

我国是世界上少数几个能源以煤炭为主的国家之一。火电行业和在我国一次能源结构中“执牛耳”的煤炭行业将面临很大的生存转型压力，反映在债券市场上就是相应行业的信用风险可能出现爆发态势，2030 年以前，这种变化的斜率相对于 2030 年以后会相对温和，债市震动会相对缓和，但是由于这次变革的激烈程度巨大，相关行业尾部企业关停破产的压力将持续加大，对于尾部发债个体而言，这一能源结构的革命性剧变带来的影响可能是随时致命的，特别是列入国家负面清单的技术和项目，存在较高的债券违约风险。同时，随着这些传统行业规模压缩、发展路径异化，会形成新的企业分化和新的尾部风险及技术路径选择失败风险，持续引发相关主体的债券违约。

（二）随着能耗和排放标准的大幅提高，高耗能、高污染行业将加快分化，尾部和技术升级能力差的发债主体将面临技术结构变化带来的债券违约冲击

基础材料如钢铁、有色金属、水泥等生产过程的碳排放是整个社会碳排放的重要组成部分，向循环经济转型，并显著提高关键材料的利用率和回收率是重要方向。2021 年发布的《高耗能行业重点领域能效标杆水平和基准水平（2021 年版）》提出，引导企业有序开展节能降碳技术改造，提高生产运行能效，坚决依法淘汰落后产能、落后工艺、落后产品。在新增投资行业管控上，要求坚决遏制高耗能、高排放项目盲目发展，严控煤电、钢铁、电解铝、水泥、石化等高碳项目投资。

新一轮行政命令式强制淘汰潮和整治活动在相关领域和行业的展开，将给包括债券市场在内的金融领域带来较大的个体突然死亡式的违约风险，需要密切关注政策动态，评估其对相关行业及企业的生存影响，前瞻性地完成风险识别，及时采取风险防范和资产保全措施，以规避债券市场发债个体违约风险，对相关行业流动性风险加强预判和流动性管理。

三、减碳模式新趋势存在技术发展路径的极大不确定性和新旧模式转换协调衔接的阶段性冲突风险，将给债券主体的风险识别和化解带来困难，加大违约的不可预见性风险

（一）科技突破不达预期风险与“双碳”技术路线革命性突变带来的主流赛道大转向风险并存，违约主体结构将进一步多样化、复杂化，债券市场违约领域与方向预警难度加大

技术能否有效突破与技术变化本身的不确定性和难以预料性，是“碳中和”实现的最大变数。目前我国新能源领域发展整体上全球领先，特别是风电和太阳能发电。与此同时，原创性的、体系化的关键技术突破还远远不够，正在制约着“双碳”目标主流的核心主干技术实现路径的确定和实施，进而影响我国“双碳”目标的如期推进与达成效果和时间。

如果科技创新不能达到预期将严重阻碍“双碳”目标的实现。例如，风能、太阳能发出来的电，目前电网无法全部消纳，这是一个很大的技术难题，到现在还没很好解决；同时，在当前整体储电成本依然很高、技术依然难以突破的情况下，在可见的未来仍然无法快速取代化石能源发电。自铅酸电池发明至今100多年来，人类花了数千亿美元的研发经费研究储能，可从铅酸电池的90千瓦·时/立方米增加到今天特斯拉的260千瓦·时/立方米，电池的能量密度并没有发生革命性的根本改变，而汽油的能量密度达8600千瓦·时/立方米，差距巨大；同时，迄今大规模吉瓦（10亿瓦特发电装机容量）级的储电最便宜的还是100多年前就被发明的抽水蓄能技术，体系化的技术新突破完全没有。而如果中国的能源结构改变太慢，不管是电网还是煤电，电动车的盲目扩张就是在增加碳排放，只有电网里大部分是可再生能源的时候，电动车才能算得上清洁能源。电动车方面，如果技术不能突破，不把钴和锂等稀有金属的用量降下来，金属储量和价格将成为电动车发展的巨大“瓶颈”，2022年伦敦金属交易所期货镍3月8日熔断暂停交易前价格达80000美元/吨，相较于前一日开盘价涨幅达266.9%，期间峰值101365美元/吨，大幅超过2007年5月历史峰值51800美元/吨，创15年新高，虽然有俄乌冲突资本投机因素的影响（俄镍出口占全球7%），但根本原因在于镍是锂离子电池的正极材料，是提高电池能量密度的关键元素（平均用量占正极60%）。另外，国内新能源乘用车2021年销售在商用车销售总量的占比不足7%，欧洲新能源车2021年销量占比也仅为11%；电池是有寿命的，里面有很多对自然有害的化学物质，如果不回收，将来上千万个电池分布在中国大地任其泄漏，那是环境的灾难。

大决战要粮草先行，往哪儿行，粮食送给谁，这是问题的关键。长期风险投资需要专业性，需要产业政策、货币金融政策、财政政策、人才和行业技术激励政策融合发力，而对最佳低碳发展路径和正确方向的及早确认起决定性作用的重大基础研究、关键技术突破至关重要，关乎绿色债券支持谁，关乎金融资源尽早用在真正推动低碳绿色发展的主赛道上。如果技术误判造成初始主干路线选错了，一旦被其他技术路径所取代，前期所有的巨额投资可能打水漂，相关债券全部成为技术选择失误的成本和代价。

（二）短期的破坏性、运动式减碳将加剧经济发展和国计民生波动风险，是债券市场乃至金融市场的阶段性重点风险因素，需要加以防范

我国主动承担国际责任提出“3060”目标，将用全球历史上最短的时间实现从“碳达峰”到“碳中和”，对经济发展和低碳转型的合理均衡是很大的挑战，如果过程管理出现问题，可能面临极大的能源、经济、民生和社会安全问题；低碳转型过程中，若现有与化石能源相关的资产、技术和劳动技能的贬值快于其生命周期，将对我国居民、企业和金融体系的可持续发展形成挑战。

消纳能是其中的关键问题之一，消纳一旦出现问题，将形成负反馈抑制新能源发电的发展，进而影响“双碳”目标的推进；与此同时，如果火电限制淘汰过快而新动能跟不上，将引发能源危机和经济民生安全风险。鉴于以上情况，需持续关注国际全球气候治理框架，对我国经济金融包括债券市场的负面影响持续跟进评估；加强对国内碳减排进程及其过程中出现的各种可能风险的监测预警，采取有力措施做好结构化的流动性安排和信用风险预判，保证市场的稳健运行。

总之，面对投资达200万亿元级的一个巨大的“双碳”目标市场，涉及几乎整个经济社会的重构，是一项极其复杂的系统工程，其中包括技术变革和“双碳”路径选择在内的各项风险因子变数极大，新旧体系之间、各行业之间的衔接很难达到万无一失，风险出现的区域、领域、行业、方向、力度会随时出现动态变化，更加难以判断，需要建立和完善更加全面的风险监测体系，加强风险分析的前瞻性、准确性和科学性，才能及时识别风险，更好地预防相应尾部企业和科技选择失败企业的债券违约风险。从2022年及未来一段时期来看，“先立后破”的总体策略使“双碳”变革的力度相对缓和，风险的强度和突发性相对可控；风险烈度将在2030年后陡峭体现，届时风险会更剧烈、更加难以预料。在这种特别复杂的系统工程情形下，债券市场违约风险将呈现违约领域多发散发、违约方向变化多端的特点。

世界向何处去？

——从工业化历史和发展角度看世界走向①

夏庆杰②

摘　要：本文试图从18世纪以来各国相继实现工业化的历史角度考察21世纪20年代的今天世界政治经济发展走向。特朗普时代搞“美国第一”、退群、围堵中国、打中美贸易战，拜登上台后宣称“美国回来了”、联合其他所谓“民主”国家组团围堵中国，在新冠疫情下美国西方不惜采用造谣欺骗手段抹黑打压中国。在美国西方压力下，中国率先走出疫情，实现了经济社会教育科技稳步增长和发展。在这种情况下，中国乃至整个世界不免担忧世界的未来走向。本文从历史发展角度判定，今天的世界依然处于工业化、信息化时代，实现工业化和信息化依然是各国人民脱贫致富的主要手段；“喀布尔时刻”的出现意味着再强大的国家也很难征服组织起来的弱小民族和国家；然而今天的世界依然为大国政治所左右；由于核武器的极端性以及世界主要大国的持续稳定发展，和平与发展依然是可预见未来的世界主题；美欧日等发达国家（或地区）国民过着高质量的物质生活；广大发展中国家的处于贫困状态的弱势群体也迫切需要摆脱贫困，拥有教育、医疗、交通、通信、电力、能源等国家基础设施，这是世界经济增长的主要动力。

一、引言

21世纪以来，国际政治经济形势急剧变化。特朗普执政期间，推行“美国第一”的外交政策，从众多国际组织、条约、协定“退群”，全力打压中国，发动了中美贸易战。2020年新冠疫情全球蔓延，主要工业国家经济萎缩。因为中国率先走出疫情、实现了罕见的经济增长，从而导致了美日欧等发达国家（或地区）不惜以各种谎言和骗局疯狂诋毁中

① 本文首发于《求索》2022年第2期。

② 夏庆杰，北京大学经济学院教授。

国政治经济发展模式和成就，特别是中国抗疫成果。拜登就任以来，不仅继续以中国为对立面，而且在“美国回来了”的口号下联合欧洲、日本、澳大利亚、印度一起制约和制衡中国，企图遏制中国的发展势头。然而在美国等西方国家的巨大压力下，中国经济稳步增长、社会秩序井然有序、教育科技不断进步。尽管如此，在国际局势如此动荡的情况下，人们不免忧心忡忡，不知道未来世界将如何发展和变化。本文试图从回顾工业革命以来的全球和中国政治经济社会历史发展角度，分析未来世界的走向，并以此求教于业界专家学者。

18 世纪英国工业革命以来，欧洲、美国、日本相继步入工业化社会。20 世纪 60—80 年代，亚洲四小龙（韩国、中国台湾、中国香港和新加坡）成为世界经济发展的明星、新兴发达经济体。20 世纪 70 年代末改革开放以来，中国经济高速增长，在 2010 年超越日本成为世界第二大经济体、第一大工业制造国，到 2021 年中国的 GDP 已经相当于美国 GDP 的 76%。20 世纪 90 年代初以来，在中国经济成功的激励下，印度也开始走上经济改革和发展道路；30 多年以来，印度已经成为世界经济发展的明星。以上事实说明人类社会经济发展依然处于越来越多的国家不断实现工业化时代。

18 世纪欧洲工业革命的源头是 14 世纪开启的意大利文艺复兴运动和 16 世纪的欧洲宗教改革运动，其宗旨是从罗马天主教会统治和封建领主统治的残酷政治经济压迫下解放出来，顺应当时逐渐兴起的资产阶级自由从事经济活动的要求。由 1492 年哥伦布发现美洲新大陆引发了地理大发现、大航海浪潮、欧洲各国殖民主义者大规模开拓海外殖民地。由此带来的经济全球化和财富的快速积累极大地提升了欧洲资产阶级的力量，对欧洲资产阶级革命起了巨大的促进作用。根据强世功（2021）的理论，欧洲文艺复兴、宗教改革运动、地理大发现等催生了第一代人权理论，其核心内容是自由。主要是反对罗马教皇和欧洲各个封建领主的专制统治和残酷压迫。同时，也反对国家对经济活动的干涉，实现经济活动的自由，当然也为掠夺海外殖民地和压迫殖民地的落后国家人民提供了自由。其结果是欧洲国家内部的严重贫富两极分化以及殖民地国家的贫穷落后。欧洲大陆启蒙运动的扩展导致了美国独立战争。启蒙思想家的平等理念、美国独立战争以及严重贫富两极分化导致 1789 年开启的法国大革命。法国革命政体发表了人权宣言，颁布了拿破仑法典，强调人生而平等、对私有财产的法律保护。这就是强世功（2021）所说的第二代人权理论。第二代人权理论的人生而平等理念引发了一系列革命运动，在欧洲各国实行民主选举、成立代表各阶层的议会，反对王权专制统治、广大被压迫的工人阶级反抗资本家的理念和运动。还引发了落后国家、殖民地半殖民地国家反抗殖民统治的革命和斗争。可以说马克思主义的产生、列宁领导的秉承马克思主义的十月革命、毛泽东领导的秉承马克思列宁主义的中国革命都与法国大革命的平等理念有密切的联系（强世功，2021）。

第二次世界大战是要求平等自由民主的国家人民反对德国、日本、意大利的法西斯暴行和殖民统治的伟大战争。二战的胜利是正义和人类公理战胜了邪恶。二战后成立的以《联合国宪章》为基础的联合国，以及由中国、美国、苏联（俄罗斯）、英国、法国为常任理事国的联合国安理会为战后的国际和平发展提供了重要平台并产生了重要影响。联合国框架下的国际货币基金组织、世界银行、关税及贸易总协定（即后来的世界贸易组织）等国际组织为各国经济贸易谈判协商提供了重要平台。二战之后，广大亚非拉殖民地国家纷纷掀起了民族独立运动，通过坚决斗争，这些国家纷纷独立。众多亚非拉殖民地国家的独立极大地提升了国际上正义力量的比重。

二、二战后到20世纪70年代末的国际政治经济格局及发展变化

第二次世界大战后，经历长期战乱的世界各国人民珍惜和平与发展，而且在《联合国宪章》约束下以及美国、苏联等主要大国主导下，和平与发展成为战后的主要趋势。百废待兴的欧洲亟须在美国援助下恢复经济建设发展，马歇尔计划成功实施，欧洲实现了经济腾飞。20世纪五六十年代成为欧美日经济发展的黄金时代。以美国为首的西方发达国家在经历了50年代和60年代黄金时代之后，生产能力过剩，以及石油输出国组织OPEC对石油定价权的垄断，导致世界市场上石油价格高企，带来了20世纪70年代西方资本主义世界的经济增长缓慢和通货膨胀并存的现象。

苏联、东欧国家、中国、印度等其他广大亚非拉国家也需要发展经济。20世纪50—70年代，中国、苏联、东欧国家、越南等社会主义国家在社会主义计划经济主导下进行了较为成功的经济建设；在发展经济的同时，也极为注重教育、医疗、交通、通信、能源、电力等国家基础设施的建设，因而在这些社会主义国家里，广大人民群众的人类发展指标远远高于其他发展中国家。此外，在苏联的帮助下，也由于可以集中力量办大事的举国体制，中国开启了156个重工业和军工工业项目的建设，尽管60年代中期以后苏联专家撤走，但中国依然发展了自己的重工业和军工工业，这使得中国有了自己较为强大的工业和国防力量，从而也成为一个真正的独立大国。苏联、东欧社会主义国家，由于实行计划经济和国有经济，消费者所需要的轻工业产品、电子产品生产落后。就中国而言，由于过度以农业补贴工业发展，农业集体经济效率低下，日用工业品严重短缺，因而改革开放前75%的农村人口生活在贫困线以下（Ravallion & Chen，2007）。其他社会主义国家或多或少也面临类似的问题，匈牙利经济学家科尔奈的《短缺经济学》一书的风靡说明了当时的问题。这是西方发达国家攻击社会主义国家的一个主要打击点。

广大亚非拉国家迫切需要发展经济，提高本国人民的生活水平。众多从殖民地状态独立出来的国家，在帝国主义宗主国的长期剥削和压迫下，政治经济社会文化制度建设落

后，人力资本低下，国家政治经济社会治理经验欠缺，很多新独立的前殖民地国家的大量富饶土地依然被原宗主国霸占、经济命脉被跨国公司所掌控。从14世纪到19世纪末长达500年的跨大西洋奴隶贸易把非洲奴隶贩卖到美洲，不仅给奴隶本人和家庭造成无尽的痛苦，也导致了部落之间的不信任和敌视，这种不信任和敌视一直到今天都存在，这使得遭受奴隶贸易损害国家的统一国家意识形态很难形成，进而导致了经济落后、增长缓慢（Nunn，2008）。另外，殖民地宗主国在殖民地国家独立时就为这些刚刚独立的国家和国家之间埋下了政治军事冲突的祸根。因而在很多新独立的发展中国家里军事政变不断、政局不稳，有些国家之间冲突不断（如印巴冲突、中印冲突等）。因而，从二战后到20世纪70年代，发展中国家经济普遍增长缓慢，教育、医疗、交通、通信、能源、电力等基础设施发展水平低下，大量弱势群体生活在贫困线以下。

三、20世纪80年代以来的国际政治经济发展格局

面对20世纪70年代的经济滞胀，欧美新自由主义经济学的“药方”是：减少政府干预和减税。为此，欧美政府纷纷出售大批国有企业和公用事业，20世纪80年代英国撒切尔政府出售了国有煤气、国有铁路、国有电力、国有电信、国有航空、国有石油、国有邮电、国有造船厂，能卖的都卖了。到1997年布莱尔工党政府上台后，实在没什么可卖的了，最后把3G网络使用权拍卖了350亿美元。国有企业在法国占据重要地位，20世纪八九十年代，法国政府出售了2000多家国有企业，国有企业基本退出了制造业。尽管如此，法国政府依然控制着法国航空公司、法国电信公司、法国国营电力和瓦斯公司、法国邮政公司、法国地铁公司和法国国家铁路公司等重要企业。美国的国有企业本来就很少，在私有化大趋势下，出售了全国铁路客运系统、联邦铁路货运公司、国有电力公司，对美国浓缩铀公司进行了私有化改造，制定规则把国有企业、公用事业以及一些政府部门的管理权外包给私有投资者，甚至一些监狱和铸币厂也由私有企业经营（李俊江、史本叶，2006）。20世纪70年代末以来，经济全球化浪潮和新自由主义经济学在美国成为主流意识形态。经济全球化的结果是资本在全球范围内自由流动。美国资本为追逐利润到成本低的国家去投资和生产，再把生产出来的产品销售到美国。在美国资本和精英获得丰厚利润的同时也导致20世纪80年代以来的美国制造业空心化的不断加剧，其结果是数以千万计的美国产业工人失去了制造业的工作，被迫转入低工资的服务业或者失业，从而导致中产阶层塌陷。

在美国及其他西方国家，新自由主义经济学也使得金融资本在整个国家权力结构中达到顶峰，其巅峰之作应属于1999年美国总统克林顿废除《格拉斯—斯蒂格尔法案》（*Glass – Steagall Act*）。1929—1933年经济大危机之后，美国政府痛定思痛，决心对导致金

融危机的核心问题——商业银行业务和投资银行业务混业经营下手，美国国会通过了《格拉斯—斯蒂格尔法案》，禁止商业银行经营投资银行业务和投资银行经营商业银行业务。该法案保证了美国金融业稳定运营了60年。1999年废除《格拉斯—斯蒂格尔法案》之后，美国商业银行和投资银行又进入了混业经营的时代。商业银行、投资银行、各类投资基金、私募、保险公司等混业经营，导致很多大而不倒的超级市场式的金融机构（如花旗银行等）出现。对金融风险的控制放松后，大批投资银行为降低成本，从货币市场拆借短期信贷去进行长期投资；对金融风险的控制放松，银行为逃避对准备金率的监管而把很多业务变成了表外业务，银行金融机构杠杆率高企；风险高的金融工具创新不断，证券化产品的链条过长，最后没人知道证券化产品里究竟有什么、风险有多大，暗箱交易；金融行业高管天价薪酬和奖金，挣了钱是自己的，亏了是存款人的，典型的代理人（principal - agent）问题普遍存在。最终酿成了2007—2009年美国金融危机，也引发全球金融危机和全球性的经济衰退。美国的问题与中国关系不大，是美国内部的问题。在效率与公平的问题上，20世纪80年代初开始盛行的新自由主义经济学过度强调资本的利益，忽略了社会公平。

在以美国为首的西方发达国家掀起私有化、金融自由化浪潮之际，在20世纪70年代末80年代初中国、苏联、东欧国家都掀起了经济改革浪潮。苏联、东欧的经济改革不是很成功，更主要是由于全球扩张过度（文杨，2021），从而导致20世纪90年代初苏联的崩溃，并引发了东欧社会主义体系的崩溃。东欧剧变之后的俄罗斯和其他东欧国家纷纷采取了休克疗法，大规模销售国有企业和其他国有资产，希冀在一夜之间建成市场经济。然而，休克疗法为俄罗斯和其他东欧国家带来了灾难性的后果，经济增长缓慢，人民生活艰苦。

20世纪70年代末80年代初改革开放以来中国坚持的是“渐进方法”（gradual approach）、双轨制（国有经济和非国有经济并存、计划和市场并存）。20世纪80年代初期在不改变土地集体所有制的情况下实施了包产到户的做法，大幅度提高了粮食产量；与此同时，允许农村剩余劳动力进城务工，以及鼓励城乡非国有企业发展。90年代中期开始实施国有企业改革，对非国计民生的亏损的中小企业实施关停并转和出售，对关系到国计民生的交通、通信、能源、发电企业实施股份制改造。与此同时，大力引进外资，主动加入国际经济贸易体系，根据国际经济贸易规则对中国自己的经济政策法规制度、规章进行改革，并于2001年加入世界贸易组织。之后，外国直接投资如潮水般涌入中国。中国的国有企业也在交通、通信、能源、电力建设中快速推进，为中国带来了先进的基础设施。中国经济高速增长的结果是：2010年中国超越日本成为世界第二大经济体和世界第一大制造国。2021年中国GDP总额已经达到美国的76%。在20世纪80年代和90年代的中国经济改革开放过程中，对经济效率更为重视，将社会公平放到了次要地位。21 世纪以来，中国政府已经意识到了这个问题，并开始进行社会公平的建设，如 2003 年 SARS 危机之后，中国开始建设新农村合作医疗体系、城市“一老一小”医疗保险，2006 年取消农业税，2009 年实施城乡基本养老保险制度。党的十八大以来更是实施了 2020 年根除贫困的脱贫攻坚战，并且在 2020 年彻底消灭了贫困。

1947 年印度独立后，基本遵循国有计划经济发展路线，经济增长缓慢，贫困现象比比皆是。在中国经济改革开放的激励下，印度也于 20 世纪 90 年代初期开始经济改革，强调经济发展、私有化政策。30 多年来印度经济也获得了长足进步，其经济规模由 1990 年的全世界第 12 位，2018 年超过英国、法国跃居世界第五大经济体的地位。中国和印度这两个发展中国家的经济起飞极大地激发了广大亚非拉落后国家发展经济的努力。

四、中国经济规模逐渐接近美国的后果

2009 年上台的奥巴马总统，实施了亚洲再平衡战略。换句话说，就是从中东战乱地区抽身，把美国的战略重点放到亚洲，企图围堵遏制中国。在国际经济贸易领域，奥巴马宣称不能让中国制定贸易规则，拉起《跨太平洋伙伴关系协定》（TPP），企图把中国排除在以美国为首的国际核心投资贸易圈子之外。美国奥巴马政府所倡导的 TPP，在企图围堵中国之外，还赋予了跨国公司更大的权力，要求任何国家不得限制跨国公司的投资和贸易。然而，奥巴马政府所倡导的 TPP 似乎不合时宜，原因是 20 世纪 80 年代初美国新自由主义经济学盛行以来，历届美国政府已经给了资本太多的权力和自由，置社会公平和正义于不顾，华尔街金融资本主导的美国产业空心化已经导致美国中产阶级垮塌，美国 20% 最富有的家族拥有的财富占美国家庭总财富的 85%；反过来看，美国其余 80% 家庭拥有的财富只占美国财富总量的 15%，贫富两极分化已经达到极为严重的程度。

依靠反精英反华尔街的垮塌中产阶级上台的特朗普，推行“美国第一”的战略，从众多国际协定和条约（包括 TPP）“退群”，全力围堵中国，把美国的一切问题归咎于中国。宣称：中国偷窃美国技术，强迫在华外国企业转让技术，补贴国企进行不公平竞争，中国的“一带一路”倡议是给其他发展中国家制造债务陷阱、搞“新殖民主义”，等等。对中国掀起了贸易战、制裁华为和中兴通讯、限制对华出口高端芯片和制造高端芯片的精密设备、限制与美国关系密切的国家安装华为开发的 5G 通信系统；大打“台湾牌”“新疆牌”牵制中国；加强五眼联盟（Five Eyes Alliance，FVEY，即美国、加拿大、澳大利亚、英国、新西兰等五个英语国家）对中国的监视，拉拢日本、澳大利亚、印度搞起了围堵中国的“美日印澳四国联盟”和“印太战略”。由于新冠疫情的蔓延，特朗普没有实现连选连任。

民主党的拜登上台后，全面继承了特朗普的中美贸易战成果，还宣称“美国回来了”，即联合其他所谓“民主”国家大力围堵中国，在“美日印澳四国联盟”（QUAD）基础上，又搞起了美英澳（AUKUS）核心小圈子围堵中国；进一步限制对华高科技出口，增加对中国企业的制裁。在可以预见的未来，美国对中国的敌意不会削减。

在美国的强大压力下，中国经济不仅没有垮塌，而且在2020年新冠疫情蔓延、世界主要国家经济规模萎缩的情况下，中国依靠强大的政府组织能力和亿万群众的密切配合，率先走出疫情，恢复了较为正常的生产和生活秩序，实现2.2%的经济增长率，从而使中国经济规模达到了美国的70%。在贸易战和疫情期间，中国对美国和世界其他国家出口不仅没有减少，而且大幅度增加，使中美经济脱钩的企图没有实现。

再看美国，2021年秋季以来，由于疫情蔓延，美国缺乏卡车司机，导致美国港口货物无法运输到消费者手中、日用工业品短缺，进而导致美国通货膨胀率居高不下。当然，这只是美国经济暂时的困难，待疫情稳定后，美国、欧洲、日本经济依然会稳定增长和发展。鉴于疫情期间供应链的困难，未来即使发达国家也会等价注重各自自身的基本工业产品的生产和制造。

五、中国经济奇迹的“普世价值”

新中国70多年的发展历程以最短的时间再现了一个贫穷落后、人口众多的农业大国成功升级为工业化大国的历史轨迹，而且人们对这个升级过程还记忆犹新。那么新中国的崛起再现了哪些具有“普世价值”的政治经济社会发展规律呢？首先，就像一个有能力的人的强大大脑一样，一个国家首先要有强大的神经中枢，即专注于国家政治经济社会发展的中央政府及其伸展到基层民众的政府组织结构和框架，而且这个政府一定要把人民特别是劳苦大众的利益放到核心地位。中国共产党领导的中央政府及各级政府组织就是这样的政府，她的唯一宗旨和目标就是“全心全意为人民服务”。另外，中国共产党及其领导的人民军队是在长期国内革命战争、反侵略战争中久经磨炼出来的伟大政党和军队，她有自己独特的思想意识形态、打不垮磨不烂的坚强意志、组织结构和组织纪律。新中国就是在这样的坚强政党领导下，取得了抗美援朝等战争的胜利，为新中国的成长壮大赢得了和平发展环境。很多发展中国家的政府治理能力较弱、水平较低，如果再按照新自由主义经济学教条放松政府治理，那么很多发展中国家政治经济治理将无法实现，更谈不上什么经济增长和发展了。

其次，建立最彻底的开放社会，在向人民群众开放政治参与权力的同时，也赋予广大人民群众特别是劳苦大众土地等经济权力和享受社会公共服务的权力。只有广大人民发展了，国家才能发展。新中国成立后，实施了人类历史上最彻底的土地制度改革，没收地主和资本家的土地平均分配给无地和少地的广大农民群众。后来又实施了农村土地集体化和城市土地国有化。如果没有土地集体化和国有化措施，也就谈不上占用大量土地的大规模基础设施建设和工业园区。新中国成立后的社会服务平权措施是向所有国民开放九年制义务教育和公共医疗服务。对此，诺贝尔经济学奖获得者阿马蒂亚·森说，新中国在改革开放前就为改革开放后的经济腾飞准备好了人力资本基础。

再次，国家能力来源于强大的国有科学研究机构和国有企业。也像一个强大的人必须拥有发达的四肢一样，强大的国有科学研究机构和国有企业就是国家的发达的四肢。上海交通大学文一教授关于欧洲工业化历史的研究表明：所有重大技术突破都是国家财政资助的结果，而不是所谓的“自由民主法制”的结果，更不是什么古希腊科学和逻辑的结果；新中国成立之前科技不发达也与古代中国科学思想不发达没有任何关系，而是由于缺少国家资助；早期欧洲国家为了实现国家发展目标，建立了大批国有企业（如英国、荷兰等国的东印度公司和西印度公司），甚至允许这些在殖民地营运的国有企业拥有武装；如果没有国家的资助，科学家们无法靠科学研究维持生计。新中国建立的国家科学院制度和国有企业制度不过是再现欧洲国家早期发展的秘密，区别是新中国没有靠殖民地、奴隶贸易和毒品贸易发财致富，而是靠在自己国家建立交通、通信、能源、电力基础设施助力中国经济奇迹。国有企业不过是提供私有企业无法提供或提供速度较慢的公共产品和服务，而不是取代非国有企业。

最后，文一教授通过研究欧洲文艺复兴以来的发展史和工业化史还揭示，欧美日等国工业化过程中各种制度建设和安排都是它们不断适应经济发展需求而建立的，而不是如新制度经济学家们所宣称的所谓西方的“自由民主法制”带来科技进步和经济繁荣。新中国成立以来特别是改革开放以来的各种政治经济社会制度建设都是根据中国的发展需要而不断建立和完善的。新中国之所以不迷信西方教条，主要是由于中国共产党在长期的革命实践中发现，任何时候按照所谓的教条本本做事，革命事业就会遭受挫折和失败；相反，如果实事求是地制定政策和措施，革命事业和经济建设就会取得胜利和成就。

六、结论：未来世界走向何方?

根据马斯洛的理论，人的需求是有层次的，依次为生理需求（衣食住行）、安全需求（人身安全和工作收入保障）、社交需求（友谊）、尊重、自我实现等（Maslow, 1943）。在诺贝尔经济学奖获得者阿马蒂亚·森看来，发展中国家贫困产生的主要原因是贫困群体的受教育和社会医疗服务水平低下导致的人力资本不足（Sen，1979，1999）。在工业化信息化时代，发展中国家经济发展的一个条件是国家和社会能为工业服务业发展提供源源不断的科学家、工程师、高级管理人员、医生、会计师、律师、大中小学教师、技术员、熟练工人等（夏庆杰，2013，2016）。总而言之，人本身的全面发展既是一个国家发展的前提条件，也是发展的终极目的。

在21世纪20年代初的今天，美欧日等西方发达国家依然是世界上最发达的经济体，教育科技发达，高科技产品层出不穷，军力强盛，国民过着高质量的物质生活，受到良好的教育，享受高品质的医疗、健康、服务、交通、通信、能源、电力等良好基础设施。然而，2008—2009年美国金融危机以及2020年的美国新冠疫情蔓延，彻底暴露了美国自20世纪80年代初期新自由主义经济学盛行所带来的问题，即过度强调自由，即第一代人权理论，这使得华尔街金融资本通过向亚洲低成本国家和地区转移制造业赚得钵满盆盈，但是却不承担产业空心化造成的中产阶级垮塌的成本，即置社会公平于不顾。然而，以特朗普和拜登为代表的美国政治人物却把美国自身政策带来的恶果甩锅给中国。20世纪80年代以来，美国的政治经济社会发展实践表明，西式民主并没有保证社会公正和弱势群体不被忽视，西式民主也不能保证资本的唯利是图行为得到遏制，西式民主还不能保证新冠疫情不蔓延，西式民主不能避免民主国家政府随意对其他国家进行军事侵略、打击和占领，西式民主更不能保证本国政治人物深刻检讨自己国家政府政策的过失而不甩锅给其他国家，最后也不能保证采用“西式民主”制度的发展中国家一定会经济发展、政治稳定、人民生活幸福。

2010年成为世界第二大经济体的中国拥有约4亿中产人口，这4亿人口主要分布在东南沿海的珠江三角洲和长江三角洲工业区，以及京津等大城市里。尽管在2020年年底中国仅存的约1亿贫困人口全部脱贫，但是中国依然有约10亿非中产阶层，以及约1亿左右的随时可能返贫人口。换句话说，为了使这10亿非中产人口提高收入、教育、医疗水平，中国经济依然有庞大的增长空间。就内因而言，中国经济腾飞，既得益于改革开放前的新中国教育、医疗、交通、通信、能源、电力基础设施的大力发展和重工业化的实施，也得益于20世纪80年代以来的经济改革所带来的国有经济和非国有经济共同发展、劳动力流动；就外因而言，中国经济快速发展得益于二战结束以来的国际政治经济和平环境，以及20世纪80年代以来中国和美欧日等发达国家的经济贸易、技术知识人员交流。因而在可以预见的未来，中国一定会坚持改革开放的国策，并且会尽力维护国际经济贸易投资人员技术交往的和平秩序。此外，为了保证社会公平，中国依然会保留一定数量的关系到国计民生的战略性国有企业，保障教育、医疗、交通、通信、能源、电力的稳定供给，特别是解决发展中国家普遍面临的弱势群体普遍面临的得不到有效国家基础设施服务的“最后一公里”的问题，供给那些市场无法供给而民生急需的产品和服务，避免整个国家经济被超大型的私有企业和跨国企业所绑架。国有企业的缺点是容易产生腐败和效率低下，因而需要对国有企业加强监管和审计。由于中美贸易战以来美国针对中国的高技术产品的禁运和封锁，中国不得不在未来几十年的时间里在高技术及其产品的研究和开发上大幅度增加投入，实现高技术及其产品开发和制造上的独立自主。从1840年鸦片战争到1945年中国抗日战争胜利约100年时间里，是中国五千年历史上最为孱弱的时期之一，不仅中国饱受美日欧帝国主义国家的侵略杀戮，而且整个亚洲也战乱频仍。战后以来，新中国不断壮大和繁荣，亚洲也变得越来越稳定。因而，中国的强大和繁荣不仅是整个世界经济稳定发展的一个必要条件，更是亚洲政治安全稳定的充分必要条件。

在中国实现工业化、印度实现经济腾飞的鼓励下，众多亚非拉发展中国家也看到了实现经济起飞的希望。因而数十亿亚非拉发展中国家人民实现富裕、得到良好教育医疗服务以及优良交通、通信、能源、电力基础设施的愿望依然是这个世界发展的主要方向。问题是数十亿发展中国家人民如何实现富裕？2021年美国从它占领20年的阿富汗撤军的“喀布尔时刻”似乎说明：即使像美国这样的政治、经济、军事、科技均排在世界第一的世界唯一强权国家，还有北约这样世界上最强大军事组织及“美日印澳四国联盟”的支持，也不能彻底战胜阿富汗这样的贫穷落后的弱小国家。这意味着未来一些弱小国家的命运已经很难被某一个大国或几个大国所左右，即使是大国也必须允许落后国家按照他们自己的社会政治文化宗教习俗来治理。因而未来世界各国的发展可能像中国古老哲学所说的那样，“和而不同”、多元并存，“己所不欲，勿施于人”，“各美其美、美美与共”。但是世界少数主要大国即美国、中国、俄罗斯、印度、日本、欧盟的强盛和稳定及其之间关系的相对稳定依然是世界政治格局稳定发展的前提条件。就目前来看，由于核武器的极端性，主要大国之间发生战争的可能性极小，世界主要大国基本处于较为稳定发展的状态。尽管局部冲突和战争不可避免，但在可预见的将来，世界政治安全格局相对稳定。

亚非拉发展中国家的众多弱势群体依然无法做到衣食住行无忧，遑论全面发展。问题是这些落后国家如何实现发展。显然，美欧日等老牌发达国家的经济发展道路可能无法模仿，且不说靠占领海外殖民地、奴隶贸易、鸦片贸易等灭绝人性的发展手段早已被唾弃和咒骂，即使污染严重、耗能严重的很多制造业也已经为世界所不容许。因而未来所有发展中国家都不得不采用更为低能耗、低污染的绿色技术和设备来进行生产。低能耗、低污染的绿色发展将对科技人员有更多的需求。另外，技术水平、环境要求更高，会导致生产成本高企和最终产品价格高企，随之会导致需求减少和整体经济增长率不会很高。尽管如此，发展中国家的贫困群体依然迫切需要脱贫。为此，发展中国家需要越来越多的能够为低人力资本劳动力带来大量就业机会的企业和企业家。因而，在很大程度上，纺织服装等轻工业等工商企业的发展较为适合发展中国家经济起飞阶段。而且，随着亚洲国家人工成本上升，纺织服装等轻工业也需要向低人工成本国家转移，因而力图发展经济的发展中国家可以顺势迎接这种产业转移而实现经济起飞。另外，在积极引进外资、促进本土工商业活动发展的同时，发展中国家也需要提升本国的教育、医疗、交通、通信、能源、电力等国家基础设施的发展，提高自身的人力资本水平。换句话说，在提高经济效率的同时，也注重社会公平。这样既可以为本国产业升级做好人力资本准备，也有助于实现人的全面发展。

总体来说，在可以预见的未来，由于世界主要大国政治经济较为稳定，因而和平与发展依然是世界的主旋律；由于很大一部分亚非拉发展中国家的人民依然没有满足温饱需求，因而落后国家人民迫切需要脱贫致富、落后国家为本国国民提供教育、医疗、交通、通信、能源、电力等国家基础设施依然是世界经济发展的主要动力。

参考文献

[1]强世功．贸易与人权(上)——世界帝国与“美国行为的根源”[J]．文化纵横,2021(5):18－29.

[2]李俊江,史本叶．美国国有企业发展及其近期私有化改革研究[J]．吉林大学社会科学学报,2006(1):114－120.

[3]文扬．苏联解体之谜,通过中国的成功而解开[EB/OL].《观察者》网站．https://www. guancha. cn/WenYang/2021_12_26_619869. shtml.

[4]夏庆杰．论中国发展模式——读福山《政治秩序的起源》有感[J]．社会科学战线,2013(8):13－16.

[5]夏庆杰．第二次转型:由制造业大国向创新型强国升级[J]．北京大学学报(哲学社会科学版),2016(2):53－58.

[6]Maslow A H. A theory of human motivation[J]. Psychological Review,1943,50(4):370－396.

[7]Nunn N. The long－term effects of Africa's slave trades[J]. The Quarterly Journal of Economics,2008,123 (1) :139－176.

[8]Ravallion M,Chen S. China (Uneven) progress against poverty[J]. Journal of Development Economics, 2007,82(1):1－42.

[9]Sen A. Equality of what? [R]. The tanner lecture on human values delivered at Stanford University May 22, 1979 .

[10]Sen A. Development as freedom[M]. New York: OUP,1999.

“双循环”新格局下中国对外直接投资可持续发展研究①

付韶军②

摘 要：随着改革开放的深入，我国对外直接投资规模不断扩大、结构不断优化。目前世纪疫情、百年变局与俄乌冲突三重叠加，全球不稳定性和不确定性不断上升。我国进入了新发展阶段，审时度势提出“加快构建以国内大循环为主体、国内国际双循环相互促进的新发展格局”。随着世界经济发展和环境保护思潮的兴起，世界各国更加关注可持续发展问题。受多种因素影响，中国对外直接投资正遭遇如下可持续发展困局：部分海外投资企业环保意识淡薄，环保投入严重不足；中国对外直接投资分布不均衡，部分投资容易引致环境问题；我国绿色金融发展相对滞后，海外项目环境信贷监管有待提高。我们应该采取切实有效的措施，积极践行“碳达峰”和“碳中和”的“双碳”环保目标，与东道国一道进行绿色投资、绿色建设、绿色生产、绿色运营和绿色创新，积极践行《对外投资合作建设项目生态环境保护指南》；大力发展跨国绿色投融资，构建绿色金融硬性约束机制；加强“双循环”的有效协调，促进对外直接投资可持续发展。

关键词：对外直接投资；“双循环”新发展格局；可持续发展；绿色发展

一、“双循环”新发展格局的提出

当今世界正经历百年未有之大变局，国际政治经济格局正处于深刻调整之中，我国面临的国际政治经济环境日趋复杂，全球经济发展的不稳定性、不确定性不断上升。新冠疫情起伏反复、影响深远，美国对华贸易战仍在持续，经济全球化正在遭遇逆流，单边主义、保护主义、霸权主义不断抬头，世界政治经济秩序正常运行面临威胁和挑战。受新冠

---

① 本文是国家社科基金一般项目“双循环”新格局下中国 OFDI 动态优化布局的影响机制及实现路径研究（项目编号：21BGJ042）的阶段性成果。

② 付韶军，经济学博士，外交学院国际经济学院副教授。主要研究方向：国际贸易与国际投资、数量经济、金融统计。

疫情的影响，2020 年全球贸易和跨国投资急剧下降，2021 年国际贸易和国际投资虽出现回升，但不同经济体之间的复苏程度存在很大差异。面对日益纷繁复杂的国内国际形势，我国审时度势提出了“加快构建以国内大循环为主体、国内国际双循环相互促进的新发展格局”的战略构想，这必将对我国未来的中长期发展产生深远影响。

（一）抓住经济全球化机遇，融入国际经济大循环

“双循环”是以国内大循环为主体、国内国际双循环相互促进。“国际大循环”最早由时任国家计委研究所副研究员王建于 1987 年提出，引起了当时国家领导人的高度重视。1988 年召开的十三届二中全会讨论了实施沿海发展战略问题。之后，我国开始抓住经济全球化的重要机遇，充分发挥我国劳动力成本低的优势，大力发展劳动密集型产业，开始实施“两头在外、大进大出”的外向型经济模式，积极融入国际经济大循环当中，我国经济也借此开始了快速增长阶段。历经 15 年的艰苦谈判，我国终于在 2001 年加入了 WTO，同时提出了“走出去”发展战略，对外开放开始进入了新阶段，我国开始深度嵌入全球产业链、价值链和供应链，我国经济得以快速发展，经济实力和综合国力提升迅速，我国现已发展成为世界第二大经济体。

（二）外向型经济模式弊端开始显现，经济发展格局进行优化调整

外向型经济高度依赖国际经济大循环，这种发展模式存在的弊端开始不断凸显：容易受国际市场波动冲击、对外商投资依存度过高、经济安全风险不断涌现、实现关键核心技术突破比较困难、国内生态环境不断遭到污染和破坏、国内产业位于全球产业链的中低端、国内产业结构转型升级遇到“瓶颈”等。1997 年爆发的亚洲金融危机和 2008 年爆发的全球金融危机更是给我们敲响了警钟，原有的外向型经济发展模式难以实现可持续发展，我国开始对经济发展格局进行优化调整，不断拉动国内的消费需求，进行供给侧结构性改革，开始不断向以内循环为主的发展模式转变。此外，世界正经历百年未有之大变局，我国面临的国际环境日趋复杂，不稳定性、不确定性不断上升，保护主义、单边主义、霸权主义盛行，地缘政治经济风险不断上升，原有经济发展模式难以继续适应大国经济发展，经济发展格局亟待发生转变。

（三）“双循环”新发展格局的提出

2020 年 5 月 14 日，习近平总书记首次正式提出“双循环”新发展格局①。2020 年 7

---

① 中共中央政治局常务委员会召开会议[N]. 人民日报,2020 - 05 - 15(01).

月21日，习近平总书记进一步阐述了“双循环”基本内涵。2020年7月30日，中央政治局会议指出，“加快形成以国内大循环为主体、国内国际双循环相互促进的新发展格局”。2020年10月29日，党的十九届五中全会通过了“十四五”规划和2035年远景目标，提出要“形成强大国内市场，构建新发展格局”，“畅通国内大循环，促进国内国际双循环”，“双循环”新发展格局开始上升为国家战略。“双循环”新发展格局是对原有外向型经济发展模式的重大调整，是实现中国经济高质量发展的内在要求①。“双循环”新发展格局从本质上讲是“独立自主，高水平开放②”。我们要明白“以国内大循环为主体，绝不是关起门来封闭运行”，而是要继续扩大对外开放，积极开展国际经济合作③。“双循环”更加注重国内循环和国际循环的相互协调，是原有国际经济大循环的高档“升级版”。国内循环和国际循环相互促进、相辅相成，体现了中国发展新理念，更加重视安全与发展的均衡。

二、中国对外直接投资的可持续发展困局

随着世界经济发展，我国企业开始“走出去”进行跨国经营，我国开始深度融入经济全球化。对外直接投资规模快速上升（见图1），对外直接投资流量从2003年的28.5亿美元增长到2020年的1537.1亿美元④，年均增长26.4%，其中2020年更是首次位居全球第一，2018年和2019年均位列世界第二位。中国对外直接投资存量从2003年的332亿美元增长到2020年的2.58万亿美元，年均增长29.18%，2020年中国直接投资存量位居全球第三，仅次于美国（8.13万亿美元）和荷兰（3.8万亿美元）。中国对外直接投资有效促进了投资东道国的经济发展，增进了东道国人民的共同福祉。

与欧美发达国家相比，我国在对外直接投资方面还属于后来国，海外投资经验还非常欠缺。面对纷繁复杂的海外投资形势，我国跨国企业在海外投资经营过程中遭遇各种困难，尤其是我国在全球投资规则制定方面缺少发言权，对国际通行的跨国投资规则还不够熟悉，与欧美跨国企业相比，我国企业采用的标准还相对较低，尤其是在可持续发展高度关注的污染防治、应对气候变化、生态系统和生物多样性保护等方面还存在不小的差距。再加上部分企业对可持续发展问题关注不够，在合规经营方面做得不太到位，导致一些投资项目因环保、生物多样性、生态系统等方面的问题，被延迟、搁置乃至取消，不仅给我国跨国投资企业造成了重大经济损失，而且对我国的国家声誉造成了严重损害，致使跨国

① 钟飞腾．“双循环”新发展格局与中国对外战略的升级[J]．外交评论，2021(2):1-36.

② 陈雨露．“双循环”新发展格局与金融改革开放[J]．中国人民银行政策研究，2020(4):1-10.

③ 宗良，李斌，李义举．“双循环”新发展格局的内涵、路径及政策建议[J]．中银研究，2020(10):1-12.

④ 商务部，等．2020年度中国对外直接投资统计公报[M]．北京：中国商务出版社，2021.

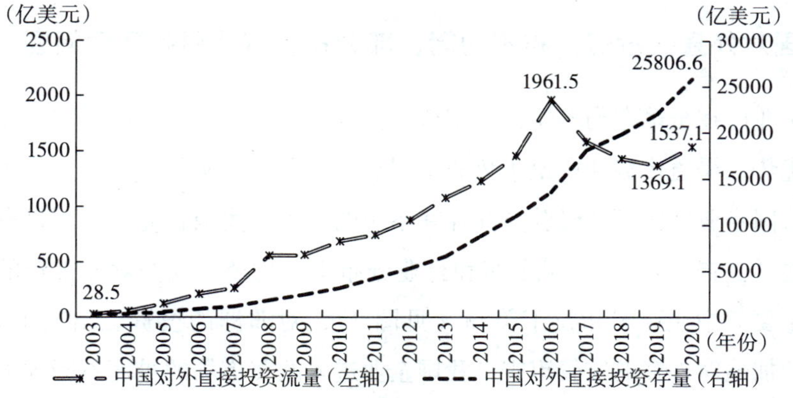

图1　2003—2020 年中国对外直接投资

投资和经营陷入困局。

（一）部分海外投资企业环保意识淡薄，环保投入严重不足

21 世纪初，我国提出了“走出去”战略，但当时我国仍处于“粗放式”经济发展阶段，“高投入、高污染、低产出”是“粗放式”发展的重要特征，企业的环保意识非常淡薄，环境保护方面的投入严重不足。那些年我国也为此承受了很大的环境代价，水资源、大气和土地等生态环境受到很多污染和破坏。“走出去”进行跨国投资的企业，在国外投资建厂仍然延续了国内的“粗放式”发展方式，严重破坏了东道国自然环境，在当地迅速招致一片反对之声，欧美国家也随之开始对我国进行指责，一些非政府组织更是推波助澜，借机批评我国海外投资企业的社会责任严重缺失，给我国扣上了“新殖民主义”“生态倾销”和“资源掠夺”等“大帽子”，给我国的国家声誉造成了重大损害，使后续进入的我国企业面临更多困难和挑战。

客观来讲，我国大部分海外投资企业都能做好追求利润与企业社会责任之间的平衡，但也确实有一些“无良”企业的环保意识淡薄，不关注东道国当地的生态环境，没有进行足够的环境影响评估，或没有采纳与国际标准接轨的环境准则，缺少自觉控制污染排放意识，片面追求企业经济利益，无视了对东道国当地生态环境的保护，在环保投入方面严重不足。一旦造成了生态环境的严重破坏，便迅速招致东道国政府和当地居民的严厉批评，甚至会引发舆情关注，发酵成为受到高度关注的“公共问题”，不仅给企业自身造成毁灭性打击，而且也给后续进入企业“增添了一堵高墙”。例如，2013 年中铝秘鲁特罗莫克铜矿因污染被叫停、中缅密松大坝因自然生态环境风险而被搁置等。据调查，我国对外投资企业对东道国环境保护重视程度不够，“重生产”“轻环保”现象还比较普遍，不仅严重影响东道国可持续发展，而且给我国跨国企业的持续经营以及后续企业进入造成更多麻烦。

（二）中国对外直接投资分布不均衡，部分投资容易引致环境问题

欧美跨国企业已在全球布局多年，在东道国打下了牢固的根基，而且掌握着大部分核心技术，技术优势、渠道优势和舆论优势非常明显，而我国在跨国投资方面起步较晚，我国企业与欧美跨国企业在技术和经验方面存在不小的差距，我国企业在跨国投资时经常会不得已进行一些“逆向选择”，区域分布和行业分布很不均衡。我国对外投资的目的地相对比较集中，主要集中在亚洲和拉丁美洲（见图2），对非洲的投资也出现了大幅上涨，随着美国和欧洲加强对外资的监管审查，我国企业进入欧美市场的难度不断加大。我国的对外投资目的国中的大多数为发展中国家，这些国家的自然资源丰富，但是生态环境相对脆弱，环境保护技术相对落后，民众的环境敏感度相对较高，再加上部分国家的政局不稳，各方势力日益炒作环保议题，我国的海外投资面临较高的环境风险。

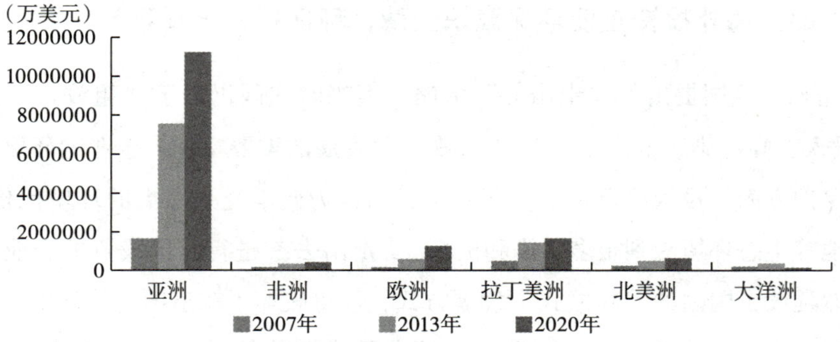

图2　2007年、2013年和2020年中国对外直接投资区域分布

随着我国经济的持续发展，深度融入经济全球化，现已发展成为全球供应链的重要节点。无论是我国自身经济发展，还是生产供应全球的产品，都需要大量能源和资源供应，但我国国内的储量却非常有限，国内的能源和资源供应远不能满足需要，存在巨大的能源和资源供应缺口。中国对外直接投资的行业分布不均衡（见图3），我国对细分行业中的能源和资源行业的投资比重较高。“资源寻求”是我国企业“走出去”进行跨国投资的重要动机之一，我国对矿产、木材、石油、天然气等资源密集型行业进行了大量投资，这些资源密集型行业的环境承载力较弱。如果海外投资企业的环保意识淡薄，环境保护投入不足，环境保护措施执行不力，极易引致比较严重的环境问题，不仅给东道国的可持续发展带来严重不利影响，而且也给我国企业海外运营和国家声誉造成严重损害，使我们经常饱受“环境威胁论”指责，必须引起足够的重视。

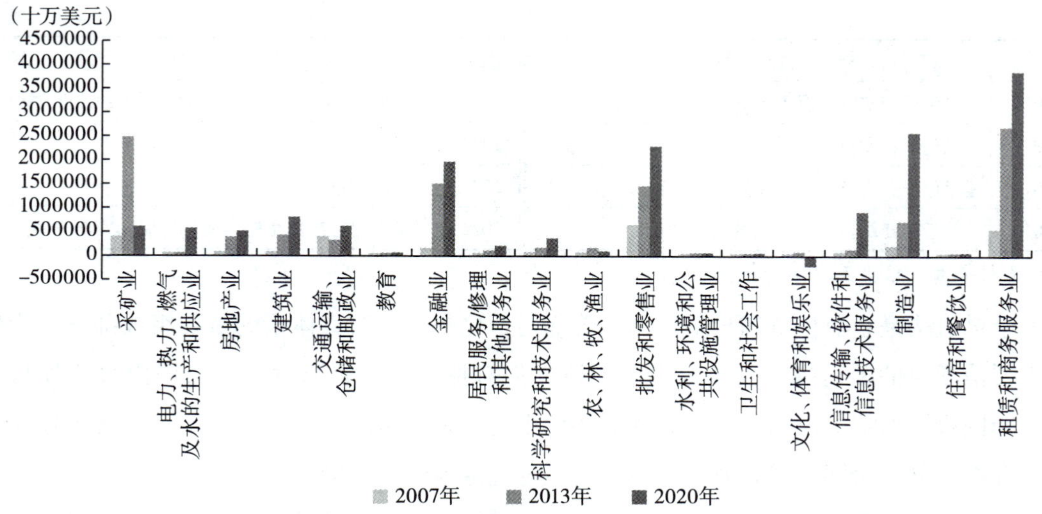

图3　2007 年、2013 年和 2020 年中国对外直接投资行业分布

（三）我国绿色金融发展相对滞后，海外项目环境信贷监管有待提高

我国金融体系以银行业为主导，国内的资本市场还相对稚嫩，企业融资主要方式为国内银行贷款。跨国企业进行海外投资更离不开国内金融机构的大力支持。近年来，国家对环境保护事业的重视程度不断上升，国家开始重视绿色金融发展，绿色金融取得了一系列进展（见表 1）。国家环境生态部（原为国家环保总局）、中国银保监会、中国人民银行和国家发展改革委等相关机构相继推出了一系列完善绿色金融的政策性文件，同时开发出了一系列绿色信贷产品。绿色信贷的宗旨是将环境保护责任纳入企业贷款发放条件中，力求形成企业更好履行环保义务的外部推动力量，从而更好贯彻落实习近平总书记提出的“绿水青山就是金山银山”环保理念，实现社会经济可持续发展。但是与欧美发达国家相比，我国绿色金融发展起步较晚，绿色信贷还处于起步阶段，相关绿色信贷产品种类还比较单一，对企业和银行的吸引力也相对有限，虽然相关部门推出了相关绿色金融政策，但不论是相关企业还是相关执行银行的动力不足，离我们期望的环保绿色发展还有不小的距离。

表 1　中国部分重要绿色金融政策

年份	文件名称	年份	文件名称
2007	《关于落实环保政策法规防范信贷风险的意见》	2016	《“十三五”生态环境保护规划》
2007	《节能减排授信工作指导意见》	2017	《关于提升银行业服务实体经济质效的指导意见》
2012	《绿色信贷指引》	2018	《银行业存款类金融机构绿色信贷业绩评价方案》
2013	《关于报送绿色信贷统计表的通知》	2019	《关于推动银行业和保险业高质量发展的指导意见》

续表

年份	文件名称	年份	文件名称
2014	《绿色信贷实施情况关键评价指标》	2021	《银行业存款类金融机构绿色金融业绩评价方案》
2015	《绿色债券发行指引》	2022	《银行业保险业绿色金融指引》
2015	《绿色债券支持项目目录》	2022	《中国绿色债券原则》
2016	《关于构建绿色金融体系的指导意见》	2022	《关于促进绿色金融高质量发展的实施方案》

资料来源：根据互联网资料整理。

金融机构是企业信贷和投融资的主管部门，也是金融监管体系的重要组成部分，为保证拟授信项目的顺利执行，金融机构应该加强对拟授信项目管理。相对国内投资项目而言，跨国投资面临的政治、经济和社会环境更为复杂，东道国法律法规与政策规定往往与国内存在差异，跨国投资企业面临更大的经济金融风险。金融机构更应该加强对跨国融资项目的审核与管理，加强对拟授信境外项目的环境和社会风险的有效管理，从而确保跨国企业遵守东道国和母国的环保、土地、大气、水、健康、安全等相关法律法规，确保跨国投资企业在东道国的投资与经营合法、合规。与欧美国家的跨国金融机构相比，我国金融机构的跨国投资管理经验相对欠缺。尽管也制定了相关的绿色信贷政策和判断标准，但所执行的海外项目环保信贷监管准则还处于较低水平，不少准则与国际通行的先进监管准则还存在相当大的差距，而且国内金融机构采用的海外信贷环保标准的可操作性不足，其中的不少条款为金融机构的自我约束与环境责任，而对相关海外信贷项目的贷后监管的监督性不够，还难以有效保证相关环保准则的执行效果，很难完全避免生态环境风险的发生。

三、中国对外直接投资可持续发展政策建议

在世纪疫情、百年变局和俄乌冲突三重叠加的新形势下，我们要深刻认识错综复杂的国际环境带来的新矛盾和新挑战，不断增强机遇意识、风险意识和忧患意识，善于在危机中育先机、于变局中开新局。中华民族进入了新发展阶段，我们要贯彻新发展理念，“加快构建以国内大循环为主体、国内国际双循环相互促进的新发展格局”。我国提出了要“力争2030年前实现碳达峰，2060年前实现碳中和”的重要目标，这给国内企业发展提出了更高的节能减排的环保要求。与此同时，国内企业“走出去”进行跨国投资过程中，同样需要采取切实有效措施，积极践行“碳达峰”和“碳中和”的“双碳”环保目标，与东道国一道进行绿色投资、绿色建设、绿色生产、绿色运营和绿色创新，共同实现绿色可持续发展，为此我们应该采取以下措施。

（一）积极践行《对外投资合作建设项目生态环境保护指南》

为全面贯彻新发展理念，推动实现绿色可持续发展，生态环境部和商务部于2021年

和2022年先后联合印发了《对外投资合作绿色发展工作指引》和《对外投资合作建设项目生态环境保护指南》，这是海外投资建设项目进行生态环境管理工作的全过程、系统化和可操作的重要行动指南，可以有效指导跨国投资企业做好生态环境保护工作，有力支撑对外投资合作项目的绿色可持续发展，助力实现绿色“一带一路”高质量发展，加速实现“碳达峰”和“碳中和”的节能减排目标。“双循环”新发展格局下，国际贸易和国际投资中的绿色规则加速演进，我们要积极践行《对外投资合作绿色发展工作指引》和《对外投资合作建设项目生态环境保护指南》提出的严格环保标准要求，贯彻落实好绿色可持续发展理念，不断加强对东道国项目的生态环境管理，对跨国投资企业严格环境要求，严格按照国际通行的高标准环境准则行事，打造绿色境外经贸合作区，不断优化绿色海外投资项目的环境监管服务，有效防范生态环境风险的发生。

（二）大力发展跨国绿色投融资，构建绿色金融硬性约束机制

金融是现代经济的血液，对于需要大量资金的跨国投资而言，更是离不开国内金融机构的大力支持。随着世界各国对环保问题的广泛关注，我国也开始高度重视绿色金融发展问题，相关政府部门和金融机构相继出台了一系列绿色金融发展举措，开发出了一系列绿色金融产品，有效支持了国内相关产业的绿色化发展。为了更好地在跨国投资中贯彻绿色发展理念，促进海外投资项目的绿色可持续发展，我国应该加大海外绿色投资项目的投融资支持力度，扩大海外投资项目的绿色投融资额度，促进相关项目快速落地和生产。我们要继续完善绿色金融政策和相关规定，借鉴欧美国家绿色金融先进经验，构建起一套中国特色的绿色金融政策体系，通过大力发展绿色信贷来有效引导国内产业的绿色化发展，同时在跨国投融资过程中严格贯彻绿色金融理念，在项目审批环节以及后续建设和运营过程中加强监管，构建一套绿色金融硬性约束机制，不断提高相关绿色金融政策的可操作性，采用国际通用的高级别环保标准对拟融资项目进行严格要求，对拟融资项目进行全程环境评估和监管，预防生态环境风险的不利局面出现，促进跨国企业和东道国绿色可持续发展。

（三）加强“双循环”的有效协调，促进对外直接投资可持续发展

把握新发展阶段，贯彻新发展理念，构建新发展格局，这是我们未来相当长一段时间内的重要任务。新发展格局要以国内大循环为主体、国内国际双循环相互促进，做好国内循环和国外循环的有效协调，要形成“1+1>2”的良好局面。首先，我们需要正确理解“双循环”新发展格局的内涵，打消部分学者关于自我封闭、自我限制、加速“脱钩断链”的担心，“双循环”并非要自我限制、自我封闭，而是要实现更高水平的对外开放。其次，坚决贯彻绿色发展理念，在国内持续推进绿色可持续发展，以“碳达峰”和“碳

中和”为目标。建立健全绿色金融政策体系，继续开发更多的绿色金融产品，提高绿色投融资在信贷总额中的占比，加强对拟投融资项目的环境评估。同时加强“国内循环”和“国外循环”相互协调，在国内大力发展节能减排的绿色技术，并不断将绿色生产技术推广到在发展中国家的投资项目中。最后，在欧美发达国家投资过程中，有效利用东道国技术和人才优势，在欧美国家建立研发中心，注重借鉴吸收欧美国家的先进绿色生产技术，并加快将先进绿色生产技术引进国内，助力国内产业的绿色可持续发展，实现国内和国外绿色生产技术循环。

参考文献

[1]中华人民共和国商务部，国家统计局，国家外汇管理局．2020年度中国对外直接投资统计公报[M]．北京：中国商务出版社，2021.

[2]习近平．在企业家座谈会上的讲话[N]．人民日报，2020-07-22(2).

[3]人民网．决定召开十九届五中全会[N]．人民日报，2020-07-31(1).

[4]新华社．中共中央关于制定“十四五”规划和二〇三五年远景目标的建议[EB/OL]. 2020-11-03．中国政府网．http://www.gov.cn/zhengce/2020-11/03/content_5556991.htm.

[5]李树桥．八十年代改革开放的决策机制[J]．经济管理文摘，2008(11):30-32.

[6]王一鸣．百年大变局、高质量发展与构建新发展格局[J]．管理世界，2020(12):1-13.

[7]樊纲，郑宇劼，曹钟雄．构建“十四五”新发展格局[M]．北京：中信出版集团，2021.

[8]中共中央政治局常务委员会召开会议[N]．人民日报，2020-05-15(1).

[9]钟飞腾．“双循环”新发展格局与中国对外战略的升级[J]．外交评论，2021(2):1-36.

[10]陈雨露．“双循环”新发展格局与金融改革开放[J]．中国人民银行政策研究，2020(4):1-10.

[11]宗良，李斌，李义举．“双循环”新发展格局的内涵、路径及政策建议[R]．中银研究，2020(37):1-12.

[12]冯梦婷．新发展格局下的企业走出去[J]．中国金融，2020(12):73-74.

[13]国家外汇管理局．国家外汇管理局2018年报[EB/OL]．2019-07-28．国家外汇管理局网站．http://www.safe.gov.cn/safe/2019/0728/13720.html.

[14]商务部国际贸易经济合作研究院．跨国公司投资中国40年报告[R]．2019-10-21.

[15]张爽．我国对外投资合作发展趋势研究[J]．中国国情国力，2021(3):53-56.

[16]黄群慧．新发展格局的理论逻辑、战略内涵与政策体系——基于经济现代化的视角[J]．经济研究，2021(4):4-23.

[17]江小涓，孟丽君．内循环为主、外循环赋能与更高水平双循环——国际经验与中国

实践[J]. 管理世界,2021(1):1 – 19.

[18]钱学锋,裴婷. 国内国际双循环新发展格局:理论逻辑与内生动力[J]. 重庆大学学报,2021(1):14 – 26.

[19]徐奇渊. 双循环新发展格局:如何理解和构建[J]. 金融论坛,2020(9):3 – 9.

[20]程恩富,张峰."双循环"新发展格局的政治经济学分析[J]. 求索,2021(1):108 – 115.

[21]曹春苗,胡涛. 中国企业在大湄公河次区域投资环境履职问题及其建议[J]. 东南亚纵横,2014(2):70 – 75.

[22]刘婷,卢笛苗,李霞. 中国"走出去"可持续发展战略分析与政策建议[J]. 环境与可持续发展,2016(6):9 – 12.

[23]廖昌军,周承才. 中国对外直接投资的环境保护问题及其对策探析[J]. 未来与发展,2012(7):27 – 31.

[24]朱源. 加强生态环境管理 促进对外建设项目高质量发展[N]. 中国环境报,2022 – 02 – 07.

[25]葛察忠,龙凤. 中国对外投资中的环境管理研究[J]. 环境与可持续发展,2011(4):23 – 26.

[26]谢红军,吕雪. 负责任的国际投资:ESG 与中国 OFDI[J]. 经济研究,2022(3):83 – 99.

/第二篇/

区域协调

本篇由 4 篇文章构成：

在《新发展格局下的超大城市建设：思路与方向》中，引用联合国《2020 年世界城市报告》数据与结论，未来 10 年世界城市化将进一步推进，城市人口占总人口的比例将从 2020 年的 56.2% 上升至 2030 年的 60.4%。在中国，城市化仍是经济增长的重要驱动力，“十四五”规划中提出要在 2025 年将中国常住人口城市化率提升到 65%。在中国城市化率提高的同时，城市化的格局和形态也在发生深刻变化，都市化（即大城市化）成为新型城镇化的主要形式。随着城镇化、工业化的推进，城市的规模越来越大，超大城市逐步成为都市圈和城市群的核心，凝聚和配置资源，引领着周边经济的发展。城市化是工业化的重要成果，超大城市是市场经济发展的必然结果，超大城市是中国城镇化的必然趋势。同时，超大城市在构建新发展格局中发挥着重要作用、蕴藏着强大的消费需求、有强大的规模效应，是城市群建设的依托，是科技创新的载体且外溢效应更强。新发展格局下如何加快超大城市建设，建设国际消费中心城市，扩大优质消费，坚持供给侧结构性改革，营造良好的营商环境，打破户籍约束，推动城市群一体化，贯彻创新驱动战略，加速科技进步；更新发展理念，实现高质量发展；改善公共服务，推进共同富裕。

《数字化转型中韧性城市建设的制度基础、演化机制与现实路径》提出我国韧性城市建设要遵循“人民城市为人民”的价值导向、“有为政府”的治理逻辑和数字化转型的特殊理路，不断满足人民群众日益增长的安全需求。数字化转型带来的生产方式、生活方式与治理方式的变革不断塑造城市新样态，通过重塑与整合韧性城市物质系统使其数字化、智能化与智慧化，推进韧性城市社会系统的经济结构、组织形式等总体性改变，再造物质系统与社会系统的耦合方式，不断促进数字化转型中韧性城市建设的演化。同时，物质系统智慧化在提升城市基础设施韧性和生态韧性的同时形成新的物理安全、功能安全和信息安全风险导致其脆弱性，数字化转型不断促进经济社会虚拟化形成新的冲击形式，物质系统与社会系统数字化过程中易产生错位使社会系统建设滞后于物质系统建设的要求，这些问题与风险成为我国建设韧性城市道路上的阻碍，其解决应以我国特殊国情为基础，构建我国建设韧性城市的现实路径。韧性城市建设应坚持以人民为中心，基于我国制度背景与现实条件制约，发挥政府数字治理功能，分类型、分阶段推进韧性城市物质系统智慧化，构建抵御新型冲击的防御机制，利用数字技术构建城市韧性网络体系，建设有中国特色的韧性城市。

《社会保障支出、地区差异与积极老龄化》再次提醒我国在 20 世纪末步入老龄化国家行列，积极老龄化作为应对老龄化挑战的一种有效手段，能提高老年人的晚年生活质量，充分发挥老年人的“余热”。然而现有研究在一定程度上缺乏对积极老龄化前因变量的深入探索。本文构建了老年群体的社会保障支出影响社会参与意识形成及其转化为社会参与行为的理论框架，并用泰尔指数解析社会保障支出对积极老龄化的省际影响和区域影响，以捕捉积极老龄化的客观和主观条件。本文运用中国动态劳动力调查（CLDS）与《中国统计年鉴》（2016）的调查数据进行的实证研究表明：人均社会保障支出对抑制积极老龄化的发展有显著影响；老年人的人力资本、工作经历与健康持久性都能显著抑制上述的主效应。本研究的结果提示了完善的社会保障制度对提高老年人社会参与意识、加速积极老龄化及促进人口和社会经济持续协调健康发展的深刻意义，同时也为缓解养老压力给出了参考和建议。

《政府政策会促进中国制造业企业对外直接投资吗?》建议通过对外直接投资高效利用全球资源要素，支持制造业企业更好融入全球产业链、供应链，是推动我国对外投资健康发展的重要路径。本文使用 1999—2019 年我国制造业企业和政府政策数据进行实证研究，发现不同种类政府政策对对外直接投资的影响不同。具体来看，行业发展政策会促进企业对外直接投资。其中，大型和小型的行业发展政策，以及针对高技术企业制定的行业发展政策都会显著促进企业对外直接投资，而综合性政策对企业“走出去”的促进作用并不稳定，财政金融政策在促进企业“走出去”方面则没有体现出效果。

新发展格局下的超大城市建设：思路与方向[①]

苏 剑[②]

一、超大城市是新型城镇化的自然结果

联合国《2020 年世界城市报告》中指出，未来 10 年世界城市化将进一步推进，城市人口占总人口的比例将从 2020 年的 56.2% 上升至 2030 年的 60.4%。在中国，城市化仍是经济增长的重要驱动力，"十四五"规划中提出要在 2025 年将中国常住人口城市化率提升到 65%。在中国城市化率提高的同时，城市化的格局和形态也在发生深刻变化，都市化（即大城市化）成为新型城镇化的主要形式。随着城镇化、工业化的推进，城市的规模越来越大，超大城市逐步成为都市圈和城市群的核心，凝聚和配置资源，引领着周边经济的发展。

城市化是工业化的重要成果。工业化是人类近代发展的主要推动力。工业化以特有的经济组织方式打破了原有的社会劳动组织系统，吸引了大量的劳动力，导致人口聚集，同时催生了房地产业、金融业、住宿和餐饮业等现代服务业。在新型工业化进程中，大城市成为信息化、全球化、生态化的载体，以人口、资金、知识、信息、物资的聚集和流动实现经济的正常运营和增长。

超大城市是市场经济发展的必然结果。市场经济环境下供需决定价格，权责利分配较为清晰，以市场竞争为经济运行基础，超大城市经过多年的发展，形成了良好的营商环境，包括以交通、通信、物流等基础设施为核心的硬基础设施和以良好的法律体系、行政体系、稳定可靠的社会文化等为核心的软基础设施。这些软硬基础设施为市场经济的运行提供了良好的营商环境，降低了交易成本，从而能够进一步吸引外部要素聚集，促使城市

---

① 本文首发于《国家治理》周刊 2021 年 11 月第 3 期。

② 苏剑，北京大学经济学院教授，北京外国经济学说研究会会长。

规模逐步扩大，最终形成超大城市。

超大城市是中国城镇化的必然趋势。大城市具有人口集聚效应，具有更多优质的社会公共资源，而且市场集中，创业、就业机会多，对人口和劳动力的吸引力强。在城镇化过程中，农民最看重的当然是就业机会，而与小城市相比，超大城市在提供就业机会方面具有不可比拟的优势，因而，在中国城镇化的过程中，农民会跳过小城市直接向大城市尤其是超大城市聚集，这就导致了中国的都市化。

二、超大城市在构建新发展格局中的重要作用

（一）超大城市蕴藏着强大的消费需求

从需求端看，超大城市人口集中对消费尤其是服务消费具有拉动作用。从短期看，经济增长主要由投资、消费和出口拉动。人口聚集意味着市场需求集中，而市场需求集中是服务业发展的必要前提。服务业大都是直接面对客户的，许多服务的生产和消费对供需双方的空间距离提出了很高的要求，如果供需双方空间距离过大，要么生产和消费活动无法继续，要么运输成本太高，比如餐饮、住宿、旅游、娱乐、教育、物流等。因此，都市化是激活服务消费的必要前提和有效手段。

面对全球宏观经济不确定性，我国以扩大内需为战略基点，试图扩大消费需求和投资需求。随着我国城镇化进程加速，以超大城市为中心的都市圈通过人口聚集，实现了市场的集中，因此有利于促进消费。根据国家统计局公布的2020年我国社会消费品零售总额数据，城市消费能力排名前十的城市分别是上海、北京、重庆、广州、深圳、成都、苏州、南京、武汉和杭州等超大城市或特大城市。

超大城市消费基础更好，国际竞争力更强。目前，在我国，围绕超大城市已经形成了大大小小、规模质量不尽相同的现代消费商圈，这些商圈由于收入水平较高，因此对消费升级的需求度也高。2021年7月，国务院批准在上海、北京、广州、天津、重庆五个城市开展国际消费中心城市培育建设工作，希望建立和培育具有全球影响力和吸引力的综合性国际消费中心城市，以促进消费提质升级，使得消费者能够在这些地方便利地满足自己的消费需求，从而推动国内大市场的形成，畅通国内循环，促进国内国际双循环。

（二）超大城市有强大的规模效应

超大城市的规模效应远高于中小城市及乡村。超大城市在经济实力、区位优势、组织生产、产业结构等方面都具有其他城市无可比拟的优势。从供给端看，超大城市的出现降低了信息成本、物流成本、交易成本，从而提高了其经济运行效率。

第一，超大城市集中了大量的人口和企业，当整个产业的生产规模扩大时，相当于增加了相关产品的供给，有助于降低下游相关企业的平均生产成本。

第二，由于公共设施和公共服务具有非竞争性，其边际成本接近于零，外部规模经济效益显著。

第三，由于超大城市人口多，各种资源密集，可以实现更为精细的分工，从而提高生产效率和产品质量，提高产品的竞争力，同时为消费者提供质优价廉的消费品。

第四，超大城市大大降低了人才的培养成本、搜寻成本和使用成本。人才培育需要高质量的教育资源，超大城市的教育资源相对更为丰富，能够大规模、多元化、专业化地培养各种高级人才，快速提高劳动力素质。

第五，超大城市有助于提高全社会人力资源的配置效率。超大城市的劳动力供给规模庞大，企业更加容易寻找到合适的劳动力；同时，超大城市就业机会相对较多，劳动者更加容易找到符合自己偏好和技能的工作；另外，超大城市的就业机会、经济增长机遇更多和收入更高，通过市场的作用，劳动力就从其他地区流入超大城市，实现劳动力资源在地区间的优化配置。

（三）超大城市是城市群建设的依托

超大城市能够引领城市群发展，形成城市发展新模式，推动城市区域板块之间融合互动发展。

一方面，城市群建设需要核心城市引领。城市群是以核心城市为中心聚集而成的城市群落，城市群的核心城市一般为超大城市。超大城市作为城市群枢纽，可以辐射带动周边中小城市，提供资金、科技、人才、信息等方面的支持，并形成以超大城市为核心的产业集群，通过产业集群的形式带动城市群的发展。比如，作为长江三角洲城市群核心城市，上海与周边城市内部促进、外部联动、协调发展，带动周边经济效率的整体提升和经济的快速增长。

另一方面，超大城市发展离不开城市群支撑。周边城市为超大城市提供了廉价充足的人力资源、土地资源及广阔的市场需求，以及配套产业。离开周边城市的支撑，超大城市发展将成为无本之木、无源之水。超大城市以其视野高度、科技力量、优质产品参与国内国际竞争，通过跟周边城市的产业分工和互补带动都市群的发展。

但是，在处理超大城市与周边城市的关系时，应该尽量缓和甚至消除“虹吸效应”。如果超大城市对周边的虹吸效应大于外溢效应，会加剧区域间发展的不平衡，长久看不利于都市圈的建设，超大城市要么自身自成一体，要么将失去其战略性的、体系性的、枢纽性的城市地位。

(四) 超大城市是科技创新的载体

硅谷的实践表明，科研人员之间的正式或非正式交流对科技进步有显著的推动作用。科研人员之间思想的碰撞有助于催生新的观点、新的思路。相对来说，超大城市能够聚集大量的科研人员，从而对科技进步产生推动作用。

教育资源是科技创新的重要动力。一般而言，超大城市拥有较为丰富的优质教育资源。超大城市教育事业发达、待遇优厚，可以吸引大批优质师资流入。同时超大城市也聚集了大量人才；凭借自身所具有的产业、经济、资源和政策优势，以及良好的营商环境和用人环境，超大城市对人才具有巨大吸引力。根据2021中国城市人才吸引力报告，中国人才吸引力前五名城市分别为北京、杭州、上海、深圳和广州，超大城市是人才流向的主要目的地。

高新技术企业是科技创新的载体。相较于规模较小的城市，超大城市更便于积聚大量高新技术企业。超大城市往往有大量高质量的高校，其教育资源和科研资源能为超大城市高新技术企业发展提供坚实的智力支撑。再加上合理的政策引导和良好的营商环境，超大城市的科教存量优势就更有可能转化为发展高新技术的比较优势。2020 年中国主要城市高科技企业数量排名中，北京高新技术企业数量达到 28750 家，排名榜首，深圳紧随其后，高科技企业数量为 18650 家。号称中国“硅谷”的中关村国家自主创新示范区高新技术企业总收入达 7. 2 万亿元，其中技术收入为 1. 5 万亿元。

(五) 超大城市外溢效应更强

从外溢效应看，超大城市的资金、人力外部性更强。随着人口向超大城市集中的趋势逐渐加深，人口密度不断提高，在超大城市内部不同成员之间就出现了较大的外溢效应。根据人力资本外部性理论，劳动力个人的人力资本在影响自身生产力的同时，也会影响与之相关的其他劳动者的生产力。另外，超大城市更容易获得国际国内市场的信息和其他资源，从而外溢到超大城市的其他周边城市，更容易提高整个地区的生产力和生产效率。

三、新发展格局下如何加快超大城市建设

(一) 建设国际消费中心城市，扩大优质消费

立足超大城市，培育国际消费中心，有利于实施扩大内需战略和构建双循环新发展格局。超大城市经济水平、经济规模、消费能力远超中小城市，消费中心城市能够更好地满足居民高品质生活的需要，也能够促进区域产业结构升级，是需求拉动经济的载体与引

擎。在国际消费中心城市建设过程中，一是要关注居民消费需求变化，尤其是要关注人口年龄结构、性别结构、教育程度、国际化程度等方面的变化，适时适当调节经济的供给结构和消费环境。二是要紧抓新一轮数字革命机遇，践行创新驱动消费。这包括新产品开发，以及消费方式的数字化改造。三是鼓励消费与科技、消费与金融、消费与人文、消费与历史、消费与自然相融合，跨行业、多维度、宽视野打造消费中心城市。

在国际消费城市建设中，地方政府应该提供良好的公共服务。公共服务具有福利性、保障性、公益性特征，增加公共服务的投入，能够有效减轻消费者的经济负担，提高居民消费能力。现阶段我国超大城市住房消费、医疗支出、教育支出对其他产品消费的挤出效应较大，对居民消费需求潜力的释放产生制约。在超大城市政府应推动保障性住房的提供，想方设法降低居民的教育支出和医疗支出，缓解当地居民购房需求，释放出更多消费潜能，降低居民住房支出对其他消费的挤出效应，进而有利于扩大内需、拉动经济增长。

（二）坚持供给侧结构性改革，营造良好营商环境

经济的循环运行要求商品、要素、信息流动的畅通无阻。这就要求我们必须坚持深化供给侧结构性改革这条主线，疏通流通渠道，提供和完善各种软硬基础设施，构造良好的营商环境。

另外，超大城市在全面升级产业结构的同时，需处理好低、中、高端供给的结构，长远布局价值链、供应链与产业链，夯实供给基础，释放供给活力，开辟供给空间，筑牢新发展格局的根基。

超大城市享有政策、资金、人才等多方面优势，应积极利用自由贸易试验区、经济特区等对外开放前沿高地，用好自身资源、市场优势，推动供给侧结构性改革进一步深化，切实提升自己的竞争力。北京证券交易所以新三板精选层为基础打造服务中小企业的专业化直接金融平台，是金融供给侧改革的具体实践。

（三）打破户籍约束，推动城市群一体化

城市群对于集聚生产要素和带动经济高质量发展发挥着重要战略作用。依托辐射带动能力较强的超大城市，推动城市群一体化建设，提高城市群治理能力，完善新型城镇化布局，是我国“十四五”时期的重要任务，对加快构建国内国际双循环新发展格局具有战略意义。

劳动力的自由流动是经济一体化的必要条件。而户籍约束是现阶段阻碍劳动力流动的最关键因素。因此，打破户籍约束是现阶段城市群建设的着眼点。户籍约束不利于劳动力流动，也不利于劳动者合法权益的保障。国家应进一步鼓励户籍开放，各地应该积极欢迎

劳动者在城镇、大中小城市间自由流动，保障劳动者及相关亲属合法权益。北京、上海出于纾解人口压力的需要，户籍制度较为严格，未来可以更多关注流动人口的合法权益，继续解决农民工子女上学难等实际困难。其他超大城市应继续探索户籍制度改革，逐步放弃户籍制度，实现当地劳动力市场的一体化，最终随着户籍制度的改革，实现全国劳动力市场的一体化。

（四）贯彻创新驱动战略，加速科技进步

在国内国际双循环的新发展格局下，科技创新是我国实现高质量发展的新动力。超大城市在科技创新方面具有小城市不可比拟的优势。依托超大城市在科技创新方面的优势，加快建设具有国内乃至国际影响力的科技创新中心，进一步发挥超大城市对我国加快实施创新驱动战略的关键作用，对加快构建国内国际双循环新发展格局具有重大战略意义。

在建设国际科技创新中心的过程中，一是要统筹和进一步推进城市内部科技创新主平台和主阵地建设，全面促进超大城市中的各种园区建设。二是要加速培育创新主体，加大对企业主体的培育力度，积极发展中小型高新技术企业，增强创新企业的科技创新能力和高端产业引领力，加快形成科技创新的核心支撑。三是要加大科技创新研发投入，优化科技创新投入结构，引导企业、高等院校、科研机构等创新主体在研发活动投入更多资金和资源，设立创业基金，汇聚全球的创新智慧，持续提升城市自主创新能力。四是要大力培养创新创业人才。应充分调动高等院校、科研机构、企业的积极性，发挥各自在培育创新创业人才领域的优势，集中力量培养各类科学研究人才。要打破“唯学历”论，注重实际创新能力的培养。五是要提升城市对创新人才的吸引力，在持续提高生活质量和公共服务并提升创新人才待遇的同时，通过建立创新生态体系，为创新人才集聚打造良好环境，吸引创新人才集聚。

（五）更新发展理念，实现高质量发展

高质量发展是超大城市的应有之义。高质量发展的表现是经济发展更有效率、更加公平、更可持续、更为安全、更为绿色环保，社会、经济发展更为协调，当然，更重要的，还必须“发展”，也就是必须保证有一定的发展速度。高质量发展不一定是低速发展，高质量发展完全可以是高速发展。

超大城市作为新发展阶段的排头兵，应积极为我国发展培育新动力、拓展新空间，推动我国朝着更高质量的方向前进。这就要求各超大城市树立新发展理念，直面我国和当地经济发展面临的深层次矛盾和问题，在制度创新、理念创新方面有所突破。

（六）改善公共服务，推进共同富裕

共同富裕是社会主义的本质要求，是新发展阶段的重要特征。超大城市在推进共同富裕时，一是要关注周边区域的贫困人口，为他们提供基本生活保障。二是要与周边城市互联互动，积极发挥正向外溢效应，带动周边中小城市经济发展。三是要协调好收入分配格局，兼顾效率和公平。四是要着力推进机会均等，保障人民平等参与、平等发展权利。五是要促进劳动力的流动，劳动力的流动意味着劳动力资源可以得到更优化的配置，从而给劳动者尤其是低收入劳动者带来更高的收益，促进共同富裕的实现。比如农民从农业和农村向城镇工商业的转移就提高了农民的收入。

数字化转型中韧性城市建设的制度基础、演化机制与现实路径①

张春敏②

摘　要： 我国韧性城市建设要遵循“人民城市为人民”的价值导向、“有为政府”的治理逻辑和数字化转型的特殊理路，不断满足人民群众日益增长的安全需求。数字化转型带来的生产方式、生活方式与治理方式的变革不断塑造城市新样态，通过重塑与整合韧性城市物质系统使其数字化、智能化与智慧化，推进韧性城市社会系统的经济结构、组织形式等总体性改变，再造物质系统与社会系统的耦合方式，不断促进数字化转型中韧性城市建设的演化。同时，物质系统智慧化在提升城市基础设施韧性和生态韧性的同时形成新的物理安全、功能安全和信息安全风险导致其脆弱性，数字化转型不断促进经济社会虚拟化形成新的冲击形式，物质系统与社会系统数字化过程中易产生错位使社会系统建设滞后于物质系统建设的要求，这些问题与风险成为我国建设韧性城市道路上的阻碍，其解决应以我国特殊国情为基础，构建我国建设韧性城市的现实路径。韧性城市建设应坚持以人民为中心，基于我国制度背景与现实条件制约，发挥政府数字治理功能，分类型、分阶段推进韧性城市物质系统智慧化，构建抵御新型冲击的防御机制，利用数字技术构建城市韧性网络体系，建设有中国特色的韧性城市。

关键词： 数字化转型；韧性城市；数据要素

---

① 基金项目：北京市习近平新时代中国特色社会主义思想研究中心项目“新发展阶段促进全体人民共同富裕研究”（项目编号：21LLLJB015）。本文首发于《贵州社会科学》2021 年第 7 期。

② 张春敏，中央民族大学经济学院院长、教授、博士生导师，北京市习近平新时代中国特色社会主义思想研究中心中央民族大学研究基地特约研究员。主要研究方向为政治经济学、民族经济学。

一、引言

2020 年年末，我国常住人口城镇化率超过 60%，[①] 前百强城市 GDP 占全国 GDP 的比例超过 70%。[②] 人口高度集聚为城市生产生活活动带来了繁荣，也带来了前所未有的风险。新时代社会主要矛盾转化，人民对美好生活的需要从物质条件向多维度扩展，对安全的需求与日俱增。新冠疫情的冲击余波尚未散去，建设能够对外来冲击进行有效预警、分解和吸收，从中恢复并不断学习的韧性城市，是统筹发展与安全、坚持推进"以人为核心的城镇化"的内在要求。韧性城市建设离不开制度背景与现实条件的制约。国家"十四五"规划纲要提出的"迎接数字时代，激活数据要素潜能，推进网络强国建设，加快建设数字经济、数字社会、数字政府"[③] 为新时代韧性城市建设提供了思路指引。从我国国情出发，研究数字化转型带来的生产方式、生活方式与治理方式变革对城市新样态的塑造，对探索建设中国特色的韧性城市具有深刻的理论和现实意义。

"韧性"最早指工程韧性，意为"回复到原始状态"。1973 年，加拿大生态学家 Holling 首次将这一概念引入生态学。[④] 伴随研究的深入，韧性概念进一步拓展为社会—生态韧性，研究内容涵盖社会学、经济学、管理学等社会学科，对韧性的研究从自然科学延伸至社会科学。2002 年倡导地区可持续发展国际理事会（ICLEI）首次提出"韧性城市"议题，将其引入城市与防灾研究中，认为韧性城市是对于危害能够及时抵御、吸收、快速适应并做出有效反应的城市。[⑤] 随着内涵的丰富，韧性城市的概念拓展为，在面对冲击和扰动（包括突发公共卫生事件、自然灾害、战争、金融危机等）时有动态适应、恢复平衡、自我学习以及创新发展路径能力的城市。城市韧性逐渐成为理解和衡量城市脆弱性、可持续性、人与环境相互作用等方面的重要概念，包含城市基础设施韧性、城市生态韧性、城市经济韧性、城市社会韧性以及城市制度韧性。[⑥]

目前从数字化转型、数字经济等角度对城市韧性的研究较少，已有相关研究多关注数字经济对韧性的提升或降低作用。董昀认为新冠疫情中中国经济展现出强大的经济韧性，这种韧性的来源之一就是数字经济等新兴产业发展的全面提速展示出的经济发展新动能的

---

① 国家统计局．中华人民共和国 2020 年国民经济和社会发展统计公报[R/OL]．(2021－02－28)[2021－06－13]．http://www.stats.gov.cn/ztjc/zthd/lhfw/2021/lh_hgjj/202103/t20210301_1814216.html.

② 根据国家统计局网站数据计算得出，https://data.stats.gov.cn/index.htm。

③ 中华人民共和国中央人民政府．中华人民共和国国民经济和社会发展第十四个五年规划和 2035 年远景目标纲要[EB/OL]．(2021－03－13)[2021－06－13]．http://www.gov.cn/xinwen/2021－03/13/content_5592681.htm.

④ Holling C S. Resilience and stability of ecological systems[J]. Annual Review of Ecology and Systematics, 1973(4):1－23.

⑤ Safa M, Jorge R, Eugenia K, et al. Modeling sustainability: Population, inequality, consumption, and bidirectional coupling of the earth and human systems[J]. National Science Review, 2016(12):470－494.

⑥ 赵瑞东，方创琳，刘海猛．城市韧性研究进展与展望[J]．地理科学进展，2020(10):1717－1731.

强大生命力；[1] 孙慧、原伟鹏认为数字经济可以催生新的消费方式，推动人流、物流、信息流和价值流的交换整合，形成新的多元化的经济形态和生态，增强经济抵抗外部冲击和风险的韧性；[2] 荆林波认为数字经济为韧性城市建设提供了新的技术条件和社会环境，能增强韧性城市各子系统的抗灾功能并提高韧性城市资源运行水平，因此应创新建设理念，将数字经济中的新技术与韧性城市建设相结合；[3] 宋蕾则认为目前我国数字经济发展对经济韧性的提升作用较小，相反有可能造成结构性失衡风险。[4] 综合已有研究，从宏观视角对数字化转型中建设韧性城市的制度基础、所面临新变化以及建设韧性城市的现实路径的研究还有很大空间。基于此，本文尝试从宏观视角出发，立足我国国情，明确价值取向，以数字化、智慧化、虚拟化演化机制为主线，探讨我国建设韧性城市的现实路径，为数字时代建设韧性城市提供思考借鉴。

二、数字化转型中建设韧性城市的制度基础

城市韧性具有双重属性：一方面具有物质性质，基础设施、防灾系统、环境系统、生态系统等要素有机形成韧性城市的物质系统；另一方面又具有社会性质，经济、社会、制度等要素有机形成韧性城市的社会系统。韧性城市的物质系统是社会系统运行的基础和条件，社会系统对物质系统发挥调节和控制作用。不同类型的韧性城市在物质系统方面具有很强的相似性，但社会系统差异较大，进而制约物质系统功能发挥的路径与效用。充分认识中国韧性城市建设中社会系统的特征是理解数字化转型中中国建设韧性城市特殊性不可或缺的环节。

（一）满足人民对美好生活的需要是建设韧性城市的价值取向

历史上看，城乡分离来自分工，“一个民族内部的分工，首先引起工商业劳动同农业劳动的分离，从而也引起城乡的分离和城乡利益的对立”。[5] 进入工业文明时代后，社会分工愈加复杂，产业结构、人口结构、职业结构、空间结构等的极速变化促进了复合商品消费、物质流动和政治权利构建等多功能城市体系的形成。与此同时，不同社会制度带来的城市结构变化动力产生明显差异，“资本主义破坏了城市生活的结构，把它放在一个新

---

① 董昀．新冠肺炎疫情冲击下的中国经济韧性[J]．中国社会科学院研究生院学报，2020(4)：43－52.

② 孙慧，原伟鹏．西部地区经济韧性与经济高质量发展的关系研究[J]．区域经济评论，2020(5)：23－35.

③ 荆林波．韧性城市的理论内涵、运行逻辑及其在数字经济背景下的新机遇[J]．贵州社会科学，2021(1)：108－115.

④ 宋蕾．智能与韧性是否兼容？——智慧城市建设的韧性评价和发展路径[J]．社会科学，2020(3)：21－32.

⑤ 马克思恩格斯文集(第一卷)[M]．北京：人民出版社，2009：520.

的不具人格的基础上，即放在金钱与利润这个基础上”。[①] 不同于资本主义国家，社会主义国家自建立起就将人民属性赋予城市建设，在中国，早在 1948 年，毛泽东就指出“城市已经属于人民，一切应该以城市由人民自己负责管理的精神为出发点”。[②] 在中华人民共和国成立后的 30 年工业化探索中，“人民城市”成为我国城市建设的准则。改革开放后，满足“人民群众日益增长的物质文化需要”成为经济建设、城市建设的主线，我国城镇化率大幅提升，形成了分别以北京、上海、深圳为核心的京津冀、长三角、珠三角城市群，辐射带动经济快速增长。党的十八大以来，伴随我国社会主要矛盾转化，城市建设在党和国家工作全局中具有举足轻重的作用，2015 年中央城市工作会议指出“做好城市工作，要顺应城市工作新形势、改革发展新要求、人民群众新期待，坚持以人民为中心的发展思想，坚持人民城市为人民”[③]。我国城镇化的历史、制度基础及物质基础决定了我国城镇化的目标、取向和发展历程具有自身的独特性，在中国韧性城市建设的进程中，首先要明确的是，在改造吸收西方城市科学有益经验的基础上，超越其将韧性城市仅仅理解为人口空间或经济地理问题的逻辑，在政治、经济、文化的社会系统中坚持人民主体的政治意涵、社会主义经济制度的运行原则和人与自然和谐共处的文化导向。

（二）建设韧性城市离不开“有为政府”的治理逻辑

中国的城市管理体制遵循国家治理逻辑，呈现执政党和政府体系的“一体双轨”结构。“在组织形态上，它呈现为立体网络结构。其中，‘立体’是指党组织与政府组织的相对位置呈现立体而非平面关系：党组织处于领导和决策地位，政府组织处于实施和执行地位，二者构成一种‘领导—被领导’的关系；‘网络结构’是指党组织以执政领导权为支撑，全面融入政府体系，由此构成统一的治理网络”。[④] 党的“人民城市为人民”的指导思想通过治理网络贯彻于城市治理体系中，韧性城市的顶层设计、整体规划和政策实施都纳于这一体系，这与西方“韦伯式的科层治理”“社区治理”有明显差别。因此，我国韧性城市的社会系统对物质系统的调节和控制作用包括防灾资源配置、防灾系统构建、创新发展路径等均以政府为主体，发挥社区作为政府功能体系延伸的作用，紧密衔接、有机统一，共同构建具有中国特色的韧性城市。

---

① ［美］刘易斯·芒福德．城市发展史——起源、演变和前景［M］．宋俊岭，倪文彦，译．北京：中国建筑工业出版社，2014.

② 毛泽东选集（第四卷）［M］．北京：人民出版社，2008：1324.

③ 中央城市工作会议在北京举行［N］．人民日报，2015－12－23（1）.

④ 王浦劬，汤彬．当代中国治理的党政结构与功能机制分析［J］．中国社会科学，2019（9）：4－24，204.

（三）社会主义市场经济体制下的数字化转型具有特殊理路

目前我国数字化转型仍处于以平台经济为代表的线上线下融合为主流的阶段。大数据产业及传统制造业数字化转型尚未深入，“有效市场”发挥决定性作用机制还不完善，平台经济垄断及大数据信息安全等问题凸显。针对这些问题，政府不断发挥“有为政府”作用，重点从两方面入手提升治理能力：一是规范市场竞争，通过制定法律法规，预防和制止互联网平台经济领域垄断行为，维护消费者利益和社会公共利益，促进平台经济持续健康发展；二是完善风险防控机制和措施，切实履行企业信息内容安全主体责任。国家“十四五”规划纲要提出加快数字化发展，建设数字中国，预示着通过产业数字化和数字产业化进行数字化转型是我国经济整体转型的总体趋势，尤其是新冠疫情冲击下政府主体科学防控、精准施控的需求为政府治理数字化转型带来机遇，[①] 人与人之间可以超越时空产生经济关系的数字经济在防控新冠疫情蔓延、保障社会供给方面发挥了重要作用，[②] 凸显了数字经济的特点和优势。加快数字化发展，建设数字中国，实现“有为政府”和“有效市场”的结合，是市场经济下我国进行数字化转型的特殊理路，将对建设韧性城市产生深刻影响。

三、数字化转型中韧性城市物质系统的重塑与整合

数字技术对韧性城市物质系统的重塑及数据要素的渗透整合将对城市韧性产生内生性影响，能够提高城市在面对外来冲击时的智慧性、冗余性和相互依赖性，从而提升城市基础设施韧性和城市生态韧性，但在此过程中也存在潜在风险。

（一）物质系统的数字化、智能化、智慧化

数字化转型不断推动韧性城市物质系统数字化，进而呈现智能化和智慧化特征。伴随数字技术发展，数据要素会逐渐渗入基础设施系统、防灾系统、环境系统、生态系统等，形成如智慧交通、智慧电网等智能化、智慧化物质系统，并通过数据平台整合在城市系统中。第一，公共服务设施数字化。通过物联网技术将城市基础设施数字化并串联起来，尤其是供水、供电、供气、供热、交通等关系到居民基本生活的公共服务设施，在遇到突发灾害时自动检测、实时传达，构建出基础设施无缝互联的全方位立体化网络，在网络中，分散的基础设施成为综合集成网络的一部分，在一部分受灾时能获得其他部分支持，相互

---

① 吴静，等．抗疫情助推我国数字化转型：机遇与挑战［J］．中国科学院院刊，2020（3）：306－311.

② 李韵，丁林峰．新冠疫情蔓延凸显数字经济独特优势［J］．上海经济研究，2020（4）：59－65.

协同维持核心功能运转。第二，设施维护精准化。通过详细的信息收集和分析对城市基础设施、公共建筑及市政项目特别是生命线工程增加项目维护、分段翻新以及对核心功能设施有针对性地增强承灾力和坚固性，且能够更为合理地调节相似功能组件的冗余度和备用性。第三，灾害防控科学化。城市决策者通过数字化立体网络实时获得灾害预警、关键设施运转状况等信息，通过实时掌握城市规划、建设总体情况，进行科学规划与安全性评估，避免无序开发导致的人为灾害、次生灾害。第四，环保开发系统化。数字要素聚集有利于系统看待城市生态，维持城市中生物栖息与人类建设的平衡状态，为城市协调统筹环保与开发提供基础。

（二）物质系统在数字化转型中面临的风险与脆弱性

基础设施智慧化能提升社会系统对物质系统的控制程度，从而提升城市在面对冲击时的反应速度和反应能力，但这种控制的达成以数字技术应用为基础，以精密的电子仪器为物质载体，以控制平台为依托。转型过程中面临以下新的风险：第一，物理安全风险。传感器等精密仪器受环境威胁，供电不足、电子干扰、静电、恶劣的温度湿度条件等不良的工作环境都会对仪器的灵敏度、精确度、器件寿命产生影响；在如地震、台风、洪涝等自然灾害甚至战争这样巨大的外来冲击面前，电子仪器对运行保护措施和人员维护的依赖更强、更为脆弱。第二，功能安全风险。智慧化的物质系统在加强控制的同时也使切断控制更为容易，一方面例如操作失误、软件故障、硬件老化等问题都会给智慧化的物质系统带来风险；另一方面在接入平台时的操作系统安全漏洞问题、杀毒软件安装及更新问题、使用U盘和光盘导致的病毒传播问题以及网络设备故障等都会影响物质系统功能的正常发挥及稳定运行。第三，信息安全问题。物质系统数字化转型过程中不可避免地会使用通用的PC服务器和终端产品，这些通用软件系统很容易遭到来自企业内网和互联网的病毒、木马和黑客的攻击，不仅对平台系统控制基础设施、防灾系统等造成威胁，而且可能使物质系统所产生的数据泄露从而产生信息安全问题。例如，智能电网就是将数字技术与物理电网高度集成而形成的，任何细小的信息安全问题都可能波及电力系统的安全、稳定、经济运行，造成不可估量的政治影响和经济损失。① 物质系统在数字化转型中面临的新风险会加剧物质系统在面对外来冲击时的脆弱性，进而降低城市韧性。

四、数字化转型中韧性城市社会系统的虚拟化

数字化转型以数字技术为依托，其核心在于数据要素的生产、流通、消费和分配渗透

① 邹维福，林新宇，衡星辰．智能电网工业控制系统安全概述："2012电力行业信息化年会"论文集［C］．北京：期刊中心，2012.

以及重构现有经济社会的各个环节，不断促进韧性城市社会系统的总体性改变，包括产业结构升级、就业结构改变、社会系统对物质系统的控制增强等，在这过程中经济社会不断虚拟化，催生新的冲击形式。

（一）数字化转型不断促进经济社会总体性改变

第一，城市经济结构总体性改变。一是社会化大生产是劳动过程的规模、范围及组织的扩大，生产要素是构成生产力的基本单元，数据要素作为一种新的生产要素渗入经济结构之中，不断促进现有生产要素之间形成更密切的交互关系，催化经济结构的总体改变。二是数字化的发展模式不同于以往的“串联式”模式，表现为不同领域、产业、主体的“并联式”叠加发展，数字技术的外溢作用加深数字化产业与其他产业在产业链上的前后向关系，拓展传统产业之间的关联性，通过产业关联促进产业集群，推动产业结构升级。三是数字经济的不断发展促进社会化大生产朝着更为明确的劳动分工的方向延伸，劳动的协同性强化，又因数字平台突破时间空间限制而呈现碎片化特点，使劳动力的专业分工更加精细，从而创造出新的就业岗位；人工智能等技术的逐渐成熟使简单劳动与复杂劳动的界限不断明晰，简单劳动被创造和运用数字技术的复杂劳动所替代，劳动生产过程发生智能化改造，脑力劳动逐渐取代体力劳动，以体力劳动为主的低技能岗位需求减少，对中高端技术型、知识型劳动力的岗位需求增多，就业结构改变。

第二，影响城市居民的生活方式与组织形式。一是人对数字技术的依赖程度逐渐加深，在衣食住行各个方面，人通过数字技术对物质对象的控制成为人们日常生活不可或缺的部分；二是个体的人在网络中被组织起来，形成虚拟社区，人的存在方式逐渐虚拟化，形成了不同的社会群体，与现实社区治理形成不同时空的交叉；三是数字鸿沟逐渐显现并扩大，不仅表现为“数字利维坦”和个体之间的“纵向数字鸿沟”，即社会参与的数字权利不平等，[①] 更表现为城市中不同群体在接入和获取数字资源、信息素养和技能、心理意愿等方面的鸿沟；四是形成以数字支付为核心的消费社会，人的价值观念、消费观念、危机意识及文化导向发生改变。

第三，生产方式、生活方式的改变引起治理模式变革。一是传统治理模式的重构。传统体制机制已无法解决数字技术快速革新所产生的新问题，市场机制、竞争机制、价格机制，从顶层设计到具体实施的体制框架都亟待重构，倒逼政府变革治理模式，适应数字化转型提升政府机构的管治能力。二是政府对社会的控制强化。“城市人类以缩小个人生活范围的代价，换来了权力和环境控制能力的极大的集团性发展”。在数字时代，这种代价

① 单勇．跨越“数字鸿沟”：技术治理的非均衡性社会参与应对[J]．中国特色社会主义研究，2019(5):68－75,82,2.

往往隐藏于数字技术之中，政府能够通过数据采集、清洗、挖掘和分析，以价值理性和工具理性编织新型的权力网络，国家意志通过数字技术得以在个体身上展现，管理的触须经由数字技术延伸至社会的方方面面和任意角落，政府的功能和控制空前加强。三是城市应对外来冲击的模式改变。传统城市在面对灾难时往往处于被动地位，灾难预警机制缺乏、灾难发生时的路径依赖严重，随着数字化转型在基础设施、数据分析等方面的深入，完善的防灾预警机制、灾害分析机制和应灾措施机制逐渐形成，政府行使组织、管理、规划和行动的职能不断科学化和智慧化。

（二）数字化转型可能形成新的冲击形式

数字经济的发展会增加产业多样性、就业多样性，提升城市经济系统在面临外来冲击时的韧性，但在产业数字化和数字产业化过程中，经济活动会经由数字技术逐渐虚拟化，包括货币虚拟化、贸易虚拟化，甚至大部分资源能够在虚拟空间中完成配置，增强了数据要素生产者的主体地位。加耳布雷思的生产者主权理论认为在现代资本主义社会，生产者生产产品并控制价格，通过广告投放引导消费者消费，主导作用愈加凸显①。数字时代，生产者主权得到强化，掌握数字技术和数据要素的生产者能够通过技术控制消费者，并且更容易形成垄断，“数字平台与数字交往主体之间不对称的关系导致数字交往主体的数据一经产生就与之相异化，被数字平台提取并被私有化，用于商品交换以榨取剩余价值”。②由此形成的“数字帝国”使资源的集中达到前所未有的高度，因而风险也相应增加，从而衍生出传统冲击以外的针对数字中心的新冲击。这种冲击不仅会影响社会系统，更会通过社会系统对物质系统的控制传导到物质系统之中，依城市的数字化程度造成不同范围、不同程度的危害，数字化极高的城市可能会面临城市功能停摆的重创。

五、数字化转型再造韧性城市物质系统与社会系统的耦合方式

在传统防灾应灾体系中，物质系统与社会系统的耦合往往通过人的直接控制实现，但伴随数字技术的发展和数据要素的渗透，社会系统对物质系统的控制发生了整体性转变。

（一）物质系统与社会系统的数字化耦合

物质系统与社会系统的数字化耦合是一个双向过程。一方面，基础设施、防灾应灾系统、生态系统等构成的物质系统能够通过数字技术智慧化，进而通过网络化和可视化为城

---

① ［美］加耳布雷思．丰裕社会［M］．徐世平，译．上海：上海人民出版社，1965：104，234－235．

② 温旭．数字生活世界的殖民化困境与合理化出路——以哈贝马斯生活世界理论为视角［J］．理论月刊，2020（11）：27－36．

市治理提供信息，更进一步通过将产生数据流传输至数字中心进行清洗、挖掘和分析，从而“让城市更聪明一些，更智慧一些”，这“是推动城市治理体系和治理能力现代化的必由之路”；① 另一方面，数字化能够将抽象的制度、文化、经济结构具象化，为社会系统对物质系统的控制赋能，例如政府通过治理数字化转型能够获得全社会的信息形成数据中心，权力通过网络控制社会的范围无限延展，增强了政府机构的管治能力，特别是在灾害发生时和发生后能够通过数字技术快速组织、管理和迅速行动，而这是城市制度韧性的核心。

（二）物质系统与社会系统的数字化耦合改变城市韧性网络

物质系统与社会系统的数字化耦合改变了传统的城市韧性网络。一是二者的耦合使韧性城市成为一个整体，过去社会系统对物质系统的控制往往以人为主体，人在时间和空间上的有限性导致面对外来冲击时社会系统对物质系统的控制是零散的、滞后的，数字时代的韧性城市则以数据流为中介达成社会系统对物质系统的总体控制，数据流像人体的神经一样通过“控制—反馈”路径使韧性城市成为一个有机体，在面对外来冲击时能更有效地发挥整体功能，增强城市抵御冲击的能力。二是过去的城市之间以道路、航路相连，城市之间相互独立，呈现出区域内点状分布的特征，但数字时代的韧性城市能够通过数据流的交换无时无刻相互连接，尤其是数字经济网络化的协同生产使社会化大生产程度加深，传统经济形态下界限分明并呈纵向一体化形式的社会再生产各环节边界模糊，生产、交换、消费与分配不再受传统产业链的时空限制，跨越时空的产业链使城市之间的关系更加紧密，城市之间的联系呈现出网络特征，能够凭借更早预警、更大空间的防灾物资配置、紧密合作等方式抵御外来冲击。三是数字时代的韧性城市通过数字技术互联形成更紧密的城市韧性网络，所形成的数据流能为遭遇外来冲击时不同类型城市发挥不同功能作用、优势互补、科学应对灾害奠定基础，使根据城市特征、灾害类型运用不同的策略应对成为可能。此外，基于城市韧性网络所形成的数据资源可以构建灾害数据库，通过数据整合与分析为其他地区防灾应灾提供借鉴。图 1 为数字化转型前后城市韧性系统对比。

---

① 总书记来到我们身边——“让城市更聪明一些更智慧一些”[N]. 杭州日报,2020－04－02(4).

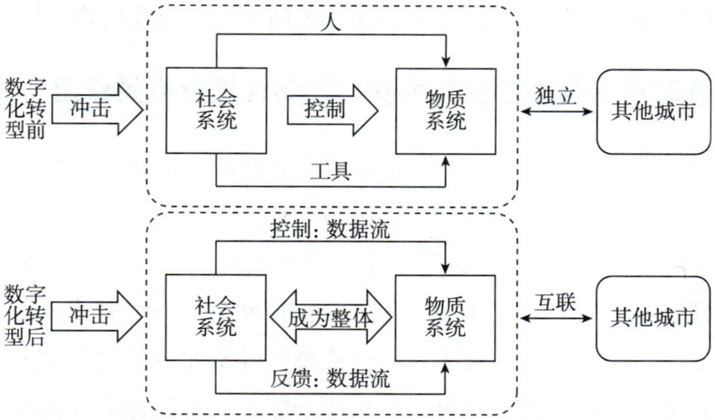

图1　数字化转型前后城市韧性系统对比

（三）物质系统与社会系统的耦合错位

韧性城市物质系统与社会系统的耦合错位主要表现在社会系统建设滞后于物质系统建设的要求。城市制度韧性的核心是灾害发生时和发生后的组织、管理和行动能力，其对城市应急管理的资源调配效率有较高要求。韧性城市的资源调配依赖于物质系统的数字化、智能化及智慧化建设，且在建设过程中海量数据的汇集表现出去中心化特征，需提升统筹协调各方数据的能力。但同时，物质系统数字化存在的风险性使韧性城市建设面临信息安全问题，在我国的制度背景下，政府引导及宏观调控是有效促进韧性城市物质系统和社会系统耦合的关键。

目前，社会系统中政府治理模式的改革无法完全对标韧性城市物质系统建设需要，存在耦合错位，主要原因在于条块分割的管理模式。一是科层行政管理架构中部门分工较细反促藩篱形成，数据汇而不通，政府数据缺乏有效的协调整合，韧性城市建设中部门之间数据统筹的制度保障不足。二是地区之间存在信息壁垒，各地将推进城市建设数字化、智能化、智慧化转型作为政绩目标之一，基础设施建设重复分散，且各地数据平台系统标准不一，无法充分对接，应急协同存在障碍。三是政府在统筹物质系统数字化、智能化及智慧化建设过程中，技术力量相对薄弱，需要将平台搭建业务外包给具有技术优势的企业，在此过程中，韧性城市建设的公共政策目标与企业营利性目标存在差异，政企之间利益分配及数据安全保障制度建设有待完善。

六、数字化转型中构建韧性城市建设的现实路径

在数字化转型中建设韧性城市，要坚持以人民为中心的价值导向，发挥我国制度优势，以数字技术应用为基础，以数据要素的渗入和重构为媒介，把握建设韧性城市的新机

遇，规避数字化转型带来的风险，构建中国特色韧性城市建设的现实路径。

（一）发挥政府治理数字化转型在建设韧性城市中的作用

坚持以人民为中心的价值导向，就是在建设韧性城市中充分满足人民对韧性城市的期待与需求，发挥我国政府治理体制“立体网络结构”的优势，在政府治理数字化转型中使“数字政府”接入防灾应灾系统，在数字化转型初期最大化发挥政府作为数据资源中心的作用。一是要打破城市间的信息孤岛，在建设政府数据中心时提前规划，为防灾应灾的多城协调创造前提；二是综合物质系统和社会系统，行使统一调配资源的职责，在外来冲击发生时能够充分统筹政府资源、企业资源和社会资源，将危害降到最低；三是在数字化程度提高的过程中逐渐放权，将不涉及国家安全、个人隐私和企业秘密的数据系统和一部分治理权力下沉社区，在现实社区和虚拟社区两个维度上营造社区文化、提升居民防灾应灾意识，在提升城市制度韧性的同时提升城市社会韧性。

（二）依数字化程度分城市、分阶段推进物质系统智慧化

发挥社会主义市场经济体制下“有为政府”和“有效市场”的双重作用，根据我国城市数字化程度及实际情况，正视我国数字化转型仍处于初级阶段，数字经济的总量大、质量低，且存在东西差距、南北差距，甚至在不同规模的城市之间存在差距，在承认差异性的基础上分城市、分阶段推进。一是在数字化转型初期，挑选数字化程度高、经济基础好的典型城市进行试点，构建以基础设施、防灾体系、生态系统智慧化为基础的“灾前预警—灾中应急—灾后恢复”网络，按照“试点—评估—推广”流程科学推进，避免出现政策推行“一刀切”造成资源浪费；二是遵循建设韧性城市的一般规律，为不同城市制定个性化的物质系统建设方案，构建能够衡量不同规模、不同地理位置、不同城市功能的指标体系作为参考；三是在构建防灾应灾网络时评估物质系统智慧化的优先级，例如面临周期性外来冲击的城市，应以“灾中应急”为数字技术应用的主要场景，这样既可以有效提升城市韧性，又可以获得最大收益。

（三）数字化转型中构建抵御新型冲击的防御机制

数字中心所遭遇的冲击以病毒、信息安全、物质载体毁灭等形式呈现。伴随数字网络的无限扩展，防灾应灾体系的软件系统无法完全规避病毒和黑客对漏洞的攻击，容易发生“网络恐怖主义袭击”，例如伊朗工业控制系统受到名为“震网”的蠕虫病毒的恶意破坏，而这种病毒编写的复杂程度和所需信息提示并非普通网络黑客所为，可能是境外国家或组

织制造的，[①] 软件病毒会同时造成控制系统失灵与工控设备物理损坏，如果工控设施已经用于关系到国家安全的领域，将导致巨大损失，因此在数字化转型之初就要构建起网络安全的“城墙”，把好信息接入与传输的“关口”，建立起抵御网络攻击的防御机制。

大数据产业的发展能够描画出人群甚至一个国家人口的特征，包括生活习惯、消费特征、经济运行周期规律和特点等，这些数据分析的结果有可能会成为其他国家进行有针对性的贸易战争及金融体系攻击的工具，因此必须在数据产业发展中关注信息安全。一是构建以“数据权利”为中心的权利体系。强调数据主体的控制权、同意权、获利权。构建数据主体共同体体系，在数据采集、存储、计算、应用的不同环节，完善利益分配。二是以明晰产权构建价格机制，建立数字化标准，试点分类分级系统管理，规范数据要素市场交易。在构建完善的市场体制的同时，还要将数据分级，对关系到国计民生、国家安全的数据进行密级分类，实现对信息安全的有效控制。

（四）利用数字技术构建城市韧性网络体系

建设韧性城市应有系统思维，增强物质系统与社会系统耦合的协同性和一致性，在个体城市基础上构建区域性城市韧性网络体系，在面临外来冲击时能相互依赖、相互协调、相互学习。一是利用数字技术发展数字经济，尤其是鼓励相近区域形成数字经济集群，发挥数字经济不受时空限制的特点，加强区域内城市间的经济联系和社会联系，逐步推进韧性城市群社会系统一体化，增强抵御外来冲击的经济韧性与社会韧性。二是从城市气候、地理环境、社会经济发展、人口密度、基础设施质量等的差异性出发，衡量不同城市所面对外来冲击的风险程度，在城市韧性体系中赋予不同的权重。例如西部生态环境脆弱的城市，城市生态韧性的权重应该更高，在建设韧性城市过程中应更关注自然灾害频率、绿化覆盖率、生态系统服务等指标。三是利用数字技术，打破城市的时空限制，将孤立的城市连接成为城市韧性网络体系，利用不同功能定位的城市互补性增强区域韧性。四是利用城市群、城市体系构建更大范围、更高层次的防灾应灾体系，利用数字技术的分散性切割防灾应灾的不同阶段，定位不同职能，在城市间进行专业化的职能配置。

参考文献

[1]国家统计局．中华人民共和国2020年国民经济和社会发展统计公报[R/OL]．(2021－02－28)[2021－06－13]．http://www.stats.gov.cn/ztjc/zthd/lhfw/2021/lh_hgjj/202103/t20210301_1814216.html.

① 李江海，黄晓津．核电数字化控制系统安全综述[J]．原子能科学技术，2012(S1)：411－416.

[2]https://data. stats. gov. cn/index. htm.

[3]中华人民共和国中央人民政府．中华人民共和国国民经济和社会发展第十四个五年规划和2035年远景目标纲要[EB/OL].(2021-03-13)[2021-06-13].http://www. gov. cn/xinwen/2021-03/13/content_5592681. htm.

[4]Holling C S. Resilience and stability of ecological systems[J]. Annual Review of Ecology and Systematics, 1973(4):1-23.

[5]Safa M, Jorge R, Eugenia K, et al. Modeling sustainability: Population, inequality, consumption, and bidirectional coupling of the earth and human systems[J]. National Science Review, 2016(12):470-494.

[6]赵瑞东,方创琳,刘海猛．城市韧性研究进展与展望[J]. 地理科学进展,2020(10):1717-1731.

[7]董昀．新冠肺炎疫情冲击下的中国经济韧性[J]. 中国社会科学院研究生院学报,2020(4):43-52.

[8]孙慧,原伟鹏．西部地区经济韧性与经济高质量发展的关系研究[J]. 区域经济评论,2020(5):23-35.

[9]荆林波．韧性城市的理论内涵、运行逻辑及其在数字经济背景下的新机遇[J]. 贵州社会科学,2021(1):108-115.

[10]宋蕾．智能与韧性是否兼容?——智慧城市建设的韧性评价和发展路径[J]. 社会科学,2020(3):21-32.

[11]马克思恩格斯文集(第一卷)[M]. 北京:人民出版社,2009.

[12][美]刘易斯·芒福德．城市发展史——起源、演变和前景[M]. 宋俊岭,倪文彦,译．北京:中国建筑工业出版社,2014.

[13]毛泽东选集(第四卷)[M]. 北京:人民出版社,2008.

[14]中央城市工作会议在北京举行[N]. 人民日报,2015-12-23(1).

[15]王浦劬,汤彬．当代中国治理的党政结构与功能机制分析[J]. 中国社会科学,2019(9):4-24,204.

[16]吴静,张凤,等．抗疫情助推我国数字化转型:机遇与挑战[J]. 中国科学院院刊,2020(3):306-311.

[17]李韵,丁林峰．新冠疫情蔓延突显数字经济独特优势[J]. 上海经济研究,2020(4):59-65.

[18]邹维福,林新宇,衡星辰．智能电网工业控制系统安全概述:“2012电力行业信息化年会”论文集[C]. 北京:期刊中心,2012.

[19]单勇．跨越“数字鸿沟”：技术治理的非均衡性社会参与应对[J]．中国特色社会主义研究，2019(5)：68－75，82，2.

[20][美]加耳布雷思．丰裕社会[M]．徐世平，译．上海：上海人民出版社，1965.

[21]温旭．数字生活世界的殖民化困境与合理化出路——以哈贝马斯生活世界理论为视角[J]．理论月刊，2020(11)：27－36.

[22]总书记来到我们身边——“让城市更聪明一些更智慧一些”[N]．杭州日报，2020－04－02(4).

[23]李江海，黄晓津．核电数字化控制系统安全综述[J]．原子能科学技术，2012(S1)：411－416.

社会保障支出、地区差异与积极老龄化①

项凯标② 江克花③ 张大林④

摘　要：我国在20世纪末步入老龄化国家行列，积极老龄化作为应对老龄化挑战的一种有效手段，能提高老年人的晚年生活质量，充分发挥老年人的“余热”。然而现有研究在一定程度上缺乏对积极老龄化前因变量的深入探索。本文构建了老年群体的社会保障支出影响社会参与意识形成及其转化为社会参与行为的理论框架，并用泰尔指数解析社会保障支出对积极老龄化的省际影响和区域影响，以捕捉积极老龄化的客观和主观条件。本文运用中国动态劳动力调查（CLDS）与《中国统计年鉴》（2016）的调查数据进行的实证研究表明：人均社会保障支出对抑制积极老龄化的发展有显著影响；老年人的人力资本、工作经历与健康持久性都能显著抑制上述的主效应。本研究的结果提示了完善的社会保障制度对提高老年人社会参与意识、加速积极老龄化以及促进人口和社会经济持续协调健康发展的深刻意义，同时也为缓解养老压力给出了参考和建议。

关键词：积极老龄化；社会保障支出；社会参与意识 ；泰尔指数

一、引言

人类社会正在进入长寿时代，老龄化是世界人口发展的趋势，也是在全球范围内得到

---

① 本文曾发表于：项凯标，江克花，张大林．社会保障支出、地区差异与积极老龄化[J]．华东经济管理，2022，36(1)：9－20.

基金项目：贵州省哲学社会科学规划一般课题“新时代贵州培育良好营商环境研究”（项目编号：19GZYBK71）、贵州省教育厅高校人文社会科学研究项目“新时代下贵州省企业家精神培育的研究”（项目编号：2018GH02）、贵州省哲学社会科学规划一般课题“新时代贵州经济高质量发展与绿色发展耦合协调机制研究”（项目编号：21GZYB13）。

② 项凯标，教授，管理学博士。主要研究方向：人力资源管理与开发、企业家精神。

③ 江克花，硕士研究生。主要研究方向：人力资源管理与开发、企业家精神。

④ 张大林，副教授，工商管理硕士。主要研究方向：公司治理。

验证的普遍规律（李海舰等，2020）[①]。我国老龄人口占比不断增加（厉以宁，2020）[②]，人口年龄结构从金字塔结构逐渐转变为柱状结构（陈东升，2020）[③]，人口红利促进经济发展的势头正在减弱（蔡昉等，2018）[④]。与发达国家相比，我国的人口老龄化还呈现出老年人口绝对数量全球第一、发展速度快、地区间发展不平衡等特征（苗国强，2020）[⑤]。截至2020年6月底，全国养老服务机构和设施已有近22万个，养老服务床位790多万张，同比分别增长26.6%和7.7%；“十四五”期间，我国60岁以上老年人口将突破3亿，65岁以上人口突破2亿，占比高达14%以上，我国将从轻度老龄化迈入中度老龄化[⑥]（民政部2020年第四季度例行新闻发布会）。当前，我国“未富先老”的老龄化局面已经形成，人口老龄化的加速将加重劳动力供给的持续萎缩和养老负担，对经济增长、劳动力结构调整、社会活力以及社会创新氛围等方面的影响显著（陈彦斌等，2019）[⑦]，同时对现有社会治理模式和制度安排提出新的挑战（郭志刚，2012）[⑧]。根据人社部的预估，2030年我国60岁以上老年人口数量将达到3.71亿人，“十四五”规划和2035年远景目标的建议明确提出，实施渐进式延迟法定退休年龄，未来10年是建立积极老龄化体系的关键窗口期（葛延风等，2020）[⑨]。2002年世界卫生大会在题为“积极老龄化——政策框架”（*Active Ageing*：*A Policy Framework*）的报告中提出了积极老龄化的概念，并将“积极”定义为：在身体健康、具有参加体力活动和劳动队伍的能力之外，还积极参加社会、经济、文化、精神和公益事务。目前，我国在健康、劳动力市场、教育和社会保障方面的积累，为实施积极老龄化战略提供了重要的要素支撑，然而，我国对如何促进积极老龄化的发展研究才刚起步。

由于已有文献对老年人的工作参与意识研究不够，其研究成果很难全面揭示积极老龄化的影响机制。与年轻人相比，老年人虽然精力和健康方面受到一定程度的制约，但是他们有着丰富的人生阅历、工作经验和社会网络，为了保持原有的生活状态和生活质量，社

---

① 李海舰，李文杰，李然．中国未来养老模式研究——基于时间银行的拓展路径［J］．管理世界，2020，36（3）：76－90.

② 厉以宁．中国道路和人口老龄化的就业对策［J］．国际经贸探索，2020，36（3）：4－11.

③ 陈东升．长寿时代的理论与对策［J］．管理世界，2020，36（4）：66－86，129.

④ 蔡昉，林毅夫，张晓山，朱玲，吕政．改革开放40年与中国经济发展［J］．经济学动态，2018（8）：4－17.

⑤ 苗国强．家庭代际团结对城市老年人主观幸福感的影响研究——基于河南省的调查［J］．中国软科学，2020（1）：104－111

⑥ 按照国际上的划分，65岁以上人口占比7%～14%是老龄化社会（aging society），14%～21%是老龄社会（aged society），21%以上为超老龄社会（hyper－aged society），将其转为更加直观的表述为轻度、中度、重度老龄化社会。（Coulmas F. Population decline and aging in Japan. the social consequences［J］. Routledge，2007）

⑦ 陈彦斌，林晨，陈小亮．人工智能、老龄化与经济增长［J］．经济研究，2019，54（7）：47－63.

⑧ 郭志刚．重新认识中国的人口形势［J］．国际经济评论，2012（1）：6，96－111.

⑨ 葛延风，王列军，冯文猛，等．我国健康老龄化的挑战与策略选择［J］．管理世界，2020，36（4）：86－96.

会参与的现实可能性更能激励他们进行人力资本投资，实现自我价值。就此而言，积极老龄化问题超越了传统的社会参与解决生存的范畴，研究这一问题有助于构建社会参与意识的分析视角和框架。

本研究中我们从社会参与意识的视角切入，以我国老龄人口是否积极参与社会活动为基础，结合老年人的社会保障支出和地域差异，建立了一个提高老年人社会参与意识和行为转化的理论分析模型，以此来解析积极老龄化的内在机理。本文的总体理论框架与模型如图1所示。

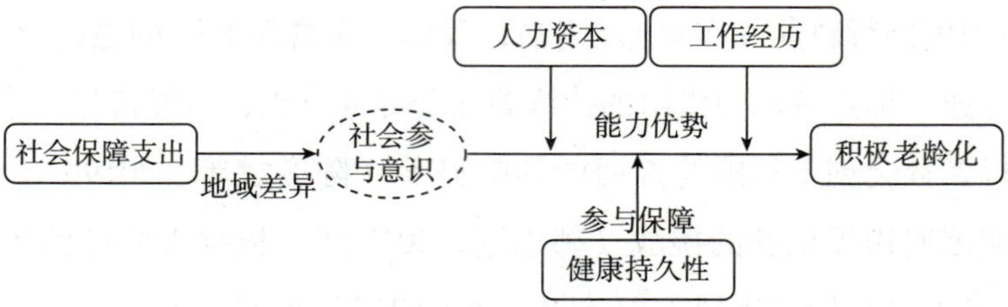

图1　总体理论框架与模型

二、理论分析和研究假设

（一）社会保障支出、社会参与意识与积极老龄化

1. 区域人均社会保障支出

积极老龄化是以老年人权益为基本点，从新的高度诠释老年人的角色、价值和生命的意义。社会保障作为世界卫生组织提出的积极老龄化框架中的三大支柱之一，是民生之本，保证了全体社会成员的基本生活权利，降低了人们生活的不确定性，使得人们的焦虑情绪减弱，幸福感增强（Delhey & Dragolov，2016）①。自1997年以来我国社会保障体系便日益完善（汪亚楠等，2020）②，近年来我国综合国力日渐增强，城乡居民收入水平持续提高，也带来了老年人利益诉求的普遍觉醒（Igone et al.，2019）③，这使得社会保障支出稳步上升，相对提升了大众的生活满意度，但我国各区域社会保障支出有着一定的差距（石方军，2013）④。在社会保障支出高的区域，经济福利可以较大程度地满足老年人基本

① Delhey J, Dragolov G. Happier together, social cohesion and subjective well - being in Europe[J]. International Journal of Psychology,2016, 51(3) :163 - 176.

② 汪亚楠,谭卓鸿,郑乐凯. 数字普惠金融对社会保障的影响研究[J]. 数量经济技术经济研究,2020,37(7):92 - 112.

③ Igone Etxeberria,Itziar Etxebarria,Elena Urdaneta. Subjective well - being among the oldest old: The role of personality traits[J]. Personality and Individual Differences,2019(146).

④ 石方军. 农村居民社会冲突意识"大概率价值观"及影响研究[J]. 求索, 2013(2):221 - 226.

需求，提高老年人对生活的幸福感知，却逐渐磨灭了老年人的社会参与意识（项凯标、蒋小仙，2018）①。老年人的生活满意度、幸福感越高，感知的生活压力越小，社会参与意识就越弱（Schmeets，2010）②，转化为社会参与行为的可能性就越低。

除了社会保障支出数值的高低，其区域差异也会影响积极老龄化的发展。我国幅员辽阔，东西部发展水平不均，社会保障的区域分割和群体分割格局明显（李春根等，2020）③，社会保障支出的区域差异程度会影响老年人参与社会活动的积极程度（Martín – Mayoral & Sastre，2017）④。就我国而言，东部、中部、西部区域的社会保障支出依次减弱，从现有的社会参与效果来看，东部区域社会活动参与的积极性会受到中部地区和西部地区的冲击，不利于社会保障制度运行的整体效益（翟振武、段成荣，2006）⑤。社会保障支出的区域差异不仅直接影响社会活动参与的积极性，而且可以通过正向调节老年人的生活质量（Brsch – Supan & Jurges，2006）⑥，使区域间老年人的生活幸福感差异化，来间接影响老年人参与社会活动的积极性（Kotakorpiw & Jani，2010）⑦。为细化区域的社会保障差异，本文将引入各省份与相邻省份的差异程度，并以泰尔指数来刻画。因此本文提出以下假设：

假设1（H1）：区域人均社会保障支出对积极老龄化发展存在显著的负向影响，即区域人均社会保障支出越高，积极老龄化效果越差。

假设1a（H1a）：人均社会保障支出差异对积极老龄化发展在东、中、西部三大区域间存在显著的负向影响，即区域间人均社会保障支出差异越大，积极老龄化效果越差。

假设1b（H1b）：相邻省份人均社会保障支出差异对积极老龄化发展存在显著的负向影响，即相邻省份人均社会保障支出差异越大，积极老龄化效果越差。

2. 社会保障支出水平

社会保障支出水平是反映一个国家在一定时期内社会保障程度高低的关键要素之一，

---

① 项凯标，蒋小仙．社会保障满意度上升后，创业意愿会更强吗？——基于 CGSS2015 数据的实证分析[J]．科学决策，2018(7)：22 – 44.

② Schmeets H, Riele S. A decline of social cohesion in the Nether-lands? Participation and trust[R]. Paper presented at the International Conference on Social Cohesion and Development. Paris, 2010.

③ 李春根，张仲芳，赖志杰，等．中国社会保障研究现状及展望——第三届中国社会保障理论与政策论坛综述[J]．经济研究，2020，55(2)：197 – 202.

④ Martín – Mayoral, Fernando J F Sastre. Determinants of social spending in Latin America during and after the Washington Consensus: A dynamic panel error – correction model analysis[J]. Latin American Economic Review, 2017, 26(1): 9 – 32.

⑤ 翟振武，段成荣．跨世纪的中国人口迁移与流动[M]．北京：中国人口出版社，2006.

⑥ Brsch – Supan A, Hendrik J. Early retirement. social security and well – being in Germany[J]. MeaDisussion Puper, 2007, 173 – 199

⑦ Kotakorpiw K, Jani petr L. Welfare state and life satisfaction evidence from publichealth care[J]. Economica, 2010, 77(307): 565 – 583.

包括“社会保障支出占 GDP 比重”和“社会保障支出占财政支出比重”两项衡量指标，本文采用前者来衡量，以测量和表达一个国家或区域的经济资源用于居民社会保障支出份额。老龄人口比重的提高，会增加养老保险的支出，加重社会保障的负担（Guido，1996）①，侧面反映了老龄化是导致社会保障支出压力的来源。未来我国人口结构老龄化程度不断加深（李建伟，2020）②，提高社会保障支出水平显得十分重要。从政府供给侧来看，政府对自身社会保障责任的定位会制约其社会保障支出水平，中国人口基数大，政府社会保障支出的绝对数量较高，但相对中国的经济总量以及政府总支出而言，其社会保障支出水平却相对不足（孙豪等，2017）③。此外，我国不同区域内的老龄化速率各有差别，各区域政府需要调整社会政策与服务来降低未来个体在医疗、教育、老年生活等方面可预见与不可预见的损失与风险（原新，2018）④。对于积极老龄化而言，社会保障支出水平的不同会影响老年人的活动参与积极性，老年人为了获取相应的社会保障权利，参与社会活动的动力得到提升（薛艳，2016）⑤。这说明政府制定合理的社会保障政策、提高社会保障支出水平，将会创造出稳定的劳动环境，有利于老年人社会参与意识的提高，增大老年人参与社会活动的机会（谢立黎、汪斌，2019）⑥，促进积极老龄化战略的实施。因此为检验区域社会保障支出水平对积极老龄化的影响，本文提出以下假设：

假设 2（H2）：区域社会保障支出水平越高，积极老龄化效果越好。

（二）人力资本、工作经历、健康持续性与积极老龄化

1. 老年人人力资本

劳动者受教育程度越高，其人力资本水平和职位匹配程度也越高，学历对克服劳动力市场信息不对称越能发挥重要的作用（郝雨霏、张顺，2016）⑦，人力资本越能增加个体从关系网络中获得就业资源的机会。传统的社会网络观点认为个体的网络强关系是其获取就业资源的关键（邓敏，2019）⑧，也就是说，较高的人力资本，代表老年人有着广泛的人际关系与社会活动经历，能弱化单一的区域人均社会保障支出对老年人社会参与活动的

① Guido，Tabellini. A positive theory of social security[J]. Journal of Economic Growth，1996(2)：277－304.

② 李建伟．我国劳动力供求格局、技术进步与经济潜在增长率[J]．管理世界，2020，36(4)：96－113.

③ 孙豪，胡志军，陈建东．中国消费基尼系数估算及社会福利分析[J]．数量经济技术经济研究，2017，34(12)：41－57.

④ 原新．积极应对人口老龄化是新时代的国家战略[J]．人口研究，2018，42(3)：3－8.

⑤ 薛艳．基于分层线性模型的流动人口社会融合影响因素研究[J]．人口与经济，2016(3)：62－72.

⑥ 谢立黎，汪斌．积极老龄化视野下中国老年人社会参与模式及影响因素[J]．人口研究，2019，43(3)：17－30.

⑦ 郝雨霏，张顺．劳动力就业市场化、人力资本与人职匹配[J]．人口与经济，2016(2)：79－85.

⑧ 邓敏．社会关系、心理健康水平与老年人主观幸福感改进——基于 CGSS2015 数据的实证分析[J]．人口与发展，2019，25(3)：85－93.

抑制作用。人力资本越高的老年人，社会关注度往往越高（刘瑞明等，2017）①，区域人均社会保障支出对老年人积极性的影响容易被忽视，相较于区域人均社会保障支出对他们物质生活的保障，他们更愿意为了保持自身的社会融入感，追求精神上的满足，参与到更多的社会活动中。

在社会保障与人力资本相关研究中，人力资本是社会保障影响经济增长的主要媒介（李佳、赵建国，2016）②，高人力资本的老年人拥有较高的才智与努力程度（Martin et al.，2013）③，其自身技术和能力水平也更高，对当前市场经济形势有更好的了解，为了抓住市场机会，老年人的消费支出增加，同时也提高了老年人的社会参与积极性。高人力资本的老年人年轻时工作趋于稳定，衣食住行等基本需求得到满足的同时还能通过精神上的追求来陶冶自己的情操，保证了身体健康和心理健康，其老年生活的支出偏向于发展型或享受型消费；低人力资本的老年人年轻时为了摆脱物质上的束缚，需要付出比高人力资本的老年人更多的努力来获取财富，往往使得身体严重透支，即使后期得到了恢复，但也难恢复到最初的身体状态，低人力资本的老年人对于医疗保健的消费支出会远高于高人力资本的老年人，使低人力资本的老年人在参与社会活动中心有余而力不足（张柳，2019）④。此外，低人力资本的老年人储蓄高于消费，参与的社会活动受到一定的限制，而高人力资本的老年人消费大于储蓄，在一定程度上从经济方面提高了他们积极参与社会活动的能力。基于此，本文提出以下假设：

假设3（H3）：个体人力资本越高，老年人所处区域的人均社会保障支出与积极老龄化间存在的正相关关系越显著。

2. 老年人工作经历

单位退休金和机关事业单位养老保险，发放人群为企事业单位的职工与机关单位人员，是经过正规工作环境后所获得的经济来源。具备正规工作经历的老年人，工作时受到过规范化的管理，具备一定的职业素养，有着良好的职业道德、正面积极的职业心态和正确的职业价值观意识（Diamond，1997）⑤，对于富足的人均社会保障支出带来的享乐主义有着自己独特的思考，更能理解参与活动的价值，且有较强的抗打击能力，对活动中出现的问题能产生前置思考，不至于遭遇困难就退缩，积极参与社会活动的意愿不会随意动摇

---

① 刘瑞明，亢延锟，黄维乔．就业市场扭曲、人力资本积累与阶层分化[J]．经济学动态，2017(8)：74－87.

② 李佳，赵建国．财政社会保障支出经济增长效应区域差异——来自中国省级面板数据的实证[J]．社会保障研究，2016(3)：61－65.

③ Martin B C，McNally J J，Kay M J. Examining the formation of human capital in entrepreneurship：A meta－analysis of entrepreneurship education[Z]，2013

④ 张柳．人力资本与收入差距[D]．沈阳：辽宁大学，2019.

⑤ Diamond P A. Political aspects of social security reform[J]. Brookings Papers on Economic Activity，1997（2）：1－87.

(Kor et al. , 2007)①。拥有企事业和机关单位工作经历的老年人，往往具有较好的社会认同感和自我角色感知，无论是学识、经验、素养、健康还是社会关系网络，都要稍高于其他单位的工作人员，人生有较高的追求，不会贪图享乐，不会报复性消费，个人主观的社会参与意识较强，认为利用自己的专业技能为社会做一些力所能及的事情既可以增加一些收入，又能得到社会的认同，所处区域的人均社会保障支出和人均消费支出对积极老龄化的抑制作用减弱。经历正规工作流程退休后的老年人拥有较高的技能和职业角色缺失感，在生活水平优越的环境下，高社会保障支出的基本保障会被削弱，老年人会迫切地希望参与各种社会活动，以此解决老年人退休后从工作繁重到无事可做的心理困境。基于此，本文提出以下假设：

假设 4（H4）：个体有企事业和机关单位工作经历，老年人所处区域的人均社会保障支出与积极老龄化间存在的正相关关系越显著。

3. 老年人健康持久性

身体健康是参加社会活动的先决条件，拥有一个良好的身体状态能扩大老年人参与社会活动的范围。国外有大量数据调查统计健康与中老年群体的关系，绝大部分检验到健康对老年人劳动参与存在正向影响（Kulik, 2007)②。老年人为维持健康会保持和发展个人满足基本需求的能力、行动能力、学习能力、成长和决策能力、建立和维护人际关系的能力以及对社会做出贡献的能力等功能性能力，而维持健康则着重体现在运动上，运动对老年人身心健康具有积极的引导和良好的促进作用，使老年人更倾向于参加社会活动（Dury et al. , 2014)③。老年人加强身体锻炼，不仅可以舒展筋骨、强身健体，而且能从锻炼中释放不愉快的情绪，保障了老年人的生理和心理健康，为其独立生活、自我照料和参与社会活动提供了更大的可能。身心健康的老年人能减少社会保障支出中的药品、医疗服务费用，转化为在食品、文化娱乐上的支出。社会保障支出高的区域能给老年人带来更好的社会福利，促使老年人参与更多的社会活动，对社会做出贡献。因此，本文提出以下假设：

假设 5（H5）：个体具备健康持久性，老年人所处区域的人均社会保障支出与积极老龄化间存在的正相关关系越显著。

---

① Kor Y Y, Mahoney J T, Michael. 能力和企业家观念[J]. 管理研究. 2007, 44(7): 1187 – 1212.

② Kulik L. Explainingers ponsesto volunteering: An ecological model[J]. Nonprofit & Voluntary Sector Quarterly, 2007, 36 (2): 239 – 255.

③ Dury S, De Donder L, De Witte N, et al. To volunteer or not: The influence of individual characteristics, re – sources, and social factors on the likelihood of volunteering by older adults[J]. Nonprofit & Voluntary Sector Quarterly, 2014(6): 1107 – 1128.

三、研究设计与数据来源

（一）数据来源

本研究数据源于 2016 年中国劳动力动态调查（China Labor - force Dynamic Survey，CLDS）与《中国统计年鉴》（2016）。

CLDS 是第一个以劳动力为主题的全国性跟踪调查，CLDS 通过对中国城市和农村的居民进行两年一次的追踪调查，建立了包含劳动力个体、家庭和社区三个层次的劳动力对象的综合性数据库，可为实证导向的理论研究和政策研究提供高质量的基础数据。2016 年 CLDS 样本覆盖中国 29 个省份，样本规模为 401 个村居、14226 户家庭、21086 个个体，具有全国代表性、东中西部各自代表性、广东省代表性和珠三角代表性。

《中国统计年鉴》是国家统计局编印的一种资料性年刊，能全面反映我国经济和社会发展情况。本研究采用 2016 年全国和各省、自治区、直辖市每年经济和社会各方面的统计数据，是我国最全面、最具权威性的综合统计年鉴。

由于本研究的主体为老龄化人群，对 CLDS 中 21086 份问卷进行筛选，筛选出 65 岁以上（基于 2016 年）且未失去劳动能力的人员数据后，剩余 6348 个数据，为保证样本的准确性，剔除变量信息缺失较多和不符合客观事实的样本 1023 个。为克服异常值的影响，对主要连续变量进行离群值消除处理，最终可使用有效样本数为 5302 个。

（二）实证模型构建

老年群体的工作状态和工作意愿是一个二分变量，为检验自变量、调节变量是否对因变量有促进作用的假设，采用 Logistic 模型。首先构建了以下模型来验证假设。

$$\text{Logit}\left(\frac{P_i}{1-P_i}\right) = \beta_0 + \beta_1 Rpcsse + \beta_2 Rssel + \sum_i \beta_{3,i} moderator_i + \sum_i \beta_{4,i} Control_i + \varepsilon \tag{1}$$

$$\text{Logit}\left(\frac{P_i}{1-P_i}\right) = \beta_0 + \beta_1 Rpcsse \times education + \beta_2 Rpcsse \times Pension + \beta_3 Rpcsse \times exercise + \beta_4 Rpcsse + \sum_i \beta_{5,i}\, Control_i + \varepsilon \tag{2}$$

$$\text{Logit}\left(\frac{P_i}{1-P_i}\right) = \beta_0 + \beta_1 e.\,theil + \beta_2 t.\,theil + \sum_i \beta_{3,i}\, Control_i + \sum_i \beta_{4,i} moderator_i + \varepsilon \tag{3}$$

式（1）、式（3）检验主效应，式（2）检验调节效应，其中 *Rpcsse* 代表区域人均社会保障支出，*Rssel* 代表区域社会保障支出水平，*e. theil* 代表相邻省份人均社会保障支出泰尔指数，*t. theil* 代表经济划分区域人均社会保障支出泰尔指数；*education*、*Pension* 和 *exercise* 为调节变量——教育程度、是否有专业工作经历和是否具备健康持久性；*moderator* 为所有调节变量，*Control* 为所有控制变量，ε 为残差。

（三）变量定义与测量

1. 因变量

积极老龄化（*We*）：本文根据世界卫生组织在 2002 年形成的《积极老龄化政策框架》中对积极老龄化的定义，即“人到老年时，为了提高生活质量，使健康、参与和保障的机会尽可能获得最佳机会的过程。‘积极’意味着老年人在身体健康、具有参加体力活动和劳动队伍的能力之外，还要参加社会、经济、文化、精神和公益事务”来设定积极老龄化变量（黄鲁成等，2019）①，本文对 CLDS 问卷中“是否具备劳动能力、是否正在工作和无工作状态是否打算去找工作”三个题项进行混合判别，将具备劳动能力且正在工作或无工作状态打算找工作的赋值为 1，其余为 0。

2. 自变量

区域人均社会保障支出（*Rpcsse*）：老年人口作为养老金和医疗保险等主要待遇享受主体，社会保障支出对老年时期经济收入有着重要调节作用。在已有研究中，财政社会保障支出是社会保障支出的重要组成部分，本文认为医疗保险支出、养老保险支出和医疗卫生支出也应纳入社会保障支出中，原因在于：医疗、养老保险和医疗卫生支出为老年人提供了最基本的健康生活保障，是政府直接干预的费用，以实现人人享有基本医疗卫生服务的目标（殷金朋等，2016）。② 所以本文采用《中国统计年鉴》（2016）中区域人均基本医疗保险支出（居民）、区域人均基本养老保险支出（居民）、区域人均社会保障和就业支出、区域人均医疗卫生与计划生育支出的总和来代表区域的人均社会保障支出。③

区域社会保障支出水平（*Rssel*）：社会保障支出规模占 GDP 的比重。社会保障的核心价值是追求社会公平，它是调节居民收入分配的重要手段（何文炯，2011）④。合理的社

① 黄鲁成，刘春文，苗红，吴菲菲．开展依靠科技创新应对人口老龄化研究的思考[J]．中国软科学，2019（5）：1－10.

② 殷金朋，赵春玲，贾占标，倪志良．社会保障支出、地区差异与居民幸福感[J]．经济评论，2016（3）：108－121.

③ 本文仅分析问卷中含有的北京、天津、河北、山西、内蒙古、辽宁、吉林、黑龙江、上海、江苏、浙江、安徽、福建、江西、山东、河南、湖北、湖南、广东、广西、重庆、四川、贵州、云南、陕西、甘肃、青海、宁夏、新疆 29 个省份数据。

④ 何文炯．“十二五”社会保障主题：增强公平性和科学性[J]．社会保障研究，2011（1）：187－195.

会保障制度能够促进国民财富的合理分配，为国民提供稳定的安全预期，促进国内消费需求，实现经济社会持续健康发展（邓大松、贺薇，2018）①。本文以社会保障支出水平来刻画各区域的社会保障支出程度，根据《中国统计年鉴》（2016）中数据计算得出。

相邻省份人均社会保障支出泰尔指数（*e. theil*）：

社会保障支出区域差异使用泰尔熵标准公式（Theil's entropy measure）进行测算，计算各省与相邻省份之间的人均社会保障支出，得到各省与相邻省间的泰尔指数（取值范围为0~1，越接近于1说明差异越大）。

$$I_{theil} = I_{theil_a} + \sum (Y_i/Y) I_{theil_i} \tag{4}$$

其中，I_{theil}代表各个对象的总差距，I_{theil_a}代表各区域内的差距，I_{theil_i}表示各区域间的差距，具体公式如下：

$$I_{theil_a} = \sum_i (Y_i/Y) \ln\left(\frac{Y_i}{Y} / \frac{N_i}{N}\right) \tag{5}$$

$$I_{theil_i} = \sum_j (Y_{ij}/Y_i) \ln\left(\frac{Y_{ij}}{Y_i} / \frac{N_{ij}}{N_i}\right) \tag{6}$$

其中，Y代表全国社会保障支出，Y_i代表第i个区域的社会保障支出，Y_{ij}代表第i个区域中第j个城市的社会保障支出，N代表全国人口总数，N_i代表第i个区域的人口总数，N_{ij}代表第i个区域中第j个城市的人口数。

经济划分区域人均社会保障支出泰尔指数（*t. theil*）：按照相邻省份人均社会保障支出泰尔指数的计算方法，以及中国“七五”计划提出的以经济技术发展水平和地理位置相结合的原则，将全国划分为三大经济地带（张贡生，2019）②，东部区域为北京、天津、河北、辽宁、上海、江苏、浙江、福建、山东、广东、海南；中部区域为山西、吉林、黑龙江、安徽、江西、河南、湖北、湖南；西部区域为内蒙古、四川、重庆、贵州、云南、陕西、甘肃、青海、宁夏、新疆、广西、西藏。

根据式（4）、式（5）、式（6）计算得到2016年我国各区域人均社会保障支出的泰尔指数，如表1、表2所示。

表1　2016年我国各区域人均社会保障支出的泰尔指数

I_{theil_a}	I_{theil_i}			$\sum (Y_i/Y) I_{theil_i}$	I_{theil}
	东部	中部	西部		
0.0019	0.0374	0.0074	0.0228	0.0248	0.0267

① 邓大松，贺薇．政府转移支付收入老年再分配效应的统计测算[J]．统计与决策，2018，34(19)：125－129.

② 张贡生．中国区域发展战略之70年回顾与未来展望[J]．经济问题，2019(10)：10－18.

表 2 各省与相邻省份间的泰尔指数

区域	北京	天津	河北	山西	内蒙古	辽宁	吉林	黑龙江	上海	江苏
I_{theil}	0.0977	0.0977	0.0247	0.0264	0.0197	0.0320	0.0057	0.0084	0.0197	0.0151
区域	浙江	安徽	福建	江西	山东	河南	湖北	湖南	广东	广西
I_{theil}	0.0250	0.0040	0.0175	0.0123	0.0017	0.0083	0.0160	0.0117	0.0192	0.0039
区域	重庆	四川	贵州	云南	西藏	陕西	甘肃	青海	宁夏	新疆
I_{theil}	0.0115	0.0172	0.0135	0.0131	0.0270	0.0191	0.0157	0.0221	0.0081	0.0347

3. 调节变量

人力资本（*education*）：受教育程度关联着知识、技能、问题解决能力、自律、自我驱动和自信等特质（Barbi et al.，2019）①，学历是衡量人力资本的重要指标。受教育程度越高、拥有社会网络资源越丰富的老年人社会参与意识越强（Donald et al.，2008）②。受教育程度对个人延迟退出劳动力市场的预期和实际退休行为具有独立影响，在其他条件不变的情况下，受教育程度的提高将在一定程度上缓解中国劳动供给规模随人口转变而下降的潜在势能，并不断改善劳动力供给的人力资本结构（牛建林，2015）③。根据 CLDS 问卷中最高学历选项赋值，小学以下 =1，初中/技校 =2，高中/中专 =3，大专 =4，本科 =5，硕士以上 =6。

工作经历（*Pension*）：本文采用是否享有退休金来替代老年人是否具备正规、专业的工作经历。享有退休金的老年人，退休前通常是在正规相关企业、事业单位与机关单位工作，因此本文通过 CLDS 中“单位是否有退休金制度”来进行赋值，是 =2，否 =1。

健康持久性（*Et*）：大量研究表明身体活动类型、活动强度、活动量以及生命早期的身体活动正向影响老年人认知功能，包括执行功能、注意力、认知速度和记忆力等（Kim et al.，2019）④。在一项针对社区老年人的随机实验研究中，40 周持续锻炼显著地增加了脑容积，改善了听觉、语言、学习测验等神经心理学测量结果（Raichlen et al.，2019）⑤。本文对 CLDS 中以是否进行锻炼来赋值，是 =2，否 =1。

① Massimiliano Barbi，Sara Mattioli. Human capital，investor trust，and equity crowdfunding[J]. Research in International Business and Finance，2019(49).

② Donald L，Venneberg，Vida D Wilkinson. Retirees who returned to work：human and social capital implications for organizations[J]. Journal of Workplace Behavioral Health，2008，23(1-2).

③ 牛建林．受教育水平对退休抉择的影响研究[J]．中国人口科学，2015(5)：58-66，127.

④ Kim M Kiely，Brooke Brady，Julie Byles. Gender，mental health and ageing[J]. Maturitas，2019(129).

⑤ Raichlen David A，Klimentidis Yann C，Bharadwaj Pradyumna K，et al. Differential associations of engagement in physical activity and estimated cardiorespiratory fitness with brain volume in middle-aged to older adults[J]. Brain Imaging and Behavior，2019.

4. 控制变量

结合现有研究，个体特征差异（年龄、身高、体重、性别）会影响个体自身工作趋向。再婚的农村老年人比离异或丧偶的老年人积极老龄化水平高（张慧颖等，2019）①，健康状况同样对个人的工作选择具有直接影响（曾毅等，2014）②，农村人口老龄化显著负向影响城乡收入差距（丁玉龙，2018）③，有配偶老年人的经济负担会比无配偶老年人高，有配偶的老年人参与经济活动的可能性高于无配偶老年人（于泽浩，2019）④。基于此，本文控制了年龄（*age*）、身高（*height*）、体重（*weight*）、性别（*gender*）、婚姻状况（*married*）、健康状况（*health*）、政治面貌（*party*）、户籍（*census*）等变量。

四、实证分析结果

（一）描述性统计

表3描述了本文中涉及所有变量的相关系数、标准差和均值。从表3中可以看出老年人积极老龄化与社会保障支出、人均GDP、社会保障支出水平、相邻省份人均社会保障支出泰尔指数和区域人均社会保障支出泰尔指数都有显著的相关性。

此外，为避免多重共线性对回归结果的影响，已逐步检测了本文中出现的所有模型的*VIF*值，各变量*VIF*值均低于5。

（二）主要回归结果

1. 区域人均社会保障支出（*Rpcsse*）、区域社会保障支出水平（*Rssel*）对老龄积极化的关系检验

由表4可知，模型1为基准模型，将调节变量与控制变量放入回归中验证其与因变量的相关性；模型2、模型3为主效应模型，分别是区域人均社会保障支出、区域社会保障支出水平与因变量的回归检验；模型4、模型5、模型6为调节效应的检验，模型7为全变量回归。

---

① 张慧颖，张艳，郭思瑾，等．河南省农村地区老年人积极老龄化水平及影响因素[J]．中国老年学杂志，2019，39(4)：962－965.

② 曾毅，程令国，阮荣平，等．环境与遗传因素交互作用对老龄健康的影响——相关前期研究综述[J]．医学与哲学(A)，2014，35(9)：1－6，25.

③ 丁玉龙．农村人口老龄化与城乡收入差距[J]．华南农业大学学报（社会科学版），2018，17(1)：104－113.

④ 于泽浩．中国城乡老年人志愿服务参与意愿的影响因素分析——以2015年第四次中国城乡老年人生活状况抽样调查数据为基础[J]．西北人口，2019，40(3)：57－65.

表 3　各变量相关系数、标准差和均值

Variables	1	2	3	4	5	6	7	8	9	10	11	12	13	14	15	16	17	18
Et	1																	
age	-0.019	1																
height	0.058**	0.159**	1															
weight	0.108**	-0.037**	0.486**	1														
gender	0.004	-0.465**	-0.565**	-0.207**	1													
married	0.016	0.058**	-0.044**	-0.027*	0.037**	1												
health	-0.059**	0.053**	-0.133**	-0.150**	0.052**	0.035*	1											
party	-0.092**	-0.086**	-0.185**	-0.119**	0.201**	0.024	0.082**	1										
census	0.229**	-0.162**	0.082**	0.157**	0.112**	0.028*	-0.139**	-0.117**	1									
education	0.186**	-0.175**	0.178**	0.170**	-0.011	-0.027*	-0.158**	-0.284**	0.487**	1								
Pension	-0.205**	0.051**	-0.131**	-0.130**	-0.009	-0.005	0.117**	0.182**	-0.507**	-0.460**	1							
exercise	-0.577**	0.042**	-0.088**	-0.155**	-0.028*	-0.006	0.098**	0.116**	-0.314**	-0.299**	0.247**	1						
Rpcsse	0.134**	-0.050**	0.131**	0.104**	0.028*	0.013	-0.022	-0.080**	0.264**	0.223**	-0.239**	-0.178**	1					
RpcGDP	0.063**	-0.077**	0.061**	0.129**	0.047**	-0.005	-0.108**	-0.017	0.270**	0.183**	-0.156**	-0.113**	0.353**	1				
Rssel	0.001	0.052**	0.031*	-0.071**	-0.038**	0.006	0.099**	-0.02	-0.111**	-0.079**	0.026	0.023	0.278**	-0.744**	1			
e. theil	0.104**	-0.055**	0.079**	0.121**	0.036**	-0.003	-0.021	-0.056**	0.275**	0.193**	-0.192**	-0.147**	0.650**	0.539**	-0.102**	1		
t. theil	0.044**	-0.054**	0.003	0.076**	0.030*	0.018	-0.059**	-0.003	0.112**	0.057**	-0.040**	-0.078**	0.122**	0.684**	-0.507**	0.312**	1	
We	-0.177**	0.076**	-0.012	-0.100**	-0.130**	-0.023	-0.061**	0.056**	-0.440**	-0.251**	0.335**	0.225**	-0.198**	-0.192**	0.087**	-0.187**	-0.068**	1
Mean	2.053	60.260	160.662	117.639	1.670	2.260	2.770	2.850	1.290	1.630	1.860	1.680	2509.5	54323.1	5.199	1.844	2.517	0.68
std.	5.189	6.272	7.607	21.575	0.472	0.831	1.020	0.525	0.454	0.879	0.348	0.466	603.4	20341.3	2.025	1.732	1.239	0.465

注：*、** 表示在1%、5%的水平下显著。

模型 2 回归结果显示，区域人均社会保障支出与积极老龄化有着显著的负相关关系（*Coefficients* = −0.144，$p<0.001$），社会保障支出的提高，将会抑制退休老年人的工作积极性，说明社会保障支出高的区域，老年人趋向安于现状，不会激起老年人老有所为的想法，假设 1（H1）得到验证。

模型 3 回归结果显示，社会保障支出水平与积极老龄化有着显著的正相关关系（*Coefficients* =0.084，$p<0.001$），说明社会保障水平高的地区，老年人积极老龄化会相应提高，假设 2（H2）得到验证。由图 2 与图 3 可知，社会保障支出水平高的省份，社会保障支出与 GDP 均相对较低，除青海人口最低外。可以看出，社会保障支出水平低的地区人均社会保障支出也相对偏高，总体来看，除了青海、北京个别省份以外，其余省份人均社会保障支出差异不大。在社会保障支出水平低的省份，虽然社会保障支出相对较高，但 GDP 更高。也就是说，虽然社会保障支出低，但社会保障程度高，也能很好地发挥社会保障制度的作用，促进老年人的积极老龄化；社会保障支出高但社会保障程度低，不能有效发挥社会保障制度的效用，导致老年人的积极老龄化程度较低。

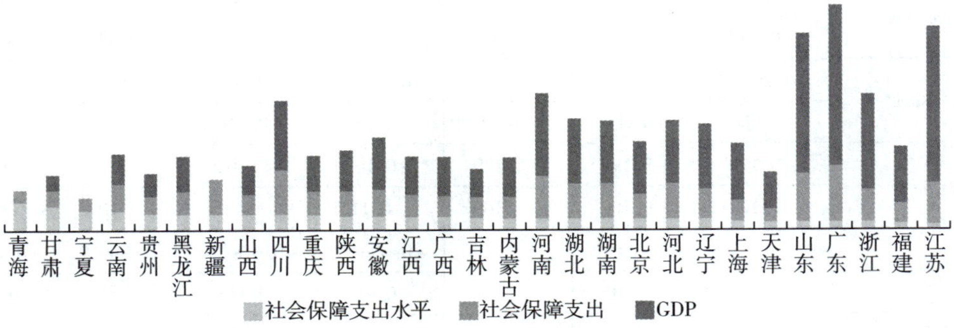

图 2　各省份社会保障支出水平、社会保障支出与 GDP 对比柱状图

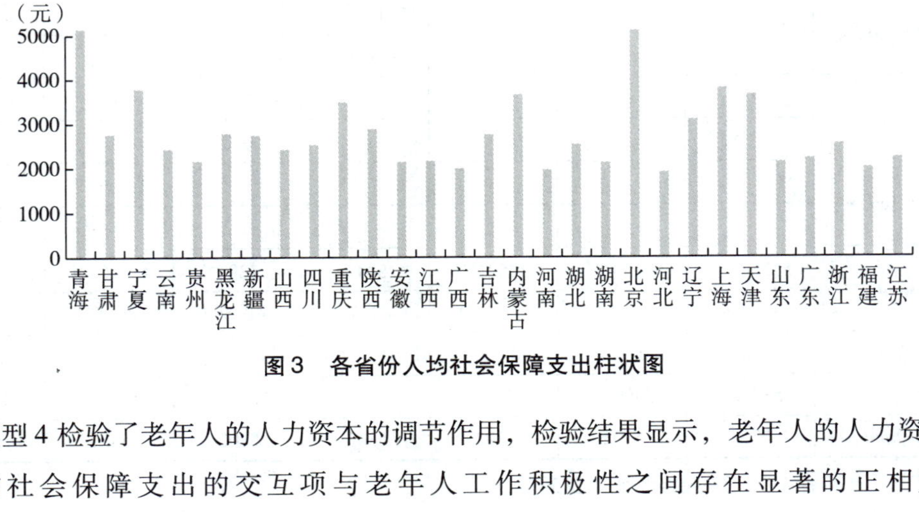

图 3　各省份人均社会保障支出柱状图

模型 4 检验了老年人的人力资本的调节作用，检验结果显示，老年人的人力资本和区域人均社会保障支出的交互项与老年人工作积极性之间存在显著的正相关关系

（*Coefficients* = 0.115，$p<0.001$），这一结果表明高人力资本会进一步促进老年人的积极老龄化。模型 5 检验了老年人工作经历的调节作用，检验结果表明，正规的工作经历和区域人均社会保障支出、区域生活水平的交互项之间存在显著的正相关关系（*Coefficients* = 0.279，$p<0.001$），说明有着正规工作经历的老年人更倾向于出去参与社会活动，进一步促进积极老龄化的发展。模型 6 检验了健康持久性的调节作用，检验结果表明健康持久性和区域人均社会保障支出的交互项与老年人工作积极性之间存在显著的正相关关系（*Coefficients* = 0.215，$p<0.05$），说明进行锻炼的老年人，身体素质较高，提高了参与社会活动的可能性。

人力资本、工作经历和健康持久性对区域人均社会保障支出与工作积极性调节作用如图 4～图 6 所示。

表 4　二元 Logistic 回归系数

Variables	Model1	Model2	Model3	Model4	Model5	Model6	Model7
控制变量	已控制	已控制	已控制	已控制	已控制	已控制	已控制
education	-0.05	-0.036	-0.043	-0.042	-0.015	-0.019	-0.037
	-0.047	-0.048	-0.047	-0.048	-0.048	-0.048	-0.049
Pension	-0.954***	-0.928***	-0.977***	-0.945***	-1.037***	-0.952***	-1.012***
	-0.109	-0.11	-0.11	-0.111	-0.114	-0.111	-0.115
exercise	-0.199	-0.195	-0.189	-0.169	-0.163	-0.172	-0.17
	-0.109	-0.109	-0.109	-0.11	-0.11	-0.109	-0.11
Rpcsse		-0.144***		-0.496***	-0.618***	-0.588***	-0.764***
		-0.036		-0.087	-0.111	-0.122	-0.148
Rssel			0.084***	0.141***	0.143***	0.146***	0.13***
			-0.018	-0.034	-0.034	-0.034	-0.035
Rpcsse × *education*				0.115***			0.041*
				-0.032			-0.042
Rpcsse × *Pension*					0.279***		0.164*
					-0.074		-0.096
Rpcsse × *exercise*						0.215***	0.135
						-0.071	-0.073
Constant	5.354***	5.153***	4.859***	4.504***	4.439***	4.336***	4.548***
	(-0.554)	-0.555	(-1.279)	-0.594	-0.592	-0.591	-0.596
Cox. Snell	0.222	0.224	0.225	0.232	0.232	0.231	0.233
AIC	5324.7	5309.1	5307.1	5264.4	5263.9	5268.6	5260.9
Observations	5302	5302	5302	5302	5302	5302	5302

注：***、* 表示在 1%、10% 的水平下显著。

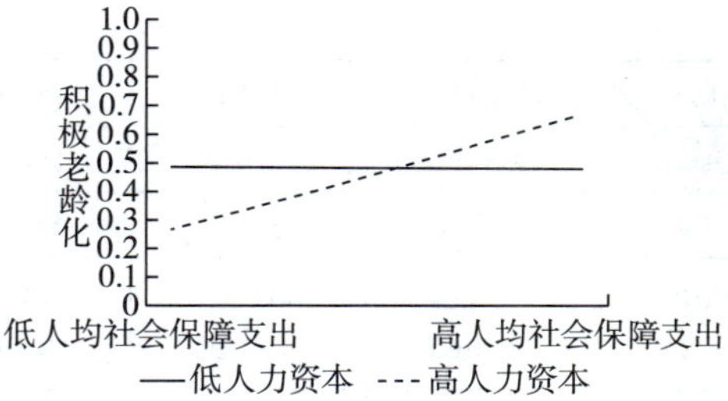

图4　人力资本对区域人均社会保障支出与工作积极性调节作用

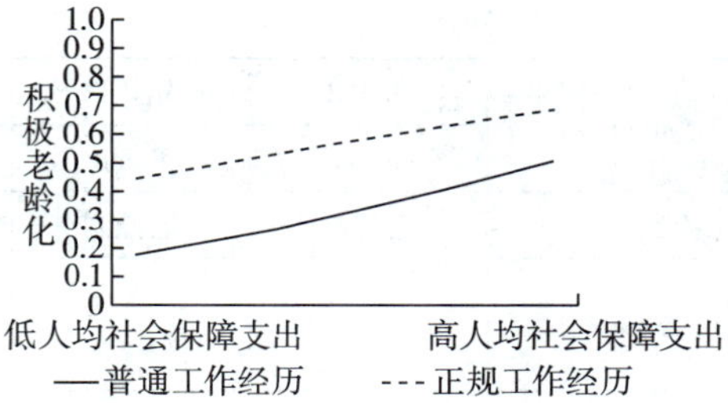

图5　工作经历对区域人均社会保障支出与工作积极性调节作用

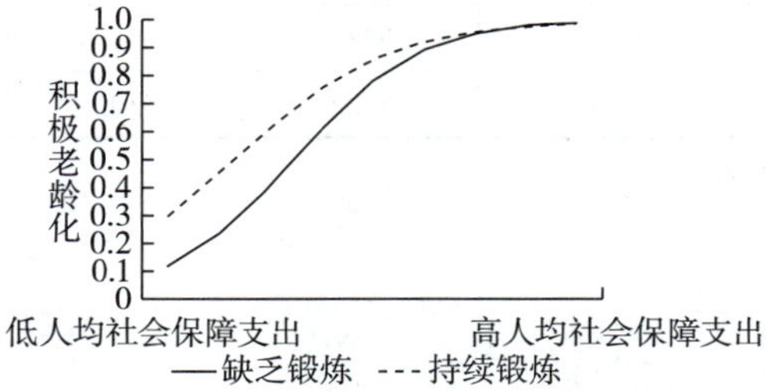

图6　健康持久性对区域人均社会保障支出与工作积极性调节作用

2. 相邻省份人均社会保障支出泰尔指数（*e. theil*）、经济划分区域人均社会保障支出泰尔指数（*t. theil*）与老年人工作积极性的关系检验

由表5可知，按经济划分的区域之间的人均社会保障支出的差异对老年人的工作积极性影响不显著，而相邻省份之间的人均社会保障支出的差异会显著影响老年人的工作积极性（*Coefficients* = −0.072，$p<0.001$），说明相邻省份之间的人均社会保障支出的差异越大，老年人的工作积极性越低，以上三个检验结果在Probit回归中仍然稳健，假设1a与假设1b成立。

表5　回归系数

Variables	Model1	Model2	Model3	Model4	Model5	Model6
	Logistic	Probit	Logistic	Probit	Logistic	Probit
控制变量	已控制	已控制	已控制	已控制	已控制	已控制
education	−0.037 (0.047)	−0.022 (0.028)	−0.047 (0.047)	−0.026 (0.028)	−0.039 (0.047)	−0.022 (0.028)
Pension	−0.953*** (0.110)	−0.565*** (0.065)	−0.966*** (0.109)	−0.575*** (0.065)	−0.956*** (0.110)	−0.566*** (0.065)
exercise	−0.319*** (0.095)	−0.184*** (0.056)	−0.324*** (0.095)	−0.186*** (0.056)	−0.317*** (0.095)	−0.183** (0.056)
e. theil	−0.072*** (0.020)	−0.041*** (0.012)			−0.068** (0.021)	−0.038** (0.012)

续表

Variables	Model1	Model2	Model3	Model4	Model5	Model6
	Logistic	Probit	Logistic	Probit	Logistic	Probit
控制变量	已控制	已控制	已控制	已控制	已控制	已控制
t. theil			-0.049 (0.028)	-0.029 (0.016)	-0.021 (0.029)	-0.013 (0.017)
Constant	4.877*** (1.272)	2.865*** (0.734)	5.180*** (1.276)	3.030*** (0.737)	4.954*** (1.277)	2.915*** (0.737)
Cox. Snell	0.224	0.223	0.222	0.222	0.224	0.224
AIC	5313.5	5314.9	5323.6	5324.3	5315.0	5316.2
Observations	5302	5302	5302	5302	5302	5302

注：***、** 表示在1%、5%的水平下显著。

（三）稳健性检验

1. 自变量替代检验

为使回归结果稳健，本文采用关键变量替代测量对回归结果进行了稳健性检验，分别用2016年的各区域的人均财政社会保障支出（杨亮等，2014）① 和财政社会保障支出占GDP的比重来衡量社会保障支出和社会保障支出水平，稳健性检验结果如表6所示。

表6　替代自变量的稳健性检验

Variables	Model1	Model2	Model3
Et	-0.021* (0.009)	-0.022* (0.009)	-0.022* (0.009)
exercise	-0.31** (0.095)	-0.309** (0.095)	-0.317*** (0.095)
Rpcsse	-0.384*** (0.087)	0.239. (0.135)	0.142 (0.11)
Rssel	2.241*** (0.538)	2.186*** (0.529)	2.111*** (0.525)
Rpcsse × education	0.094** (0.033)		
Rpcsse × Pension		0.247** (0.078)	

① 杨亮，丁金宏，郭永昌．中国社会保障与经济发展耦合协调度的时空特征分析［J］．人口与经济，2014（4）：94-102.

续表

Variables	Model1	Model2	Model3
控制变量	已控制	已控制	已控制
Rpcsse × *exercise*			0.216** (0.07)
Constant	4.526** (1.508)	4.243** (1.511)	4.294** (1.509)
Cox. Snell	0.226	0.226	0.226
AIC	5302.2	5300.3	5300.5
Observations	5302	5302	5302

注：***、**、* 分别表示在1%、5%、10%的水平下显著。

由表6可知，所有交互项显著性与表3回归结果一致，因此，基于替代自变量稳健性检验通过。

2. 调节变量稳健性检验

由于本文主要使用0、1变量的Logistic模型进行回归分析，属于非线性模型，而已有研究表明，对于非线性模型调节作用采用传统的交叉系数显著性的检验方法会产生偏差（Zhou，2009）①，因此本文采用第二调节检验方法进行稳健性检验（叶文平等，2018）②。通过绘制第二调节效应图及其稳健性检验的显著性来衡量调节变量的稳健性，具体检验结果如表7、图7至图9所示，检验结果表明，所有调节效应均显著，符合前文假设，充分体现了研究结论的稳定性。

表7　第二调节效应的稳健性检验

Variables	Coef.	Std. Err	Z	P > | Z |
Rpcsse × *education*	0.019	0.008	2.24	0.025*
Rpcce × *education*	0.026	0.008	3.11	0.002***
Rpcsse × *Pension*	0.098	0.026	3.75	0.000***
Rpcce × *Pension*	0.096	0.028	3.45	0.001***
Rpcsse × *exercise*	0.042	0.019	2.25	0.024*

注：***、* 分别表示在1%、10%的水平下显著。

① Zhou M. Contemporary Chinese America: Immi-gration, ethniciity and community transformation[M]. Philadephia: Temple University Press, 2009.

② 叶文平，李新春，朱沆．地区差距、社会嵌入与异地创业——"过江龙"企业家现象研究[J]．管理世界，2018，34(1)：139－156.

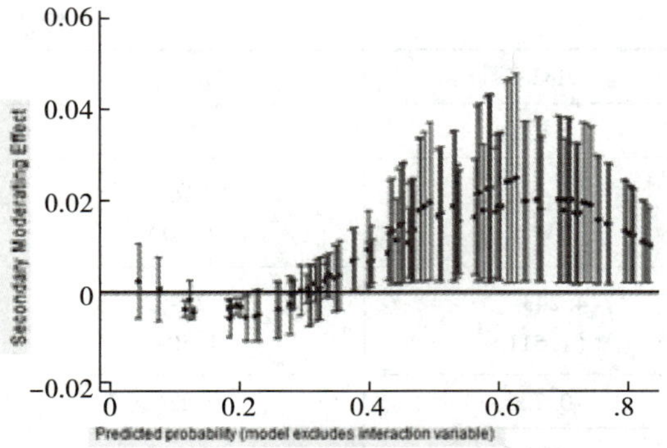

图7　人力资本对区域人均社会保障支出与积极老龄化的第二调节效应

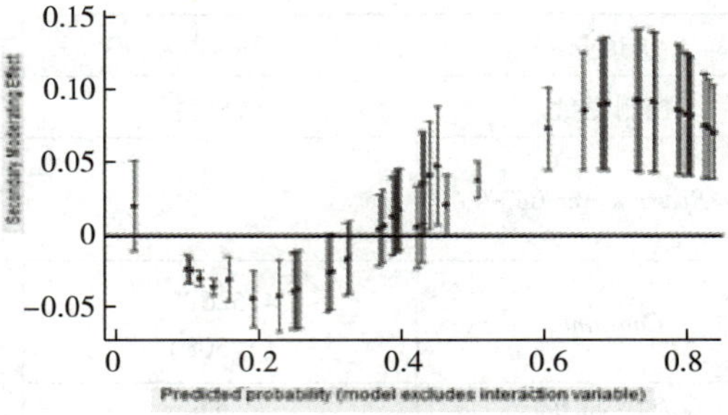

图8　工作经历对地区人均社会保障支出与积极老龄化的第二调节效应

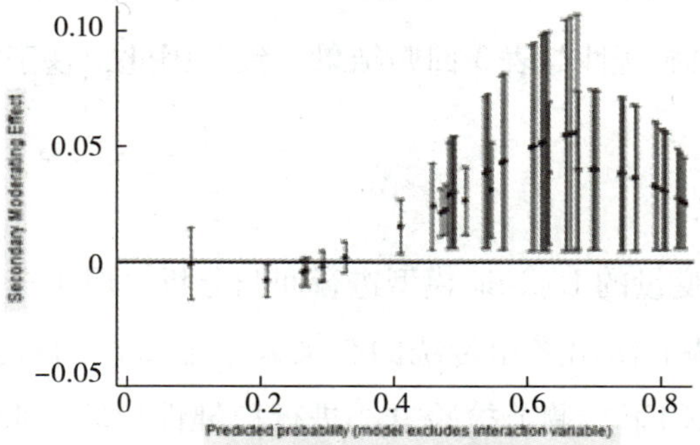

图9　健康持久性对区域人均社会保障支出与积极老龄化的第二调节效应

（四）假设检验总结

通过对数据进行统计与分析，对本文提出的假设进行实证检验，假设检验结果如表8所示。

表8　假设检验结果

假设	假设内容	检验结果
假设1（H1）	区域人均社会保障支出对积极老龄化发展存在显著的负向影响	支持
假设1a（H1a）	人均社会保障支出差异对积极老龄化发展在东、中、西部三大区域间存在显著的负向影响	不支持
假设1b（H1b）	相邻省份人均社会保障支出差异对积极老龄化发展存在显著的负向影响	支持
假设2（H2）	区域社会保障支出水平越高，积极老龄化效果越好	支持
假设3（H3）	个体人力资本越高，老年人所处区域的人均社会保障支出与积极老龄化间存在的正相关关系越显著	支持
假设4（H4）	个体有企事业和机关单位工作经历，老年人所处区域的人均社会保障支出与积极老龄化间存在的正相关关系显著	支持
假设5（H5）	个体具备健康持久性，老年人所处区域的人均社会保障支出与积极老龄化间存在的正相关关系越显著	支持

五、结论与启示

随着我国人口老龄化现象逐步升级和劳动力人口数量持续减少，延迟退休的可能性增强，未来20年积极老龄化战略的推进显得尤为重要。积极老龄化认为老化过程是一个正面的、有活力的、全社会参与的动态过程，倡导老年人必须有健康的生活和贡献社会的机会，但是作为应对人口老龄化形势日趋严峻的重要战略之一，我国对积极老龄化问题的探索还处于起步阶段。针对现有文献与现实之间的差距，本文解析了社会保障、人力资本、工作经历、健康持久性等因素对老年人积极参与社会的影响，并对相关理论假设进行了实证检验，结果基本符合理论预期，由此得出以下结论：①社会保障支出会影响老年人的积极老龄化，社会保障支出过高的社会环境将会抑制老年人参与社会活动的积极性；②社会保障支出水平的提高将会调动老年人参与社会活动的积极性，说明社会保障制度的制定需与当地经济状况相匹配，以此影响老年人的参与性；③在老年人参与社会活动时，更高的人力资本、正规的工作经历和持久的健康状态会适当抵消人均社会保障支出过高带来的安于享乐的惰化影响，强化其对老年人积极老龄化的正效应。在区域差异方面，东、中、西三大经济带的社会保障支出差异不会影响积极老龄化的发展，但相邻省份的社会保障支出差异所带来的不公平感将会打击老年人的积极老龄化行为。

本研究的理论贡献如下：

首先，揭示了社会参与意识的提高对增强老年人生活满意度和幸福感进而实现个人价值的重要作用。老年人群体是实现积极老龄化的主体，正确认识退休，调整好心态，树立正确的社会参与观念对老年人的行动起到一个正面引导的作用，同时老年人应该善于利用自身的独特优势，培养自立自强能力，努力提高自身健康水平，提高社会参与能力；政府部门应该加强相应的公共设施建设以及完善相应的保障制度，积极组织针对老年人的活动、为老年人提供相应的活动场所、创造更多参与社会活动的机会，通过扩大宣传、积极倡导等方式使其积极主动地融入社会生活中，并且当老年人合法权益受到损害时，要有一定的法律保障，同时鼓励企业降低老年人再就业的要求，为老年人社会参与营造宽松的社会环境；全社会应该给予老年人更多关注，突破传统观念的限制，重视老年人的价值，为老年人营造浓厚的参与氛围，促进老年人社会参与，不仅“老有所养，老有所依”，更重要的是“老有所为，老有所学，老有所教，老有所乐”。人口老龄化是贯穿我国21世纪的基本国情，积极应对人口老龄化是国家的一项长期战略任务。作为积极老龄化的重要内容，应加强全社会各阶层对老年人社会参与的重视，全面推进健康中国建设。

其次，辨析了人均社会保障支出、社会保障支出水平在促进积极老龄化上的作用差异。现有老龄化研究证明了整体社会保障政策体系与老年人社会活动参与积极性显著相关，却忽略了社会保障的多种衡量层次对于个体感知的多重影响。本文在验证人均社会保障支出抑制作用的同时也论证了社会保障支出水平的促进作用。综合上文检验结果及我国各省份社会保障支出、GDP 与社会保障支出水平的数值来看，人均社会保障支出对积极老龄化的抑制效果主要来源于区域内的社会保障支出与经济状况（GDP）不匹配，而非单纯的区域内人均社会保障支出数值过高。GDP 高的区域老年人生活成本也高，与此同时，经济发展较好区域的精神文化层次也往往较高，思想更加开放，老龄人口自身在寻求新的社会角色与自我实现时，会更愿意超出伴侣、子女等家庭的范围而向社会扩展，从而增加了选择积极社会参与的可能性，社会环境也会给予其更多的参与机会与积极反馈。因此短时间内人均社会保障支出偏低不会抑制老年人的社会参与意愿，相应提高人均社会保障支出会促进积极老龄化的发展。在 GDP 低的区域内，人均社会保障支出的提高将会抑制积极老龄化的发展，其主要原因是当地人均社会保障支出的强度已经足以满足当地老年人中低层次的需求，而传统的“颐养天年”与“自愿撤离”思想也更加深入人心，因此在基本生活水平得以保障的情况下，人均社会保障支出的进一步提高会抑制当地的积极老龄化水平。由以上分析可知，社会保障支出预算应当依据当地经济状况来进行计算，若是忽略当地经济发展状况，制定的社会保障支出就会随着人口老龄化速度的加快无法起到促进老年人朝积极老龄化发展以缓解“银发社会”的作用。

另外发现，东、中、西三大经济带人均社会保障支出与相邻省份人均社会保障支出的区域差异对积极老龄化的影响显著。分析结果显示，相邻省份区域差异越大将越会抑制积极老龄化发展。相邻省份中人均社会保障支出高的省份，将会吸引老年人到该区域生活，享受更优越的社会福利，无形中增大了老年人基数，抑制了老年人社会参与的积极性；社会保障支出低的省份，基本生活、公平感知都低于相邻省份，容易引起老年人的不满情绪，导致社会不安定因素增加，最终对社会团结和经济可持续发展造成不良影响。面对这种相对的不公平社会保障支出环境，同样会抑制老年人的积极老龄化。政府单纯在各自力量下增加社会性支出导致的结果不容想象，诸多不确定性因素的存在会使得“支出失衡”，解决这一问题的关键是提高各地政府的协同作用，通过比较相邻省份人均社会保障支出的高低来均衡社会保障支出，增加不同区域间的社会公平性，为各地老年人的积极老龄化发展提供条件。

最后，提示了人力资本在高人均社会保障支出时对积极老龄化的正向促进作用。高人力资本的老年人有着较高的才智与努力程度，能更优地获取各种资源，人力资本在主效应很弱的情况下显著地正向调节了两个主效应，表明了老年人的人力资本与人均社会保障支出的互补性。上述发现拓展了现有文献对人力资本与积极老龄化作用机制的研究框架。

验证了老年人退休前从事负责统筹管理经济社会秩序和国家公共资源，维护国家法律规定贯彻执行相关义务或从事教育、科技、文化、卫生等活动的社会服务或在正规企业内工作的经历将会显著影响其积极老龄化程度，有以上正规工作经历的老年人往往业务能力强、专业知识丰富，并且具备良好的沟通能力和人际交往能力，能妥善处理好各方面的关系，在选拔条件下心理素质与身体素质都过硬，在退休后能更快地融入社会，积极参与各种社会活动。本文也验证了以往有政府工作与事业单位工作经历对人均社会保障支出的正向调节作用，并且显示出强烈的主效应。

验证了老年人健康持久性对积极老龄化的正向影响。分析结果显示，老年人经常锻炼可以增强人均社会保障支出对积极老龄化的促进作用，我国的老年人口基数最大，并且老龄化态势仍在不断加剧，预计2030年将达到35亿人，积极老龄化任务十分艰巨。老年人躯体功能衰退，慢性病等患病率大幅提高，并受到悲观、失落、孤独等不良心理情绪的困扰，精神心理问题较为严重。面对此种特殊形势，整个社会有必要采取行动促进老年人积极投身于体育锻炼，这样不仅能增强老年人体质、调节老年人负面情绪，还能预防和治疗心理疾病，提升生命质量与社会适应能力，同时为老年人保持健康提供了一个最经济有效的选择。老年人进行持久的锻炼行为，将会提高生理与心理健康，提高参与社会活动的可能性，进而确保积极老龄化的发展。

由于二手数据的限制，没有直接对老年人的积极老龄化意愿进行测量，而是直接研究区域人均社会保障支出和区域人均社会保障支出水平及其区域差异与积极老龄化的联系。虽然这种假定有合理的理论逻辑支持，然而仍然不如直接测量有效，而且隐含的中介效应也弱化了调节变量与主效应之间理论逻辑的整体性。今后的研究可尝试通过主观量表直接测量这个中介过程再次检验本文结论。另外，为了正确引导政府做出社会保障体系的调整，可进一步纳入更多支出变量，细化调整方向结构。

参考文献

[1]李海舰,李文杰,李然．中国未来养老模式研究——基于时间银行的拓展路径[J].管理世界,2020,36(3):76－90.

[2]厉以宁．中国道路和人口老龄化的就业对策[J].国际经贸探索,2020,36(3):4－11.

[3]陈东升．长寿时代的理论与对策[J].管理世界,2020,36(4):66－86,129.

[4]蔡昉,林毅夫,张晓山,等．改革开放40年与中国经济发展[J].经济学动态,2018(8):4－17.

[5]苗国强．家庭代际团结对城市老年人主观幸福感的影响研究——基于河南省的调

查[J]. 中国软科学,2020 (1):104 – 111

[6]Coulmas F. Population decline and aging in Japan the social consequences [J]. Routledge,2007

[7]陈彦斌,林晨,陈小亮. 人工智能、老龄化与经济增长[J]. 经济研究,2019,54(7):47 – 63.

[8]郭志刚. 重新认识中国的人口形势[J]. 国际经济评论,2012(1):6,96 – 111.

[9]葛延风,王列军,冯文猛,等. 我国健康老龄化的挑战与策略选择[J]. 管理世界,2020,36 (4):86 – 96.

[10]Delhey J, Dragolov G. Happier together, social cohesion and subjective well – being in Europe[J]. International Journal of Psychology,2016, 51(3) :163 – 176.

[11]汪亚楠,谭卓鸿,郑乐凯. 数字普惠金融对社会保障的影响研究[J]. 数量经济技术经济研究,2020,37(7):92 – 112.

[12]Igone Etxeberria,Itziar Etxebarria,Elena Urdaneta. Subjective well – being among the oldest old: The role of personality traits[J]. Personality and Individual Differences,2019(146).

[13]石方军. 农村居民社会冲突意识“大概率价值观”及影响研究[J]. 求索, 2013 (2):221 – 226.

[14]项凯标,蒋小仙. 社会保障满意度上升后,创业意愿会更强吗?——基于CGSS2015 数据的实证分析[J]. 科学决策,2018(7):22 – 44.

[15]Schmeets H,Riele S. A decline of social cohesion in the nether-lands? Participation and Trust[R]. Paper presented at the International Conference on Social Cohesion and Development. Paris. 2010.

[16]李春根,张仲芳,赖志杰,刘海兰. 中国社会保障研究现状及展望——第三届中国社会保障理论与政策论坛综述[J]. 经济研究,2020,55(2):197 – 202.

[17]Martín – Mayoral,Fernando J F Sastre. Determinants of social spending in Latin America during and after the Washington Consensus: A dynamic panel error – correction model analysis [J]. Latin American Economic Review,2017,26(1):9 – 32.

[18]翟振武,段成荣. 跨世纪的中国人口迁移与流动[M]. 北京:中国人口出版社, 2006.

[19]Brsch – Supan A,Hendrik J. Early retirement、social security and well – being in Germany[J]. MeaDisussion Puper,2007:173 – 199.

[20]Kotakorpiw K,Jani petr L. Welfare state and life satisfaction evidence from publichealth care[J]. Economica, 2010,77(307):565 – 583.

[21]Guido,Tabellini. A positive theory of social security[J]. Journal of Economic Growth,

1996,1(2) :277 – 304

[22]李建伟. 我国劳动力供求格局、技术进步与经济潜在增长率[J]. 管理世界,2020,36(4):96 – 113.

[23]孙豪,胡志军,陈建东. 中国消费基尼系数估算及社会福利分析[J]. 数量经济技术经济研究,2017,34(12):41 – 57.

[24]原新. 积极应对人口老龄化是新时代的国家战略[J]. 人口研究,2018,42(3):3 – 8.

[25]薛艳. 基于分层线性模型的流动人口社会融合影响因素研究[J]. 人口与经济,2016(3):62 – 72.

[26]谢立黎,汪斌. 积极老龄化视野下中国老年人社会参与模式及影响因素[J]. 人口研究,2019,43(3):17 – 30.

[27]郝雨霏,张顺. 劳动力就业市场化、人力资本与人职匹配[J]. 人口与经济,2016(2):79 – 85.

[28]邓敏. 社会关系、心理健康水平与老年人主观幸福感改进——基于 CGSS2015 数据的实证分析[J]. 人口与发展,2019,25(3):85 – 93.

[29]刘瑞明,亢延锟,黄维乔. 就业市场扭曲、人力资本积累与阶层分化[J]. 经济学动态,2017(8):74 – 87.

[30]李佳,赵建国. 财政社会保障支出经济增长效应区域差异——来自中国省级面板数据的实证[J]. 社会保障研究,2016(3):61 – 65.

[31]Martin B C, McNally J J, Kay M J, Examining the formation of human capital in entrepreneurship: A meta – analysis of entrepreneurship education[Z],2013.

[32]张柳. 人力资本与收入差距[D]. 沈阳:辽宁大学,2019.

[33]Diamond P A. Political aspects of social security reform[J]. Brookings Papers on Economic Activity,1997 (2) :1– 87.

[34]Kor Y Y, Mahoney J T, Michael. 能力和企业家观念[J]. 管理研究,2007,44(7):1187 – 1212

[35]Kulik L. Explainingers ponsesto volunteering: An ecological model[J]. Nonprofit & Voluntary Sector Quarterly,2007,36(2) :239 – 255.

[36]Dury S, De Donder L, De Witte N, et al. To volunteer or not: The influence of individual characteristics, resources, and social factors on the likelihood of volunteering by older adults [J]. Nonprofit & Voluntary Sector Quarterly,2014,6:1107 – 1128.

[37]黄鲁成,刘春文,苗红,等. 开展依靠科技创新应对人口老龄化研究的思考[J]. 中

国软科学,2019(5):1 – 10.

[38]殷金朋,赵春玲,贾占标,等. 社会保障支出、地区差异与居民幸福感[J]. 经济评论,2016(3):108 – 121.

[39]何文炯."十二五"社会保障主题:增强公平性和科学性[J]. 社会保障研究,2011(1):187 – 195.

[40]邓大松,贺薇. 政府转移支付收入老年再分配效应的统计测算[J]. 统计与决策,2018,34(19):125 – 129.

[41]张贡生. 中国区域发展战略之 70 年回顾与未来展望[J]. 经济问题,2019(10):10 – 18.

[42]Massimiliano Barbi,Sara Mattioli. Human capital, investor trust, and equity crowdfunding[J]. Research in International Business and Finance,2019(49).

[43]Donald L. Venneberg,Vida D Wilkinson. Retirees who returned to work: Human and social capital implications for organizations[J]. Journal of Workplace Behavioral Health,2008,23(1 – 2).

[44]牛建林. 受教育水平对退休抉择的影响研究[J]. 中国人口科学,2015(5):58 – 66,127.

[45]Kim M Kiely,Brooke Brady,Julie Byles. Gender, mental health and ageing[J]. Maturitas,2019(129).

[46]Raichlen David A,Klimentidis Yann C,Bharadwaj Pradyumna K,et al. Differential associations of engagement in physical activity and estimated cardiorespiratory fitness with brain volume in middle – aged to older adults[J]. Brain Imaging and Hehavior,2019.

[47]张慧颖,张艳,郭思瑾,等. 河南省农村地区老年人积极老龄化水平及影响因素[J]. 中国老年学杂志,2019,39(4):962 – 965.

[48]曾毅,程令国,阮荣平,等. 环境与遗传因素交互作用对老龄健康的影响——相关前期研究综述[J]. 医学与哲学(A),2014,35(9):1 – 6,25.

[49]丁玉龙. 农村人口老龄化与城乡收入差距[J]. 华南农业大学学报(社会科学版),2018,17(1):104 – 113.

[50]于泽浩. 中国城乡老年人志愿服务参与意愿的影响因素分析——以 2015 年第四次中国城乡老年人生活状况抽样调查数据为基础[J]. 西北人口,2019,40(3):57 – 65.

[51]杨亮,丁金宏,郭永昌. 中国社会保障与经济发展耦合协调度的时空特征分析[J]. 人口与经济, 2014(4): 94 – 102.

政府政策会促进中国制造业企业对外直接投资吗？[①]

杨丽花[②]　刘丁一[③]

摘　要： 通过对外直接投资高效利用全球资源要素，支持制造业企业更好融入全球产业链、供应链，是推动我国对外投资健康发展的重要路径。本文使用1999—2019年我国制造业企业和政府政策数据进行实证研究，发现不同种类政府政策对对外直接投资的影响不同。具体来看，行业发展政策会促进企业对外直接投资。其中，大型和小型的行业发展政策，以及针对高技术企业制定的行业发展政策都会显著促进企业对外直接投资，而综合性政策对企业"走出去"的促进作用并不稳定，财政金融政策在促进企业"走出去"方面则没有体现出效果。

关键词： 对外直接投资；政府政策；制造业

一、引言

党的十五届五中全会审议并通过了《中共中央关于制定国民经济和社会发展的第十个五年计划的建议》，明确了"走出去"战略，在此之后我国对外直接投资相关政策数量大幅增长，直至2008年受国际金融危机的影响出现明显回落，之后又呈现出稳步增加的态势。以高水平对外直接投资高效利用全球资源要素，支持制造业企业更好融入全球产业链、供应链，是推动我国对外投资健康发展的重要路径。在政府政策的帮助下，我国制造业对外直接投资流量大幅增加，于2017年达到高峰（295.1亿美元），成为经济发展的重要引擎（江小涓和孟丽君，2021）。[④] 尽管如此，相对其他行业而言，我国制造业对外直

---

① 基金项目：国家社科基金项目（2021）OFDI的双重技术效应与"一带一路"高质量发展研究。

② 杨丽花，中国政法大学商学院教授。

③ 刘丁一，中国政法大学商学院研究生。

④ 江小涓，孟丽君．内循环为主、外循环赋能与更高水平双循环——国际经验与中国实践[J]．管理世界，2021(1)．

接投资的脆弱性仍较为突出，随国际政治经济形势变化的波动幅度较大。商务部数据显示，我国对外直接投资流量在 2017 年、2018 年、2019 年出现了负增长，分别同比下降 19.3%、9.6%、4.3%。尽管我国对外直接投资流量在 2020 年恢复了正增长（3.3%），但“走出去”面临的挑战仍不容小觑。详见图 1。在世界经济陷入低迷、经济全球化遭遇逆流、我国转向高质量发展阶段、开启全面建设社会主义现代化国家新征程的国际国内大背景下，我国亟须提高企业的跨国经营能力和水平。为此，2020 年国务院《政府工作报告》提出，推进更高水平对外开放，重要任务是“引导对外投资健康发展”。

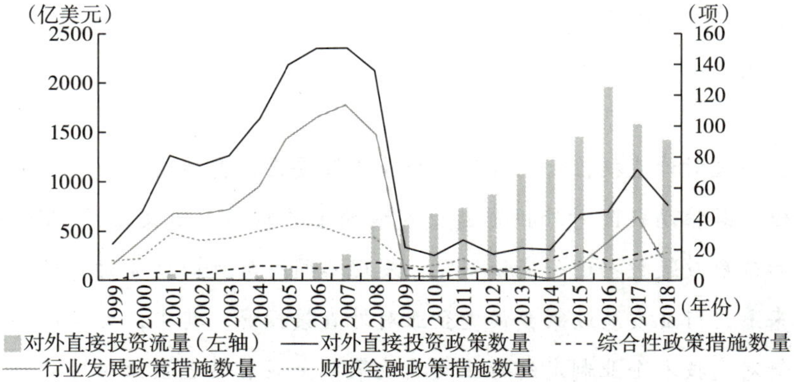

图 1　我国对外直接投资流量与政府政策数量变化趋势

资料来源：对外直接投资流量数据来源于 UNCTAD 数据库，政府政策数量数据根据国务院及各组成部门政策数据库整理得到。

在上述背景下，政府政策是否促进我国制造业对外直接投资受到了学术界的持续关注。许多学者从信贷政策、税收政策等角度展开了研究。但早期研究从研究方法上看主要是从国家或行业层面进行分析，从研究角度来看，对政府政策影响的分析也局限于某类政策上，缺乏对总体政府政策影响的分析。本文拟从企业层面分析政府政策对制造业企业对外投资的影响。

二、文献综述

与本文相关的研究主要包括两大方面：一是关于我国对外直接投资影响因素方面的研究；二是关于政府政策对对外直接投资影响方面的研究。

关于我国对外直接投资影响因素方面的研究可以分为宏观研究和微观研究两类。宏观研究大多从投资东道国特征、双边政治关系、国内宏观经济状况等角度入手。张为付（2008）发现国内生产总值的增加能使对外直接投资增加。项本武（2009）[①] 发现东道国

① 项本武. 东道国特征与中国对外直接投资的实证研究[J]. 数量经济技术经济研究,2009(7).

的市场规模对我国对其直接投资存在显著的抑制作用，而东道国的工资水平对我国对外投资并无显著影响。谢杰和刘任余（2011）[①] 基于新经济地理学空间视角，发现我国与东道国的经贸合作受“第三方效应”影响，并且我国对外直接投资具有集聚效应。吴先明和黄春桃（2016）[②] 使用我国对55个东道国直接投资的面板数据进行实证检验，发现我国对外直接投资存在强烈的市场寻求动因与自然资源寻求动因。随着异质性企业理论不断得到运用，部分研究开始从企业层面分析对外直接投资的影响因素。Grossman 等（2006）[③] 发现生产率、对外直接投资固定成本、运输成本等因素会对企业的一体化策略产生影响，其中生产率较低的企业以固定经营成本的最小化为目的进行布局，而生产率较高的企业在选择一体化策略时，追求的则是供应市场的可变成本的最小化。田巍和余淼杰（2012）[④] 发现生产率越高的企业，其进行对外直接投资的可能性越大，对外投资的规模也越大。李磊和包群（2015）使用中国工业企业数据库、《中国境外投资企业（机构）名录》和《中国对外直接投资统计公报》中的数据进行实证研究，发现融资能力能够显著促进我国工业企业“走出去”，并且这种促进作用在民营企业的市场行为中表现得更为明显。刘晓光和杨连星（2016）[⑤] 使用2005—2014年我国企业对外直接投资数据，发现友好的双边政治关系能够优化东道国的制度环境并促进企业进行海外投资。Yan 等（2018）[⑥] 使用中国工业企业数据库进行研究，发现生产率和融资约束均对企业对外直接投资产生了重大影响，企业的生产率越高，融资约束对其对外直接投资的影响也越大，并且相比内源融资约束，外源融资约束对企业对外直接投资的抑制作用更大。

关于政府政策对对外直接投资的影响方面，也有部分学者从一定角度展开了探讨。例如，陈岩等（2012）[⑦] 对中国2003—2009年对非洲投资情况进行了研究，发现除了东道国的资源以外，中国的信贷政策（以中国金融机构贷款总额衡量）、中国与非洲国家的税收协定等因素均会驱动企业对非洲进行直接投资。陈胤默等（2018）[⑧] 对2004—2014年中国A股非金融类上市企业数据进行研究，发现货币政策越宽松，企业进行对外直接投资的可

---

① 谢杰，刘任余．基于空间视角的中国对外直接投资的影响因素与贸易效应研究[J]．国际贸易问题，2011(6).

② 吴先明，黄春桃．中国企业对外直接投资的动因：逆向投资与顺向投资的比较研究[J]．中国工业经济，2016(1).

③ Grossman G M, Helpman E, Szeidl A. Optimal integration strategies for the multinational firm[J]. Journal of International Economics, 2006(70): 216 - 238.

④ 田巍，余淼杰．企业生产率和企业“走出去”对外直接投资：基于企业层面数据的实证研究[J]．经济学(季刊)，2012(2).

⑤ 刘晓光，杨连星．双边政治关系、东道国制度环境与对外直接投资[J]．金融研究，2016(12).

⑥ Yan B, Z Yu, S Y Zhi, H Jian. Productivity, financial constraints and outward foreign direct investment: Firm - level evidence[J]. China Economic Review, 2018(47): 47 - 64.

⑦ 陈岩，马利灵，钟昌标．中国对非洲投资决定因素：整合资源与制度视角的经验分析[J]．世界经济，2012(10).

⑧ 陈胤默，文雯，孙乾坤，黄雨婷．货币政策、融资约束与企业对外直接投资[J]．投资研究，2018(3).

能性就越大，并通过进一步研究发现融资约束对企业对外直接投资的抑制作用在金融危机发生后变得更为显著，企业为制造业企业时其对外直接投资活动受融资约束的抑制更加严重。Buckley（2018）① 通过案例研究发现政府政策措施造成的市场不完全性能够减少海外投资项目的商业风险和金融风险、减轻“本国根植性”、缩短制度距离，从而提高企业对外直接投资的竞争力。李笑等（2019）② 发现政府财政补贴可以通过直接作用和间接作用促进企业做出对外直接投资决策、增加海外子公司数量以及加快对外直接投资速度。洪俊杰和张宸妍（2020）③ 发现产业政策降低了企业进行对外直接投资的临界生产率和平均生产率，并且在政府预算中性的条件下，合适的政府支持能够增加社会福利。

已有研究通常分析特定类型的政府政策（如货币政策）与企业对外直接投资的关系，而且研究结论基本肯定了政府政策的有效性，即促进了对外直接投资。鲜有研究将政府政策进行分类，探讨不同种类政府政策对企业对外直接投资的作用。笔者将政府政策分为综合性政策、行业发展政策和财政金融政策三大类，试图分析不同种类的政府政策对对外直接投资的影响是否相同，进而为未来宏观经济政策的制定提供参考。

三、模型设定和数据选取

本文使用的基准回归模型（对应表 2 的前四列）如下：

$$ofdidum_{it} = \beta_0 + \beta_1 apolicy_{i(t-1)} + \beta_2 bpolicy_{i(t-1)} + \beta_3 cpolicy_{i(t-1)} + \beta_4 X_{i(t-1)} + dummies + \varepsilon_{it} \tag{1}$$

其中，下标中 i 表示第 i 个企业，t 为年份，$(t-1)$ 即为滞后一期。被解释变量 $ofdidum$ 为企业对外直接投资虚拟变量。β_0 为常数项，$apolicy$ 、$bpolicy$ 、$cpolicy$ 分别为综合性政策措施、行业发展政策措施和财政金融政策措施。X 为其他控制变量组成的向量。$dummies$ 为虚拟变量，包括控制产业相关的不可观测因素的产业虚拟变量和控制全球经济相关的不可观测因素的年份虚拟变量。ε 为误差项，表示其他不可观测因素。为避免内生性的影响，令解释变量相对被解释变量滞后一期。

根据我国企业会计准则第 36 号的要求，企业需要在财务报表中披露所有关联方及关联交易信息。本文使用国泰安数据库中的上市公司基本信息年度表、海外公司关联表、上市公司主要财务指标表、一般行业利润及利润分配表、分析师预测指标文件，整理得到包括我国上市企业海外关联公司的注册地、注册资本、经营范围、母公司持股比例等信息在

① Buckley P J. Internalisation theory and outward direct investment by emerging market multinationals[J]. Management International Review,2018,58(2):195－224.

② 李笑,华桂宏,李锦生．政府支持、融资约束与企业对外直接投资[J]．山西财经大学学报,2019(5).

③ 洪俊杰,张宸妍．产业政策影响对外直接投资的微观机制和福利效应[J]．世界经济,2020(11).

内的数据集。本文借鉴国际通行做法，对于我国上市公司在海外的子公司、联营公司和合营公司，若母公司对其直接持股比例与间接持股比例之和大于或等于10%，则认为构成企业对外直接投资（Razin & Sadka，2007）。①

本文以1999—2019年我国上海证券交易所和深圳证券交易所全部上市公司的数据作为原始数据。涉及外币时，以世界银行提供的年度平均官方汇率为标准进行换算。剔除具有S、ST、*ST、SST、*SST、PT等标记的样本及已经退市的公司数据，只保留制造业企业（在证监会2012年版上市公司行业分类指引中对应C13～C43大类），排除注册地为百慕大群岛、巴哈马群岛、英属维尔京群岛等“避税天堂”的企业。当企业面临财务困境时，其对外直接投资行为可能会受到抑制，为避免财务困境的干扰，剔除母公司上一年净利润为负值的样本（Lamont et al.，2001）；② 为避免内生性干扰，本文只考虑企业首年进行对外直接投资的情况（Bai et al.，2015）。经过以上处理，得到了6511个样本，包括764个对外直接投资样本。

因变量：*ofdidum* 为虚拟变量，如果企业在当年存在对外直接投资行为则记为1，否则记为0。

自变量：政府政策变量（*allpolicies*）是政府出台的与对外直接投资相关的政策措施的总项数，可划分为综合性政策措施（*apolicy*）、行业发展政策措施（*bpolicy*）、财政金融政策措施（*cpolicy*）三类。其中，2010—2019年的数据从中华人民共和国商务部发布的《中国对外投资合作发展报告》获得，2010年之前的数据参照《中国对外投资合作发展报告》的思路，从国务院政策文件库以及商务部、国家发展改革委、科学技术部、人力资源和社会保障部、国务院国有资产监督管理委员会、国家市场监督管理总局、国家移民管理局等国务院组成部门的政策文件库中获得。本文同时在中国法律检索系统中检索“对外投资”“对外直接投资”“走出去”“境外投资”等关键词查找政策文件，进行对比以使数据更加准确。本文对自变量均进行滞后一期处理。

控制变量：企业融资约束指标（*fc*）采用负债比率进行衡量。企业规模（ln*volume*）取企业总资产的对数进行衡量。综合税率（*tax*）参考张爱美等（2019）③ 的研究方法，以（营业税金及附加+所得税费用）/营业总收入进行度量。综合杠杆（*comlev*）以（净利润+所得税费用+财务费用+固定资产折旧+油气资产折耗+生产性生物资产折旧+无形资产摊销+长期待摊费用摊销）/（净利润+所得税费用）度量。净资产收益率（*roe*）

① Razin A E, Sadka. Foreign direct investment: Analysis of aggregate flows[M]. Princeton: Princeton University Press, 2007.

② Lamont O, C Polk, J Sa' – Requejo. Financial constraints and stock returns[J]. Review of Financial Studies, 2001(14): 529–554.

③ 张爱美，郭静思，吴卫红．融资约束、对外直接投资与企业绩效[J]．工业技术经济，2019(1)．

用净利润除以股东权益平均余额计算得到。本文对这些控制变量均进行滞后一期处理。此外，为使研究更为严谨和全面，本文在研究中加入了是否为国有企业（*whethersoe*）、是否为私营企业（*whetherpe*）、是否为外商独资企业（*whetherwfoe*）、是否为中外合资企业（*whethersfjv*）、是否为南方地区企业（*whethersa*）虚拟变量。对于上述虚拟变量，是则取1，否则取0。

表1是变量的描述性统计结果①。

表1　描述性统计结果

变量	变量名称	变量描述	样本	均值	标准差	最小值	最大值
对外投资	*ofdidum*	企业是否进行对外直接投资，虚拟变量	6511	0.117	0.322	0	1
融资约束	*fc*	以总负债/总资产衡量	6511	3.155	13.620	0.083	703.441
规模	ln*volume*	企业总资产的对数	6511	21.477	1.023	18.171	26.440
综合税率	*tax*	（营业税金及附加+所得税费用）/营业总收入	6511	0.030	0.039	-0.090	1.549
综合杠杆	*comlev*	（净利润+所得税费用+财务费用+固定资产折旧+油气资产折耗+生产性生物资产折旧+无形资产摊销+长期待摊费用摊销）/（净利润+所得税费用）	6511	2.654	4.420	-3.736	115.472
净资产收益率	*roe*	净利润/股东权益平均余额	6511	0.110	0.284	0.000	21.348
政策总数	*allpolicies*	各类政策总数	6511	63.543	47.711	17	152
综合性政策	*apolicy*	综合性政策数量	6511	9.979	4.762	0	23
行业发展政策	*bpolicy*	行业发展政策数量	6511	35.507	38.368	1	114
财政金融政策	*cpolicy*	财政金融政策数量	6511	18.057	10.849	4	37
国有企业	*whethersoe*	是否为国有企业	6511	0.395	0.489	0	1
私营企业	*whetherpe*	是否为私营企业	6511	0.502	0.500	0	1
外资企业	*whetherwfoe*	是否为外商独资企业	6511	0.007	0.082	0	1
合资企业	*whethersfjv*	是否为中外合资企业	6511	0.081	0.272	0	1
南方企业	*whethersa*	是否为南方地区企业	6511	0.642	0.479	0	1

四、回归结果分析

表2报告了政府政策对制造业企业对外直接投资的基准回归结果。此处及下文中，模型（1）～模型（2）均使用Logit回归，模型（3）～模型（4）均使用Probit回归，并且

① 对于在“进一步分析”部分使用的变量，表1也进行了统计。

模型（1）和模型（3）均仅以政府政策变量为解释变量，而模型（2）相较于模型（1）、模型（4）相较于模型（3）则加入了企业层面的控制变量（*fc*、ln*volume*、*tax*、*comlev*、*roe*、*whethersoe*、*whetherpe*、*whetherwfoe*、*whethersfjv*、*whethersa*）。模型（5）在模型（2）的基础上，使用政策总数而非各类政策进行回归。

表 2 基准回归结果

变量	(1)	(2)	(3)	(4)	(5)
apolicy	0.5485 *** (0.1112)	0.5538 *** (0.1117)	0.2762 *** (0.0511)	0.2787 *** (0.0513)	
bpolicy	0.0479 *** (0.0092)	0.0475 *** (0.0092)	0.0238 *** (0.0041)	0.0235 *** (0.0042)	
cpolicy	-0.7973 *** (0.1501)	-0.8048 *** (0.1497)	-0.3984 *** (0.0654)	-0.4026 *** (0.0657)	
allpolicies					0.1196 *** (0.0215)
年份虚拟变量	控制	控制	控制	控制	控制
行业虚拟变量	控制	控制	控制	控制	控制
观测值	6506	6506	6506	6506	6506

注：括号内为统计量的标准误。*、**、*** 分别表示在 10%、5% 和 1% 的统计意义上显著，下同。

表 2 中，模型（1）至模型（4）的结果表明，综合性政策和行业发展政策的出台都显著提高了我国制造业企业进行对外直接投资的可能性①，然而财政金融政策却显著地降低了我国制造业企业“走出去”的可能性。一方面，这可能是这部分企业的能力不足以完成对外直接投资导致的；另一方面，这可能是政府政策未能明确企业“走出去”的具体方向导致的。多种原因使得部分企业在享受到财政金融政策的优惠后，仍将精力放在国内市场或国际贸易活动上，未将政策支持转化为对外直接投资实践。模型（5）的结果表明，从整体上看，政府政策能够显著促进我国制造业企业的对外直接投资。

五、进一步分析

（一）考虑行业发展政策覆盖面的差异

不同的行业发展政策对制造业企业“走出去”的影响可能存在差异。本文将覆盖多个行业的行业发展政策定义为大型行业发展政策（*bigbpolicy*），将面向某一特定行业的行业

① 在“考虑行业发展政策覆盖面的差异”部分的讨论中，综合性政策对对外直接投资的影响是不显著的，可能说明综合性政策有复杂的作用机制。

发展政策定义为中型行业发展政策（*mediumbpolicy*），将面向特定的一家或多家企业的行业发展政策定义为小型行业发展政策（*smallbpolicy*）。举例来说，工业和信息化部于2016年11月发布的《关于印发钢铁工业调整升级规划（2016—2020年）的通知》主要影响了钢铁工业，因而认为它是一项中型行业发展政策；而2016年8月由工业和信息化部印发的《关于完善制造业创新体系，推进制造业创新中心建设的指导意见》影响了各个制造业行业，所以将它标记为大型行业发展政策。在依口径对行业发展政策进行划分后，进行Logit回归和Probit回归，结果如表3所示。模型（1）和模型（3）均是仅以各类政策作为解释变量时的情况。

表3　区分行业发展政策覆盖面的回归结果

变量	(1)	(2)	(3)	(4)
apolicy	0.0657 (0.0507)	0.0661 (0.0511)	0.0308 (0.0281)	0.0297 (0.0281)
bigbpolicy	0.3580*** (0.0609)	0.3607*** (0.0608)	0.1814*** (0.0270)	0.1834*** (0.0270)
mediumbpolicy	−0.3721*** (0.0647)	−0.3767*** (0.0645)	−0.1897*** (0.0299)	−0.1932*** (0.0297)
smallbpolicy	1.9323*** (0.4160)	1.9831*** (0.4152)	0.9650*** (0.1844)	0.9950*** (0.1848)
cpolicy	−0.2501*** (0.0668)	−0.2522*** (0.0667)	−0.1203*** (0.0311)	−0.1204*** (0.0312)
年份虚拟变量	控制	控制	控制	控制
行业虚拟变量	控制	控制	控制	控制
观测值	6506	6506	6506	6506

表3表明，大型行业发展政策和小型行业发展政策能够显著提高企业进行对外直接投资的可能性。大型行业发展政策数量较少，但每项政策的覆盖面都很大，属于国家大力推行的政策，具有很大的影响力；小型行业发展政策针对性强，得到小型行业发展政策优惠的企业通常是规模庞大、实力强劲的国有企业（如中国石油天然气集团有限公司、中国移动通信集团有限公司等）。这些企业与政府协调配合，促进了企业对外直接投资活动。而中型行业发展政策并没有促进企业对外直接投资活动。可能的原因是这类政策的针对性不强，推行力度也受限，因而对对外直接投资并没有显示出正向影响。

（二）考虑不同内容行业发展政策的差异

不同内容的行业发展政策对制造业企业“走出去”的影响可能存在差异。若行业发展政策含有面向高技术产业的优惠内容，本文便将其标记为高技术行业发展政策（*hitechbpolicy*）；若行业发展政策不含有面向高技术产业的优惠内容，本文则将其标记为非高技术行业发展政策（*nonhitechbpolicy*）。在依内容对行业发展政策进行划分后，进行 Logit 回归和 Probit 回归，结果如表 4 所示。模型（1）和模型（3）均是仅以各类政策作为解释变量时的情况。

表 4　区分行业发展政策内容的回归结果

变量	(1)	(2)	(3)	(4)
apolicy	0.6898 *** (0.1335)	0.6964 *** (0.1334)	0.3480 *** (0.0606)	0.3516 *** (0.0608)
hitechbpolicy	0.2597 *** (0.0441)	0.2614 *** (0.0441)	0.1314 *** (0.0195)	0.1327 *** (0.0195)
nonhitechbpolicy	−0.1051 *** (0.0194)	−0.1070 *** (0.0194)	−0.0540 *** (0.0096)	−0.0554 *** (0.0094)
cpolicy	−0.6655 *** (0.1287)	−0.6717 *** (0.1284)	−0.3314 *** (0.0561)	−0.3347 *** (0.0564)
年份虚拟变量	控制	控制	控制	控制
行业虚拟变量	控制	控制	控制	控制
观测值	6506	6506	6506	6506

回归结果表明，高技术行业发展政策能够显著提升企业进行对外直接投资的可能性，而这种作用是非高技术行业发展政策所不具有的。造成这种现象的原因可能是，高技术行业发展政策针对性强，面向的是具有较大发展潜力的企业，这类企业在得到行业发展政策的支持后自然而然地进行了对外直接投资；非高技术行业发展政策所面向的企业，其实力参差不齐，其中的许多企业需要经过相当的发展才能具备“走出去”的条件。

六、结论与启示

本文使用 1999—2019 年我国制造业企业和政府政策数据进行实证研究，发现不同种类政策对对外直接投资的影响不同。具体来看，行业发展政策会促进企业对外直接投资。其中，大型和小型的行业发展政策，以及针对高技术企业制定的行业发展政策都会显著促进企业对外直接投资，而综合性政策对企业“走出去”的促进作用并不稳定，财政金融政策在促进企业“走出去”方面则没有体现出效果。

当前，助推我国制造业企业“走出去”，无论是对提升产业链、供应链现代化水平，还是对推动高质量发展，都具有重大的现实意义。与此同时，日趋复杂的国际环境和我国自身发展不平衡不充分的现状，又对我国制造业企业对外直接投资乃至经济社会高质量发展产生很大的影响。本文通过研究发现，制定、出台和推行特定类型、特定覆盖面、特定内容的政策措施，是促进我国制造业企业“走出去”的有效路径。政府政策在促进企业对外直接投资方面，总体来看是有效的，但也要进一步关注财政金融、中型行业发展政策的政策效果，提高这类政策的政策效果。当前我国企业对外直接投资受到科技革命、产业革命、疫情危机和地缘政治斗争的叠加影响，国际直接投资环境更为复杂、多变，投资风险加大，需要政府审时度势出台相应的政策措施促进企业对外直接投资，推动我国制造业企业“走出去”。在加强政策支持的同时更要注重政策的实施效果，提高政策的针对性和有效性，从而有效实现国内国外双循环背景下对外直接投资的高质量发展。

参考文献

[1]陈岩，马利灵，钟昌标．中国对非洲投资决定因素：整合资源与制度视角的经验分析[J]．世界经济，2012(10).

[2]陈胤默，文雯，孙乾坤，黄雨婷．货币政策、融资约束与企业对外直接投资[J]．投资研究，2018(3).

[3]洪俊杰，张宸妍．产业政策影响对外直接投资的微观机制和福利效应[J]．世界经济，2020(11).

[4]江小涓，孟丽君．内循环为主、外循环赋能与更高水平双循环——国际经验与中国实践[J]．管理世界，2021(1).

[5]李笑，华桂宏，李锦生．政府支持、融资约束与企业对外直接投资[J]．山西财经大学学报，2019(5).

[6]刘晓光，杨连星．双边政治关系、东道国制度环境与对外直接投资[J]．金融研究，2016(12).

[7]田巍，余淼杰．企业生产率和企业“走出去”对外直接投资：基于企业层面数据的实证研究[J]．经济学(季刊)，2012(2).

[8]吴先明，黄春桃．中国企业对外直接投资的动因：逆向投资与顺向投资的比较研究[J]．中国工业经济，2016(1).

[9]项本武．东道国特征与中国对外直接投资的实证研究[J]．数量经济技术经济研究，2009(7).

[10]谢杰，刘任余．基于空间视角的中国对外直接投资的影响因素与贸易效应研究[J]．国际贸易问题，2011(6).

[11]张爱美，郭静思，吴卫红．融资约束、对外直接投资与企业绩效[J]．工业技术经济，2019(1).

[12]张为付. 影响我国企业对外直接投资因素研究[J]. 中国工业经济,2008(11).

[13]Bai X,Krishna K ,Ma H. How you export matters:Export mode,learning and productivity in China[R]. Working Paper,National Bureau of Economic Research,2015.

[14]Buckley P J. Internalisation theory and outward direct investment by emerging market multinationals[J]. Management International Review,2018,58(2):195 – 224.

[15]Grossman G M,Helpman E,Szeidl A. Optimal integration strategies for the multinational firm[J]. Journal of International Economics,2006(70):216 – 238.

[16]Helpman E,Melitz M J,Yeaple S R. Export versus FDI with heterogeneous firms [J]. The American Economic Reviews,2004,94(1):300 – 316.

[17]Lamont O,Polk C,Sa' – Requejo J. Financial constraints and stock returns [J]. Review of Financial Studies,2001(14):529 – 554.

[18]Melitz M J. The impact of trade on intra – industry reallocations and aggregate industry productivity[J]. Econometrica,2003,71(6):1695 – 1725.

[19]Razin A E,Sadka. Foreign direct investment: Analysis of aggregate flows[M]. Princeton:Princeton University Press,2007.

[20]Yan B,Yu Z,Zhi S Y,Jian H. Productivity,financial constraints and outward foreign direct investment:Firm – level evidence[J]. China Economic Review,2018(47):47 – 64.

/第三篇/

创新驱动

本篇由 4 篇文章构成。

“科学技术是第一生产力”，这是邓小平同志 1988 年提出的一个著名论断，是对马克思主义政治经济学的一个重大发展。这一论断，经过各界人士和学者们从各个方面不断地深入理解和证明，已经转化为一个具有强烈时代感的重要科学命题。把科学技术视为生产力是马克思主义一贯的重要观点，包括：科学技术是一种相对独立的生产力形态；科学技术是现代生产力要素及其组合质变的决定性因素；科学技术进步是现代经济增长的最重要源泉。总之，科学技术是现代社会进步最重要的车轮。

《数字技术助力我国技术赶超：理论逻辑与政策取向》强调历史上的每一次科技创新和产业变革都为一国实现赶超提供了机会窗口。而一个完备的机会窗口存在两个不可分割的维度，即与技术动态性相关的技术窗口，以及与政策动态性相关的政策窗口，两者协同发力促成新技术与新政策范式的正反馈是国家实现跨越式发展的关键，从历史上看，19 世纪的美国正是抓住了当时完备的机会窗口实现了技术赶超和跨越式发展。当前以数字技术为基础的数字经济在为我国经济增长提供新动能的同时，更为我国实现技术赶超提供了重要的机会窗口。而要放大这个机会窗口推动效应的关键是要实现技术体系与政策体系的协同演变，这就要求我们必须在新发展理念的指导下，将数字技术与产业政策视为一个整体纳入构建新发展格局的路径之中加以考量，通过数字经济的发展为助力构建新发展格局从而最终实现技术赶超提供切实可行的政策手段。

《人工智能对劳动力市场影响研究进展》通过文献梳理发现：一方面，人工智能会替代部分劳动，降低劳动力就业水平，减少劳动报酬；另一方面，人工智能也能够创造新的工作岗位，提高劳动力需求，增加劳动者收入。人工智能的影响效应在不同技能水平、不同行业、不同区域的人群中存在差异。研究表明，人工智能可能导致就业极化并扩大收入差距。从行业结构来看，技术进步加速了劳动力向服务业的转移；人工智能对劳动力就业区域结构分布的影响与地区制度、政策制定、经济发展水平等有关。基于以上分析，进一步为如何应对人工智能可能引发的就业冲击提供政策建议，最后，总结现有文献研究的不足，进一步讨论了其未来可能的研究方向和拓展领域。

《人工智能发展、精神性劳动与就业结构的变化》指出不具有精神性是人工智能和人类智能最本质的区别，人工智能的有规则学习方式也使得其不具有创造性。随着经济和社会发展，精神需求及其满足对于人们越来越重要。在根据精神性和创造性对劳动进行分类的基础上，将精神性劳动定义为以知识或审美的构思、表达或情感、精神的投入及交流作为劳动的重要内容，能够满足人们情感、精神需要的劳动；精神性劳动难以被人工智能替代。主要从事精神性劳动的职业，包括人际协调型职业和情感沟通型职业、认知及塑造型职业和审美型职业，共计 357 个职业细类，在 1481 个职业细类中占 24.1%；在人工智能迅速发展的背景下，基于这些职业的工作岗位将会大量增加，成为吸纳就业的主要领域。

科学技术是第一生产力[①]

杨春学[②]

“科学技术是第一生产力”，这是邓小平同志1988年提出的一个著名论断，是对马克思主义政治经济学的一个重大发展。这一论断，经过各界人士和学者们从各个方面不断的深入理解和证明，已经转化成为一个具有强烈时代感的重要科学命题。

此条目的关键在于，既然是一种“论断”、一种科学命题，我们就必须对它所强调的“第一”给予切题的说明，给出理论化的解释和历史的证明。

一、思想源泉

把科学技术视为生产力是马克思主义一贯的重要观点。马克思在《资本论》中明确指出，“劳动生产力是由多种情况决定的，其中包括：工人的平均熟练程度，科学的发展水平和它在工艺上应用的程度，生产过程的社会结合，生产资料的规模和效能，以及自然条件”（马克思，1972：53）。也就是说，“科学的发展水平和它在工艺上应用的程度”，是决定劳动生产力的一个重要因素。而且，“劳动生产力是随着科学和技术的不断进步而不断发展的”（马克思，1972：664）。根据对工业革命的观察和分析，马克思进一步指出，“随着大工业的发展，现实财富的创造较少地取决于劳动时间和已耗费的劳动量，较多地取决于在劳动时间内所运用的动因的力量，而这种动因本身……却取决于一般的科学水平和技术进步，或者说取决于科学在生产上的运用”（马克思，1979a：217）。这种运用表现为借此而创造出来的机器、运输设备、通信等生产工具和设施。正是在这种意义上，科

---

① 本文首发于《经济学动态》2021年第9期。

② 杨春学，首都经济贸易大学经济学院教授。

学，通过物化的生产工具和设施，成为一种“物化的智力”，一种“直接的生产力”①（马克思，1979a：219－220）。

那么，科学是否只有被物化后才能成为一种生产力呢？马克思在《资本论》中有“科学作为一种独立的生产能力”，或“科学作为独立的力量”的提法②，在《经济学手稿》（1861—1863年）中结合劳动分工与协作的讨论时也说“科学的力量也是不费资本家分文的另一种生产力”（马克思，1979a：553）。如何正确地理解这种表述？马克思曾直接把科学，尤其是自然科学归于精神产品的生产领域。“科学，作为社会发展的一般精神产品……表现为社会劳动本身的自然力”（马克思，1985：41）。作为精神产品的科学知识，存在于科学家乃至工程技术人员的大脑之中。虽然它不具有独立存在的物质形式，只是一种潜在的物质生产力，我们不妨称之为“知识生产力”。科学不仅被运用而成为一种技术时是生产力，而且它作为一种理论知识形态存在时也是生产力，一种精神生产力③。

通过对科学在相对剩余价值生产过程的运用具体而细致的分析，马克思得出的一个基本结论是：“只有资本主义生产方式才第一次使自然科学为直接的生产过程服务，同时，生产的发展反过来又为从理论上征服自然提供了手段。科学获得的使命是：成为生产财富的手段，成为致富的手段”（马克思，1979b：570）。在这种生产方式中，“资本的趋势是赋予生产以科学的性质，而直接劳动则被贬低为只是生产过程的一个要素”（马克思，1979a：211）。

新中国的领导历来重视马克思主义的科学技术思想，并努力把它付诸行动。1956年，提出“向科学进军”。这是党和国家大力发展科学技术的第一声号角，并编制《1956～1967年科学技术发展远景规划纲要》。例如，周恩来就对科学技术有若干重要论述，诸如“科学是关系我们的国防、经济和文化各方面的有决定性的因素”，“只有掌握了最先进的科学，我们才能有巩固的国防，才能有强大的先进的经济力量”（周恩来，1984：181，182）；“要实现农业现代化、工业现代化、国防现代化和科学技术现代化，把我们祖国建

① 整段话的原文是：“自然并没有创造出任何机器、机车、铁路、电报、自动棉纺机等等。它们都是人类工业的产物、自然的物质转变为由人类意志驾驭自然或人类在自然界里活动的器官。它们是由人类的手创造的人类头脑底器官，都是物化的智力。固定资本的发展表明：一般的社会知识学问，已经在多么大的程度上变成了直接的生产力，从而社会生活过程底条件本身已经在多大的程度上被生产出来，不但在知识形态上，而且作为社会实践的直接器官，作为实际生产过程底直接器官被生产出来。”（马克思，1979a：219－220）

② 原文是：“大工业则把科学作为一种独立的生产能力与劳动分离开来，并迫使它为资本服务。”（马克思，1972：400）“随着科学作为独立的力量被并入劳动过程而使劳动过程的智力与劳动相异化……”（马克思，1972：708）

③ 有些学者不同意这种解读，认为以上马克思的这些话丝毫不包含科学本身就是一种独立的生产力的意思。但是，马克思曾明确地把生产力分为物质生产力和精神生产力两种类型。“货币作为发达的生产要素，只能存在于雇佣劳动存在的地方；因此，只能存在于这样的地方，在那里，货币不但决不使社会形式瓦解，反而是社会形式发展的条件和发展一切生产力即物质生产力和精神生产力的主动轮”（马克思，1979a：173）。

设成为一个社会主义强国，关键在于实现科学技术的现代化”（周恩来，1984：412）。

不幸的是，改革开放之前，特别是在十年“文革”中，“四人帮”鼓吹“知识越多越反动”的谬论，知识分子被当作反动的社会力量，横遭凌辱和迫害，中国的科学技术和教育事业遭到非常严重的破坏，舆论界甚至大力批判所谓“唯生产力论”。在这种特殊的历史背景下，邓小平在1975年9月26日听取中国科学院工作汇报时仍然坚定地指出，“科学技术叫生产力，科技人员就是劳动者”（邓小平，1983：34）。为此，他还遭到猛烈的批判，他的论断被视为严重违背马克思主义的错误言论①。

改革开放前夕，针对历史上存在的轻视知识和知识分子的错误政策和观念的教训，邓小平在1977年特别指出，“一定要在党内造成一种空气：尊重知识，尊重人才。要反对不尊重知识分子的错误思想”（邓小平，1983：41）。在1978年的全国科学大会开幕式上的讲话中，邓小平重申了上述观点，即科学技术是生产力，知识分子是劳动者的重要组成部分，还具体说道，“现代科学技术正经历着一场伟大的革命。……同样数量的劳动力，在同样的劳动时间里，可以生产出比过去多几倍、几十倍、几百倍的产品。社会生产力有这样巨大的发展，劳动生产率有这样大幅度的提高，靠的是什么？最主要靠的是科学的力量，技术的力量”（邓小平，1983：84）。社会主义建设需要一大批科技人才，而“科学技术人才的培养，基础在教育”（邓小平，1983：95）。1988年9月5日，邓小平在会见捷克斯洛伐克总统胡萨克时第一次提出，“马克思说过，科学技术是生产力，事实证明这话讲得很对。依我看，科学技术是第一生产力”（邓小平，1993：274）。这是基于对当代世界发展趋势的观察、思考和分析后得出的一个重要结论，把对科学技术重要性的认识上升到了一个新的高度。之后，他还多次重申这一观点。例如，在1992年的南方谈话中，他说，“经济发展得快一点，必须依靠科技和教育。我说科学技术是第一生产力……高科技领域的一个突破，带来一批产业的发展。……要倡导科学，靠科学才有希望”（邓小平，1993：377－378）。

这是对马克思“社会的劳动生产力，首先是科学的力量”（马克思，46下：217）观点的直接发展，更是一个基于当代科学技术和经济发展的最新趋势而提出的科学命题，并

① 例如，郑凯《驳科学是生产力》（《红旗》1976年第9期）就是专门批判邓小平这一观点的代表。

不是适用于一切时代的命题（于光远，1991；魏宏森、肖广岭，1994，32－33）①。

二、“科教兴国”的理论基础

“科学技术是第一生产力”这一科学命题的提出，最终意图在于为中国“科教兴国”的战略提供理论依据。在现代世界，国家之间的竞争，归根结底是科学技术实力的竞争。科学技术水平是决定一国的综合实力，进而决定其国际地位的核心力量。

早在1978年的全国科学大会开幕式上的讲话中，邓小平就强调说，“四个现代化，关键是科学技术的现代化。没有现代科学技术，就不可能建设现代农业、现代工业、现代国防。没有科学技术的高速发展，也就不可能有国民经济的高速发展”（邓小平，1983：83）。1988年，又言“中国必须发展自己的高科技，在世界高科技领域占有一席之地。如果六十年代以来中国没有原子弹、氢弹，没有发射卫星，中国就不能叫有重要影响的大国，就没有现在这样的国际地位。这些东西反映一个民族文化能力，也是一个民族、一个国家兴旺发达的标志”（邓小平，1993：279）。在这里，邓小平明确地把“科学技术是第一生产力”的命题提升到了国家战略的高度。

是时，虽然中国改革开放已经10年，经济也获得了较快的增长，但是各种体制（包括科研、教育体制）还有待深入的改革，以解放和发展社会生产力。人们在不断思考国家和民族的前途问题。1987年党的十三大开始使用“中华民族伟大复兴”的命题。这种复兴自然离不开对科学技术和教育的重视。20世纪80年代，以信息技术、生物技术、新材料等为核心的新技术革命浪潮有力地影响着世界生产力的发展，深刻地改变着人类的创造力。发达国家纷纷出台科技发展计划，把这些领域列为国家发展战略的重要组成部分。1983年，美国提出“战略防御倡议”（星球大战计划）。1985年4月，西欧提出“尤里卡计划”。1985年10月，原经互会成员国提出《至2000年科学技术进步综合纲要》。中国

① 按照于光远的理解，“‘科学技术是第一生产力’是一个重要的科学命题……是一个现代的命题。它不适用于社会发展的一切时期是显而易见的。……如果‘科学技术是生产力’是十九世纪马克思提出的适合第一次产业革命后世界现实的概念，那么，‘科学技术是第一生产力’则是二十世纪下半期邓小平提出的适合于当代新的产业革命后世界现实的概念”（于光远，1991）。另：西方马克思主义学者哈贝马斯曾提出和讨论过这一命题（哈贝马斯，1999）。他把这一规律表述为科学→技术→生产。国内有学者注意到这一情况（景中强，2009；任日岂，1999）。也有研究者力图对邓小平和哈贝马斯在这一问题上的观点进行比较分析（汤德生、江丽，2009）。哈贝马斯在1968年发表的这一长文中提出科学技术是第一生产力的观点。按照他的解释，“科学研究与技术之间的相互依赖关系日益密切，这种相互关系使科学成了第一位的生产力”（1999：58）。又说“随着大规模的工业研究，科学、技术及其运用结成了一个体系。……于是，技术与科学便成了第一位的生产力”（1999：63）。他对科学技术是第一生产力的解释，是与科学技术是社会经济体系中的“一种独立变数”“一种独立的剩余价值来源”“一种意识形态”这三个命题结合在一起的，旨在对资本主义进行“社会批判”。我们可以不同意哈贝马斯的总体观点，但是，可以利用他的某些具体观点和表述来丰富邓小平在这一问题上的思想。与哈贝马斯不同，邓小平提出这一观点是基于中国的国情。对此，他有明确的表达：“科学技术是第一生产力。我们的根本问题就是要坚持社会主义的信念，发展生产力，改善人民生活……否则，不可能很好地坚持社会主义。”（邓小平，1993：274）

针对少数几个领域，于1986年启动《国家高技术研究发展计划》（俗称“863”计划），1988年提出“火炬计划”，重新吹响向高科技领域进军的号角。

“科学技术是第一生产力”的命题提出之后，社会各界出现了学习和解读这一命题的高潮，激烈讨论如何根据国情把科学技术转化为现实生产力的一系列复杂问题。这类讨论既有理论层面问题的争论，也包括实践层面的问题（《自然辩证法研究》编辑部，1991；《经济研究》编辑部，1991；乔占春，1992；吴向红、刘大椿，1992；何敬之，1994）。把经济建设转移到依靠科技进步和提高劳动者素质的轨道上来，成为全社会的共识。1995年5月6日颁布的《中共中央、国务院关于加速科学技术进步的决定》，明确指出“科学技术是第一生产力，是经济和社会发展的首要推动力量，是国家强盛的决定性因素”，首次提出在全国实施科教兴国的战略。在同年随后召开的全国科学技术大会上，江泽民指出，“科教兴国，是指全面落实科学技术是第一生产力的思想，坚持教育为本，把科技和教育摆在经济、社会发展的重要位置，增强国家的科技实力及实现生产力转化的能力，提高全民族的科技文化素质”（江泽民，2001：51）。因此，“科学技术是第一生产力”的命题是与尊重、重视科技研究和教育工作者的思想有机地结合在一起的，意在强调科技研究和教育工作者在发展社会生产力进程中的首要地位。

由此，中国拉开了“科教兴国”的广泛改革序幕。要实现“科教兴国”的目标，需要进行一系列的重大改革。一方面要改革科研和教育体制，激发科技和教育工作者的创新精神；另一方面要解决科技研究与经济发展之间的有机结合问题。这一战略提出之后，政府相继提出和实施“973计划”“攀登计划”、科技型中小企业技术创新基金等一系列科技发展方案。1999年的全国科技创新大会提出，进一步实施科技兴国战略，建设国家创新知识体系，加快科技成果转化为现实的生产力。2006年，全国科技大会提出要建设创新型国家，发布《国家中长期科学与技术发展规划纲要（2006—2020）》。胡锦涛在大会上强调，“科技竞争成为国际综合国力竞争的焦点。当今时代，谁在知识和科技创新方面占据优势，谁就能够在发展上掌握主动”。

在“科教兴国”战略实施的过程中，中国科学技术和教育事业获得了巨大的发展，经济发展的质量也得到持续的提高。

三、科学技术：一种相对独立的生产力形态

这是“科学技术是第一生产力”命题所强调的第一个重要观点。这是科学技术在现代

发展中逐渐呈现出来的发展规律[1]，也是对马克思“精神生产力”概念在理论上的发展，我们不妨称之为“知识生产力论”。

从生产力发展的历史来看，科学技术并非历来就是一种独立的生产力因素。它成为一种独立的生产力因素是生产力现代化的产物（罗宗，1991：52－54）。若要阐明其中所包含的生产力发展规律，我们必须学习邓小平同志的思考方式，即虽然也用“科学技术”这个组合词，但在具体的分析和表达过程中，要明确区分科学与技术这两个概念[2]。邓小平指出，“现代科学为生产技术的进步开辟道路，决定它的发展方向。许多新的生产工具，新的工艺，首先在科学实验室里被创造出来。一系列新兴的工业、半导体工业、宇航员工业、激光工业等，都是建立在新兴科学基础上的。当然，不论现在或许今后，还会有许多理论研究，暂时人们还看不到它的应用前景。但是，大量的历史事实已经说明：理论研究一旦获得重生突破，迟早会给生产和技术带来极其巨大的进步”（邓小平，1983：87）。

这种思想是对现代科学技术发展趋势的一种简明总结。特别是第三次产业革命以来，科学、技术与生产（经济）之间的关系发生了根本性的转变。

第一个重大趋势是，科学与技术之间的关系日益密切。而且，在这种关系中，科学越来越成为技术创新的先导，呈现出科学、技术超前于生产的发展趋势[3]，可表示为科学→技术→生产。

在第一次工业革命中，科学理论与技术之间的关系尚比较疏远，大多数重要的发明基本上是受商业前景的驱动，且这类发明创造主要是基于“干中学”所积累起来的经验知识，瓦特发明的蒸汽机也不例外（保尔·芒图，1991；卡洛·M. 奇波拉，1988）。第二次工业革命改变了这种情形。在这次革命中，科学研究与技术应用开始真正结合起来，逐渐发展成为一种相互反馈的密切关系。不过，研究开发仍然主要是基于商业利益的考虑，技术对科学的运用是以解决生产过程中的技术问题为导向的。

科学成为技术的先导，即用新的科学理论指导技术创新，并运用于生产过程，是第三

---

① 哈贝马斯曾提出和讨论过这一问题（哈贝马斯．作为意识形态的技术和科学[M]．北京：人文社科学林出版社，1999），把这一规律表述为科学—技术—生产。有国内学者注意到这一情况[景中强．论哈贝马斯对“科学技术是第一生产力”的独特理解[J]．兰州学刊，2009（1）]。也有研究者对邓小平和哈贝马斯在这一问题上的观点进行了比较分析{汤德生，江丽．科学技术是第一生产力：邓小平与哈贝马斯之比较[J]．湖北大学学报（哲学社会科学版），2009，36（3）；任日岂．哈宝贝马斯“科学技术是第一生产力”命题的评析[J]．哲学动态，1999（2）}。哈贝马斯提出这一观点的主旨在于对资本主义的“社会批判”。

② “科学技术”是一个复合概念。科学与技术既有区别又有内在的关系，是一个辩证的统一体，是先进生产力的重要标志。科学是反映事物规律的自然知识、社会知识和思维知识的理论体系；技术是科学在生产中的运用，表现为方法、经验、工艺和能力等。

③ 有研究者从科学革命、技术革命和产业革命三者之间的关系来研究这一问题，结论是：这三者的时间排序为S→T→I（魏宏森、肖广岭，1994：105－106）。

次产业革命以来才表现得非常明显的重大趋势。这在知识和技术密集型的高新技术产业中获得最突出的表现。例如，先有量子力学，后有激光、晶体管、电子计算机等重大技术创新；先有核物理学，后有核技术、核工程；等等。特别突出的一个重要事实是，没有基础性科学理论研究的重大突破，就不可能有技术的重大突破①。在这种意义上，如果说技术是科学的运用，那么，最重要的是科学，或者说科学发挥最重要的作用。这正是邓小平强调科学是技术之母的重要理由。自然地，这种趋势不是单向度的，还存在反向的运动：生产过程中涌现出的问题，对现有技术提出挑战，进而促进科学研究来解决这些问题，即生产→技术→科学。

因此，科学技术不仅仅是改造和渗透其他生产力要素的因素（虽然这是它们表现为生产力的重要形态），而且逐渐成为一种相对独立的力量。如果我们把科学技术仅仅视为一种渗透性的因素，那我们就是仅仅从物质生产力的角度看待问题。这种看待问题的方式难以解释如下类型的问题：例如，核能、新材料之类的新物质，当然离不开自然界提供的物质基础。但是，在这类新物质中，源于自然界的成分越来越少，其力量和质量却越来越高。这类事实也充分显示出科学技术作为一种相对独立的生产力形态的发展。

第二个重大趋势是，科学和技术研究从发现、发明到运用于生产过程（即转化为经济力量）的速度越来越快，科学、技术和生产一体化成为一种主流趋势。

这种趋势源于第二次产业革命后期出现的“科学工业”现象，并在第三次产业革命获得充分的展现。对推动第二次工业革命做出杰出贡献的西门子、克虏伯、爱迪生、贝尔等一批重要的人物都是集科学家、工程师身份于一身。这意味着“科学工业”时代的来临，其标志是企业自己组织研究开发部门，或与其他研究机构合作进行研究开发。作为“科学工业”时代的代表，最典型的是美国 AT&A 公司的贝尔实验室。它培养出了一批杰出的科学家，获得 8 项（13 人）诺贝尔奖。它也孕育了激光、晶体管、电子计算机、数字交换机、视频传递、通信卫星等一大批重大的技术突破。硅谷出现之前，贝尔实验室被称为美国知识分子的天堂，是世界上最具有创新力的科研机构。无数的企业家把自己的公司植根于这一实验室的基础性发明。乔恩·格特纳这样评论说：“在现代生活中，处处都有贝尔实验室科技贡献的痕迹。要找到一处没有显现任何贝尔实验室 DNA 的地方绝非易事，晶体管、激光、质量控制法和信息技术广泛运用于计算机、通信设备、医疗手术器具、工厂制造方法、数码摄像、国防武器等一系列的工业设备和工序当中，所涉及的领域太多，几

---

① 作为一个典型案例，我们可以援引量子力学理论与信息技术之间的关系。20 世纪初，物理学家曾激烈地争论是否存在量子力学这一理论，且这种争论在之后也没有消失。正是在这种争论中，量子力学的理论获得重大突破，被称为科学上的“量子革命”，成为信息技术领域一系列重大突破的理论基石。它孕育出的激光、半导体、核能、芯片等关键核心技术，推动了光通信、电子计算机、手机、互联网等改变人类文明进程的重大应用。

乎难以一一赘述”（乔恩·格特纳，2016：289）。

在第三次产业革命中，作为企业的重要组成部分，“科学工业”体制成为一种普遍的现象。这种体制使科学研究、技术开发与生产有机地结合为一体，成为科学和技术研究从发现、发明到运用于生产过程的加速器。就整个世界的情形而言，科学技术进步的成果物化为产品的速度，已经从18世纪的70年以上、19世纪的14—70年、20世纪上半叶的20年以下，缩短为20世纪50年代以来的10年以下（魏宏森、肖广岭，1994：117）。

第三个重大趋势是，科学与技术研究越来越发展成为一种相对独立的知识生产体系。

人类知识库存量的增长（即新知识的获得）来源于何处？在当代世界，它基本来源于科学技术研究和技术创新活动。

20世纪以来，这种知识的生产活动已经越来越制度化。在这种知识生产体系中，直接的组织者是以学会为代表的学术界，举办各种学术会议，提供交流研究进展、传播新知识的平台。生产者是以科研机构和大学为主体的部门，其成果主要以论文和著作的形式面世。出资者基本上是政府和企业。它们也是新技术的主要运用者。在这种知识生产体系中，还有一套鼓励科技研究和成果转化的知识产权制度安排。

如果我们对生产者进行进一步的分类，可分为纯粹科学研究者和应用科学研究者。这二者之间存在显著的区别。按照贝尔实验室的创始人约翰·卡悌（John J. Carty）的解释，这两种研究活动的区别不在于其研究的主题，而在于其研究的动机：应用科学研究者的动机是以某种具体的运用为问题导向，而纯粹的科学家则是出于哲学的目的，即发现真理，拓展人类知识的疆界。他强调说，纯粹的科学家是“人类文明进步的护航者”（约翰·卡悌，2016）。

我们强调现代生产力的上述发展趋势，强调科学技术作为一种相对独立形态的生产力的存在和发展，并不意味着现代社会生产力的发展是完全按照科学技术的内在逻辑来展开的。技术进步的方向在很大程度上取决于社会资本的投资方向。更何况科学技术研究并不是孤立进行的一种活动。它是建立在现有物质基础和社会条件下的知识生产，必然要受到现有的经济条件、政策和制度的选择等因素的影响。

四、科学技术：现代生产力要素及其组合质变的决定性因素

这是“科学技术是第一生产力”所强调的第二个重要观点。用江泽民的话来说，“科学技术人员是新的生产力的开拓者”（江泽民，1991）。

现代生产力是一种复杂的、存在不同层级的有机系统。若想清晰地阐述和证明科学技术在其中确切的角色，我们必须注意下述三个方面的问题。首先，要区分生产力的直接构成因素与影响生产力发挥的因素。顾名思义，生产力是人类征服、改造、保护自然的能

力，一种旨在改善和提高人类生活水平的生产能力。我们不能把构成生产力（productive powers，productive forces）的各种力量因素与生产要素（production factor）及其他影响生产力发挥的因素混为一谈。马克思明确指出，决定劳动生产力的因素包括劳动者技能的平均熟练程度、科学的发展水平和它在工艺上应用的程度、生产过程的社会结合、生产资料的规模和效能等（马克思，1972：53）。在这里，马克思不是简单地列举生产资料，而是特指“生产资料的规模和效能”。根据现代生产力的发展情形，我们可以增添一个重要的生产力构成因素，即管理。至于影响生产力发挥的因素则更为复杂，涉及不同层面的因素，包括经济学意义上的劳动、资本、土地等生产要素（即传统政治经济学用语中的劳动资料和劳动对象）、企业制度、国家政策等。它们本身并不直接构成生产力因素。若不对生产力因素和生产过程的生产要素这两大类因素做出明确的区分，对“科学技术是第一生产力”的解释和证明，就容易陷入认识上的误区①。其次，在构成生产力的诸种力量之中识别科学技术的确切位置和功能。最后，重视马克思所说的“生产过程的社会结合”这一决定生产力的因素。这一因素所强调的实质上是社会专业化分工和协作所形成的社会生产力。对“科学技术是第一生产力”的微观解读和证明，必须基于对上述三个问题的分析而做出综合性的判断。

第一是科学技术的进步必将直接改造其他生产力构成要素的质量和类型，从而形成新的社会生产力。

科学技术的进步，首先，通过教育和培训，拓展和更新劳动者的知识和技能，提高人力资本的质量；其次，通过物化为生产工具的质量改进或创造出新型的生产工具，提高生产能力；最后，改进生产工艺或发明新的工艺，提高生产效率。

如果进一步考虑管理对新的科学技术的运用，我们就会看到熊彼特意义的“创新”的力量，即生产要素的重新组合所产生的生产力。在这里，所谓“科学”要做广义的理解，包括为管理所提供的各种科学知识、方法和手段。

第二是科学技术的进步必将直接改进生产要素的质量，扩大劳动对象的类型，从而提高生产的效率。

科学技术的进步和运用，首先科学揭示自然物体的内部结构、性能与变化规律，并通过技术手段改变劳动对象的物理、化学或生物的属性，改进原有材料的质量或生产出新型

① 在讨论“科学技术是第一生产力”的文献中，把这两类因素混为一谈，是一种相对普遍的现象。最典型的说法是所谓“生产力三要素”论，认为生产力包括劳动者、劳动工具、劳动对象（例如，陶承德，1992：15）。在更细致分析的文献中，也存在这种混乱。例如，有学者把生产力因素分为实体性因素和非实体性因素（或称软体因素）。前者包括劳动者、劳动工具、劳动对象，后者包括科学技术、信息、管理等，并把科学技术视为非实体性的附着型因素（例如，罗宗，1991；王森洋、周林东，1994：25）。

的材料，从而提高产品的质量或发明新的产品。其次，通过改善经济体的基础设施（诸如交通、通信等），提高各种生产力因素和生产要素的效率。

第三是现代科学技术的重大进步会推动新产业的不断涌现，形成新的专业化分工与协作，从而提高社会生产力的合力。

这正是马克思论及劳动生产力的决定因素时强调的"生产过程的社会结合"，即分工与协作。分工与协作是一种生产的社会形式。在马克思看来，这也是一种社会生产力。这种"社会的生产力……既是科学的力量，又是在生产过程内部联合起来的社会力量"（中共中央党校哲学教研室，1991：91－92）。决定一个经济体中专业化分工和协作程度的两大因素，一是市场规模，二是科学技术的进步程度。在这两个因素中，科学技术进步是原动力，市场规模则是这种进步可能带来的社会分工细化得以实现的基础。这两大因素合力的结果，实质上也是熊彼特所说的"创造性破坏"过程的一个重要侧面：新产业的不断涌现与旧产业的衰退。以信息技术（IT）革命的软件产业为例：我国对软件产业的子行业分类从 1994 年的四类细化为 2011 年的十类。1994 年的四类是公共软件、基础软件、应用软件和其他软件服务，而 2011 年则细分为基础软件、支撑软件、应用软件、嵌入式软件、信息安全软件、计算机（应用）系统、工业软件和其他软件的开发与经营活动。

综上所述，在现代生产力的结构和系统中，科学与技术是最重要的因素。它们是现代生产力发展的加速器和乘数①。这种观点是否会削弱作为真正的行动者——人在生产力系统中的主体地位？不会的。邓小平早在 1978 年就解释说，"我们常说，人是生产力最活跃的因素。这里讲的人，是指有一定的科学知识、生产经验和劳动技能来使用生产工具、实现物质资料生产的人"（邓小平，1983：88）。

五、科学技术进步：现代经济增长的最重要源泉

这是"科学技术是第一生产力"所包含的第三个重要观点②。增长核算可以为它提供一种可量化的重要证明。这种核算是经济学把经济增长的贡献分摊在资本、劳动和广义技术进步这三大类要素的一种方法。它采用柯布—道格拉斯生产函数：

---

① 这是龚育之先生提出的一个非常有创意而且有影响力的观点，即生产力＝科学技术×（劳动者＋劳动资料＋劳动对象）。科学技术是一个乘子。科学技术的发展体现为这个乘子变大。在这种意义上，科学技术充当着"第一"的角色（龚育之，1991）。遗憾的是，在这里，他把劳动者、劳动资料、劳动对象视为所谓生产力的三个实物要素。

② 在"科学技术是第一生产力"命题的研究中，也有学者提及这一观点，并试图提供数据的证明。但是，我们对他们提供的数据存疑问。例如，魏宏森、肖广岭提供这类数据时是这样表述的：据世界有关组织统计和测算，本世纪（指 20 世纪）30 年代以前，技术进步对经济增长的贡献，只有 5%～20%，但到 50 年代以后这一贡献值则上升到 50%～80%，有些产业部门（如电子工业）则高达 90% 以上（魏宏森、肖广岭，1994：140）。作者既未说明这数据的具体出处，也没有说明是哪个世界组织和测算方法。其他文献也有类似的引用。

$$Y = AF(K^{\alpha}, L^{\beta}) \tag{1}$$

核算公式如下：

$$\Delta Y/Y = \alpha(\Delta K/K) + \beta(\Delta L/L) + \Delta A/A \tag{2}$$

其中，A 表示广义的技术进步，$\Delta A/A$ 表示技术进步速率。这种生产函数假定，对于一个给定的 A，函数中 K、L 的规模报酬不变。然而，如果技术进步被视为一种独立的投入，就会出现规模报酬递增。例如，增加两倍的资本、劳动和知识存量投入，就会得到多于两倍的产出。这种核算假设每种要素在市场上获得其边际产量，估算出两个参数值 α、β。例如，在美国，这两个参数值分别是 0.3 和 0.7。根据这两个数值计算出资本和劳动在总产值中的份额。超出这些份额的部分归之于 A，可以把它粗略地解释为是 A 带来的规模报酬递增收益。$\Delta A/A$ 被称为索洛余值，被视为代表全要素生产率，是对技术进步贡献的度量。

这里以美国增长核算为案例进行解释。表 1 所列的是 N. Gregory Mankiw 所进行的核算结果（N. Gregory Mankiw，2015：274）。

表 1　1948—2013 年美国的增长源泉

年份	产出增长 $\Delta Y/Y =$	资本 $\alpha\Delta K/K +$	劳动 $\beta\Delta L/L +$	全要素生产率 $\Delta A/A$
年平均增长率（%）				
1948—2013	3.5	1.3	1.0	1.2
1948—1972	4.1	1.3	0.9	1.8
1972—1995	3.3	1.4	1.4	0.5
1995—2013	2.9	1.1	0.6	1.1

在 1948—1972 年，在资本、劳动和技术进步这三个增长源泉中，技术进步对美国经济增长率的贡献最大。然而，1972—1995 年，技术进步的贡献却远小于资本和劳动的贡献。1995—2013 年，技术进步的贡献回升，与资本的贡献持平。

事实上，全要素生产率并不能完整地反映出科学与技术进步对经济增长的贡献。产出增长在多大程度上归因于全要素生产率的提高，以及在多大程度上归因于投入要素的增长，依赖于构造度量投入的方法，特别是劳动者人力资本的增进、物质资本质量的改进等因素的度量（弗朗切斯科·卡塞利，2016：722－724）。如果增长核算充分地考虑到伴随科学与技术进步而来的人力资本增进、物质资本质量改进这类因素，对 A 的解释涵盖这些因素的影响，那么，我们可以合理地断言，科学技术进步是美国经济增长的最重要源泉。丹尼森的增长核算结果可以证明这一点（Denison Edward，1962）。

当然，要准确地度量科学与技术进步的影响是困难的。例如，表 1 中，技术进步在

1995—2013 年的贡献与资本的贡献持平。这就有点让我们费解。因为这一时期正是美国信息技术革命带来的“新经济”兴盛的重大时刻。一种最可能的解释是：新经济的许多进步是无法通过生产率统计反映出来的。例如，互联网、电子邮件、软件、通信设备等带来的生产率被严重低估了。也就是说，全要素生产率还无法度量出信息技术腾飞所带来的生产力发展。在这里，我们感兴趣的还有一点，那就是技术进步对经济增长率的贡献会出现波动。表 1 已经表示出了这种波动。N. Gregory Mankiw 制作的图 1 具体地描述了美国在 1960—2010 年的这种波动情况（N. Gregory Mankiw，2015：277）。当然，我们不能把图中索洛余值下降甚至为负的情形解释为技术恶化，应理解为技术进步的速度下降。图 1 显示出这两个变量之间存在一种强相关关系，即同向波动。也就是说，技术进步对经济增长率的贡献会随着技术进步速度的变化而变化。

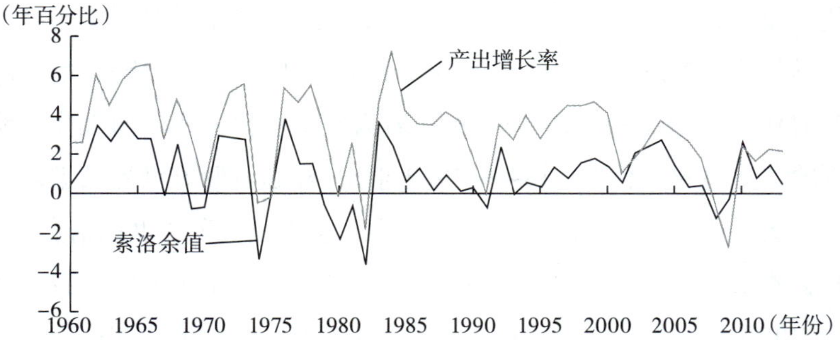

图 1　索洛余值与产出增长率的波动

虽然增长核算在计算上存在各种问题，且不可能充分反映“科学技术是第一生产力”这一命题的丰富内容，但是，以美国为案例的这类研究结果至少证明技术进步的速度与经济增长率的提高程度是存在内在关系的。总体而言，科技进步是经济增长的最重要源泉。要获得科学技术对增长率的促进作用，就必须不断推进技术创新。在这种意义上，计量经济学的研究结果为这一命题提供了强有力的科学证明。

六、科学技术：现代社会进步最重要的车轮

胡锦涛同志在 2006 年全国科学技术大会上中强调，“科学技术是第一生产力，是推动人类文明进步的革命力量……发轫于上个世纪中叶的新科技革命及其带来的科学技术的重大发现发明和广泛应用，推动世界范围内生产力、生产方式、生活方式和经济社会发展观发生了前所未有的深刻变革，也引起全球生产要素流动和产业转移加快，经济格局、利益格局和安全格局发生了前所未有的重大变化”（胡锦涛，2006）。这是“科学技术是第一生产力”命题所包含的第四个重要观点。

人类文明的发展是一个非常复杂的历史过程，涉及众多重要因素的相互作用。这些因

素包括生产力、生产方式、生产关系、生活方式等。但有一点是清晰的，那就是生产力的发展是人类社会历史发展的最终决定力量①。那么，科学与技术在这种力量中充当着什么角色呢？用恩格斯的话来说，那是“一种最高意义上的革命力量”②（恩格斯，1963：372）。人类学家莱斯利·怀特有一个著名的观点，把历史归纳为一个公式：$C = E \times T$，即文明（*Culture*）= 能量（*Energy*）× 技术（*Technology*）。对他所说的“能量”，我们不能简单地解释为像火、电之类的能源，而应理解为人类的能力。这样说来，科学与技术的进步至少对文明的发展起着加速器的作用。科学知识的进步不仅不断地拓展人类认识世界的空间，而且，以此为基础的技术创新不断增强人类改造世界的能力，推动社会生产力不断向前发展，进而改造人类的生产方式、生活方式、思维方式，乃至社会发展方式，从而改变人类文明发展的进程。

在近现代产业革命所带来的结果中，我们可以较为清晰地看到科学与技术进步的这种强大力量。科学与技术革命是推动产业革命和工业文明的核心力量③。第一次产业革命所开创的“蒸汽时代”（1760—1840 年），标志着人类从农耕文明走向工业文明。第二次产业革命所开创的“电气化时代”（1840—1950 年），标志着西方世界已进入成熟的工业化文明时代。第三次产业革命开始把人类带入“后工业化时代”（也称信息社会时代）。这种历史证明社会繁荣和文明依赖于科学与技术的进步。正是借助科学与技术的进步及其转化为物质生产力的生产过程，人类从根本上改变了自身的生活方式和社会面貌。

第三次产业革命究竟孕育着什么样的文明，人们有不同的说法，最流行的说法是“信息文明”。在这次产业革命中，最能清晰地体现科学技术的重大进步改变人类文明进程的，也许就是当下仍然在进行中的信息技术革命。信息储存和传输的能力是社会文明发展概念的一个基本组成部分（伊恩·莫里斯，2014：220）。数十万年来，人类的信息储存和传输曾经完全依赖于语言和记忆。20 世纪末 21 世纪初以来腾飞的全新形式的信息技术正在对人类社会的各个方面产生深刻的影响，从根本上改变着人类的生产方式、生活方式和思想意识，对人类社会的各个方面产生了深刻的影响。这种信息技术的创新（包括计算机硬件、软件、互联网、通信手段等的不断更新）所带来的惊人变化，渗透到了社会经济领域的每个角落。计算机、智能手机和互联网结合在一起，构成了社会经济的神经系统。它们被用于航空定价和订单系统，浏览各商场的商品价格和数量，调度电力、兑付支票、催缴

① 对此，马克思有非常明确的结论，即“随着新生产力的获得，人们改变自己的生产方式，随着生产方式即保证自己生活的方式的改变，人们也就会改变自己的一切社会关系”（马克思，1958：144）。又言“物质生活的生产方式制约着整个社会生活、政治生活和精神生活的过程”（马克思，1977：82）。

② 恩格斯在《马克思墓前悼词草稿》中的原话是：“他把科学首先看成是历史的有力的杠杆，看成是最高意义上的革命力量。”

③ 当然，驱动工业文明的因素也是复杂的，涉及众多因素的相互作用（参阅余东华，2021）。

赋税等，正在从根本上改变着人们购物、支付、交流等生活方式、工作方式和行为习惯，改变着企业的生产方式和经营理念，也改变着政府管理社会的方式。

科学技术进步本身是中性的。但是，它们的运用及其产生的影响并不都是良性的（王永昌，2017）。人类文明形态的进程依次是部落文明、农耕文明、工业文明。目前，工业文明仍然占据主导地位，但是，信息技术革命所可能带来的新文明形态正在展现出其曙光。如何应对信息技术革命带来的全方位挑战，是世界各国面临的一个时代课题。

参考文献

[1]《经济研究》编辑部.“科学技术是第一生产力——本刊和《数量经济与技术经济研究》编辑部召开的座谈会上的发文(摘要)[J]. 经济研究,1991.

[2]《自然辩证法研究》编辑部.“科学技术是第一生产力”讨论会会议纪要[J]. 自然辩证法研究,1991(8).

[3]E. 赫尔普曼. 经济增长的秘密[M]. 王世华,吴筱,译. 北京:中国人民大学出版社,2007.

[4]N. 格里高利·曼昆. 宏观经济学[M]. 张帆,梁晓钟,译. 北京:中国人民大学出版社,2005.

[5]保尔·芒图. 十八世纪产业革命[M]. 杨人楩,陈希秦,吴绪,译. 北京:商务印书馆,1991.

[6]保罗·萨缪尔森,威廉·诺德豪斯. 经济学[M]. 萧琛,主译. 北京:商务印书馆,2013.

[7]陈玉和. 信息技术的历史演变及对社会经济发展的影响研究[J]. 未来与发展,2014(1).

[8]邓小平. 邓小平文选(第2卷)[M]. 北京:人民出版社,1983.

[9]邓小平. 科学技术是第一生产力[M]//邓小平文选(第3卷). 北京:人民出版社,1993.

[10]恩格斯. 在马克思墓前的讲话[M]//马克思恩格斯选集(第3卷). 北京:人民出版社,1997.

[11]恩格斯. 马克思墓前悼词草稿[M]//马克思恩格斯全集(第19卷). 北京:人民出版社,1963.

[12]胡锦涛. 坚持走中国特色自立创新道路 为建设创新型国家而努力奋斗[N]. 光明日报,2006-01-11.

[13]龚育之. 关于科学技术是第一生产力的几点理论思考[J]. 经济管理,1991(10).

[14]哈贝马斯. 作为意识形态的技术与科学[M]. 李黎,郭官义,译. 上海:学林出版社,1999.

[15]何敬之. 走出传统生产力要素理论观点的理论误区——兼谈正确理解科学技术是第一生产力[J]. 生产力研究,1994(1).

[16]江泽民. 江泽民在中国科协第四次全国代表大会上的讲话[N]. 人民日报,1991-05-24.

[17]江泽民. 论科学技术[M]. 北京:中央文献出版社,2001.

[18]景中强. 论哈贝马斯对"科学技术是第一生产力"的独特理解[J]. 兰州学刊,2009(1).

[19]卡洛·M. 奇波拉. 欧洲经济史(第三卷):工业革命[M]. 徐璇,译. 北京:商务印书馆,1988.

[20]弗朗切斯科·卡塞利. 增长核算[M]//新帕尔格雷夫经济学大辞典(第3卷). 北京:经济学科出版社,2016.

[21]李京文. 人类文明的原动力:科技进步与经济发展[M]. 西安:陕西人民教育出版社,1997.

[22]罗宗."科技是第一生产力"的"人的因素第一"观点的发展[N]. 光明日报,1991-08-18;收编在中共中央党校图书资料中心. 论科学技术是第一生产力[M]. 天津:南开大学出版社,1992.

[23]马克思. 资本论[M]//马克思恩格斯全集(第23卷). 北京:人民出版社,1972.

[24]马克思.《政治经济学批判》序言[M]//马克思恩格斯选集(第2卷). 北京:人民出版社,1977.

[25]马克思. 哲学的贫困[M]//马克思恩格斯全集(第4卷). 北京:人民出版社,1958.

[26]马克思. 政治经济学批判(1857—1858年草稿)[M]//马克思恩格斯全集(第46卷下). 北京:人民出版社,1979a.

[27]马克思. 经济学手稿(1861—1863年)[M]//马克思恩格斯全集(第47卷). 北京:人民出版社,1979b.

[28]马克思. 经济学手稿(1861—1863)[M]//马克思恩格斯全集(第48卷). 北京:人民出版社,1985.

[29]乔恩·格特纳. 贝尔实验室与美国革新大时代[M]. 王勇,译. 北京:中信出版社,2016.

[30]乔占春. 关于科学技术是第一生产力问题的讨论综述[J]. 哲学研究,1992(1).

[31]任日岂．哈贝马斯“科学技术是第一生产力”命题的评析[J]．哲学动态，1999(2)．

[32]汤德生，江丽．科学技术是第一生产力：邓小平与哈贝马斯之比较[J]．湖北大学学报(哲学社会科学版)，2009(3)．

[33]陶承德．科学技术是第一生产力[M]．北京：中国经济出版社，1992．

[34]王淼洋，周林东．科学技术是第一生产力：新科技革命与唯物史观的新发展[M]．上海：上海人民出版社，1994．

[35]王永昌．工业文明的进步与代价——兼论历史进步的代价观[J]．观察与思考，2017(7)．

[36]魏宏森，肖广岭．科学技术是第一生产力概论[M]．北京：中国经济出版社，1994．

[37]吴向红，刘大椿．科学技术是第一生产力研究状况综述[J]．教学与研究，1992(2)．

[38]项武生．“科学技术是第一生产力”的含义及理论依据[J]．理论探讨，1992(2)．

[39]伊恩·莫里斯．文明的度量——社会发展如何决定国家命运[M]．李阳，译．北京：中信出版社，2014．

[40]于光远．我对“科学技术是第一生产力”的理解[J]．自然辩证法研究，1991(8)．

[41]余东华．工业革命的驱动因素：对人类工业文明演化的多维思考[J]．天津社会科学，2021(7)．

[42]约翰·卡悌．纯科学与工业研究的关系[M]//饶毅．知识分子，2016．

[43]郑必坚，龚育之，杨春贵，李君如．邓小平理论基本问题[M]．北京：中共中央党校出版社，2001．

[44]中共中央党校哲学教研室．马克思主义经典作家论科学技术与生产力[M]．北京：中共中央党校出版社，1991．

[45]周恩来．周恩来选集(下卷)[M]．北京：人民出版社，1984．

[46]Denison Edward. The sources of economic growth in the United States and the alternatives Before Us[M]. New York: Committee for Economic Development, 1962.

[47]N Gregory Mankiw. Macroeconomics[J]. Worth Publishers, 2015.

数字技术助力我国技术赶超：理论逻辑与政策取向[①]

贾利军[②] 陈恒烜[③]

摘 要：历史上的每一次科技创新和产业变革都为一国实现赶超提供了机会窗口。而一个完备的机会窗口存在两个不可分割的维度，即与技术动态性相关的技术窗口，以及与政策动态性相关的政策窗口，两者协同发力促成新技术与新政策范式的正反馈是国家实现跨越式发展的关键，从历史上看，19 世纪的美国正是抓住了当时完备的机会窗口实现了技术赶超和跨越式发展。当前以数字技术为基础的数字经济在为我国经济增长提供新动能的同时，更为我国实现技术赶超提供了重要的机会窗口。而要放大这个机会窗口推动效应的关键是要实现技术体系与政策体系的协同演变，这就要求我们必须在新发展理念的指导下，将数字技术与产业政策视为一个整体纳入构建新发展格局的路径之中加以考量，通过数字经济的发展为助力构建新发展格局从而最终实现技术赶超提供切实可行的政策手段。

关键词：数字技术；机会窗口；政策范式；技术赶超

一、问题的提出

技术变革作为社会生产力快速发展的催化剂，是人类物质生产活动得以长久进行的基本条件。当前，随着大数据、云计算、人工智能等数字技术的发展，数字经济正成为引领全球新经济蓬勃兴起的“爆发点”，为世界各国经济发展提供了新机遇，发达国家纷纷制定创新发展战略，以稳固其竞争优势，巴西、印度等发展中国家也尝试利用这个关键的技术机会窗口使数字技术深度赋能实体经济，并大力发展新技术、打造新产业，推动国内国际双循环来摆脱全球价值链的低端锁定，实现技术赶超。为应对当前新一轮的数字科技革

① 本文首发于《政治经济学评论》2021 年第 6 期。

② 贾利军，北京理工大学人文与社会科学学院教授。

③ 陈恒烜，北京理工大学人文与社会科学学院博士研究生。

命和产业变革，在新冠疫情冲击与国际局部逆全球化趋势的影响下，我国提出了构建新发展格局的重要战略任务。数字经济作为新型经济形态，通过数字技术对传统产业进行全方位、全角度、全链条赋能，释放数字技术对经济发展的放大、叠加、倍增作用，驱动国内循环大市场释放内需潜力，协调推进国内高质量发展和高水平对外开放，促进国内国际双循环，助力构建新发展格局，实现技术赶超，这是个非常难得的重要机会窗口。习近平总书记深刻指出："我们要抓住这个重大机遇，推动新兴市场国家和发展中国家实现跨越式发展。"[①] 实现跨越式发展有赖于新技术体系与政策体系的协同演变，对于我国而言，这就要求将数字技术与产业政策视为一个整体纳入新发展格局的实现路径之中，系统探讨数字技术革命为我国带来的重要新机会窗口，这里包含：一是要从理论层面重新认识机会窗口存在的双重维度，分析技术窗口与政策窗口是如何协同演变与发力的；二是要从历史层面考察发达国家是如何抓住机会窗口实现技术赶超的；三是从现实出发分析数字技术助力我国实现技术赶超的实现路径是什么。

二、新技术的产生为一国带来重要的机会窗口

纵观资本主义产生以来的世界经济发展史，可以看到一国经济崛起的前提是机会窗口的存在，这种窗口一般被认为针对的是技术，即技术赶超的窗口，其理论渊源可以追溯至熊彼特及李斯特传统。事实上，机会窗口还存在另一维度，即与技术窗口并行的政策窗口，这一概念蕴含在发展型国家论与历史制度主义的文献中，它表明了一国抓住机会窗口的关键就在于要有与技术发展的不同阶段相协同的政策变迁，进一步讲就是"要有好的产业政策能真正作用于现实"，这一隐含维度是全面理解机会窗口概念内涵的出发点，也是理解一国利用新技术革命实现技术赶超的理论逻辑的原点。

（一）双重机会窗口是发展中国家实现跨越式发展的最佳时机

依照卡洛塔·佩蕾斯的观点，发展中国家实现跨越式发展需要抓住机会窗口，它是由核心国家（core countries）每半个世纪就发生一次的技术革命开启的[②]。在此过程中，存在两种机会窗口，一种是成熟技术的机会窗口Ⅰ，另一种是新技术的机会窗口Ⅱ（见图1）。前者存在于技术革命浪潮的成熟阶段，发展中国家可以凭借自身在生产要素成本上的比较优势，引进和采用源自发达国家的成熟技术，提升经济发展水平。第二种机会窗口存在于技

① 习近平．顺应时代潮流，实现共同发展——在金砖国家工商论坛上的讲话[EB/OL]．2018－07－25. https://baijiahao.baidu.com/s? id＝1607003589288395616&wfr＝spider&for＝pc.

② 埃里克·S. 赖纳特．穷国的国富论：演化发展经济学论文选（下卷）[M]．贾根良，等，译．北京：高等教育出版社，2007：178.

术革命的导入阶段，在此阶段，新技术尚处于萌芽阶段，进入壁垒较低，如果发展中国家能率先采用新范式，就有可能实现跨越式发展，进入发达国家之列。两种机会窗口并非彼此独立，由于第一种机会窗口的成熟技术趋于报酬递减，市场以及利润空间较小，无法使发展中国家由技术的追赶者成为主导者，因而要想实现技术赶超，需要借助第二种机会窗口的新技术范式，打造新兴产业，并以此带动传统行业的自我更新。佩蕾斯对此认为，范式转变时期两种机会窗口会同时打开，形成双重机会窗口①（见图1）。此时新的通用技术和组织原理向传统产业扩散，并带动后者的技术升级，从而使整个产业部门获得持续的创新潜力。对于发展中国家而言，双重机会窗口的存在被认为是实现跨越式发展的最佳时机。

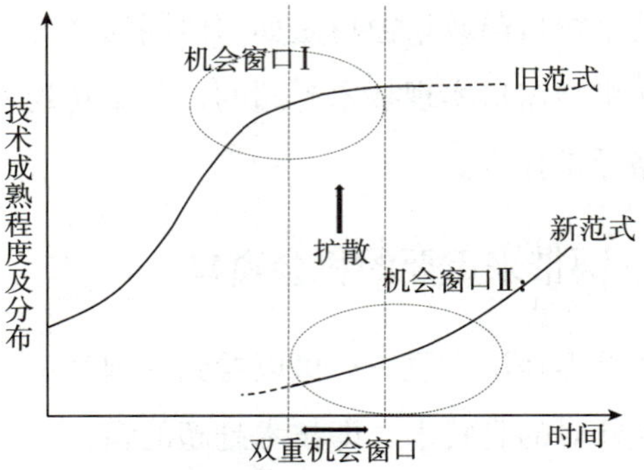

图1　发展中国家实现跨越式发展的机会窗口

然而无论哪种性质的机会窗口都与技术的动态性相关，换言之，机会窗口的出现被认为源自于技术轨迹自身的变化，它是技术范式演化的自然结果，因而在概念上，“机会窗口”指向的是“技术的机会窗口”。但佩蕾斯随之指出，对于发展中国家而言，机会窗口是一个移动的目标，“发展就是学会玩这个经常移动和变化的游戏”②。这意味着除了认清“游戏规则”之外，如何“玩好这个游戏”亦是重要问题。发展中国家既然在追求移动的目标，那么政策作为对这种目标的回应，本身也具有动态性。面对同样的机会窗口，“一些国家已经大踏步地前进了，而其他国家只取得了微小的进步或者停滞不前；一些国家保持了已获得的地位，而其他国家则远远地落后了。导致这些后退的部分原因就在于一些国家仍坚持那些已经不再有效的政策”。③ 可见，技术赶超不是市场自发的过程，而是需要

① 埃里克·S. 赖纳特. 穷国的国富论：演化发展经济学论文选（下卷）[M]. 贾根良，等，译. 北京：高等教育出版社，2007：191.

② 埃里克·S. 赖纳特. 穷国的国富论：演化发展经济学论文选（下卷）[M]. 贾根良，等，译. 北京：高等教育出版社，2007：190－191.

③ 埃里克·S. 赖纳特. 穷国的国富论：演化发展经济学论文选（下卷）[M]. 贾根良，等，译. 北京：高等教育出版社，2007：198.

公共部门的参与，并且后者在一定程度上影响了技术发展的结果。

（二）面对机会窗口国家将如何发挥作用来实现技术赶超

"历史发展有其规律，但人在其中不是完全消极被动的。"[①] 因而不能仅仅等待机会窗口的到来，还要有能力积极推动政策发生与技术相一致的调整，而具备这种能力的主体是国家，也就是说，国家在技术赶超中发挥了重要作用，李斯特及新李斯特主义经济学家们对此有重要的论述。李斯特以国家作为理论分析的基础[②]，他的生产力理论实质就是国家生产力理论。在此基础上李斯特提出了国民经济的五阶段发展论[③]，不仅将国家生产力（主要是工业）视为一个动态的发展过程，还分析了在不同阶段政府应采取的政策手段。赖纳特（2007）[④]、贾根良（2015）[⑤] 等进一步指出，后发国家实现经济赶超的关键是转向高附加值的经济活动，这种转变不是自发产生的，需要政府采取一定的保护性措施。事实上，无论是依据熊彼特传统还是李斯特传统，抓住机会窗口实现技术赶超的隐含条件是：产业政策能够根据技术进步的不同阶段做出相应调整。从这个意义上讲，机会窗口不仅涉及技术发展问题，也关涉政策变迁问题。既然赶超意味着一个以国家为单位的动态的发展过程，需要发展战略、政策随着技术的演化而调整，那么这种调整是如何发生的呢？

对此，发展型国家论与历史制度主义的相关文献提供了重要的理论启示。发展型国家论认为，发展意愿是政府启动产业政策的前提（宋磊，2016）[⑥]，落后国家走上工业化道路时需要采用与先进国家不同的意识形态，其中，理念的转变是启动工业化的前提条件（格申克龙，1962）[⑦]。理念一方面能够推动政策创新（罗德里克，2014）[⑧]，另一方面规定产业政策的形态和效果（丹尼尔，1989）[⑨]。宋磊（2016）指出，李斯特主义、发展型国家论、后发优势理论都将产业政策视为由理念决定的因变量。这类观点某种程度上在制度

① 习近平．论中国共产党历史[M]．北京：中央文献出版社，2021：214.

② 弗里德里希·李斯特．政治经济学的国民体系[M]．陈万煦，译．北京：商务印书馆，1961：7.

③ 弗里德里希·李斯特．政治经济学的国民体系[M]．陈万煦，译．北京：商务印书馆，1961：155.

④ 埃里克·S. 赖纳特．穷国的国富论：演化发展经济学论文选（下卷）[M]．贾根良，等，译．北京：高等教育出版社，2007：26.

⑤ 贾根良，等．新李斯特经济学在中国[M]．北京：中国人民大学出版社，2015：216－217.

⑥ 宋磊．被忽视的政治逻辑和管理实践——对林毅夫、张维迎之争的再反思[J]．文化纵横，2016(6).

⑦ Gerschenkron, Alexander. Economic backwardness in historical perspective: A book of essays[M]. Cambridge MA: The Belknap Press of Harvard University Press, 1962: 24.

⑧ Rodrik, Dani. When ideas Trump interests: Preferences, worldviews, and policy Innovation[J]. Journal of Economic Perspectives, 2014: 190.

⑨ Daniel Okimoto. Between MITI and the market: Japanese industrial policy for high technology[M]. Stanford: Stanford University Press, 1989.

主义那里得到了呼应，尤其是将理念作为解释变量纳入其分析框架的历史制度主义①。彼得·霍尔（Peter A. Hall）通过考察欧洲经济发展史发现，不断更新的理念对发达国家的经济政策和制度产生了决定性影响②。决策层面的理念通常会为每一种战略的提出、政策创新和制度发展提供理论基础和主要动力，理念是政策的最终依据，政策则是理念的实现手段。对此，霍尔提出了“政策范式”的概念，它实际上是支配着政策的理念框架，由三个缺一不可的层级组成：基本理念、政策目标、政策手段。政策范式直接将意识形态或者经济思想代表的“目的—手段”之间的关系等认知因素与产业政策和制度发展的实践联系在了一起。③

一方面，政策范式存在路径依赖。W. 巴兰·阿瑟等利用路径依赖的分析方法指出技术与经济之间的正反馈机制使得二者的演化存在难以摆脱的“闭锁”（lock - in）效应。④类似的情形也发生在政策领域。制定政策是一个用人们在思想理论模式中浓缩、沉淀下来的历史、传统、态度和信念构成的过程（Howlett，2003）⑤，意味着理念对整个政策过程的影响通常是潜在而持久的。历史上低效率的经济政策长期存在的根源是政策理念没有发生实质变化。首先，决策层根深蒂固的价值观能够使特定政策理念占据主导地位，而由此引出的低效率的政策手段不足以改变政策理念的支配性。其次，虽然决策层认识到政策偏离了现实经济发展，却无法找到更好的替代性理念，因而只能维持原状。最后，缺乏有效传播渠道来使产业发展的利益诉求引发决策界的关注也是政策范式存在路径依赖的重要原因。⑥

另一方面，存在特殊的机会窗口来打破政策范式的路径依赖。这种窗口的出现具有一定的外部性与偶然性，可能率先在某一时间点上由政治、外交等一些关键性事件所开启。金顿（2014）将这样的时间点称为“政策之窗”，这些窗口是由紧迫的问题或是政治源流中的关键事件“打开”的⑦，唯有在技术环境演变的关键时期开启政策窗口，才能发挥政策的最佳效力。具体而言，一次危机能够使现有政策以及与之相关的理念遭受质疑⑧，由

---

① Stephen Bell. Do we really need a new “constructivist institutionalism” to explain institutional change[J]. British Journal of Political Science, 2011, 41(4): 883 - 906.

② Peter, Hall. Governing the economy: The politics of state intervention in Britain and France[J]. American Political Science Review, 1988: 82.

③ 高柏. 中国经济发展模式转型与经济社会学制度学派[J]. 社会学研究, 2008(4).

④ Arthur W B. Competing technologies, increasing returns, and lock - in by history events[J]. The Economic Journal, 1989: 99.

⑤ Michael Howlett, Ramesh M. Study policy: Policy cycles and policy subsystems[M]. Canada: Oxford University Press Cannada, 2003.

⑥ 赵德余. 主流观念与政策变迁的政治经济学[M]. 上海: 复旦大学出版社, 2008: 342.

⑦ Perry J, Kingdon J W. Agendas, alternatives, and public policies[J]. Journal of Policy Analysis and Management, 1985, 4(4): 621.

⑧ John Zysman. How institutions create historically rooted trajectories of growth[J]. Industrial and Corporate Chang, 1994: 259.

于它不能有效解决现实问题，因而以该理念为核心的政策范式就会被弱化。此时，一旦替代性理念行之有效，便会挑战旧范式的权威性与合理性，进而带来激进的政策革命[①]。新政策理念将被政治精英接受[②]，这些决策者围绕其制定具体政策措施，最终促成了新政策范式。[③] 历史上，许多国家发展路径的变化与政策理念的变迁息息相关。英国、美国、日本、德国等大国从欠发达崛起为发达经济体的历史经验表明，它们均选择了以发展民族工业、保护国内市场为特征的带有保护主义色彩的政策理念，这与亚当·斯密的自由贸易理念形成了鲜明的反差。譬如，在整个 17 世纪，英国通过对其制造业采取一系列保护主义措施实现了对领先者荷兰的经济赶超；19 世纪的后发国家——美国和德国采取保护主义政策，培育并发展了国内工业体系，从而成功超越英国成为世界第一和第二工业化大国；20 世纪的日本、韩国等国家采取同样的政策理念对其幼稚产业及其国内市场实施保护，从而实现了跨越式发展。可见，选择正确的政策理念对于一国由低水平迈向高水平的经济活动、实现富国裕民而言发挥着至关重要甚至是决定性的作用。

（三）技术窗口与政策窗口的协同演变是国家实现技术赶超的关键

新技术带来的机会窗口往往具有双重维度：一是关于技术变迁的机会窗口；二是关于政策变迁的机会窗口。一个完备的机会窗口实质上是由技术窗口和政策窗口共同组成的。对于发展中国家而言，赶超意味着率先通过新技术范式实现跨越式发展，首要前提是技术窗口的出现为技术发展摆脱路径依赖提供机遇。同时，赶超作为一种国家行为，而技术的跳跃式发展要求政策范式发生对应的转换，由于后者同技术一样也存在路径依赖，所以成功的赶超存在触发政策范式变迁的机制，这便是政策窗口，它是由突发的重大关键事件所开启的。如图 2 所示，同技术轨迹的不连续性类似，政策的演化也存在间断点，这种间断点对应着政策窗口。由于忽视政策窗口，机会窗口往往被直接等同于技术窗口，在这一视角中，后发国家的经济赶超带有某种程度的“技术决定论”，即技术范式的自发扩散会推动政策范式的变迁，这种事后解释缺乏对这一过程中政策范式的演化机制的深入探讨。然而，正如新李斯特主义以及发展型国家论所述，技术的跨越式发展不是一个市场自发的过程，既然技术赶超本质上作为一种国家行为，如果缺少合适的政策理念来启动赶超的进程，那么机会窗口对于后发国家来说便是“可望而不可即”的。这就是为什么，在面对几

---

① John Hogan, Michael Howlett, et al. , Policy paradigms in theory and practice—discourses, ideas and anomalies in public policy dynamics. Part III. New York: Palgrave Macmillan Press, 2015: 167.

② John Hogan, David Doyle. The importance of ideas: An a priori critical juncture framework[J]. Canadian Journal of Political Science, 2007: 883 – 910.

③ Meijerink S. Understanding policy stability and change[J]. Journal of European Public Policy, 2005, 12(6): 1060 – 1077.

乎相同的关键历史事件时，有的国家能够通过政策范式的变革抓住技术窗口从而走上经济腾飞之路，而有的国家始终坚持错误的产业政策，锁定于贫困之中。

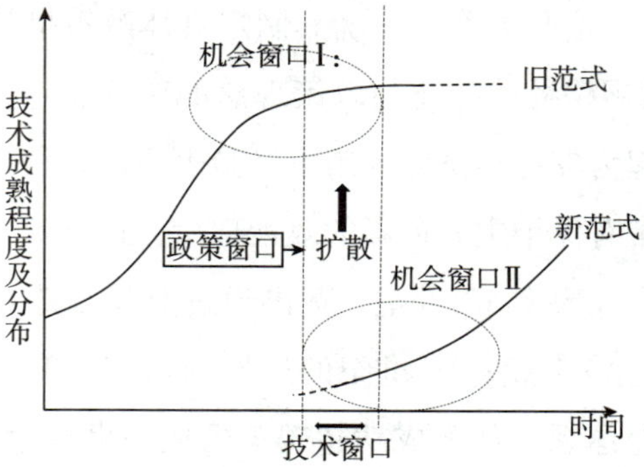

图 2 发展中国家实现跨越式发展的技术窗口与政策窗口

如图 3 所示，一个国家的技术赶超是一种利用新技术范式实现跨越式发展的国家行为，一方面新技术革命为其提供了技术窗口，另一方面由关键事件打开的政策窗口为政策范式的转变提供了契机，后者将使新技术范式真正实现其在本国的扩散，从而完成跨越式发展。

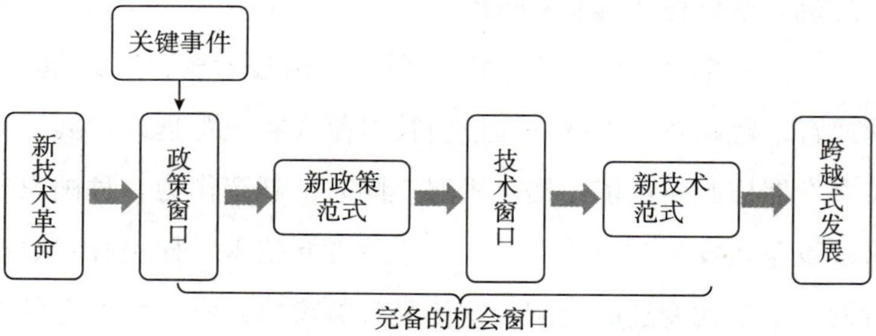

图 3 技术与政策窗口的协同演变

三、19 世纪的美国如何抓住机会窗口实现技术赶超

历史上成功的赶超者如何借助机会窗口让“好”的政策主导技术与产业的发展，从而实现技术赶超与经济崛起？回答这一问题需要我们将目光转向经济史，这种转向意味着现实中的经济政策并不完全是理性设计的产物，而是历史演化的结果。

（一）美国借助两次机会窗口实现技术赶超的历史过程

19 世纪初，美国面临的处境是当时的技术领先国对其进行技术与贸易封锁，企图保持领先地位。然而 19 世纪中后期美国一跃而起，产业迅猛发展，技术水平独步全球。从时间跨度上看，19 世纪初期至 20 年代是以棉纺织、水力机械为代表的第一次技术革命浪潮的成熟阶段；20 年代后期至 70 年代是以蒸汽机、铁路为代表的第二次技术革命浪潮。[1] 在这两次技术革命中，英国均是掌握先进技术的核心国家。美国虽然并不是重大技术创新的发源地，但却最为有效地吸收和应用了这些技术进步。随后，在 19 世纪 70 年代开始的以钢铁和电力为代表的第三次技术革命中，美国则成功对英国实现了技术赶超，取代后者成为核心国家，并从此确立了在全球经济中的领先地位。如图 4 所示，在整个 19 世纪美国先后经历了两个由技术间断点开启的技术窗口：20 年代的第一次与第二次技术革命浪潮的交汇和 70 年代的第二次与第三次技术革命浪潮的交汇。

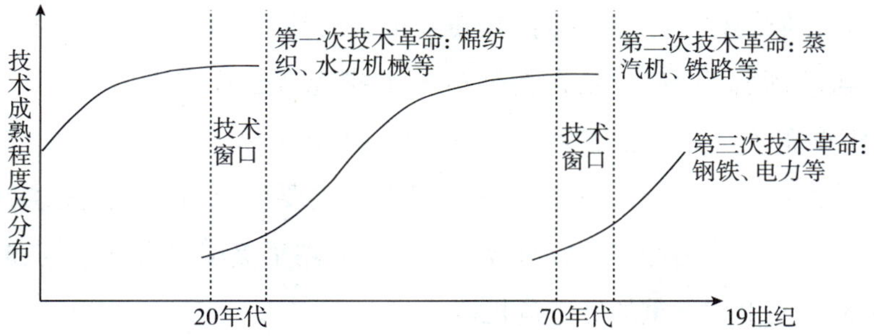

图 4　19 世纪的美国面对的技术窗口

前两次技术革命浪潮的新旧更替主要发生于 19 世纪 20 年代，早在技术窗口开启之前，美国的产业政策在长时间的争论中发生了第一次范式转换。1789 年新联邦政府正式成立，当时大多数国会议员认为美国的繁荣取决于健全的经济政策，但他们在政府的职能边界问题上存在严重分歧。大多数人采取了放任的态度，认为政府应该在经济中扮演最小的角色。比如托马斯·杰斐逊认为，国家的自由和繁荣依赖于自耕农和分散的政府权力。只有少数人赞同亚历山大·汉密尔顿的观点，认为政府能够而且应该帮助国家的经济发展，工业化政策以及有为政府分别是创造和保护财富的最佳手段，因此不同的理念引发了对新政府所提出的每一个问题的辩论。[2] 在这段时期，亚当·斯密的自由贸易原则得到了大多数领导人（比如本杰明·富兰克、托马斯·杰斐逊以及詹姆斯·麦迪逊等）[3] 的支持。与此同时，以汉密尔顿为代表的反对力量则认为自由贸易与产业发展自相矛盾，美国应该借助贸易保护手段发展自己的制造业和商业，并带动农业实现均衡发展。1791 年，汉密尔顿向国会提交了《关于制造业的报告》，强调促进制造业的发展符合美国的利益，联邦政府应帮助企业建立国际竞争优势，走保护主义的发展道路。然而国会否决了汉密尔顿提出的

---

① 卡洛塔·佩蕾斯. 技术革命与金融资本：泡沫与黄金时代的动力学[M]. 田方萌，等，译. 北京：中国人民大学出版社，2007：63.

② William R Nester. A short history of american industrial policies[M]. New York：ST Martin's Press, 1998：90.

③ 道格拉斯·欧文. 贸易的冲突：美国贸易政策 200 年[M]. 余江，刁琳琳，陆殷莉，译. 北京：中信出版社，2019：65－67.

发展国民经济的综合性的产业政策。其中，麦迪逊和杰斐逊对这些政策提出了强烈的反对，他们均认为《关于制造业的报告》违背了美国宪法中的自由、公正原则。

1791 年 11 月，美国军队在西印度群岛战败，国会面临军费开支的压力，因而急需财政资金的支持。汉密尔顿借此机会建议提高进口关税来增加财政收入，甚至永久性上调若干产品的关税。就这样，通过把军事拨款同关税挂钩，汉密尔顿得以说服了很大一批反对派。[①] 与此同时，随着英国对美国的贸易制裁越发严重，因而此前提倡自由贸易的杰斐逊等倾向于考虑比汉密尔顿的关税政策更激进的反制措施。以杰斐逊为代表的共和党厌恶英国的重商主义政策，他们相信除非国家能获得经济上的独立，政治独立就不能完全实现，因此要从贸易上与英国脱钩。[②] 于是在托马斯·杰斐逊当选总统之后，美国国会先后于 1807 年和 1809 年颁布了《禁运法案》[③]（*Em - bargo Act*）和《断交法案》（*Non - Intercourse Law*），企图通过中止美国的进出口使英国丧失重要的原材料供给来源和制成品市场。上述政策不仅没有对英国经济造成有效打击，还暴露了美国对海外市场和海外制造业的过度依赖，使国内发生了严重的经济危机。

禁运战略的失败最终导致了 1812 年英美战争的爆发。[④] 这场战争极大地改变了政策走向，虽然亚历山大·汉密尔顿在《关于制造业的报告》中对保护关税作了经典式的说明，但强大的保护关税的运动直到 1812 年的战争之后才开展起来。[⑤] 这主要是因为贸易禁运、战争等因素带来了一个意想不到的结果：进口限制使得本国制造业企业如雨后春笋般崛起，本土的制造产品对原先进口自英国的产品实现了替代。英美战争结束之后，美国的工厂体系迎来了第一次快速发展的浪潮，纺织行业在其中处于领先地位，各种棉毛加工作坊被整合为大型纺织工厂，并普遍使用了动力机械，而这催生出一个对技术进步意义重大的部门——装备制造产业。[⑥] 共和党的贸易政策有力地促进了国内制造业的发展，导致制造业利益集团逐渐成为当时的共和党的后盾。

战争结束之后是否继续维持战时的高关税成为党派争论的核心。时任美国总统麦迪逊认为，对于在贸易禁运中发展起来的幼稚产业来说，恢复自由贸易无疑是一个巨大的冲

---

① Clarfield，Gerard. Protecting the frontiers：Defense policy and the tariff question in the First Washington Administration [J]. William and Mary Quarterly，1975：459.

② 道格拉斯·欧文．贸易的冲突：美国贸易政策 200 年[M]．余江，刀琳琳，陆殷莉，译．北京：中信出版社，2019：65 - 67.

③ 尽管禁运给美国商人带来了严重的损失，但对于美国经济来说并不是完全的损失。商人们将他们闲置的资本投资于制造业和基础设施，比如运河和收费公路。从 1807 年到 1815 年，共有 418 家新工厂开业。（参见 William R. Nester，1998：95.）

④ William R Nester. A Short History of American Industrial Policies[M]. New York：ST. Martin's Press，1998：594 - 595.

⑤ 福克纳．美国经济史（上卷）[M]．王琨，译．北京：商务印书馆，2018：230.

⑥ 贾根良，等．美国学派与美国 19 世纪内需主导型工业化道路研究[M]．北京：中国人民大学出版社，2017：24.

击。与此同时，战争期间美国军备的落后也让这些领导人意识到制造业的重要性，因此绝不能冒着摧毁制造业的风险而将关税降低。1816 年，第一部关税法案应运而生。不同于汉密尔顿将保护视为增加财政收入的手段，该法案的明确目标是扶持本国的制造业。这种理念上的转变来自一个事实：起初决策者认为贸易保护只是为了增加国库的资金，然而贸易禁运和战争中意料之外的制造业崛起使人们既充分意识到保护之于制造业发展的重要性，又感受到了制造业带来的国民福利，因而贸易保护成为促成这种繁荣的必要手段。在这里因果关系的顺序十分重要：国会并非有意通过政策措施创立新兴产业，而是新兴产业在关税政策下自发出现，具备了形成利益集团的规模，然后迫使国会为它们提供持续的高关税，即便战争已经结束。①

随后，1860 年的南北战争再一次强化了保护主义在政策领域对自由主义的相对力量，为美国在 19 世纪 70 年代借助第三次技术革命实现对英国的赶超提供了有利条件。高关税再一次为制造业提供了得天独厚的国内市场，其势力范围进一步扩大，加之南方的挫败，以制造业为首的产业联盟在政治中的地位变得举足轻重。此时在政治上代表工业利益的共和党几乎全面掌握了政府，这些共和党人大多是坚定的保护主义者，反对任何降低关税的建议。在这个过程中，共和党不仅认识到高关税对北方工业有利，对中西部的生产者也同样有利，这是因为原材料生产商和最终产品制造商的发展是一个不可分割的整体。与此同时，当时的民主党则认为这些保护措施牺牲了公共福利，只能服务于特殊的利益集团。②之后的历史证明了共和党的正确：在内战结束后的数十年中，美国的经济和制造业在保护主义的推动下达到了前所未有的高度。就这样，南北战争极大地促进了生产，使 19 世纪 60 年代的工厂数目增加了 79.6%；工资收入者的人数增加了 56.6%，这是美国历史上任何 10 年中所未曾有过的发展。③ 可以看出，在第二次技术窗口开启之前，南北战争开启的政策窗口是保护主义最终压制自由主义并全面影响产业政策制定的关键。在此之前，虽然在英美战争时期保护主义获得了优势，但是自由主义仍占据一定的政治市场。两党以及背后代表的不同的产业联盟针对是否维持高关税仍然展开了多年的论战，而南北战争的爆发彻底确立了保护主义在产业政策理念中的支配地位。

由此可见，在每次技术窗口之前都伴随着关键事件开启的政策窗口（见图 5），借助政策窗口，经济上的保护主义对自由主义取得了优势。以保护主义为核心的政策范式主导了产业的发展方向，有效地保护了其当时还属于幼稚产业的棉纺织部门，促进了钢铁、机械制造等资本品部门的发展，这使得美国在前两次技术革命浪潮的交汇期建立起本国的制

---

① 道格拉斯·欧文．贸易的冲突：美国贸易政策 200 年[M]．余江，刁琳琳，陆殷莉，译．北京：中信出版社，2019：125.

② 道格拉斯·欧文．贸易的冲突：美国贸易政策 200 年[M]．余江，刁琳琳，陆殷莉，译．北京：中信出版社，2019：238.

③ 福克纳．美国经济史（下卷）[M]．王琨，译．北京：商务印书馆，2018：41.

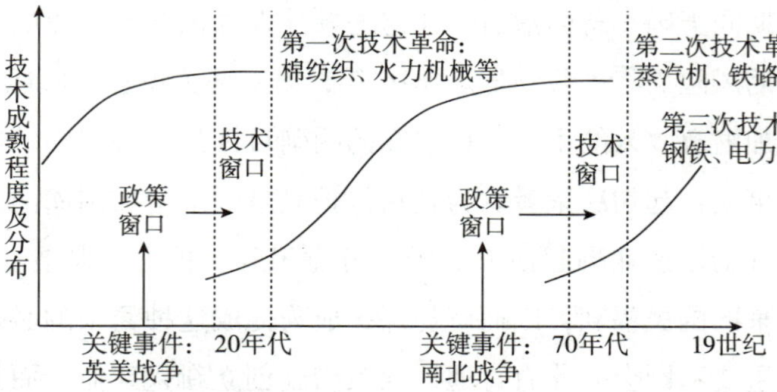

图5　美国在19世纪面对的技术窗口与政策窗口

造业体系，加速了由农业国向工业国的跨越式发展，实现了对英国的赶超。质言之，美国的技术赶超一方面得益于技术窗口的开启，另一方面由政策窗口引发的政策范式之转变对其经济崛起发挥了重要的推动作用，政策窗口与技术窗口的先后开启为新理念与新技术体系之间的相互强化创设了条件（见图6）。

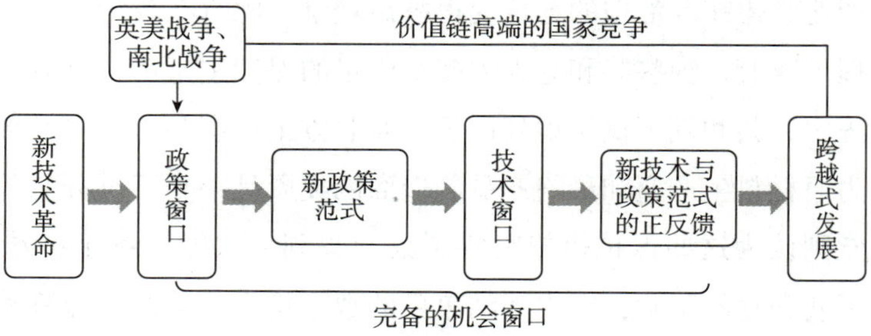

图6　美国借助完备机会窗口实现赶超的过程

（二）美国实现技术赶超的历史经验

通过对19世纪美国借助一个完备的机会窗口，实现技术赶超和跨越式发展的历史考察，可以得出如下结论：

其一，政策窗口的开启既存在偶然性，也存在必然性。从偶然性的角度讲，诸如贸易冲突、战争等关键事件导致旧的发展理念失效，这就为新范式提供了契机。如果没有外部冲击，政策范式的转变将难以发生，这是因为旧的理念常常存在路径依赖。最初，美国政府存在不同的理念，甚至自由主义占据上风。尽管主张保护主义的汉密尔顿一度身居要职，但是他的提议在一开始也并未被采用，正是诸如战争等关键事件导致了理念的转向，没有这些事件的发生，仅靠美国两党之间的博弈或者思想界的争论，美国的政策范式转变将是一个缓慢的过程。由此观之，政策之间的相互替代并不完全由理性辩论推动，它更可能受非理性因素的支配，如战争、贸易摩擦、经济危机等，一些倡导了多年的政策理念只有借助此类事件开启的政策窗口，才能真正作用于政策制定。从必然性的角度讲，赶超的实质是国家率先借助新技术革命发展出以新技术为核心的国际竞争优势，这规定了其跨越式发展将沿着全球价值链向上攀升，在这一进程中，该国与领先国家在全球价值链高端的相对位置必然发生变化。在“中心—外围”的全球价值链体系之下，此类变化事关不同国家经济发展的根本利益。英美战争、南北战争的爆发并非偶然，而是蕴含着必然的历史逻辑。迫于国际竞争压力和国内发展动力问题，领先者与追赶者的利益冲突以及各自国内矛盾的积累在所难免，并随之扩散至贸易、政治、军事、文化等各个领域，因而看似偶然的关键事件的爆发实际是价值链竞争的必然结果。事实上，这一逻辑贯穿整个资本主义发展的历史之中，不仅19世纪的英美如此，在每一次具备赶超性质的机会窗口面前，领先者与追赶者都会围绕各自在价值链上的相对位置展开激烈博弈，从而催生出一系列关键事件。可见，不仅技术窗口内生于技术革命浪潮的周期运动之中，政策窗口也同样具有内生性，因此完备的机会窗口蕴含着双重维度这一理论逻辑背后存在偶然性与必然性之统一的历史逻辑。

其二，利用好机会窗口需要促成新技术与新政策范式的正反馈效应，这就要求政策理念既提供切实可行的政策手段，又与产业发展方向相一致。一方面，相对基本理念和政策目标而言，政策手段的变化更为灵活，这是因为后者往往是为了快速响应外界的压力或解决迫切的现实问题。[①] 如果新理念能够对此提出有效的政策手段，即便这些措施并不是出于达成新范式的最终目的，而只是为了满足变局下最紧要的需求，也足以对旧范式施加持续的替代效应。譬如1791年美国面临军费开支的压力，使得汉密尔顿能够借此机会提高进口关税来增加财政收入。高关税显然首要是为了应对财政开支，但是无疑带有保护主义的色彩。这种政策手段的变化为保护主义进入政策提供了有力的推动作用，导致即便是英美战争结束之后，保护性关税仍然居高不下，保护主义因此能够深入决策之中。从这个意义上讲，美国国内保护主义对自由主义的替代原因之一在于诸如关税等政策手段借助政策窗口成为主流，从而使自由主义发生了一定程度的“去理念化”[②]。通过贡献切实可行的政策手段，保护主义逐渐成为美国产业发展实质上的政策理念，而自由主义则停留在意识形态中。另一方面，新理念与产业发展方向相一致是利用好政策窗口的关键。

历史表明，理念必须要在政界和产业界的支持下才能增强其对政策制定的影响力。福克纳认为，人们习惯把美国政府的成就归功于汉密尔顿式经济学的正确性，但不能忽视的是战争为美国的运输商、工业家和农业家提供了新的市场，保护主义才因此而得到了强

---

① Sabatier, Paul A. Knowledge, policy - oriented learning, and policy change, knowledge: Creation, diffusion [J]. Utilization, 1987: 649 - 692.

② 宋磊．在理念与能力之间：关于国企改革方向的第三种思路[J]．经济学家，2014(8)．

化，使得反对力量很快瓦解。① 由于政策往往牵涉利益分配问题，因而某种类型的产业政策会与特定的利益集团之间产生正反馈效应。譬如南北战争时期，共和党借助为战争筹资的机会，强化了高关税的政策，促进了制造业的崛起，这又反过来为共和党提供了更有力的经济支持。在南北战争之后的几十年里，美国的经济增长与发展始终伴随着保护性高关税政策。正是这种正反馈效应使得美国的保护主义逐渐获得了较大的政治市场，尽管民主党的自由主义力量始终奋起反抗，但是已经难以扭转局势。

四、数字技术为我国实现技术赶超带来重要机会窗口

习近平总书记指出："当今世界正经历百年未有之大变局，我国发展的内部条件和外部环境正在发生深刻复杂变化。我们要保持经济社会持续健康发展，必须深入研判、深入调查、科学决策。"② 因此，全面把握数字技术革命带来的机会窗口的性质是我们制定战略决策的重中之重。

（一）改革开放以来我国面对的机会窗口

我国改革开放以来面对的技术革命浪潮的变化趋势与美国19世纪存在一定的相似性，如图7所示，20世纪中后期出现的技术窗口表明，我国恰好处于第四次技术革命浪潮的成熟期与第五次技术革命浪潮的导入期。此时以互联网、微电子为代表的信息技术推动了模块化生产，全球生产网络呈现出"生产碎片化"特征：价值链高端的产品核心设计环节留在发达国家的同时，价值链中低端的产品制造、组装环节大规模向发展中国家转移。我国适时选择了外向型经济发展道路，通过释放市场力量、发挥比较优势、吸引外资以及技术引进等方式，使经济得到了快速发展，为实现跨越式发展积累了充要的物质条件。在这一时期，一方面传统产业逐渐掌握了第四次技术革命的核心技术，另一方面第五次技术革命的新兴产业也不断壮大，促使新技术范式向传统产业扩散，并为后者的转型升级提供了动力。其中，正是技术窗口的出现为改革开放之后的经济快速发展提供了契机。但是，如果没有改革开放之时的解放思想从而推动理念转变的话，就无法释放市场力量，就无法取得今日的发展成果（高柏，2007）③。党中央围绕建设中国特色社会主义做出的一系列重大决策为理念的转变提供了绝佳的政策窗口，这一窗口的开启也是改革开放之后我国成功抓住技术窗口的前提条件。

---

① 福克纳．美国经济史（上卷）[M]．王琨，译．北京：商务印书馆，2018：221.

② 习近平．坚持新发展理念深入实施东北振兴战略，加快推动新时代吉林全面振兴全方位振兴[EB/OL]．2020－07－24. https://baijiahao.baidu.com/s? id＝1673106652155411763&wfr＝spider&for＝pc.

③ 高柏．经济意识形态与日本产业政策：1931—1965年的发展主义[M]．安佳，译．上海：上海人民出版社，2007：15.

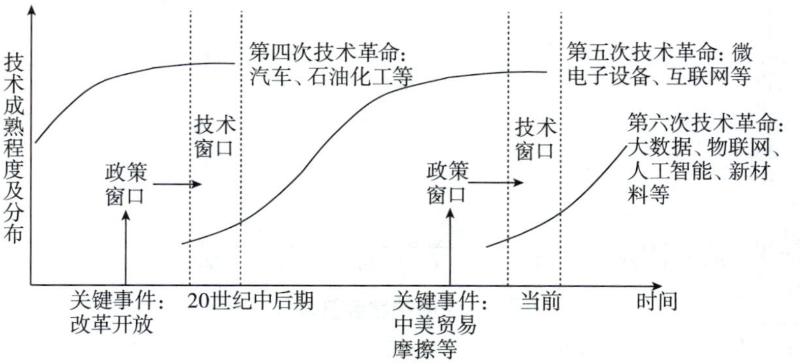

图7　改革开放至今我国面对的技术窗口与政策窗口

注：划分依据参见佩蕾斯．技术革命与金融资本［M］．北京：中国人民大学出版社，2007：63；贾根良．第三次工业革命与工业智能化［J］．中国社会科学，2016（6）．

（二）数字技术革命带来的完备机会窗口

当前世界正处于新的技术革命浪潮交汇期。习近平总书记指出，新科技革命和产业变革蓄势待发，但增长新旧动能转换尚未完成。① 上一轮科技进步带来的增长动能逐渐衰减，新一轮科技和产业革命尚未形成势头。② 这一判断是对眼下第五次技术革命浪潮趋于衰减但第六次浪潮尚未完全发挥增长效能这一客观事实的深刻洞察。新浪潮是以数字技术为主，新能源技术、材料技术和生物技术为辅的“一主多翼”③ 式格局。从生产方式的变化趋势看，数字技术的颠覆性技术不断涌现，引发产业形态平台化、网络化和深度服务化，并促使制造业加速向数字化、智能化、个性化发展。中国信息通信研究院发布的《中国数字经济发展白皮书（2021）》显示，2020 年我国数字经济总规模已达到 39.2 万亿元（见图 8），较 2019 年增加 3.4 万亿元，占 GDP 比重为 38.6%（见图 9）；数字经济增速高达 9.7%，是我国同期名义 GDP 增速的 3.2 倍多。其中，2020 年我国数字产业化规模达到 7.5 万亿元，占数字经济比重为 19.1%，占 GDP 比重为 7.3%，产业数字化规模达 31.7 万亿元，占数字经济比重达 80.9%，占 GDP 比重为 31.2%，数字经济已成为我国经济发展的强大引擎。

在此基础上，利用好第六次技术革命对应的机会窗口是我国完成跨越式发展的关键一步，这一窗口同样存在双重维度（见图 7）。一方面，第五次和第六次技术革命浪潮的交

① 习近平．同舟共济创造美好未来——在亚太经合组织工商领导人峰会上的主旨演讲［EB/OL］. 2018 - 11 - 17. https://baijiahao.baidu.com/s? id = 1617362928044988253&wfr = spider&for = pc.

② 习近平．构建创新、活力、联动、包容的世界经济——在二十国集团领导人杭州峰会上的开幕辞［EB/OL］. 2016 - 09 - 04. http://cpc.people.com.cn/n1/2016/0905/c64094 - 28690353.html.

③ 国务院发展研究中心国际经济格局变化和中国战略选择课题组．未来 15 年国际经济格局变化和中国战略选择［J］．管理世界，2018(2).

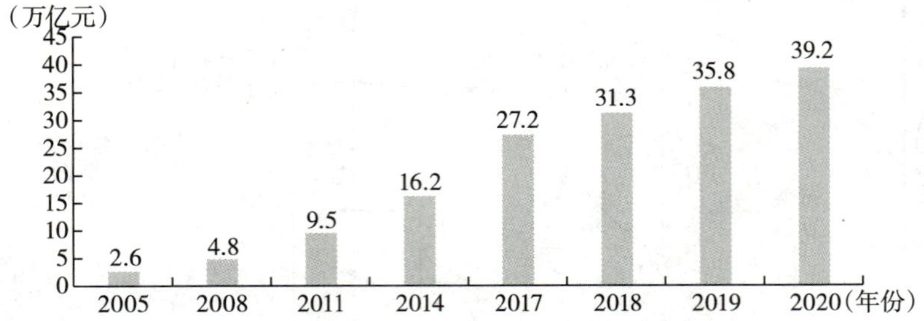

图 8　我国数字经济规模

资料来源：中国信息通信研究院。

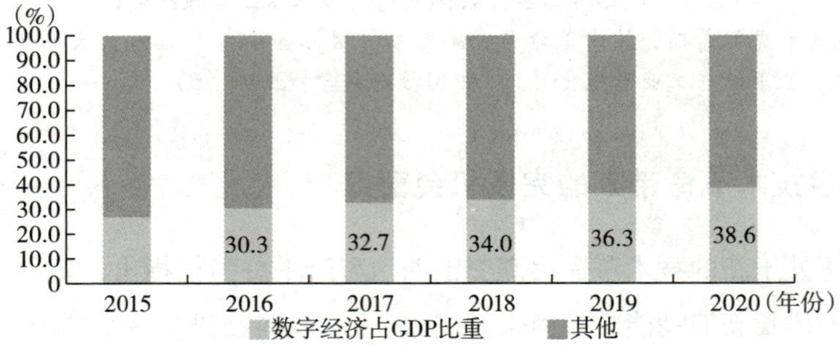

图 9　我国数字经济占 GDP 比重

资料来源：中国信息通信研究院。

汇产生了技术窗口，以大数据、物联网、人工智能为代表的新一代数字技术不仅为我国新兴产业的发展指明了方向，也为传统行业的转型升级带来了新的通用技术与组织原理，从而构成了数字产业化与产业数字化的基本逻辑，如果发挥我国在工业体系、基础设施、人力资源、市场规模、政治经济体制等方面的优势，就能把这种交汇变成机遇，加快向世界科技强国迈进。另一方面，中美贸易摩擦等关键事件为我国打开了政策窗口。表面上看此类事件的爆发具有一定的偶然性，但实则不然。由于我国劳动力成本上升以及资源环境压力增大，过去按照比较优势从价值链低端参与全球竞争的发展模式已不可持续，通过重大关键技术的自主创新培育新的国家竞争优势是我国面向新发展阶段的唯一选择，这意味着我国必须朝着全球价值链高端迈进。与此同时，美国 20 世纪末的过度金融化、去工业化、产业空心化削弱了国家创新能力，为此，美国近年来试图通过“再工业化”战略、“再平衡”战略稳固其在全球价值链高端的绝对领先地位。[①] 在中美贸易摩擦中，美国的真实意图在于通过贸易手段对我国的技术创新施加封锁，这是资本主义全球化体系之下反复出现的历史模式，本质是领先国家对追赶型国家价值链攀升行为的战略遏制，表现为贸易、政治、军事、文化等各个领域的霸权主义。可见，在数字技术革命浪潮背景下，技术窗口与

① 贾利军．推进国家科技创新的实践逻辑：基础、动力与保障[J]．教学与研究，2020(11)．

政策窗口的先后开启既蕴含着技术赶超的内在动力，亦是中美两国围绕价值链高端展开国家竞争的历史必然，当前全球新冠疫情的暴发和国际局部出现的逆全球化趋势，也为我国开启新机会窗口提供了重要契机。

（三）如何抓住数字技术革命机会窗口实现技术赶超

面对数字技术革命带来的重要机会窗口，我们不仅要全面认识新技术革命的趋势，还要积极推动产业政策的创新式发展。对于我国而言，这种创新首要地来自政策范式（理念）的创新。“在每一个转折点上设计出恰当的政策，就需要理解范式，并确认浪潮的阶段，以辨明变革的方向。这两项任务都不简单，无论是理解的意愿，抑或是在回应时所追求的目标，都受到政治的制约”。[①] 在我国的经济实践中，政策理念的重要作用有目共睹，产业政策的中国化过程表明理念的作用要大于具体的政府机构的影响，[②] 并通过产业政策最终改变了技术发展轨迹。事实上，真正能够对经济结构产生更大作用的往往是政府的思维决策，而并非市场中的个人和企业家。[③]

新发展理念是我国对这一机会窗口的战略回应，体现了鲜明的主动性与及时性。习近平总书记强调，要“从历史长河、时代大潮、全球风云中分析演变机理、探究历史规律，提出因应的战略策略，增强工作的系统性、预见性、创造性”。[④] 从政治经济学的视角看，理念在宏观上的变化趋势最终由经济周期塑造，并与其呈现一定的同步性[⑤]，但是由国家推动的政策理念在一定程度上具有独立于长波的可能性[⑥]，能够逆周期调整经济发展的轨迹。对于我国而言，外部环境的重大变化虽然可以为政策范式转变提供契机，但是，更核心的是决策层面主动而及时的理念更新，这种理念更新方式充分体现了中国特色社会主义最本质的特征，就是中国共产党的领导。习近平总书记指出：“勇于自我革命是中国共产党区别于其他政党的显著标志。”[⑦] “在一百年的奋斗中，我们党始终以马克思主义基本原理分析把握历史大势，正确处理中国和世界的关系，善于抓住和用好各种历史机

① 卡洛塔·佩蕾斯．技术革命与金融资本：泡沫与黄金时代的动力学[M]．田方萌，等，译．北京：中国人民大学出版社，2007：177.

② 宋磊，郦菁．经济理念、政府结构与未完成的政策转移——对产业政策的中国化过程的分析[J]．公共行政评论，2019(1).

③ 路风．产业升级与中国经济发展的政策选择[J]．文化纵横，2016(4).

④ 习近平．在党史学习教育动员大会上的讲话[M]．北京：人民出版社，2021：14.

⑤ 卡尔·波兰尼．巨变：当代政治与经济的起源[M]．黄树民，译．北京：社会科学文献出版社，2017.

⑥ 严鹏．工业文化的政治经济学：长波、实业精神与产业政策[J]．政治经济学报，2021(20).

⑦ 习近平．在庆祝中国共产党成立一百周年大会上的讲话[EB/OL]．2021－07－01. http://www.xinhuanet.com/2021－07/01/c_1127613765.htm.

遇。”[①] 中国共产党始终以维护最广大人民群众的根本利益为出发点和落脚点，始终坚持辩证唯物主义和历史唯物主义，从而能根据不同时期我国社会发展的现状，科学分析出我国社会的主要矛盾，并围绕主要矛盾制定一系列发展政策，推动社会的发展，这是党的发展理念与时俱进的根本原因。

新发展理念不是应对外部突发事件的被动选择，而是根植于党的执政纲领、历史使命中，内生于我国经济社会发展的实践道路中，回答的是发展的基本方向与根本动力问题。在党中央的领导下，决策层面的理念往往比来自民间逐渐形成的非正式理念更具效力，这与西方国家的经济发展模式相比呈现出了鲜明的中国特色，其优势在于一旦决策者将新理念提上日程，那么将不会面临如美国两党之间的重大意见分歧，政策范式的转变将更为迅速。在数字技术革命下，我国产业政策能在多大程度上全面贯彻新发展理念将直接决定我国产业的发展前景。为此，要深入理解新发展理念的时代内涵，正确认识数字技术革命的潜力和方向，全面把握新范式的特征，使创新、协调、绿色、开放、共享的发展理念落实在数字技术与产业发展的具体环节与各个层级之中，具体为：

第一，全面贯彻创新发展理念。要从基础研究、应用研究和集成创新三个方面入手，加强关键核心技术的研发投入，重点加快智能芯片、操作系统、数字工具软件研发以及智能制造“卡脖子”问题的突破，打通影响我国产业循环的技术难点和堵点，以此带动传统行业的发展，使数字技术全面转化为社会生产力。

第二，全面贯彻协调发展理念。要通过数字技术畅通产业链各环节之间的信息节点，消除数字鸿沟，提高资源传导与配置的效率，实现产业链上中下游企业之间的协同一体化，同时要借助数字技术推动区域协调发展、城乡协调发展以及大中小企业的协调发展。

第三，全面贯彻绿色发展理念。利用数字产品与服务来减少对能源和材料的需求，提高生产、流通以及消费效率和能源利用率；利用物联网等数字技术强化企业工艺、制造、采购、营销、物流等各个环节的精细优化，实现各环节的节能减排；利用5G、人工智能等技术更加有效地采集能耗和排放数据，建立绿色治理数据体系，为环境治理提供“数字解决方案”。

第四，全面贯彻开放发展理念。要整合全球创新资源，鼓励我国在5G、物联网、云计算等数字技术领域的龙头企业参与跨境合作，推动形成国际数字技术标准，借助“一带一路”倡议布局推动产业迈向全球价值链的中高端，积极培育对外开放的新增长点，并带动“一带一路”沿线相关国家的经济增长。

第五，全面贯彻共享发展理念。使数字经济服务于实体经济，防范数字金融的脱实向虚风险；打击恶性竞争与垄断行为，保证中小企业的健康发展，维护消费者合法权益，营

① 习近平．在党史学习教育动员大会上的讲话[M]．北京：人民出版社，2021：13.

造公平竞争的市场环境；解决好数字技术对劳动的替代问题，探索并完善数字经济背景下的新型就业保障机制、社会保障体系以及职业教育培训模式。

习近平总书记强调："加快构建以国内大循环为主体、国内国际双循环相互促进的新发展格局，是'十四五'规划《建议》提出的一项关系我国发展全局的重大战略任务，需要从全局高度准确把握和积极推进。"① 要依托新发展理念，为数字技术助力构建新发展格局提供切实可行的政策手段。习近平总书记指出，构建新发展格局的关键在于经济循环的畅通无阻，最本质的特征是实现高水平的自立自强②。这就要求，一方面，要以内循环为主，在需求侧发挥我国市场规模优势培育完整的内需体系，发挥消费在国民经济循环中的作用；在供给侧强调通过自主创新攻破"卡脖子"技术，实现创新链与产业链的深度融合。另一方面，要以国内供需双升级为支撑推进创新导向的外循环，更加主动、灵活、稳健地嵌入全球经济体系中，实现在全球价值链上的突围和升级③。

数字技术之于新发展格局的重要意义是，在需求侧使市场交易不再局限于地域和时间的限制从而拓展了市场广度，推动个性化、定制化消费的发展从而拓展了市场深度；在供给侧数字技术催生了新兴产业，并为传统产业调结构、转方式、促升级，提升我国产业现代化水平；在内循环中畅通流通环节堵点，紧密连接生产与消费；在外循环中降低贸易成本，加快商品与生产要素之间的跨界流动。然而正如历史上的颠覆性技术革命一样，数字技术自身的发展一方面有赖于各类创新主体的协同攻坚，另一方面它也衍生出数字鸿沟、平台垄断、劳动力分化、收入分配不合理等现实问题，因而仅靠数字技术的发展本身难以真正促成新发展格局，必须制定相应的政策对其加以规范。要使数字技术真正有利于新发展格局的构建，就需要将新发展理念贯彻到具体的政策手段之中，放大数字技术的积极作用，规制其消极影响，引导数字经济的健康发展，使其更好地助力新发展格局之形成，抓住数字技术革命给中国带来的难得的完备的机会窗口从而实现技术赶超。

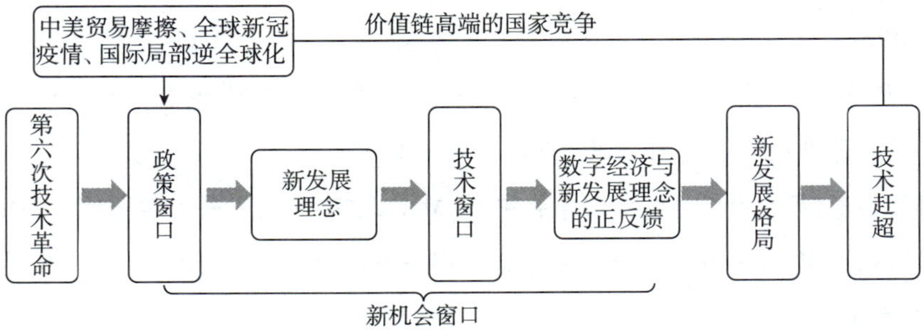

图 10　数字技术为我国带来的新机会窗口

①② 习近平．把握新发展阶段，贯彻新发展理念，构建新发展格局[J]．理论导报，2021(5).

③ 洪银兴，杨玉珍．构建新发展格局的路径研究[J]．经济学家，2021(3).

综上所述，现实表明当前的数字技术革命已经为我国打开了完备的新机会窗口（见图10），而要放大这个机会窗口推动效应的关键是要实现技术体系与政策体系的协同演变，这就要求我们必须在新发展理念的指导下，将数字技术与产业政策视为一个整体纳入构建新发展格局的路径之中加以考量，通过数字经济的发展为助力构建新发展格局从而最终实现技术赶超提供切实可行的政策手段。这一现实逻辑对于我们在当前数字经济背景下正确把握新发展阶段、贯彻新发展理念、构建新发展格局的重大战略部署具有重要的理论价值和现实意义。

参考文献

[1]习近平．顺应时代潮流,实现共同发展——在金砖国家工商论坛上的讲话[EB/OL]. 2018-07-25. https://baijiahao.baidu.com/s? id=1607003589288395616&wfr=spider&for=pc.

[2]埃里克·S. 赖纳特．穷国的国富论:演化发展经济学论文选(下卷)[M]. 贾根良等,译．北京:高等教育出版社,2007:178.

[3]埃里克·S. 赖纳特．穷国的国富论:演化发展经济学论文选(下卷)[M]. 贾根良等,译．北京:高等教育出版社,2007:191.

[4]埃里克·S. 赖纳特．穷国的国富论:演化发展经济学论文选(下卷)[M]. 贾根良等,译．北京:高等教育出版社,2007:190-191.

[5]埃里克·S. 赖纳特．穷国的国富论:演化发展经济学论文选(下卷)[M]. 贾根良等,译．北京:高等教育出版社,2007:198.

[6]习近平．论中国共产党历史[M]. 北京:中央文献出版社,2021:214.

[7]弗里德里希·李斯特．政治经济学的国民体系[M]. 陈万煦,译．北京:商务印书馆,1961:7.

[8]弗里德里希·李斯特．政治经济学的国民体系[M]. 陈万煦,译．北京:商务印书馆,1961:155.

[9]埃里克·S. 赖纳特．穷国的国富论:演化发展经济学论文选(下卷)[M]. 贾根良等,译．北京:高等教育出版社,2007:26.

[10]贾根良,等．新李斯特经济学在中国[M]. 北京:中国人民大学出版社,2015:216-217.

[11]宋磊．被忽视的政治逻辑和管理实践——对林毅夫、张维迎之争的再反思[J]. 文化纵横,2016(6).

[12]Gerschenkron, Alexander. Economic backwardness in historical perspective: A book of essays[M]. Cambridge MA: The Belknap Press of Harvard University Press, 1962:24.

[13]Rodrik, Dani. When ideas Trump interests: Preferences, worldviews, and policy innova-

tion[J]. Journal of Economic Perspectives,2014:190.

[14] Daniel, Okimoto. Between MITI and the market: Japanese industrial policy for high technology[M]. Stanford:Stanford University Press,1989.

[15]Stephen Bell. Do we really need a new "constructivist Institutionalism" to explain institutional change[J]. British Journal of Political Science,2011,41(4):883-906.

[16]Peter, Hall. Governing the economy: The politics of state intervention in Britain and France[J]. American Political Science Review,1988:82.

[17]高柏．中国经济发展模式转型与经济社会学制度学派[J]．社会学研究,2008(4).

[18]Arthur W B. Competing technologies,increasing returns,and lock-in by history events [J]. The Economic Journal,1989:99.

[19]Michael Howlett,Ramesh M. Study policy: Policy cycles and policy subsystems [M]. Canada:Oxford University Press Canada,2003.

[20]赵德余．主流观念与政策变迁的政治经济学[M]．上海:复旦大学出版社,2008:342.

[21]Perry J,Kingdon J W. Agendas,alternatives,and public policies[J]. Journal of Policy Analysis and Management,1985,4(4):621.

[22]John Zysman. How institutions create historically rooted trajectories of growth[J]. Industrial and Corporate Change,1994:259.

[23]John Hogan,Michael Howlett,et al. Policy paradigms in theory and practice—discourses, ideas and anomalies in Public Policy Dynamics. Part III[M]. New York:Palgrave Macmillan Press,2015:167.

[24]John Hogan,David Doyle. The importance of ideas: An a priori critical juncture framework[J]. Canadian Journal of Political Science,2007:883-910.

[25]Meijerink S. Understanding policy stability and change[J]. Journal of European Public Policy,2005,12(6):1060-1077.

[26]卡洛塔·佩蕾斯．技术革命与金融资本:泡沫与黄金时代的动力学[M]．田方萌等,译．北京:中国人民大学出版社,2007:63.

[27]William R Nester. A short history of American industrial policies[M]. New York: ST. Martin's Press, 1998:90.

[28]道格拉斯·欧文．贸易的冲突:美国贸易政策200年[M]．余江,刀琳琳,陆殷莉译．北京:中信出版社,2019:65-67.

[29]Clarfield,Gerard. Protecting the frontiers: Defense policy and the tariff question in the First Washington Administration[J]. William and Mary Quarterly,1975:459.

[30]道格拉斯·欧文．贸易的冲突:美国贸易政策200年[M]．余江,刀琳琳,陆殷莉,译．北京:中信出版社,2019:84.

[31] William R Nester. A short history of American industrial policies[M]. New York: ST. Martin's Press, 1998:594-595.

[32]福克纳．美国经济史(上卷)[M]．王琨,译．北京:商务印书馆,2018:230.

[33]贾根良．美国学派与美国19世纪内需主导型工业化道路研究[M]．北京:中国人民大学出版社,2017:24.

[34]道格拉斯·欧文．贸易的冲突:美国贸易政策200年[M]．余江,刀琳琳,陆殷莉,译．北京:中信出版社,2019:125.

[35]道格拉斯·欧文．贸易的冲突:美国贸易政策200年[M]．余江,刀琳琳,陆殷莉,译．北京:中信出版社,2019:238.

[36]福克纳．美国经济史(下卷)[M]．王琨,译．北京:商务印书馆,2018:41.

[37]Sabatier, Paul A. Knowledge, policy - oriented learning, and policy change, knowledge: Creation, diffusion[J]. Utilization, 1987:649-692.

[38]宋磊．在理念与能力之间:关于国企改革方向的第三种思路[J]．经济学家,2014(8).

[39]福克纳．美国经济史(上卷)[M]．王琨,译．北京:商务印书馆,2018:221.

[40]习近平．坚持新发展理念深入实施东北振兴战略,加快推动新时代吉林全面振兴全方位振兴[EB/OL]. 2020-07-24. https://baijiahao.baidu.com/s?id=1673106652155411763&wfr=spider&for=pc.

[41]高柏．经济意识形态与日本产业政策:1931—1965年的发展主义[M]．安佳,译．上海:上海人民出版社,2007:15.

[42]习近平．同舟共济创造美好未来——在亚太经合组织工商领导人峰会上的主旨演讲[EB/OL]. 2018-11-17. https://baijiahao.baidu.com/s?id=1617362928044988253&wfr=spider&for=pc.

[43]习近平．构建创新、活力、联动、包容的世界经济——在二十国集团领导人杭州峰会上的开幕辞[EB/OL]. 2016-09-04. http://cpc.people.com.cn/n1/2016/0905/c64094-28690353.html.

[44]国务院发展研究中心国际经济格局变化和中国战略选择课题组．未来15年国际经济格局变化和中国战略选择[J]．管理世界,2018(2).

[45]贾利军．推进国家科技创新的实践逻辑:基础、动力与保障[J]．教学与研究,2020(11).

[46]卡洛塔·佩蕾斯．技术革命与金融资本:泡沫与黄金时代的动力学[M]．田方萌，等，译．北京:中国人民大学出版社，2007:177.

[47]宋磊，郦菁．经济理念、政府结构与未完成的政策转移——对产业政策的中国化过程的分析[J]．公共行政评论，2019(1).

[48]路风．产业升级与中国经济发展的政策选择[J]．文化纵横，2016(4).

[49]习近平．在党史学习教育动员大会上的讲话[M]．北京:人民出版社，2021:14.

[50]卡尔·波兰尼．巨变:当代政治与经济的起源[M]．黄树民，译．北京:社会科学文献出版社，2017.

[51]严鹏．工业文化的政治经济学:长波、实业精神与产业政策[J]．政治经济学报，2021(20).

[52]习近平．在庆祝中国共产党成立一百周年大会上的讲话[EB/OL]. 2021-07-01. http://www.xinhuanet.com/2021-07/01/c_1127613765.htm.

[53]习近平．在党史学习教育动员大会上的讲话[M]．北京:人民出版社，2021:13.

[54]习近平．把握新发展阶段，贯彻新发展理念，构建新发展格局[J]．理论导报，2021(5).

[55]洪银兴，杨玉珍．构建新发展格局的路径研究[J]．经济学家，2021(3).

人工智能对劳动力市场影响研究进展①

王　军②　常　红③

摘　要：人工智能的应用和发展对劳动力市场产生了重要影响，现有研究主要从就业总量和就业结构对人工智能的影响作用进行分析。通过文献梳理发现：一方面，人工智能会替代部分劳动，降低劳动力就业水平，减少劳动报酬；另一方面，人工智能也能够创造新的工作岗位，提高劳动力需求，增加劳动者收入。人工智能的影响效应在不同技能水平、不同行业、不同区域的人群中存在差异。研究表明，人工智能可能导致就业极化并扩大收入差距；从行业结构来看，技术进步加速了劳动力向服务业的转移；人工智能对劳动力就业区域结构分布的影响与地区制度、政策制定、经济发展水平等有关。基于以上分析，进一步为如何应对人工智能可能引发的就业冲击提供政策建议，最后，总结现有文献研究的不足，并进一步讨论了其未来可能的研究方向和拓展领域。

关键词：人工智能；劳动力就业；劳动力结构；收入水平

一、引言

“人工智能”一词最早出现于1956年，其含义为“智能计算机程序的科学工程”。经过几十年的发展，其应用范围不断扩大，不仅在科学工程方面发挥着重要作用，而且引发了国民经济结构的重大变革（Damioli et al.，2021）。近年来，随着劳动年龄人口增速放缓，我国面临劳动力供给短缺和用工成本上升的压力，这为推进人工智能技术在我国发展提供了动力（Cheng et al.，2019）。以人工智能等技术为主导的新一轮信息革命正在引领

① 本文首发于《经济学动态》2021年第8期。本文受2020年北京市社会科学基金重点项目“‘十四五’时期供需更高水平动态平衡实现路径研究”（项目编号:20JJA036）资助。

② 王军，首都经济贸易大学经济学院。

③ 常红，河北大学经济学院。

全球的技术变革，各国也都纷纷加入人工智能技术研究领域，已有研究表明人工智能技术进步已经对我国劳动力市场产生了巨大影响（Ford，2015）。国务院发布的《新一代人工智能发展规划》中也强调人工智能成为经济增长发展新引擎，必须加快人工智能深度应用，培育壮大人工智能产业，为经济发展注入新动能①。

当前人工智能的影响已涉及经济社会的多个领域（Peters，2017；Makridakis，2017），有关人工智能影响效应的文献也日益增加，如对劳动力就业和收入分配、产业结构升级、资本结构优化和技术创新等影响的相关研究（Aghion et al.，2017；Acemoglu & Restrepo，2018b；Cockburn et al.，2018；Roy et al.，2020），其中，人工智能对劳动力市场影响的研究尤为突出。人类社会发展进程中，每一种科技进步都会带来经济社会的深层次变革，且新技术发展产生的影响天然具有两面性，这种双重影响也往往会引发激烈讨论（Autor，2015；Susskind，2017；Kujur，2018；Gregory et al.，2019）。人工智能技术同样会对劳动力市场产生积极影响和消极影响，我们在利用其积极作用，促进就业、改善就业结构、推动经济发展的过程中，也应最大限度地降低人工智能对经济社会的不利影响。与以往的技术创新相比，人工智能最为显著的特点在于它让机器具有智能性，智能化的机器能够完成自我学习，机器通过深度学习已经使得部分之前由劳动完成的非常规任务转变为可以由机器完成的常规任务，人工智能不再仅是一个拓展人类能力的机器，它也将完成人类大脑的工作，会以一种更容易、更广泛的态势冲击以往未受影响的行业，并替代劳动完成更多工作（Schwab，2017）。因此，深入探讨人工智能对劳动力市场的多重影响，充分发挥其积极作用，最大限度地降低其可能的消极影响，对于发挥其在经济增长中的新引擎作用，进而实现经济高质量增长具有重要的现实意义。

人工智能是人类科学技术发展史上的一次重大科技革新，深刻影响着传统生产方式。现有研究尝试将人工智能引入经济增长模型，来说明对劳动力市场产生影响的逻辑和路径，主要有两种思路：一种是假设人工智能是要素增强型技术，如资本增强型技术（Graetz & Michaels，2018）和劳动增强型技术（Bessen，2019）。这类理论中，技术对劳动或资本的替代作用不仅与技术本身有关，还会受到劳动和资本替代弹性的影响，因此并不能说明人工智能是否会更多地替代劳动。另一种方式是将人工智能作为一种自动化生产技术引入模型（Zeira，1998），这一自动化过程体现了资本对劳动的替代，按照这种理论，人工智能将更可能替代劳动，对就业产生不利影响。但这些理论没有考虑人工智能发展引发工作岗位增加的可能性。Acemoglu 和 Restrepo（2018a）在一定程度上弥补了这一缺陷，

---

① 国务院．新一代人工智能发展规划［EB/OL］. http://www. gov. cn/zhengce/content/2017 - 07/20/content_5211996. htm,2017 - 07 - 20.

并提出人工智能不仅通过生产率效应促进就业，还能够以创造新工作的方式拉动就业。一方面，他们认为人工智能的引入使得企业能够通过自动化方式，以更为便宜的资本代替劳动进行生产，从而降低成本和产品价格，提高生产率，刺激消费需求，扩大产出规模，进而促进就业。另一方面，人工智能的发展能够创造更多新的工作岗位，进而增加对劳动力的需求，实现就业增长。上述分析说明了人工智能影响就业的总体理论逻辑，基于这一作用机制和影响路径，国内外学者进一步就人工智能对劳动力就业结构的影响进行了探究。Acemoglu 和 Restrepo（2018b）认为新技术的运用往往需要新技能，若劳动力不具备这种技能，那么人工智能和劳动力之间的这一不匹配问题就会严重影响劳动力就业。Autor 和 Dorn（2013）就不同行业、不同区域间人工智能对就业的影响展开分析。此外，还有部分文献从理论层面就人工智能对劳动力收入的影响进行了探究（Aghion et al.，2017）。

根据以上分析可以看出，现有关于人工智能对劳动力市场影响的理论研究已取得了较大进展。上述对就业总量、就业结构和劳动力收入的分析，为今后从不同角度、不同层面探究人工智能对劳动力市场的影响奠定了理论基础。基于此，结合已有文献研究，我们接下来将从劳动力就业总量、就业结构、劳动力收入等方面对人工智能的影响效应进行讨论。

二、人工智能对就业总量及劳动报酬的影响

从历次技术革命的发展情况可以看出，新技术的到来往往会引起人们对失业的担忧，有关技术进步对就业的影响，自 18 世纪后期工业革命以来就受到了学术界的广泛关注和激烈讨论。技术进步对于就业会产生消极的抑制效应和积极的创造效应（Aghion & Howitt，1994），人工智能对劳动力同样具有消极影响和积极影响。一方面，随着人工智能技术的不断演进，其生产优势逐渐显现，相对普通劳动力群体而言，人工智能更具竞争优势（Brynjolfsson & Mitchell，2017），其应用提高了资本生产效率，降低生产要素成本，促使企业使用更廉价的机器资本替代劳动，出现“机器换人”的局面，即人工智能的替代效应；另一方面，人工智能技术进步能够提高生产率（Bernstein，2017；Furman & Seamans，2018），降低产品价格，提高市场需求，促进资本积累和产出增长，提高劳动力就业水平（Blanas et al.，2019），这一过程会有大量新的工作岗位产生，进一步体现了人工智能的创造效应。相应地，现有文献研究也给出了两种不同观点：部分学者就人工智能对劳动力市场的影响持消极看法，认为其发展将在未来大规模取代已有工作岗位，提高失业率（Autor & Salomons，2017；Arntz et al.，2017）；也有部分学者认为人工智能能够引发新的创新（Bartelsman et al.，2019），带来更多就业机会。总体来看，关于人工智能技术对劳动力就业总量的影响，包括人工智能对劳动力的替代效应和创造效应两个方面，未来就业

市场对于劳动力的总需求将在两种效应的综合影响下发生变化。

（一）人工智能的劳动力替代效应

部分学者预测人工智能会在大范围内占据劳动工作岗位，替代劳动力进行生产等活动，最典型的是 Frey 和 Osborne（2017）有关美国 702 种职业未来被智能化技术替代可能性的研究，利用美国劳工部关于职业分类相关数据（O＊NET&SOC），根据自动化对每种职业不同特征的影响程度，将其分为高、中、低三类风险类型职业，以研究自动化技术发展对美国现有职业产生的影响，结果表明未来约 47% 的相关职业可能被自动化机器取代。David（2017）采用类似方法，就日本计算机应用可能导致工作岗位破坏风险，进行具体探究与评估。研究发现，未来几年中，日本劳动力市场大约 55% 的工作岗位容易被自动化替代。Arntz 等（2016）提出基于职业分类的风险评估与预测在一定程度上存在过高预估自动化替代效应的问题，该研究指出每种职业均由不同种任务构成，以职业本身而非任务为单位对其进行风险分类，由于被定义为高风险类型的职业中包含大量难以被自动化的任务，以职业为单位的风险评估会高估自动化的替代程度，基于此，利用 PIACC 数据库中的工作任务数据，通过任务方法（task – based approach）对经济合作与发展组织（OECD）中包含的 21 个国家的工作进行评估，结果显示，美国就业市场中有 9% 的工作更容易被自动化，此外，作者还对 OECD 中其他国家的自动化进行了分析，如德国工作任务被机器取代的概率为 12%，而韩国仅有 6%。

在理论分析和实证研究方面，Susskind（2017）通过静态和动态两种均衡路径分析机器对劳动力市场的作用机制，发现随着自动化的推进，一系列具有劳动优势的工作任务会被不断替代，劳动力能够从事的工作范围将不断缩小，最终导致技术性失业、工资水平持续下降等现象的发生。Acemoglu 和 Restrepo（2017）通过构建简单任务模型，探究不同任务中人工智能与劳动力之间的竞争程度，基于理论分析结果，利用 1990—2007 年美国有关机器人和劳动力可得数据，实证检验机器人数量增加对本地区劳动力就业影响的具体情况，结果显示，每千名就业工人中，增加一台自动化机器，就会使工人失业率上升 0.18% 至 0.34%。基于上述研究，Chiacchio 等（2018）利用 Acemoglu 和 Restrepo（2017）构建局部劳动市场均衡模型的方法，选取 6 个欧盟国家样本数据，对欧洲劳动力市场上机器人使用量与工人就业关系进行评估，发现与美国类似，每千名工人增加一个机器人，欧元区国家就业率就会降低 0.16% 至 0.20%。

（二）人工智能的就业创造效应

尽管人工智能产生的替代效应使得劳动力就业受到严重威胁，但许多专家学者仍对自动化技术的发展前景持乐观态度，并认为人工智能应用在对劳动力进行替代的同时，也能够创造新的工作岗位，从而拉动就业。从自动化技术长期的发展情况来看，其创造效应将持续增加，智能化机器应用最终能够对劳动力就业产生有利影响（Trajtenberg，2018）。

Autor（2015）认为，技术进步将提高社会生产效率，降低相关产品销售价格，进而刺激消费、促进企业扩大生产规模，与此同时，消费者相对收入提高，居民有更多“盈余收入”用于其他商品消费，这也会带动相关产业发展，促进经济增长，提高就业需求，提升劳动力市场就业水平。Acemoglu 和 Restrepo（2018a）利用 1980—2007 年美国劳动力就业数据分析人工智能对劳动市场的影响，发现美国就业人口总量上升了约 17.5%，其中近一半的增长是由人工智能创造的新任务带来的。Berg 等（2018）认为人工智能技术发展能够提升劳动生产率水平，增加社会总产出，进而提高劳动力就业水平，同时还能够创造出一些全新的工作岗位，增加劳动力就业机会，而且人工智能技术的长期发展将提高经济整体发展水平，改善居民生活，进而也会有利于劳动力就业。

Acemoglu 和 Restrepo（2018b）构建了基于任务的技术偏向性理论模型，认为尽管工业机器人能够对劳动力产生替代，但人工智能技术进步也会通过提高生产率、促进资本积累、实现自动化深化以及创造新任务的方式刺激经济发展，增加新的就业需求，促进就业。具体来看，假设总产出为不同任务产出的柯布—道格拉斯（Cobb – Douglas）生产函数形式，且任务范围只能在区间 $[N-1,N]$ 上变动，函数表达式如下：

$$\ln Y = \int_{N-1}^{N} \ln y(x)\,dx \tag{1}$$

其中，如果一个任务在技术上是可以实现自动化的，那么这一任务可以由机器或劳动来完成，反之，如果未能实现自动化，则任务只能由劳动生产，笔者假定区间 $[N-1,I]$ 上的任务能够实现自动化，即满足：

$$y(x) = \begin{cases} \gamma_L(x)l(x) + \gamma_M(x)m(x), \text{当 } x \in [N-1,I] \\ \gamma_L(x)l(x), \text{当 } x \in [I,N] \end{cases} \tag{2}$$

经过推导，得到关于劳动力需求的表达式：$W = (N-I)Y/L$。在此基础上，笔者主要分析了四种由自动化技术进步引发的就业创造效应。第一是生产率效应，指自动化技术进步提高了自动化行业中非自动化任务的劳动需求，以及增加其他行业的就业需求。第二是资本积累效应，指自动化技术长期发展会增加资本积累，降低资本价格，进而强化了生产率效应，有利于劳动力就业。第三是自动化技术深化，表现为 $\gamma_M(x)$ 的提高对均衡工资的影响为：$d\ln W = (I-N+1)d\ln\gamma_M > 0$，因此，自动化的深化也会促进就业。第四是新任务的创造，由 N 的增加体现，且有 $d\ln W/dN > 0$。笔者认为新任务的创造效应对就业的影响作用最大。

此外，Autor 等（2003）从自动化技术发展过程中可能创造的工作岗位类型的角度进行分析，提出随着自动化技术的不断进步，如果大量引入机器人，企业就需要对现有工作人员进行培训，使其能够更熟练、更高效地操作机器，或招聘具有相关专业知识的人才进行机器操作和维护工作，进而更好地发挥机器生产效率，而企业的这一行为将增加工作岗位，提供更多就业机会。

（三）人工智能对就业总量的总体影响

从上文关于人工智能对就业影响的分析中可以看出，人工智能对劳动力就业具有多重影响，最终影响效果与人工智能产生的替代效应和创造效应的占优情况有关（Autor，2015；Bakhshi et al.，2017；Bloom et al.，2018）。

第一，人工智能产生的替代效应大于创造效应，总效应表现为就业减少。Autor 和 Salomons（2018）选取 1970—2007 年跨国数据，发现机器应用对劳动力产生的影响是多方面的，替代效应会降低劳动力就业机会，减少就业，创造效应则会促进劳动力就业，综合多种作用机制的影响程度来看，人工智能的替代效应起主导作用，最终表现为人工智能技术降低了劳动力的就业水平。而 Gordon（2018）认为，尽管人工智能最终表现为替代劳动，但这一替代过程非常缓慢，因此，人工智能不会导致现有工作岗位大量减少，劳动力市场不会出现大规模失业现象。

第二，人工智能产生的创造效应大于其替代效应，总效应表现为增加就业。Atkinson 和 Wu（2017）在对 1850—2015 年美国劳动力市场就业变化情况进行分析时指出，以往技术变革创造的就业机会远大于就业岗位消失的比例，因此，他们认为对人工智能会减少就业的担忧是没有必要的。Aghion 等（2020）也对人工智能引发的就业效应持乐观态度，他们利用 1994—2015 年法国制造业领域的综合微观数据，发现自动化技术对劳动力的促进作用大于其对劳动力的替代效应，机器的应用最终会促进就业。Roy 等（2020）在对不同国家人工智能技术发展水平及其影响进行比较分析时，提出尽管人工智能会减少部分工作岗位，但其创造的就业机会往往更多，对劳动力就业的促进作用更大。

第三，两种效应相当，作用效果相互抵消，人工智能的就业效应不显著。Dauth 等（2017）利用 IFR 数据对 1994—2014 年德国劳动力市场工业机器人的使用情况进行分析，发现机器人使用数量对德国劳动力就业总量的影响并不显著。Graetz 和 Michaels（2018）在对 1993—2007 年全球 17 个国家有关工业机器人使用与劳动力就业关系的研究中，也得出了类似结论。

此外，部分文献认为人工智能对劳动力就业的综合影响效果是不确定的，或者说不同情况下，人工智能对就业的影响也有所不同。Bessen（2018）的研究发现，人工智能对劳动力就业的影响与产品需求弹性有关。如果这一弹性足够大，那么人工智能技术变革所创造的就业机会将足以抵消由其引发的就业岗位数量的减少，此时，人工智能技术进步表现为增加就业；反之，人工智能将降低劳动力就业水平。Korinek 和 Stiglitz（2017）认为，新技术的出现往往意味着旧的工作岗位被摧毁，工人需要寻找新的工作，但市场上的工作岗位数量并不像经济学家所理解的那样是固定不变的，只要经济体能够良好运行，那么人工智能创造的新就业岗位就足以弥补其带来的岗位损失。Stevenson（2018）提出从长期发展角度来看，人工智能技术变革能够带来更多新的工作岗位，进而对劳动力就业产生有利影响。

（四）人工智能对劳动报酬的影响

与人工智能对就业总量的影响情况类似，人工智能对劳动力工资收入也存在有利和不利两种相反的影响效应。首先，从人工智能会降低劳动力工资水平的角度入手进行考察。Decanio（2016）利用 Houthakker 模型估计了机器人应用对美国劳动力工资收入的实际影响程度，研究结果显示，当劳动力和机器的替代弹性大于 1.9 时，机器的广泛应用将会减少劳动力工资报酬，人工智能技术不利于劳动力工资增长。Acemoglu 和 Restrepo（2017）通过对 1990—2007 年工业机器人与美国劳动力市场关系的研究发现，机器人使用对劳动力工资收入具有不利影响，其使用数量的增加会降低劳动力收入水平。Chiacchio 等（2018）研究发现机器人使用数量增加对劳动力工资收入有显著负向影响，据估计，每千名工人中，工业机器人数量每增加一台，工人工资就会降低约 0.63%。其次，人工智能也可能提高劳动力的工资收入水平，Graetz 和 Michaels（2018）通过对全球 17 个国家工业机器人使用情况及其影响的研究发现，工业机器人使用数量的增加能够提高劳动力的平均时薪，即人工智能的应用有利于劳动力工资水平的提升。此外，人工智能对劳动力工资水平的影响也存在不确定性，如 Fueki 和 Maehashi（2019）通过构建基于新凯恩斯主义（NK）模型的理论分析框架，并利用 1998—2017 年 18 个国家的平衡面板数据，考察机器人与劳动力就业的关系，结果显示，人工智能能够提高社会生产效率，而劳动力工资又与生产效率息息相关，因此，机器人使用数量增加不一定会降低劳动力收入水平。

与前文人工智能对就业影响分析不同的是，考虑到人工智能技术进步可能会更多地提高资本要素的回报份额，不利于劳动收入份额的增加，进而会扩大资本所有者和劳动力的收入差距，不利于不同阶级的均衡发展。Gries 和 Naudé（2018）通过建立包含人工智能资本的内生增长理论模型，结合需求约束条件对模型进行均衡求解，结果表明，在人工智能和劳动力能进行相互替代的情况下，人工智能将会降低劳动力工资水平，并减少劳动收入份额。在人工智能能对劳动力实现替代的情况下，由于智能化机器相对使用成本更低，多数企业选择使用机器资本进行生产，劳动力需求下降，工人工资水平降低，劳动收入份额减少，机器所有者获得更多劳动报酬。Agrawal 等（2018）的研究也表明，未来如果人工智能作为一种新的、有效的资本形式被运用于生产领域，随着人工智能数量的增加，劳动力工作岗位减少，相应地，劳动收入份额将会降低，资本收入份额增加。人工智能的应用会挤占劳动力的就业岗位，减少劳动力就业机会，随即劳动工资收入水平降低，收入份额下降。Caselli 和 Manning（2017）认为，从长期来看，劳动力工资水平会上升，但相对资本所有者而言，劳动收入份额可能会下降。尽管人工智能技术的长期发展可能会提高劳动力的平均工资水平，但相较于机器资本，其上升幅度较小，在国民收入中的占比仍会降低。以上观点均表明，人工智能技术进步使得国民收入更多地流向了人工智能资本所有者，导致劳动收入份额下降，进而加剧了收入不平等（Abeliansky & Prettner，2017）。从人工智能技术在全球的发展趋势来看，劳动收入份额的下降已经成为一种普遍现象（Ramaswamy，2018）。

总体来看，人工智能对劳动力工资水平具有积极和消极两种影响作用，而最终的综合作用效果仍将与这两种影响效应的大小有关。从对劳动收入份额影响的结果来看，人工智能并不利于劳动收入份额的增加，其应用将在很大程度上提高资本要素所有者的报酬占比，且由于资本分布较为密集，较多资本集中在少数人手中，因此，这一过程往往会加剧收入不平等（曹静、周亚林，2018）。

三、人工智能对劳动力市场技能结构和收入的影响

现有研究认为，尽管无须过度担心人工智能可能引发的大规模失业问题，但其对就业结构产生的影响仍值得关注（Betsey，2018；Brynjolfsson et al.，2018）。一般而言，人工智能对不同教育、技能水平的劳动力存在差异性影响。多数研究认为人工智能的发展与应用对教育水平和技能水平更低的劳动力产生的不利影响更大（Borjas & Freeman，2019），可能原因是技术进步对常规性任务的替代概率更大（Charnoz & Orand，2017；Wright & Gaggl，2017），而普通劳动力往往集中分布在这些任务区间，相比之下，高技能劳动力被机器替代的可能性较小（Prettner & Strulik，2017）。

这方面的文献有从教育水平入手，研究人工智能对不同教育程度劳动力的影响（Aghion et al.，2019），也有直接从技能角度进行分析的，如 Korinek 和 Stiglitz（2017）通过对人工智能与劳动力就业之间的关系进行探究，发现人工智能会通过效率工资效应和就业结构转型两种渠道，抑制低技能劳动就业，并认为这是企业提高就业工人工资水平，以及低技能劳动不具备人工智能时代所需的技能水平，不能及时进行就业结构调整造成的。

而更多的研究则是集中于从劳动力技能水平的衡量标准出发，探究人工智能对不同技能劳动力就业的影响。现有关于劳动力技能水平的衡量主要包括利用教育水平衡量，以及根据工作任务、工作类型衡量等方法。首先，我们对根据教育程度划分的技能水平的相关文献进行概括分析。Lordan 和 Neumark（2018）将低技能劳动力定义为具有高中及以下学历的劳动群体，利用 1980—2015 年 CPS 样本数据，分析了自动化技术发展对劳动力就业的影响，结果表明，自动化技术不利于低技能劳动就业，但会对高技能劳动力产生积极影响，作者认为这一差异主要与最低工资水平有关，最低工资的提高会增加自动化技术对低技能劳动的不利影响。Acemoglu 和 Restrepo（2018a）通过观察自 1980 年来的每 10 年中受雇劳动力的平均教育水平发现，拥有更多新岗位的职业中劳动力的平均受教育程度较高，据此作者认为高技能劳动力在新任务中更具竞争优势，基于这一假设，认为自动化技术会替代低技能劳动，而由技术进步引发的新任务的增加会直接惠及高技能劳动，最终人工智能技术进步将表现为降低低技能劳动力的就业水平，但会提高高技能劳动力的就业比例，进而增加就业的不平等性。其次，按照工作任务、工作类型等划分的不同技能劳动力进行探究。Autor 等（2003）认为计算机资本与不同教育水平劳动力之间的关系较为复杂，不能简单地用受教育年限来说明劳动力的技能水平。基于以上分析，又结合人工智能对不同类型工作的影响效果不同，作者以劳动力从事的不同工作类型为依据，对劳动力进行技能划分。他们认为自动化技术能够替代执行常规任务的工人，但无法实现对从事非常规任务工人的替代，由于常规和非常规任务分别由相对应的技能工人来完成，因此，人工智能会减少对常规技能工人、增加对非常规技能工人的市场需求。Alderucci 等（2020）把企业中的生产工人看作低技能劳动力，把非生产工人视为高技能劳动力，他们认为人工智能技术创新水平更高的公司往往会与更高的就业率以及更少的生产工人相一致。作者进一步利用 1997—2016 年美国制造业企业相关数据，就企业人工智能应用对劳动力就业的影响展开分析，发现人工智能对制造业企业低技能工人需求的影响并不显著，可能的原因是，上述样本数据中企业现有低技能劳动力数量较少，人工智能数量增加将不会再对其就业比例产生实质性影响。此外，他们的研究结果还表明，人工智能对高技能劳动力具有一定的正向影响。

上述文献讨论了人工智能应用对高、低技能劳动就业水平的差异化影响，并就人工智能技术进步更有利于高技能劳动力就业持一致看法，根据这一观点可知，未来随着人工智能技术的不断演进，低技能劳动将在更大程度上面临被机器替代的压力。据此可以猜测，智能化时代背景下，为了更好地应对人工智能的冲击，低技能劳动者将不得不提高自身技能或受教育水平，因此，我们认为人工智能技术进步将有助于改善教育结构，提高劳动力的整体受教育水平。

部分文献还进一步将劳动细分为高、中、低技能群体，对人工智能的影响进行分析。Acemoglu 和 Autor（2010）通过建立简单任务模型，对人工智能与劳动力就业之间的关系进行分析时发现，自动化技术能够提高对从事管理等工作的高技能劳动力的就业需求，同时，也会降低执行规则化任务的中等技能劳动力的就业比例。此外，由于从事低技能服务工作的劳动者不容易被机器替代，因而，自动化技术进步也提高了对低技能劳动力的就业需求，进而引发了就业极化现象。Autor（2015）的研究表明，尽管在过去的几十年里，技术进步使得劳动力就业出现了两极分化现象，但从长期发展角度来看，被机器替代的劳动能够通过岗位转移实现重新就业，因此，作者认为这一结构性失业问题不会持续太久。Graetz 和 Michaels（2018）利用 1993—2007 年全球 17 个国家的工业机器人面板数据，探究人工智能技术进步对经济发展的实际影响情况，实证检验结果表明，人工智能只会对低技能劳动力产生不利影响，对中、高技能劳动力就业有显著的促进作用。Sachs（2018）运用数值模拟的方法，并基于研发投资回报不断增加以及低、中等技能劳动力能够被替代的条件假设，就人工智能对美国劳动力市场的影响进行综合分析。研究发现，在短期内，低技能劳动力的就业比例将下降，而中、高技能劳动力比例会相应上升。长期来看，中等技能劳动力能够被替代的风险增加，但这一群体将通过进一步学习和深造进入高技能劳动群体行列，最终劳动力市场上只存在低技能就业群体和高技能就业群体。无论是基于低、高技能劳动力群体的划分，还是进一步引入中等技能劳动群体，多数研究都认为人工智能技术进步能够增加高技能劳动者工作机会，提高其就业水平。人工智能对高技能劳动力的这一差异化影响，将在一定程度上增加失业群体通过提高自身技能水平实现再就业的可能性，进而又为优化劳动力就业结构提供了重要保障。

另外，还有部分学者认为自动化技术发展具有阶段性，不同发展阶段的自动化技术对劳动力市场的影响也有所差异。当自动化技术处于初级发展阶段时，人工智能只能取代低技能劳动；当智能化技术进步发展到较高水平时，人工智能将逐渐取代高技能劳动，完成相关的生产活动（Aghion et al.，2017）。从技术创新自身的发展周期来看，人工智能正处于技术发展的成长期，各国对这一领域的中、高级技术人才的需求急剧增加，而目前相关领域的专业技术人员仍较为匮乏。综合以上分析，随着自动化技术的不断进步与发展，为了更好地应对人工智能可能产生的不利影响，我们需要正确把握人工智能技术的发展阶段，不断加强相关技能培训，增加知识积累，提升自身能力水平（Agolla，2018；Ahmad，2019），为应对智能化时代的到来做好充分准备，这一过程最终将有助于实现劳动力结构的优化升级。

经济学家普遍认为，长期来看，人工智能技术进步并不会对劳动力就业总量及其收入产生不利影响，而真正需要担心的是人工智能应用所引发的不同技能劳动间的收入分配不平等问题（Korinek & Stiglitz，2017）。因此，我们在探究人工智能技术对劳动力工资收入影响的同时，也应关注其可能引发的收入不平等问题。

现有文献研究认为，技术进步往往是有偏的，一般而言，新技术引入能够对高技能劳动力产生补充作用，但会对低技能劳动者产生替代作用，进而通过影响劳动力的供给和需求，扩大高、低技能群体间的收入差距（Berg et al.，2016；Acemoglu & Restrepo，2019）。Lankisch 等（2017）在假设低技能劳动力更容易被机器替代的基础上，通过构建内生经济增长模型，探究自动化技术对高、低技能劳动者工资水平的差异性影响，理论分析结果表明，自动化技术进步不仅会减少低技能劳动者的工资收入，还会不断提高技能溢价，从而扩大了低技能劳动力之间的收入差距。Acemoglu 和 Restrepo（2018c）认为人工智能不一定会扩大不同技能劳动力之间的收入差距，这取决于人工智能与劳动力的替代关系。如果人工智能能够实现对高技能劳动力的替代，那么人工智能会降低高技能劳动力的工资水平；反之，人工智能则会对低技能劳动者的工资收入产生不利影响。Dauth 等（2017）通过对德国劳动力市场上机器人与劳动力就业关系的研究，发现机器人使用量增加会降低低技能和中等技能劳动力的工资收入，且对后者的影响更加显著，但能够增加高技能劳动者的收入水平。Autor（2015）指出人工智能应用将使得工资不成比例地流向高、低技能劳动群体，而不是中等技能劳动群体，进而导致了两极分化现象。而 Alderucci 等（2020）的研究表明，尽管人工智能扩大了不同技能劳动力间的收入差距，但并不必然会引发收入极化现象。因为人工智能在提高高技能劳动力相对收入的同时，中等技能劳动力相对低技能劳动力的收入水平也是增加的。Gries 和 Naudé（2018）认为，人工智能既可能扩大不同技能群体的收入差距，也可能改善其收入分配。因此，人工智能对收入不平等性的影响是不确定的。与人工智能对不同技能劳动力就业影响的分析类似，多数研究认为，人工智能技术对高技能劳动力收入的影响是有利的，但未来若能实现人工智能对高技能劳动的替代，那么其工资水平也将存在下降风险；对中、低技能劳动力工资水平的影响与之前关于就业影响的分析类似，不再赘述。

此外，还有部分学者从短期和长期两个层面，分析人工智能技术进步对劳动者工资收入的异质性影响，并认为人工智能技术的短期发展阶段，其应用会降低中等技能劳动者工资水平，但会促进高、低技能劳动者的工资收入（Autor & Dorn，2013；Aghion et al.，2020），长期来看，人工智能对劳动力收入的影响范围和影响程度还未能确定。

四、人工智能对不同产业就业及收入的影响

从历次技术革命对劳动力市场的影响中可以发现，每一次的技术进步都会对劳动力就业的产业分布产生一定冲击，从目前各国的实际发展状况来看，技术革命的冲击使得就业

结构逐步向服务业领域转变。与之类似，以人工智能、大数据等为代表的新一轮科技革命也会对劳动力就业的产业结构分布产生重要影响。随着人工智能等技术的不断演进与发展，智能化机器的应用也逐渐由农业、制造业等行业向服务业进行渗透。本文将按照三次产业划分梳理学术界对于人工智能对不同产业就业与收入的影响。

第一，人工智能对农业部门就业的影响。部分研究认为当前人工智能还未对农民总体就业数量产生较为显著的影响（Frey & Osborne，2017），可能的原因在于，从全球范围来看，人工智能还处于初级发展阶段，相较于传统农业的生产要素投入，智能化机器使用成本仍较高，因而，人工智能还未能够对农业劳动力产生较大冲击。虽然人工智能对农业部门劳动力就业的冲击并不明显，但人工智能技术的发展仍会对农民劳作和农业生产方式等产生重要影响。Ampatzidis 等（2017）提出随着自动化技术的发展，智能化机器能够从农作物种植、除草、收割等整个生产过程实现机器与农业劳动者的结合。依托人工智能等技术，传统农业能够与智能化机器相结合，进而转型升级为智能农业，依赖人工智能技术的先进性与特殊性，智能化农业可以通过机器的自主学习，以及基于数据的准确预测，对土壤质地、结构等自然属性进行分析，进而为作物选择、播种、耕作等提供更为科学的决策建议，这一智能化农业生产过程不仅为提高农业产量提供了有力保障，还为优化农产品质量创造了有利条件。人工智能应用于农业，势必会提高农业部门对相关农业技术人员的需求，进而会倒逼农业劳动者通过学习、培训等方式提高自身技能水平，完成向技术劳动力的转型，这进一步为农业劳动力结构的优化升级提供了可能。此外，还有文献指出智能化等技术的发展能够为农户与消费者建立更加紧密的关系网络（Lele & Goswami，2017），减少农产品从农户到消费者的中间途径，降低农产品销售成本，提高农产品获利水平，改善农业部门劳动力就业状况。尽管目前人工智能对农业部门就业的不利影响还不显著，但随着人工智能技术的持续推进，其在农业领域的应用成本会迅速降低，且相较比于农业劳动者，智能化机器的生产效率更高、持续工作时间更长，因此，未来人工智能对农业部门劳动力的冲击可能会逐渐加强。

第二，人工智能对制造业部门劳动力就业的影响。现有关于人工智能对不同产业劳动力就业的影响分析多集中于制造业领域，这不仅与制造业产业易受人工智能等技术影响的特性有关，部分原因还在于大多数普通劳动力主要集中于制造业，因此，考察这一领域人工智能的就业影响效应更具现实意义。20 世纪 80 年代后期，人工智能的出现使得制造业中部分劳动密集型产业，包括机械加工、焊接等实现了自动化，这部分行业中的劳动力逐渐被人工智能取代（Acemoglu & Restrepo，2017；Graetz & Michaels，2018）。Davoyan（2021）认为自动化技术进步会降低制造业行业中低教育水平劳动力的就业比例。这一研究表明，人工智能不仅会影响制造业部门的发展模式，还会对相关产业劳动力技能、教育水平等提出更高要求。国内学者闫雪凌等（2020）利用2006—2017年我国制造业相关样本数据，探究人工智能应用对制造业部门劳动力的影响情况，结果显示，人工智能数量与制造业领域工作岗位数量呈负相关关系，根据实证检验结果，智能化机器每增加1%，制造业部门岗位数量减少约4.6%。上述研究大多讨论了人工智能对制造业劳动力就业的不利影响，但其影响并不完全是负面的。Chiacchio等（2018）研究发现，人工智能对制造业部门劳动力的影响并不显著，这可能是人工智能对行业内部从事不同职业劳动力的不同影响效应相互抵消的结果。Yin等（2017）更是提出了人工智能技术的演进将重塑制造业发展格局的观点。

第三，人工智能对服务业劳动力就业的影响。根据美国劳工统计局（BLS）的一项研究，预计2024年之前的10年中，劳动力市场上的大部分就业增长都将出现在服务业领域（Trajtenberg，2018）。Deming（2017）认为在计算机技术发展过程中，服务业部门的认知类、创造类等工作越来越难被替代，就业增长在高水平认知技能和社会技能的工作中更加凸显，进一步地，作者利用全国纵向调查数据（NLSY79）研究发现，1980—2012年，美国社交技能类工作数量增加约24%，同期服务类工作增加约23%，且从长期发展角度来看，未来服务业领域的劳动力需求仍可能呈持续上升态势。从以上分析可以看出，人工智能对服务业行业劳动力就业的影响往往是有利的。此外，还有一点值得关注的是，人工智能会如何影响服务业生产率，技术创新是提高服务业生产率的关键（Peters et al.，2018），人工智能技术也不例外，人工智能在服务业领域的广泛应用，推动了传统服务业向智能化产业的转型升级，服务业与人工智能的有效结合不仅改变了服务业的传统发展模式，还通过优化服务质量、扩大服务范围、提升服务业行业技术创新等方式，提高了服务业生产率，并可能有效解决“鲍莫尔病”（Baumol’s disease）问题，进而为提高经济整体发展效率以及劳动力就业水平提供重要保障。

第四，人工智能对不同产业劳动力就业的综合影响。人工智能在不同行业发挥的作用有所不同，对各行业劳动者产生的影响效应也存在显著差异。Bessen（2019）认为尽管自动化技术并不总会减少就业，但对不同行业产生的影响有所不同，具体地，作者利用有关美国纺织、钢铁和汽车行业的数据研究发现，自动化技术主要会对制造业就业产生负面影响，对其他行业的影响还未显现。根据前文分析已知，人工智能对农业部门劳动力就业的影响并不显著，因此，接下来我们主要就人工智能对制造业、服务业等行业劳动力的影响展开分析。综合制造业和服务业的就业影响效应来看，多数文献认为，人工智能应用会减少制造业领域的工作岗位数量，增加服务业部门劳动力就业机会（Dauth et al.，2017；Mann & Püttmann，2017）。Autor和Dorn（2013）认为，自动化技术进步对制造业产生的影响更大，其部门劳动力更容易被机器替代，但这部分劳动最终会逐步向服务业领域进行转移，以期实现再就业。郭凯明（2019）基于构建的动态一般均衡模型，探究人工智能对产业结构优化升级的影响及其作用机制，研究结果表明，人工智能对产业结构转变的影响是不确定的，并认为人工智能对产业结构转型的影响与其在不同领域的应用前景有关，若自动化技术在制造业领域发展更为迅速，那么人工智能将有利于服务业部门的发展与繁荣。反之，其应用将会推动制造业部门的进步与发展。

尽管现有研究大多认为制造业部门劳动力被替代的可能性较大，人工智能会导致制造业行业的人力资本流出；而人工智能对服务业部门劳动力的替代程度较低，人工智能技术发展会促进服务业行业人力资本流入。但根据上述分析可以发现，人工智能对制造业部门的影响也不完全是负向的，且随着自动化技术的不断深入发展，服务业中的许多工作、岗位也将存在被替代的风险（Chui et al.，2016；Berriman & Hawksworth，2017；Piva & Vivarelli，2018）。因此，我国在未来的发展过程中，需要合理把握人工智能技术演进方向，充分发挥人工智能对产业结构和人力资本结构转型升级的积极作用，进而为加快实现我国经济高质量发展提供更为有利的条件。

基于上述有关人工智能对劳动力就业产业分布的影响分析，可以进一步探讨人工智能对不同行业劳动力收入水平的影响。首先，关于人工智能对不同行业劳动力工资水平的影响。Autor 和 Dorn（2013）在研究中指出，在多数由低技能劳动从事的职业及其所属行业中，其劳动力工资水平均有明显下降趋势，但服务业部门劳动力工资却有所增长，具体来看，1980—2005 年，在服务业领域工作的大学学历以下劳动者实际时薪增长了近 11%，高于其他行业低技能劳动者平均工资增长水平。人工智能的发展与应用增加了对服务业行业劳动力的需求，进而也会提高其行业劳动者的工资水平。尽管从不同技能劳动力的整体发展情况来看，低技能劳动可能面临被机器替代，进而导致工资下降的风险，但就服务业部门而言，人工智能提高了其部门的就业需求，抵消了人工智能对低技能劳动力的不利影响，并进一步提高了低技能劳动者的工资水平。从人工智能对我国劳动力工资水平的影响情况来看，闫雪凌等（2020）研究发现，人工智能对制造业部门平均工资水平的影响并不显著，但对于规模大、资本深化度高、研发投入力度大的行业而言，工业机器人的使用会提高劳动力工资水平。孔高文等（2020）认为，更容易被机器替代的行业，随着智能化机器使用数量增加，其行业内部劳动力工资水平也会提高。可能的原因在于智能化机器的溢出效应增加了对同行业劳动力的需求，进而提高了劳动者的工资水平。其次，从劳动力收入份额的角度进行讨论。Autor 和 Salomons（2018）的研究表明，自动化技术进步能够降低劳动者的收入份额，且对重工业部门的影响最为严重。进一步研究发现，从 20 世纪 80 年代到 21 世纪 00 年代，劳动收入份额持续下降，制造业、采矿业和建筑业等部门的下降趋势最为明显。根据前文分析已知，人工智能对劳动收入份额的不利影响已经成为一种全球化的现象，但对于不同行业而言，其影响程度仍会有所不同。Korinek 和 Stiglitz（2017）提出，人工智能应用可能较多地集中在制造业部门，经济发展逐渐向服务业部门演变。这一过程中，如果服务业部门能够提供更多的就业机会和更好的就业环境，并提高其部门就业工人工资水平，那么这将有助于改善市场收入份额分布不均的现象。

五、人工智能对就业和收入影响的地区差异

20 世纪 90 年代以来，以美国、日本等为代表的发达经济体较先引入人工智能技术，人工智能的应用对发达国家经济与社会发展产生了重要影响。近年来，随着人工智能技术的不断演进，发展中国家也逐渐加入了人工智能的研发行列。由于人工智能技术对就业市场的影响较为复杂，不同国家和地区人工智能发展水平并不一致（Acemoglu & Restrepo，2018d；Josten & Lordan，2019），且其劳动力市场本身也具有很大差异性，因此，最终人工智能对不同国家和地区劳动力就业的影响效果也会有所不同（曹静、周亚林，2018；Barbieri et al.，2019）。此外，根据前文分析可知，人工智能对不同技能水平、不同产业间劳动力就业的影响情况不同，这些因素通常也会影响一个国家和地区人工智能的就业效应。

首先，我们从劳动力技能水平影响的角度展开分析，目前关于人工智能对低技能劳动力就业影响的看法还不完全一致，这里我们主要从中、高技能劳动力的就业情况来进行探讨，多数研究认为当前人工智能对中等技能劳动力的替代作用较大，多数中等技能劳动者面临较大的失业风险；对高技能劳动力的替代作用还不明显，且随着人工智能技术的持续发展，就业市场对高技能劳动力的需求将不断增加。根据以上分析可知，人工智能技术发展较快的国家往往会减少对中等技能劳动力的需求，同时也会提高对高技能劳动的需求水平，因此，相对发展中国家而言，美国、欧洲等发达国家和地区的中等技能劳动力就业份额会减少，而高技能劳动力的就业比例会提高（Acemoglu & Autor，2010）。

其次，对劳动力就业的行业结构差异进行讨论。根据之前关于人工智能对于劳动力就业产业结构分布影响的分析可知，人工智能对不同行业劳动力的影响存在显著差异，对某些行业，如对于机械加工、焊接等行业，人工智能对劳动力的替代效应较大，对其他行业，如认知类、创造类等服务业工作的替代作用较小。由于一个国家或地区的产业结构有很大差别，人工智能面对的就业群体也有较大差异，对就业的影响也会显著不同。Berriman 和 Hawksworth（2017）通过对比分析不同经济体自动化技术对劳动力就业的影响，发现自动化技术对不同国家就业水平的差异化影响，是由各个国家特定行业构成的可自动化水平差异引起的。

除了上述劳动力技能结构和产业结构的差别会对人工智能的就业效应产生影响之外，

其他与国家或地区发展相关的指标，如经济发展水平等也会影响人工智能的这一效应，也就是说，一个国家或地区特有的一些发展特征也是影响人工智能区域就业效应差异的关键。Bloom 等（2018）认为，高度发达国家的经济发展水平较高，对劳动力的需求较大，与此同时，这些国家也正面临着人口老龄化和劳动力增长率下降等问题，劳动力供给短缺现象较为严重，因此，人工智能对高度发达国家劳动力市场的影响更为广泛。尽管很多因素均会影响人工智能的区域就业效应，但归根结底，造成人工智能对劳动力就业这一差异性影响的根本原因在于这个区域的政策、制度等的不同。Graetz 和 Michaels（2017）利用 1970—2011 年 17 个国家 71 次衰退后的复苏情况数据，就人工智能技术变革对劳动力就业复苏的影响进行分析，研究结果表明，技术变革并没有提高美国之外其他发达国家的失业率水平，并认为这一现象与美国关于人工智能技术的引进方式、政府的相关政策、制度水平等因素有关。基于 Acemoglu 和 Restrepo（2017）关于人工智能对美国劳动力市场的影响研究，Dauth 等（2017）利用同样的方法，对德国劳动力市场人工智能的影响效应进行评估，结果显示，一个工业机器人只能替代两名制造业工人，远低于 Acemoglu 和 Restrepo（2017）估计结果中机器人对制造业工人的替代比例，他们认为这一差异性结果主要是德国就业市场本身的劳资关系导致的。总结上述研究结果可以发现，人工智能对不同国家劳动力市场的影响存在显著差异，且这一差异与各国的劳动力技能水平、行业构成、经济发展水平、经济制度、国家政策等因素有关。

上述文献大多是关于人工智能对发达国家劳动力就业的影响分析，由于发展中国家人工智能技术研发起步较晚，有关人工智能研究的文献相对较少。但随着自动化、大数据等的不断演进，人工智能对发展中国家的影响也逐渐显现，中国作为典型的发展中国家，较大的人口数量和制造业发展规模，为人工智能的应用与发展提供了更大可能，且人工智能的发展依赖于数据量存量，一般而言，数据量越多，对人工智能的有利影响也越大，我国较大的人口规模和市场规模为人工智能技术进步提供了更为广泛的数据支持，因而，近年来人工智能在我国取得了较大程度的发展。根据国际机器人联合会（IFR）提供的统计数据，2019 年我国机器人密度[①]已高达 187 台，高于全球 114 台的平均水平，此外，我国工业机器人安装数量近 14.05 万台，超过了日本、美国、韩国和德国的总和。人工智能的迅速发展对我国经济社会结构和人们的生产生活方式产生了巨大影响，对中国劳动力市场人工智能影响效应的这一分析探究，不仅有利于解决我国就业问题，还能够为发展中国家应对即将到来的新一代技术革命冲击提供一定的经验证据。接下来，我们就人工智能对我国就业水平的影响进行深入探讨。从目前实际发展状况来看，我国各地区经济发展水平、劳

① 根据国际机器人联合会的定义，机器人密度是指每万名工人使用工业机器人数量。

动力数量、人口和产业结构等均存在差异，而基于这一特征发展起来的人工智能技术也存在显著的地区差异，因而对我国不同地区劳动力市场的影响也有所不同。

首先，从劳动力技能结构角度来看。根据前文分析可知，人工智能发展水平较高的国家或地区对高技能劳动力的需求更多，反映到我国各地区的可能影响是，对于东部等发达地区而言，人工智能对高技能劳动力的需求增加，对中等技能劳动的不利影响更大，之前提到有关人工智能对低技能劳动力影响的看法并不一致，但只从就业“极化”角度来看，多数研究仍支持发达国家会出现“两极化”就业趋势的观点。孙早、侯玉琳（2019）研究发现，人工智能对我国劳动力市场的影响总体上呈“两极化”变化趋势，即对高、低技能劳动力的需求更大。从区域影响结果来看，人工智能对北部沿海、东北和黄河中游三个地区劳动力就业的影响与我国整体趋势相同，但对长江中游、东部和南部沿海、西南和西北地区呈“单极化”的影响趋势，表现为人工智能只对高技能劳动力就业有积极作用。作者认为东部和南部沿海地区并没有出现类似于发达国家的“就业两极化”现象的主要原因是东部和南部沿海地区生活成本较高，进而挤出了低技能劳动，使就业结构呈“单极化”发展趋势。除了上述对经济区域的划分外，我国特有的城乡二元结构也是文献研究的重点。由于农村地区和城镇地区行业分布不同，人工智能对不同行业劳动力就业的影响也有所差异，最终人工智能对城乡劳动力就业的影响也可能不同，Zhou 等（2020）基于 Frey 和 Osborne（2017）关于美国劳动力市场 702 种职业被计算机化概率的研究，利用其相关测算数据，估计中国各职业的风险替代率，并结合 TMT 公司有关人工智能收入和就业的工作报告以及我国 2005 年、2010 年和 2015 年的人口普查数据，就人工智能对中国劳动力就业的影响进行分析研究。结果显示，人工智能对农村劳动力就业的不利影响更大，预计到 2049 年，约有 39.5% 的农村劳动人口将会被机器替代，并认为替代人数最多的行业分别为农、林、牧、渔业以及制造业和建筑业。这一结论与前文的概述有所差别，可能的原因是，前文是从全球范围对农业劳动者就业情况进行分析，这里主要探讨了人工智能对我国农民劳动力的就业影响，研究范围不同；前文多是基于发达国家的讨论，这也在一定程度上造成了研究结果的差异。此外，孔高文等（2020）还从就业溢出效应的角度对人工智能的就业影响进行了分析，他们利用地区层面机器人和就业的相关数据，探究人工智能技术进步对我国区域劳动力就业的影响，实证检验结果表明，机器人使用对不同地区劳动力就业的溢出效应显著，机器大量应用会导致被挤出的劳动力群体转移至其他地区，进而提高了外地同行业劳动力就业水平。也就是说，机器对本地区劳动力就业产生替代效应的同时能够提高其他地区劳动力的就业水平。

其次，在人工智能对不同区域劳动力就业影响分析的基础上，我们就劳动力收入水平的区域性差异进行简要概述。研究发现，人工智能的广泛应用也会对不同国家和地区的劳动收入产生差异性影响，Berger 和 Frey（2016）在研究中指出，劳动力技能的分布是决定工资分布的关键，而不同技能劳动力群体间出现的收入不平等现象，会进一步加剧地区间劳动力收入的不平等，由于与自动化技术相关的新工作多数集中在高技能人才聚集的城市，这些城市往往又与遭受自动化技术冲击的城市并不一致，最终表现为不同城市的劳动力工资水平不同，自动化技术进步加大了地区间劳动力收入水平的不平等性。Berg 等（2016）认为，机器人的发展与广泛应用能够替代发展中国家的非熟练劳动力，从而会降低这些国家劳动群体的相对工资。上述分析从劳动力技能水平角度考察了人工智能对不同区域劳动力收入的影响，此外，部分研究从人工智能会弱化低劳动力成本竞争优势的层面出发进行考察，Berg（2016）认为，自动化技术进步会使劳动力替代成本降低，这就会使发展中国家的低劳动力成本的竞争优势逐渐丧失，而相对发达的国家可能会将产业转移至本国附近的自动化工厂，最终将减缓低收入国家经济发展进程，进而影响劳动者的收入水平。

六、应对人工智能冲击的政策建议及研究展望

（一）应对人工智能冲击的政策建议

综合以上分析可知，人工智能对劳动力市场同时具有有利和不利两种影响作用，而技术进步作为推动经济增长的主要动力，未来必然会对我国经济社会产生重大影响。因此，在目前我国亟须提升经济发展水平的情况下，全面考虑人工智能发展对劳动力市场的综合影响，发挥人工智能对就业的积极作用，为提高我国劳动力就业水平、优化就业结构，进而实现我国经济高质量发展提供重要技术保障。基于此，我们就如何把握人工智能对劳动力市场的有利影响，以及更好地应对新一轮科技革命提出以下几点政策建议。

第一，促进新兴产业快速发展，放大人工智能就业创造效应。从长期发展情况来看，未来围绕人工智能衍生出来的新兴产业将会创造大量的工作机会，鼓励人工智能自主研发，提升相关产业的核心竞争力，促进新兴产业快速发展，创造大量新的就业机会，进而为解决人工智能发展过程中可能出现的技术性失业和结构性失业等问题提供重要保障。如 Acemoglu 和 Restrepo（2018b）提出人工智能在教育、医疗等方面产生的新工作岗位将会为劳动力提供更多的就业机会，提高劳动力就业水平，缓解劳动力市场失业压力。

第二，加大教育和职业技能培训力度。人工智能是引领新一轮科技革命的重要动力，尽管促进与人工智能相关的新兴产业发展能够创造新的就业机会，为解决可能出现的失业问题提供基础保障，但新型业态的发展也需要与一定的知识素养和技能水平相匹配，因此，人工智能背景下加强学习教育和技能培训也是关键。加强相关领域教育学习，提高专

业知识素养，不仅有助于推动人工智能在我国的迅速发展，还有利于我们应对技术革命产生的就业冲击。相较高技能劳动力而言，中、低技能劳动力更容易受到人工智能的不利影响，加强这部分劳动者的教育和职业技能培训会有助于他们实现重新就业，在一定程度上减轻这一群体的失业压力，为促进我国劳动力市场健康发展提供重要保障。此外，新技术的到来会使得部分现有工作技能面临消亡的风险，对这部分劳动力进行职业技能再培训将有助于他们更好地适应新的工作。因此，对于需要接受相关教育以及职业技能培训的劳动群体而言，政府应采取积极的应对措施，加大教育培训力度，从而使这部分群体能够更高效地运用人工智能，进而为实现我国高质量就业提供了有力保障。

现有研究也已经阐述了加强教育和职业技能培训的重要意义。Furman 和 Seamans（2018）的研究指出，人工智能的到来会使得现有职业发生变化，学习新的技能有利于工人继续在原有岗位工作或找到新的工作实现再就业，他们还提出人工智能可能会使得很大一部分群体长期失业，为了减缓人工智能对劳动力市场的冲击，政府制定支持工人以及职业再培训的政策是非常重要的。Acemoglu 和 Restrepo（2018a）也进一步从理论层面阐明了工人可以通过学校教育、在职学习、技能培训等方式获得更高的人力资本以适应新技术。值得注意的是，尽管提高教育和进行职业再培训会对劳动力产生积极影响，但对于受教育程度低的劳动力而言，通过职业技能再培训获得相对于机器的竞争优势仍较为困难（Arntz et al.，2016）。即使不考虑低技能劳动力的这一反应，面对新技术的冲击，当教育或技能培训跟不上技术对新技能的需求时，技术和技能之间的不匹配也会使劳动力市场的调整过程更为缓慢，而政府政策、劳动力市场制度等的制定和完善同样对经济社会转型具有重要意义（Acemoglu & Restrepo，2018b）。

第三，完善制度安排，防范社会风险。人工智能对劳动力产生了替代效应，随着技术进步的不断深入，劳动力面临的失业风险也将增加，因此，除加强劳动力教育和职业技能再培训外，还要完善如失业保险等一系列社会保障体系，保障失业者的基本生存水平，防范社会风险。此外，人工智能也会在一定程度上扩大收入差距，例如在人工智能时代，相较低技能劳动力而言，高技能劳动力更具竞争优势，相应的高技能劳动力获得高收入的可能性更大。因而完善收入分配制度，防止收入差距不断扩大，也是维持社会稳定的关键。顺应人工智能发展潮流，完善制度安排，健全社会保障体系，对建立稳定有序的社会发展秩序具有重要意义。Furman 和 Seamans（2018）提出随着人工智能在未来可能继续替代劳动力，增加失业风险，降低劳动市场参与率，并加剧社会不平等，通过全民基本收入、工资补贴和就业保障等制度应对人工智能的冲击是有益的。上述三种政策各有优缺点，通过权衡各种政策的利弊，综合考虑政策与未来劳动力市场变化的相互作用，才能制定出更为完善、有利于我国经济社会发展的政策体系。

（二）研究展望

本文系统地总结了近年来有关人工智能对劳动力就业和收入水平影响的相关研究，文献梳理发现：首先，人工智能会对劳动力市场产生两种作用效果相反的影响效应，即人工智能在通过替代效应抑制劳动力就业的同时，也能够通过创造效应促进就业，其应用对就业的综合影响取决于两种效应的占优情况。其次，人工智能增加了高技能劳动者的就业机会，这在一定程度上有助于优化劳动力结构，提升整体人力资本质量。另外，人工智能技术对不同行业和地区劳动力就业水平存在差异性影响。最后，对应于人工智能技术与劳动力就业关系的影响分析，本文进一步探讨了人工智能对劳动力收入水平的实际影响情况。目前，有关人工智能技术对劳动力市场影响的研究已较为丰富，但仍有几个重要问题值得进一步探究。

第一，有关发展中国家的相关研究较为缺乏。目前关于人工智能应用的研究大多来自发达国家，由于发展中国家人工智能技术发展较晚，其研究尚处于起步阶段，但从实践层面来看，随着全球化的不断深入，人工智能作为一种科学技术，其应用已跨越国界，对部分发展中国家也产生了重要影响。值得注意的是，工业化进程中，多数发展中国家仍在以劳动密集型产业为主，未来人工智能的影响有可能会非常大。因此，探究人工智能对这类国家劳动力市场的影响显得尤为重要，但现有文献并未就其在发展中国家的应用和影响进行较多阐释，未来这一领域应受到更多关注。

第二，数据可获得性、准确性问题。已有文献关于人工智能与劳动力市场关系的研究已给予较多关注，但由于目前人工智能数据较为稀缺、可获得性较低，相关研究大多以理论分析为主，缺乏相应的实证分析。已有实证分析中关于人工智能指标通常选取其内部某部分数据进行衡量，数据选取较为片面，不能反映人工智能的真实发展状况，无法准确考量人工智能产生的实际影响，如选用工业机器人考察人工智能对劳动力就业和收入的影响。从我国人工智能技术实际发展情况来看，由于自动化技术在我国起步较晚，目前仍处于初级发展阶段，因此，人工智能相关数据极度匮乏，另外，有关地区、行业等层面的数据统计有限，不能很好地依据我国国家基本制度和经济实际发展水平，考察人工智能的发展与应用对我国劳动力市场的实际影响程度。因此，未来可以从数据的可获得性、准确性和全面性等方面入手进一步拓展人工智能对劳动力市场影响的研究。

第三，研究角度较为单一。以往关于人工智能对劳动力就业和劳动收入的分析研究多集中于宏观层面的分析，缺少微观层面的深入探究。以微观企业为例，企业在进行要素投入决策时，依据成本收益原则，分析不同要素投入组合下企业能够获得的利润收益，选择能使其获得最大收益的要素组合方式进行生产，这一过程中，决策者通过综合考虑劳动和机器要素对企业收益的影响，进而决定是否选择机器替代劳动进行生产，因此，有关微观层面人工智能与劳动力市场关系的考察分析将是今后一大研究趋势。另外，已有研究多数只考虑人工智能应用对低、中技能劳动力的替代作用，并认为由于高技能劳动者本身所具有的竞争优势，因而其无法被机器取代，然而随着自动化技术的不断演进和发展，高技能劳动力也会存在被机器替代的风险。因而，人工智能应用对高技能劳动力的替代作用也是未来的一个重要研究方向。

综上所述，探究人工智能对劳动力市场的影响对于我国劳动力结构优化、产业结构升级以及经济转型等均有重要意义，目前我国人工智能发展仍处于起步阶段，其应用对劳动力市场的最终影响还不明朗，这一时期，我们需牢牢把握人工智能技术发展方向，充分发挥人工智能对劳动力市场的有利影响，推动我国经济的高质量发展，完善社会保障制度，让更多的劳动者能够享受到技术变革带来的福利。

参考文献

[1]曹静,周亚林. 人工智能对经济的影响研究进展[J]. 经济学动态,2018(1).

[2]郭凯明. 人工智能发展、产业结构转型升级与劳动收入份额变动[J]. 管理世界,2019(7).

[3]孔高文,刘莎莎,孔东民. 机器人与就业——基于行业与地区异质性的探索性分析[J]. 中国工业经济,2020(8).

[4]孙早,侯玉琳. 工业智能化如何重塑劳动力就业结构[J]. 中国工业经济,2019(5).

[5]闫雪凌,朱博楷,马超. 工业机器人使用与制造业就业:来自中国的证据[J]. 统计研究,2020(1).

[6]Abeliansky A, Prettner K. Automation and demographic change[Z]. Center for European, Governance and Economic Development Research Discussion Papers, No. 310, 2017.

[7]Acemoglu D, Autor D. Skills, tasks and technologies: Implications for employment and earnings[R]. NBER Working Paper, No. 16082, 2017.

[8]Acemoglu D, Restrepo P. Robots and jobs: evidence from US labor markets[R]. NBER Working Paper, No. 23285, 2017.

[9]Acemoglu D, Restrepo P. The race between man and machine: Implications of technology for growth, factor shares, and employment[J]. American Economic Review, 2018a, 108(6): 1488 - 1542.

[10]Acemoglu D, Restrepo P. Artificial intelligence, automation and work[R]. NBER Working Paper, No. 24196, 2018b.

[11]Acemoglu D, Restrepo P. Low - skill and high - skill automation[J]. Journal of Human

Capital ,2018c,12(2):204 -232.

[12]Acemoglu D, Restrepo P. Demographics and automation[R]. NBER Working Paper, No. 24421,2018d.

[13]Acemoglu D,Restrepo P. Automation and mew tasks: The implications of the task content of production for labor demand[R]. NBER Working Paper, No. 25684,2019.

[14]Aghion P,Howitt P. Growth and unemployment[J]. Review of Economic Studies,1994, 61 (3):477 -494.

[15]Aghion P,et al. Artificial Intelligence and economic growth[R]. NBER Working Paper, No. 23928,2017.

[16]Aghion P,et al. Artificial intelligence, growth and employment: The role of policy [J]. Economie et Statistique / Economics and Statistics,2019(510 -512):149 -164.

[17]Aghion P,et al. What are the labor and product market effects of automation? new evidence from france[R]. CEPR Working Paper, No. 14443,2020.

[18]Agolla J E. Human capital in the smart manufacturing and Industry 4.0 revolution [Z]. in. R. Cioffi & F. D. Felice(eds), Digital Transformation in Smart Manufacturing, InTech,2018.

[19]Agrawal A, et al. Prediction machines: The simple economics of artificial Intelligence [J]. Harvard Business Review Press,2018.

[20]Ahmad N,et al. Industry 4.0 Implications on human capital: A Review[J]. Journal for studies in management and planning 4(Special Issue -13),2019:221 -235.

[21]Alderucci D,et al. Quantifying the impact of AI on productivity and labor demand: Evidence from U. S. census microdata[Z]. Paper presented at the Allied Social Science Associations—ASSA 2020 Annual Meeting,2020.

[22]Ampatzidis Y, et al. iPathology: Robotic applications and management of plants and plant diseases[J]. Sustainability,2017,9(6):1 -14.

[23]Arntz M,et al. The risk of automation for Jobs in OECD countries: A comparative analysis[R]. Oecd Social Employment & Migration Working Paper, No. 189,2016.

[24]Arntz M,et al. Revisiting the risk of automation[J]. Economic Letters,2017,159(C): 157 -160.

[25]Atkinson R D,Wu J J. False alarmism: Technological disruption and the U. S. labor market, 1850 -2015[Z]. Information Technology and Innovation Foundation,2017:1 -28.

[26]Autor D H. Why are there still so many jobs? The history and future of workplace automation[J]. The Journal of Economic Perspectives,2015,29(3):3 -30.

[27] Autor D H. The skill content of recent technological change: An empirical exploration [J]. The Quarterly Journal of Economics, 2003, 118(4): 1279 – 1333.

[28] Autor D H, Dorn D. The growth of low skill service jobs and the polarization of the U. S. Labor Market[J]. American Economic Review, 2013, 103(5): 1553 – 1597.

[29] Autor D H, Salomons A. Does productivity growth threaten employment? [R]. MIT Working Paper, 2017.

[30] Autor D H, Salomons A. Is Automation labor – displacing? Productivity growth, employment, and the labor share[R]. NBER Working Paper, No. 24871, 2018.

[31] Bakhshi H, et al. The future of skills: Employment in 2030[M]. London: Pearson and Nesta, 2017.

[32] Barbieri L, et al. Testing the employment and skill Impact of new technologies[Z]. GLO Discussion Paper, No. 397, 2019.

[33] Bartelsman E J, et al. Productivity, technological innovations and broadband connectivity: Firm – level evidence for ten European countries[J]. Eurasian Business Review, 2019, 9(1): 25 – 48.

[34] Berg A, et al. Robots, growth, and inequality[J]. Finance & Development, 2016, 53 (3): 10 – 13.

[35] Berg A, et al. Should we fear the robot revolution? (the correct answer is yes) [J]. Journal of Monetary Economics, 2018, 97(8): 117 – 148.

[36] Berger T, Frey C B. Structural transformation in the OECD: Digitalisation, deindustrialisation and the future of work[R]. OECD Social, Employment and Migration Working Paper, No. 193, 2016.

[37] Bernstein J. Before you blame the robots, look to the policy (and the data)[Z]. On the Economy, February 21, 2017.

[38] Berriman R, Hawksworth J. Will robots steal our jobs? The potential Impact of automation on the UK and other Major Economies. PwC UK Economic Outlook March, 2017: 30 – 47.

[39] Bessen J. AI and Jobs: The Role of Demand [R]. NBER Working Paper, No. 24235, 2018.

[40] Bessen J. Automation and jobs: When technology boosts employment[R]. Boston University School of Law, Law and Economics Paper, No. 17 – 09, 2019.

[41] Betsey S. Artificial intelligence, income, employment, and meaning[R]. NBER Working Paper, No. 14026, 2018.

[42] Blanas S, et al. Who is Afraid of machines? [R]. CEPR Discussion Paper, No. 13802, 2019.

[43] Bloom D, et al. Demography, unemployment, automation, and digitalization: Implications for the creation of (Decent) Jobs, 2010—2030 [R]. PGDA Working Paper, No. 152, 2018.

[44] Borjas G J, Freeman R B. From Immigrants to robots: The changing locus of substitutes for workers [R]. NBER Working Paper, No. 25438, 2019.

[45] Brynjolfsson E, Mitchell T. What can machine learning do? Workforce implications [J]. Science, 2017, 358(6370): 1530 - 1534.

[46] Brynjolfsson E, et al. What can machines learn, and what does it mean for occupations and the economy? [J]. AEA Papers and Proceedings, 2018(108): 43 - 47.

[47] Caselli F, Manning A. Robot Arithmetic: Can new technology harm all workers or the Average Worker? [R]. CEP Discussion Paper, No. 1497, 2017.

[48] Charnoz P, Orand M. Technical change and automation of routine tasks: Evidence from local labour markets in France, 1999—2011 [J]. Economie et Statistique / Economics and Statistics, 2017(497 - 498): 103 - 122.

[49] Cheng H, et al. The rise of robots in China [J]. Journal of Economic Perspectives, 2019, 33(2): 71 - 88.

[50] Chiacchio F, et al. The Impact of industrial robots on EU employment and wages: A local labour market approach [R]. Bruegel Working Paper, No. 25186, 2018.

[51] Chui M, et al. Where machines could replace humans - and where they can't (yet) [J]. McKinsey Quarterly, 2016, 3(2016): 58 - 69.

[52] Cockburn I M. The Impact of artificial intelligence on innovation [R]. NBER Working Paper, No. 24449, 2018.

[53] Damioli G, et al. The impact of artificial intelligence on labor productivity [J]. Eurasian Economic Review, 2021, 11(2): 1 - 25.

[54] Dauth W, et al. German robots - the impact of industrial robots on workers [R]. CEPR Discussion Paper, No. DP12306, 2017.

[55] David B. Computer technology and probable job destructions in Japan: An evaluation [J]. Journal of the Japanese and International Economies, 2017, 43(1): 77 - 87.

[56] Davoyan A. The impact of artificial intelligence on work, education, mobility and economy [J]. Arai K, Kapoor S, Bhatia R (eds), Proceedings of the Future Technologies Conference (FTC), 2021(1): 291 - 296.

[57] Decanio S J. Robots and humans complements or substitutes? [J]. Journal of Macroeconomics, 2016, 49(1): 280 – 291.

[58] Deming D J. The growing importance of social skills in the Labor Market[J]. The Quarterly Journal of Economics, 2017, 132 (4): 1593 – 1640.

[59] Ford M. Rise of the robots: Technology and the threat of a jobless future[M]. New York: Basic Books Press, 2015.

[60] Frey C B, Osborne M A. The future of employment: How susceptible are jobs to computerisation? [J]. Technological Forecasting and Social Change, 2017, 114(1): 254 – 280.

[61] Fueki T, Maehashi K. Inflation dynamics in the age of robots: Evidence and some Theory[R]. Bank of Japan Working Paper Series, No. 19 – E – 9, 2019.

[62] Furman J, Seamans R. AI and the economy[R]. NBER Working Paper, No. 24689, 2018.

[63] Gordon R J. Why has economic growth slowed when Innovation appears to be Accelerating? [R]. NBER Working Paper, No. 24554, 2018.

[64] Graetz G, Michaels G. Is modern technology responsible for jobless recoveries? [R]. IZA Discussion Paper, No. 10470, 2017.

[65] Graetz G, Michaels G. Robots at work[J]. The Review of Economics and Statistics, 2018, 100(5): 753 – 768.

[66] Gregory T, et al. Racing with or against the machine? Evidence from Europe [R]. IZA Discussion Paper, No. 12063, 2019.

[67] Gries T, Naudé W. Artificial intelligence, jobs, inequality and productivity: Does aggregate demand matter? [R]. IZA Discussion Paper, No. 12005, 2018.

[68] Josten C, Lordan G. Robots at work: Automatable and non automatable jobs [R]. IZA Discussion Paper, No. 12520, 2019.

[69] Korinek A, Stiglitz J E. Artificial intelligence and its implications for income distribution and unemployment[R]. NBER Working Paper, No. 24174, 2017.

[70] Kujur S K. Impact of technological change on employment: Evidence from the organised manufacturing industry in India[J]. Indian Journal of Labour Economics, 2018, 61(10): 339 – 376.

[71] Lankisch C, et al. Robots and the skill premium: An automation – based explanation of wage inequality[Z]. ECON WPS, No. 06, 2017.

[72] Lele U, Goswami S. The fourth industrial revolution, agricultural and rural innovation, and implications for public policy and investments: A case of india[J]. Agricultural Economics, 2017, 48(S1): 87 – 100.

[73] Lordan G, Neumark D. People versus machines: The impact of minimum wages on automatable jobs[J]. Labour Economics, 2018, 52 (June): 40 – 53.

[74] Makridakis S. The forthcoming artificial intelligence (AI) revolution: its impact on society and firms[J]. Futures, 2017, 90(June): 46 – 60.

[75] Mann K, Püttmann L. Benign effects of automation: New evidence from patent texts [J]. SSRN Electronic Journal, 2017.

[76] Peters M A. Technological unemployment: Educating for the fourth industrial revolution [J]. Educational Philosophy and Theory, 2017, 49(1): 1 – 6.

[77] Peters B, et al. Internationalisation, innovation and productivity in services: Evidence from germany, ireland and the united kingdom[J]. Review of World Economics, 2018, 154(3): 585 – 615.

[78] Piva M, Vivarelli M. Is innovation destroying jobs? Firm – level evidence from the EU [J]. Sustainability, 2018, 10(4), 1279.

[79] Prettner K, Strulik H. The lost race against the machine: Automation, education and inequality in an R&D – based growth model[Z]. Hohenheim Discussion Papers in Business, Economics and Social Sciences, No. 08 – 2017.

[80] Ramaswamy K. Technological change, automation and employment: A short review of theory and evidence[R]. Indira Gandhi Institute of Development Research, Mumbai Working Paper, No. 002, 2018.

[81] Roy V V, et al. AI and robotics innovation: A sectoral and geographical mapping using patent data[R]. GLO Discussion Paper, No. 433, 2020.

[82] Sachs J D. R&D, structural transformation, and the distribution of income[R]. A K Agrawal et al(eds), The Economics of Artificial Intelligence, University of Chicago Press, 2018.

[83] Schwab K. The fourth industrial revolution[Z]. Portfolio Press, 2017 .

[84] Stevenson B. Artificial intelligence, income, employment, and meaning[R]. A K Agrawal et al(eds), The Economics of Artificial Intelligence, University of Chicago Press, 2018.

[85] Susskind D. A model of technological unemployment[R]. Economics Series Working Papers, 2017.

[86] Trajtenberg M. AI as the next GPT: A political – economy perspective[R]. NBER Working Paper, No. 24245, 2018.

[87] Wright G C, Gaggl P. A short – run view of what computers do: Evidence from a U. K. tax incentive[J]. American Economic Journal: Applied Economics, 2017, 9(3): 262 – 294.

[88]Yin Y, et al. The evolution of production systems from Industry 2.0 through Industry 4.0 [J]. International Journal of Production Research, 2017, 56(1-2): 848-861.

[89]Zeira J. Workers, machines and economic growth[J]. Quarterly Journal of Economics, 1998, 113(4): 1091-1117.

[90]Zhou G, et al. The effect of artificial intelligence on China's labor market[J]. China Economic Journal, 2020, 13(1): 24-41.

人工智能发展、精神性劳动与就业结构的变化[①]

陈明生[②]

摘 要：不具有精神性是人工智能和人类智能最本质的区别，人工智能的有规则学习方式也使得其不具有创造性。随着经济和社会发展，精神需求及其满足对于人们越来越重要。在根据精神性和创造性对劳动进行分类的基础上，将精神性劳动定义为以知识或审美的构思、表达或情感、精神的投入及交流作为劳动的重要内容，能够满足人们情感、精神需要的劳动；精神性劳动难以被人工智能替代。主要从事精神性劳动的职业，包括人际协调型职业和情感沟通型职业、认知及塑造型职业和审美型职业，共计357个职业细类，在1481个职业细类中占14.8%；在人工智能迅速发展的背景下，基于这些职业的工作岗位将会大量增加，成为吸纳就业的主要领域。

关键词：人工智能；就业结构；精神性劳动；创造性；职业

一、引言

人工智能被认为是引领本轮科技革命和产业变革的战略性技术，世界各主要国家包括我国都高度重视人工智能的发展，把推动人工智能的发展看作夺取未来国际竞争制高点的关键；各主要国家不但对人工智能的发展进行了战略规划，更从各个方面极力推动人工智能的发展。也因此，人工智能的发展必将对未来的经济增长、经济结构乃至社会结构产生重大影响。人工智能发展对就业的影响是理论界关注的焦点问题之一。作为一种能够模拟和扩展人的智能从而能够辅助甚至代替人实现多种功能的技术，人工智能对于就业冲击的广度和深度可能比以往任何一次技术革命的影响都要大、都要深，把握这种冲击的规律和

---

① 本文首发于《贵州社会科学》2020年第10期。

② 陈明生，中国政法大学商学院教授，博士生导师，经济学博士，中国政法大学经济研究中心主任。主要研究方向：新经济、区域经济。

趋势，对于推动人工智能的发展、保持经济稳定健康发展乃至社会稳定都具有重要意义。

关于人工智能发展对就业的影响，除了关注人工智能发展对就业的总体影响、对工人工资的影响等问题，学者们也重点关注易受人工智能影响的工作岗位问题。Autor 等①认为，机器越来越能够执行驾驶、医疗诊断等非常规的认知任务，客服、翻译等特定领域也是较易应用人工智能技术的领域。Frey 和 Osborne② 研究认为，具有美术、独创性、协商、说服、社会洞察力、帮助和关爱他人等变量维度的工作，包括管理、商业、金融、计算机、工程、科学教育、法律、社区服务、艺术、媒体、健康保健等领域的工作，被机器取代的风险较低，而服务、销售、办公室、行政支持、建筑、制造、交通和物流等领域的工作被计算机化的概率很高。Berriman 和 Hawksworth③ 认为，到 2030 年英国自动化风险最高的行业包括运输与仓储、制造业、管理与支持服务和批发零售业，而医疗与社会工作、教育、家政等行业的风险则偏低。Masayuki④ 的调查研究发现，消费者对某些人力所提供的服务更加偏好，如儿童看护、教育、老人护理等劳动密集型的工作将难以被服务机器人取代。LaGrandeur 和 Hughes⑤ 认为第四次工业革命的中坚力量（信息物理系统）不仅取代了体力劳动者，而且取代了中产阶级工作者，尤其是受过高等教育和获得高额收入的上层中产阶级工作者。Jarrahi⑥ 强调了人类和人工智能的互补性，认为人工智能系统的设计应该旨在增加而不是取代人类的贡献。Upadhyay 和 Khandelwal⑦ 认为律师助理、记者、办公室工作人员和计算机程序员等很多职业由于 AI 的发展而受到威胁。

国内学者方面，李开复、王咏刚⑧提出了“五秒钟准则”（可以在 5 秒钟内对工作中需要思考和决策的问题做出决定的工作可能被人工智能全部或部分取代），认为从事翻译、新闻报道、助理、保安、销售、客服、交易、会计、司机、家政等工作的人员未来 10 年

---

① Autor H, Katz F, Kearney S. The polarization of the US labor market[J]. American Economic Review, 2006, 96(2): 189-194.

② Frey B, Osborne A. The future of employment: how susceptible are jobs to computerization? [R]. University of Oxford, 2013.

③ Berriman R, Hawksworth J. Will robots steal our jobs? The potential impact of automation on the UK and other major economies[R]. UK Economic Outlook, 2017.

④ Masayuki, M. Who are afraid of losing their jobs to artificial intelligence and robots? Evidence from a surney [R]. GLO Discussion Paper No. 71, 2017.

⑤ LaGrandeur K, Hughes J. Intelligent technology and the transformation of human work[R]. Palgrave Macmillan, Cham, 2017.

⑥ Jarrahi M H. Artificial intelligence and the future of work: human - aI symbiosis in organizational decision making [J]. Business Horizons, 2018, 61(4): 577-586.

⑦ Upadhyay A K, Khandelwal K. Artificial intelligence - based training learning from application [J]. Development and Learning in Organizations, 2019, 33(2): 20-23.

⑧ 李开复，王咏刚. 人工智能[M]. 北京：文化出版社，2017.

将有约90%被人工智能取代。王君等[①]认为人工智能将进一步替代人的脑力。李晓华[②]认为人工智能可能取代许多“体面”的白领工作。张于喆[③]认为人工智能和机器人短期内将对从事中、低技能的工作人群产生冲击。程承坪[④]认为虽然人工智能能够模仿人类许多“智能”甚至“情能”，但人工智能不可能完全替代就业。谢萌萌等[⑤]从理论和实证层面论证了人工智能对低技能劳动力就业的影响。潘丹丹[⑥]研究了人工智能的就业反极化效应，即其显著提升了中技能劳动者就业比重，降低了高技能和低技能劳动者就业比重。唐永、张衔[⑦]论证了人工智能的发展导致就业结构出现高技能劳动者就业比重增加，而中、低技能劳动者就业比重萎缩的“T”形结构。

上述研究为未来的进一步研究奠定了坚实的基础，但也存在一定不足：更多从技术和工作岗位的特点出发进行研究，尤其是多以创造性等人类独有而人工智能不具备的“能力”为标准来判断工作岗位的可替代性，对于人工智能发展对就业结构影响的内在机制探讨较少。随着人工智能的发展，其“能力”在不断发展；随着社会的物质产品越来越丰裕，人们更加注重情感和精神需求的满足，这将对产业结构、就业结构等产生重要影响。本文拟以生产组织方式理论为分析框架，在对劳动进行科学分类的基础上，探讨人工智能发展和市场需求变化共同作用下基于精神性劳动的就业的变化规律。

二、人工智能与人类智能的区别

企业使用劳动力的数量从而社会的就业总量与企业的生产组织方式紧密相关。生产组织方式是指生产主体内部各种生产资料与劳动力的配比及使用方式[⑧]。生产组织方式的变化取决于技术进步、市场需求及社会分工等因素。

作为当前最具革命性的技术，人工智能的特点和发展趋势会对未来就业的总量和结构产生重大影响。

（一）人工智能与人类智能的本质区别

要深入理解人工智能及其发展趋势，就需要深刻把握人工智能与人类智能的本质区

---

① 王君，等．人工智能等新技术进步影响就业的机理与对策[J]．宏观经济研究，2017(10)：169－181.

② 李晓华．哪些工作岗位会被人工智能替代[J]．人民论坛，2018(2)：33－35.

③ 张于喆．人工智能、机器人的就业效应及对策建议[J]．科学管理研究，2019(1)：43－45.

④ 程承坪．人工智能最终会完全替代就业吗[J]．上海师范大学学报(哲学社会科学版)，2019(2)：88－96.

⑤ 谢萌萌，等．人工智能、技术进步与低技能就业——基于中国制造业企业的实证研究[J/OL]．中国管理科学：1－9. https://doi.org/10.16381/j.cnki.issn1003－207x.2019.1251.

⑥ 潘丹丹．人工智能的就业反极化效应研究[J]．现代经济探讨，2019(12)：25－31.

⑦ 唐永，张衔．人工智能会加剧资本主义失业风险吗——基于政治经济学视角的分析[J]．财经科学，2020(6)：55－65.

⑧ 汪亚青，许小青．生产组织方式主动演进：理论、趋势与策略[J]．西部论坛，2016(6)：22－28.

别，我们从人的本质出发进行研究。认识人的本质问题需要总结借鉴学者们尤其是马克思对于人的本质的研究成果。人首先是由细胞、组织、器官等组成的具有生命功能的生理系统，在此基础上形成了人独有的精神系统和精神过程：作为有意识的生命主体，人感知世界；产生心理活动，形成心理反应（情感）；进行思维，形成认识、思想；同时，人及其精神系统是在劳动实践中形成和发展的，人在生产及交往过程中形成的社会关系反映到人的精神系统，建立道德体系和有价值取向的知识体系。概括而言，人具有生命、意识、思维、思想、情感和道德，即人具有精神性。

学者们对人工智能的内涵等已有较多的探索，李开复、王咏刚总结整理了人工智能的各种定义，包括与人类行为相似的计算机程序（从计算机学界的视角）、会学习的计算机程序（从人工智能世界的技术趋势视角）、根据对环境的感知做出合理的行动并获得最大收益的计算机程序（从学术界的均衡而又偏重实证的教科书式视角）等。具体而言，人工智能是按照一定规则运行的计算机程序，它依附于计算机等电子设备，由一系列的数据、指令等组成，它没有生命；人工智能的出现、运转和发展等都在人的控制之下，它无法产生自我意识；当然人工智能也就无法产生建立在生理系统基础之上，反映劳动过程及社会关系内容的思想、情感和道德。人工智能无法像人那样具有精神性，这是人工智能与人类智能最本质的区别。

当然，由于人工智能具有学习能力，能够模拟人的智能，具有识别、认知、分析、预测等能力，因此，它能够识别、判断、模拟人的情感表达和识别人的价值判断等，例如，人工智能未来可能能够根据人的语言（包括语气等）、面部表情、肢体动作等来识别人的情感状态、情感需求等，并据此给予对方需要的情感表达，从这个角度看，人工智能能够部分满足人的情感需求，如帮人按摩、陪人聊天等。但人工智能与人的交流跟人与人之间的交流是截然不同的：从量上看，人工智能永远无法有人那么丰富的精神体验和精神表达；从质上看，人工智能不具有精神性，所以人与人工智能之间无法进行真正的精神交流，只是模拟精神交流的形式（语言、动作等）。

（二）人工智能与人类智能功能的区别

概括上述李开复、王咏刚总结的各种定义，可以看出人工智能有两个特点：①人工智能能够模拟人的行为；②人工智能具有学习能力。

作为一种没有生命和精神性的技术，人工智能与人类智能本来不具有可比性，但它与别的技术却又如此不同，从来没有一种技术能够像人工智能这样接近于拥有人脑的某些功能，这根源于人工智能具有学习能力：人工智能能够利用机器学习方法，对数据建立抽象表示并基于表示进行建模，然后估计模型的参数，即从数据中学习出相应的模型①，这样人工智能就能够进行识别、认知、分析、预测和决策。

可以看出，人工智能的学习是按照一定的规则对已有的知识和信息进行处理和分析，学习过程是在人类建立的逻辑、框架、规程之中进行的，是一种“有规则学习”，是人主导下的被动的学习过程；人工智能是从已有数据中挖掘出有价值的信息，而不能产生全新的信息或知识，因此，人工智能不具有“创造性”。而人类的学习是“无规则学习”，是以人为中心的主动的学习过程，不但让人们了解和学习生活和工作所需的各种知识、技能，还能创造出新的知识和信息。人的“无规则学习”使其能够不断学习知识、创造新的知识，从个体而言能根据需要承担新的工作，从整体而言不断拓展人的能力的范围，因此，从长期看人能够承担的功能是无限的。人工智能只能进行“有规则学习”，因此其能够承担的功能难以超出人设计的范围，功能的种类是有限的。当然，随着人工智能的发展，其能够承担的功能数量会大幅增加，接近于拥有除创造性和精神性之外的人的所有功能。

三、消费需求的种类、满足方式及发展趋势

正如前述，生产组织方式的发展以及就业总量和结构的变化同样跟市场需求变化息息相关，我们需要把握人工智能发展背景下市场需求特点及变化规律。

（一）消费需求的分类及不同需求的满足方式

消费需求可按不同的标准进行分类，如分为基本需求和非基本需求、现实需求和潜在需求等。马斯洛认为人的行为受其内在的动机（欲望、需要）或外界刺激所驱动，并将人的需要划分为生理需要、安全需要、归属和爱的需要、尊重的需要、认知的需要、审美的需要和自我实现的需要 7 个层次②。根据马斯洛对安全需要的定义，安全需要的满足取决于政府提供的公共服务。总体而言，安全需要是为了维持人的生存的需要，可以归入生理需要的范畴。归属和爱的需要、尊重的需要属于人的情感需要，认知的需要、审美的需要属于人的精神需要（狭义），情感属于精神的组成部分，因此，情感需要可以归入精神需要（广义）。自我实现需要是人对于自我发挥和完成的欲望，是一种使他的潜力得以完成的倾向；在马斯洛的理论里，自我实现不仅包括事业的成功和能力的发挥，还包含情感、谨慎和人格完满的内容。马斯洛的需求层次论虽有一定的局限性，但还是客观地揭示了人

① 李德毅. 人工智能导论[M]. 北京:中国科学技术出版社,2018.

② [美]马斯洛. 动机与人格[M]. 北京:中国人民大学出版社,1987.

的需要的种类和满足过程。根据马斯洛需求层次论对消费需求进行分类，人们的消费需求可以分为生理需求、精神需求（含情感需求）和自我实现需求；当然，每种需求类型的界限并不是绝对清晰的，自我实现需求就包含了情感、精神上的内容。

人们的各类消费需求可由不同的商品来满足。商品既包括有形的物质产品，也包括服务。人们可以从物质产品中获得生理需求的满足，也可以获得精神需求的满足，如学到知识、得到美的享受等；人的生存和发展需要物质和能量，因此人的生理需求更多通过消费有形的物质产品得到满足。服务同样既可以满足人们的生理需求，也可以满足人们的精神需求。只有人才具有精神性，人与人之间的交流最有利于满足人们的精神需求。所以，生产与消费同时进行、有更多人力参与的服务更有利于满足人的精神需求；每个人获得的情感和精神需求的满足更多来自与别人的交流、教育、观看比赛和演出等。自我实现的需求是人的潜力得以发挥和完成的需求，是人挑战自我、使自己更加完满的满足感，自我实现的需求主要在工作中获得满足，此外，由于自我实现的需求包括情感、谨慎和人格完满的内容，人们在消费、娱乐、人际交往中也能获得一定的自我实现的体验。

人们通过对商品的消费来获得效用，这个过程不仅包括消费过程，还包括获得商品的过程和售后服务。因此，我们将商品的效用分为基本效用和附加效用，基本效用是指人们购买及消费该商品的目标效用，如人们购买洗衣机是为了洗衣服；附加效用是除基本效用之外的其他效用，包括生产者为辅助、方便人们完成购买或消费提供的帮助，也包括消费者在消费过程中获得的目标效用之外的其他效用，例如消费者乘坐出租车时通过与司机交流获得情感需求的满足。当然，商品的基本效用和附加效用的区分并不是绝对清晰的。很多商品能以提供附加效用的方式满足消费者一定的情感需求。

（二）消费者需求及其满足方式的发展趋势

人们追求各类需求满足的过程具有一定的规律性。马斯洛在将人的需要划分为 7 个层次基础上，阐述了人的需要的满足过程：生理需要在所有需要中占绝对优势，当低层次的需要得到满足后，更高层次的需要会立即出现并开始控制机体，某一层次的需要一旦得到满足就不再起积极的决定作用。根据马斯洛的理论，随着经济的进一步发展，人们的生理需求满足的程度越来越高，精神需求以及自我实现需求的满足将变得越来越重要，人们的幸福和快乐更多取决于精神需求和自我实现需求的满足。

由于资本、技术等生产要素存量的不断累积，技术进步和生产组织方式的发展，尤其是生产无人化的趋势节省了人力成本并降低了产品生产的时空成本，物质产品的价格有降低的趋势；而更有利于满足人们精神需求的服务因需要更多人力参与，其价格有提高的趋势。随着精神需求的满足对人们越来越重要，人们的支出结构将发生变化，满足精神需求的支出在总支出中所占的比重不断提高。一些商品能通过附加效用满足消费者的精神需求，这种附加效用的提供需要人力参与，从而提高了商品的价格，这为消费者提供了不同的选择：有些消费者会选择包含更少附加效用、价格低得多的商品，也有些消费者会选择包含更多附加效用、价格更加昂贵的商品。从另一个角度来看，一旦消费者不再注重商品或服务中含有精神交流内容的附加效用，这些商品就能通过无人化的方式生产或提供，如商业、邮政、金融、交通等领域的服务。

四、精神性劳动的不可替代性及其就业效应

就业以工作岗位的设置作为前提，岗位的确定以工作任务为基础，职业是岗位或工作的种类，工作是劳动的过程，工作岗位、职业的确定和划分以劳动分工为基础。从研究人工智能发展对于就业影响的视角对劳动进行分类，需要从人工智能的局限性（哪些工作人工智能不能完成）出发。正如前文所述，人工智能不具有精神性和创造性。因此，我们首先从创造性和精神性两个维度对劳动进行分类，将劳动分为创造性劳动和非创造性劳动、精神性劳动和非精神性劳动，结合人们将劳动划分为体力劳动和脑力劳动，我们最终将劳动划分为重复性体力劳动和脑力劳动、创造性体力劳动和脑力劳动、精神性体力劳动和脑力劳动。

（一）精神性劳动的内涵

正如前文所述，物质产品也能满足人们的精神需求，更多的物质产品通过物理、化学等属性（如外观）等满足人们的精神需求。有些物质产品，它们被生产的目的就是满足人们的精神需求，如艺术品等。在生产过程中，劳动者虽然要付出体力劳动，但劳动者对于艺术的理解、构思、表达等更加重要。在物质产品的消费过程中，消费者使用、感觉、认识、体验商品，从中可以获得知识、情感体验、美的享受等精神满足，总体而言，人们主要不是靠物质产品来满足自己的精神需求。

与物质产品不同，服务中包含了人的活劳动，因此在服务过程中存在生产者和消费者之间的交流，从而满足消费者的情感需求和精神需求。服务中包含的情感和精神交流大体包括三种情形：①情感交流是服务附加效用的组成部分，消费者购买服务的目标不是情感需求的满足，附加效用会成为消费者购买的影响因素，但一般不会成为决定性因素，对服务价格有一定甚至较大影响。②情感投入和交流是服务的重要组成部分，是消费者购买服务的重要原因；如果缺少情感交流的内容，消费者可能就不会选择这种服务，情感交流内容会对服务价格产生重要影响；这种服务多以人的身体作为劳动对象，包括理发、按摩、餐饮及医疗等。③精神（包含感情）投入和交流是服务的基本内容，没有精神交流，服务

就难以被提供；这种服务多以人的精神作为劳动对象，存在于教育、培训、心理咨询、表演、体育比赛等领域。值得注意的是，写作、作曲、绘画等劳动，用文字、音符、画面等符号来承载作者的精神表达，作品能够很好地满足读者的精神需求。当然，有些劳动同时以人的身体、精神作为劳动对象，比如养老等领域的劳动。

此外，还有些劳动比较特殊：被服务的对象不需要直接支付价格，但也能从中获得情感上的满足；劳动者在为服务对象工作的过程中需投入较多感情，并与其他人进行较多的沟通，进行人际协调。这些劳动包括公共管理者的劳动，以及各单位人力资源部门工作人员的劳动。

我们把以知识或审美的构思、表达或情感、精神的投入及交流作为劳动的重要内容，能够满足人们情感、精神需要的劳动称为精神性劳动。上述以人的身体、精神作为劳动对象的劳动、生产满足人们精神需求的物质产品的劳动以及公共管理者和人力资源部门工作人员的劳动都属于精神性劳动的范畴。

学术界已经有精神劳动的概念①②。陈征③认为，精神劳动通过脑力劳动，进行一系列理性思维，揭示客观事物的内部联系即规律性，提供能够直接满足消费者心理需要、增强劳动能力需要的精神产品。可以看出，精神劳动（mental labour）的概念和我们这里提出的精神性劳动（spiritual labour）的概念虽有联系，但也有很大的差别。精神性劳动的概念着眼于劳动的内容（劳动内容主要为精神构思、表达或情感、精神投入和交流）和目的（满足人的情感、精神需求），外延比精神劳动要大得多。

（二）精神性劳动的不可替代性及其就业效应

由于人工智能不具有精神性，不能像人一样作为一个有意识、有精神性的主体与人进行情感和精神交流，也就难以很好满足人的情感、精神需求，所以精神性劳动是人工智能难以替代的。精神性劳动的不可替代性是指这种劳动中的精神内涵几乎无法用其他方式提供，或者说没有作为人的劳动者的参与，消费者难以获得更好的情感、精神满足。应该说，随着人工智能技术的进步，以人工智能为核心的技术系统也能在一定程度上满足人的情感和精神需求，但从根本上说它只是模仿了人的精神性劳动的形式，而无法赋予其精神内涵，无法与人之间进行实质上的精神交流。当然，在实践中，精神性劳动的过程是非常复杂的，精神性劳动中也包含了大量非精神的内容，这部分内容可能被人工智能替代，因此，人工智能的发展会改变精神性劳动的方式，使劳动者将更多精力放在精神交流层面。

---

① 骆耕漠．马克思的生产劳动理论［M］．北京：经济科学出版社，1990.

② 袁杰．论物质劳动、精神劳动与两种历史观的关联［J］．史学月刊，2016（7）：124－127.

③ 陈征．论现代精神劳动［J］．当代经济研究，2004（7）：3－8.

精神性劳动难以被人工智能替代，意味着劳动者主要从事精神性劳动的工作岗位在人工智能发展的背景下不会被替代。为了更好地满足人们的精神需求，并解决人工智能发展背景下的就业问题，社会应积极推动基于精神性劳动的岗位增加及相关产业的发展。首先，应该有意识地限制人工智能在精神性劳动领域的使用，少开发只具有精神性劳动形式但没有精神内涵的技术系统；其次，积极开拓发展已有的基于精神性劳动的岗位和产业，明确劳动内容，细化工作程序，提高工作要求，增加就业人数；最后，积极开拓发展新的基于精神性劳动的岗位和产业，拓展精神性劳动的范围，比如在学前教育和义务教育阶段大量开设心理、社会、艺术类课程，配置心理咨询等人员，使孩子们从一开始就得到情感关怀、精神充实和艺术熏陶，使孩子们成为人格完满的人。

五、人工智能发展背景下基于精神性劳动的就业增加

（一）主要从事精神性劳动的职业的确定

某一职业的劳动者是否主要从事精神性劳动，需要对该职业劳动的特点、要求等进行深入研究，我们以国家职业分类大典修订工作委员会组织编写的《中华人民共和国职业分类大典（2015 年版）》为基础、以我国综合教育门户网站“中国教育在线”的“职业信息大全”为参考进行研究。“职业信息大全”将职业类型划分为技能型、研究型、艺术型、社会型、企业型和事务型，与我们将劳动按照创造性和精神性进行分类具有较高的一致性。

由于广义的精神包括情感和狭义的精神，所以我们将精神性劳动（广义）划分为情感性劳动（满足人们情感需要）和精神性劳动（狭义，满足人们精神需要）。我们以情感性劳动和精神性劳动的内涵为基础和依据，根据《中华人民共和国职业分类大典（2015 年版）》和“职业信息大全”对每一职业的内涵、工作任务、工种、职业前景、职业要求等进行深入分析，最终确定主要从事情感性劳动和精神性劳动的职业。主要从事情感性劳动的职业又可划分为人际协调型职业和情感沟通型职业。人际协调型职业主要是公共管理类和单位人力资源管理类职业，共 55 个职业细类；情感沟通型职业是以消费者身体（生存、出行、健康、享受等）作为劳动对象的职业，共 167 个职业细类（见表 1）。主要从事精神性劳动的职业可以划分为认知和塑造型职业和审美型职业。认知和塑造型职业的劳动者的工作内容主要是知识和信息传递、心灵塑造、道德教化等，主要满足人们的求知、成长和发展的需求，共 34 个职业细类；审美型职业的劳动者的工作内容主要是美的构思和表达，主要满足人们审美的需求，共 101 个职业细类（见表 2）。

表 1　主要从事情感性劳动的职业

劳动类型	情感性劳动	
岗位劳动特点	人际协调型	情感沟通型
（编号）职业大类、中类或细类（数量）	（10000）党政机关、国家机关、群众团体和社会组织、企事业单位负责人（23）	（20500）卫生专业技术人员（81）
		（4020202）铁路列车乘务员（1）
	（20608）人力资源专业人员（3）	（4020401）民航乘务员（1）
	（20700）法律、社会专业人员（10）	（40300）住宿和餐饮服务人员（12）
	（30100）办事人员（15）	（40704）旅游及公共游览场所服务人员（6）
	（30201）人民警察（1）	（41000）居民服务人员（38）
	（40703）人力资源服务人员（3）	（41300）文化、体育和娱乐服务人员（18）
		（41400）健康服务人员（10）
职业细类合计	55	167

表 2　主要从事精神性劳动的职业

劳动类型	精神性劳动	
岗位劳动特点	认知和塑造型	审美型
（编号）职业大类、中类或细类（数量）	（20100）科学研究人员（16）	（20900）文学艺术、体育专业人员（50）
	（20708）宗教教职人员（1）	（21008）考古及文物保护专业人员（4）
	（2070903）心理咨询师（1）	（40707）会议及展览服务人员（3）
	（20800）教学人员（6）	（40808）专业化设计服务人员（20）
	（21001）记者（2） （21002）编辑（6） （21004）播音员及节目主持人（2）	（40910）绿化与园艺服务人员（5）
		（60903）工艺美术品制作人员（19）
职业细类合计	34	101

（二）人工智能发展背景下基于精神性劳动的就业增加

人工智能的历史与计算机的发展历史相伴，但由于各种原因其发展经历了较多起伏①。进入 21 世纪，尤其是近几年，随着硬件和算法的快速进步，人工智能得到了巨大发展，社会正在进入人工智能的时代。根据近十几年人工智能迅速发展的趋势，以及时间的无限性，人工智能在模拟和扩展人类智能的方向上将会越走越远，无限接近于拥有除创造性和精神性之外的人类智能的所有功能。

在人工智能迅速发展的背景下，主要从事重复性体力劳动和脑力劳动的岗位将被人工智能大量替代，这些岗位包括第一、第二产业中的生产岗位，各机关事业及企业单位和组

① 腾讯研究院，等．人工智能[M]．北京：中国人民大学出版社，2017.

织的会计、统计、审计和行政、后勤岗位等，批发和零售业、交通运输、仓储和邮政业、金融业中的服务岗位（情感交流只是这些服务的附加效用）①，替代的幅度取决于人工智能技术发展的速度，加上物质资料的价格趋向下降，上述产业的产值和增加值比重都会趋向下降。主要从事创造性劳动的岗位，包括科学研究、产品研究开发、经营管理等，不会被人工智能替代。科学技术发展程度已经很高（创新越来越难），且创造性劳动过程中包含的重复性劳动也会被人工智能替代，以及信息技术的进步和很多产业生产和职能部门人员的减少，使得管理的复杂性倾向降低。这样主要从事创造性劳动的岗位及就业增加的数量会比较有限。随着情感和精神需求的满足对于人们越来越重要，主要从事精神性劳动的岗位将会成为人工智能发展背景下人们就业的最重要领域，其就业人数将会大量增加。

根据表1和表2，主要从事情感性劳动和精神性劳动的职业细类共357个，这些职业所在行业就业人数较多的有住宿和餐饮业，科学研究、技术服务和地质勘查业，居民服务和其他服务业，教育业，卫生、社会保障和社会福利业，文化、体育和娱乐业，公共管理和社会组织等行业（见表3）。在人工智能发展的背景下，社会应大力推动这些产业发展，加大投入，调整结构，丰富内容，大量增加这些产业吸纳就业的数量，并视人工智能发展的进度逐渐缩短劳动者的工作时间，减少劳动供给，这样，无论人工智能技术发展到什么程度，社会都不会出现严重的失业问题。

表3 我国主要从事精神性劳动的职业所在主要行业的就业人数　　单位：万人

行业	住宿和餐饮业	科学研究、技术服务和地质勘查业	居民服务和其他服务业	教育业	卫生、社会保障和社会福利业	文化、体育和娱乐业	公共管理和社会组织	合计
人数	265.9 2688.8*	420.4	78.2 2037.2*	1730.4	897.9	152.2	1725.6	9996.6

注：带*号者为私营企业和个体就业人员，其他数据为城镇单位非私营就业人员，上述数据代表了这些行业就业人数的主体（并非全部）。

资料来源：《中国统计年鉴》（2018），国家统计局官方网站，http://www.stats.gov.cn/tjsj/ndsj/2018/indexch.htm。

六、结论

根据生产组织方式理论，人工智能发展对于就业的影响取决于技术进步幅度、消费需求发展和社会分工发展状况。与人类智能相比，人工智能不具有精神性（意识、思维、思想、情感和道德），其有规则学习方式也使得人工智能没有创造性，但除此之外将会越来

① 陈明生．人工智能发展、劳动分类与结构性失业研究[J]．经济学家，2019(10)：66－74.

越接近于拥有人类的其他能力。以马斯洛需求层次论为基础，人的消费需求可分为生理需求、精神需求和自我实现的需求，随着经济和社会的发展，精神需求及其满足对于人们越来越重要，满足精神需求的商品（主要是服务）和劳动也越来越重要。在根据精神性和创造性对劳动进行分类的基础上，精神性劳动可以被定义为以知识或审美的构思、表达或情感、精神的投入及交流等为劳动的重要内容，能够满足人们情感、精神需要的劳动，包括以人的身体、精神作为劳动对象的劳动，生产满足人们精神需求的物质产品的劳动以及公共管理者和人力资源部门工作人员的劳动，这些劳动难以被人工智能替代。主要从事精神性劳动的职业，包括人际协调型职业和情感沟通型职业、认知和塑造型职业和审美型职业，共计357个职业细类。在人工智能迅速发展的背景下，基于这些职业的岗位将会大量增加，并成为吸纳就业的主要领域，而主要从事重复性劳动的岗位和就业将会大量减少。社会应积极推动基于精神性劳动的产业的发展，并视人工智能发展的进度逐渐缩短劳动者的工作时间，从而最终解决人工智能发展背景下的失业问题。

参考文献

[1]Autor H, Katz F, Kearney S. The polarization of the US labor market[J]. American Economic Review, 2006, 96(2):189 - 194.

[2]Frey B, Osborne A. The future of employment: How susceptible are jobs to computerization? [R]. University of Oxford, 2013.

[3]Berriman R, Hawksworth J. Will robots steal our jobs? The potential impact of automation on the UK and other major economies[R]. UK Economic Outlook, 2017.

[4]Masayuki M. Who are afraid of losing their Jobs to artificial intelligence and robots? Evidence from a surney[R]. GLO Discussion Paper No. 71, 2017.

[5]Lagrandeur K, Hughes J. Intelligent technology and the transformation of human work [R]. Palgrave Macmillan, Cham, 2017.

[6]Jarrahi M H. Artificial intelligence and the future of work: Human - AI symbiosis in organizational decision making[J]. Business Horizons, 2018, 61(4): 577 - 586.

[7]Upadhyay A K, Khandelwal K. Artificial intelligence - based training learning from Application[J]. Development and Learning in Organizations, 2019, 33(2):20 - 23.

[8]李开复，王咏刚．人工智能[M]．北京：文化出版社，2017.

[9]王君，等．人工智能等新技术进步影响就业的机理与对策[J]．宏观经济研究，2017(10):169 - 181.

[10]李晓华．哪些工作岗位会被人工智能替代[J]．人民论坛，2018(2):33 - 35.

[11]张于喆．人工智能、机器人的就业效应及对策建议[J]．科学管理研究,2019(1):43－45.

[12]程承坪．人工智能最终会完全替代就业吗[J]．上海师范大学学报(哲学社会科学版),2019(2):88－96.

[13]谢萌萌,等．人工智能、技术进步与低技能就业——基于中国制造业企业的实证研究[J/OL]．中国管理科学:1－9. https://doi.org/10.16381/j.cnki.issn1003－207x. 2019.1251.

[14]潘丹丹．人工智能的就业反极化效应研究[J]．现代经济探讨,2019(12):25－31.

[15]唐永,张衔．人工智能会加剧资本主义失业风险吗——基于政治经济学视角的分析[J]．财经科学,2020(6):55－65.

[16]汪亚青,许小青．生产组织方式主动演进:理论、趋势与策略[J]．西部论坛,2016(6):22－28.

[17]刘刚．生产组织方式的演变与企业和产业的竞争优势[J]．天津行政学院学报,2005(3):54－57.

[18]智溢．生产组织方式研究[J]．车间管理,2005(3):21－25.

[19]张慧,杨杨．技术进步、需求异化与生产组织方式的变迁——汽车工业生产方式三次变革的启示[J]．河南商业高等专科学校学报,2007(1):1－5.

[20]李德毅．人工智能导论[M]．北京:中国科学技术出版社,2018.

[21][美]马斯洛．动机与人格[M]．北京:中国人民大学出版社,1987.

[22]骆耕漠．马克思的生产劳动理论[M]．北京:经济科学出版社,1990.

[23]袁杰．论物质劳动、精神劳动与两种历史观的关联[J]．史学月刊,2016(7):124－127.

[24]陈征．论现代精神劳动[J]．当代经济研究,2004(7):3－8.

[25]腾讯研究院,等．人工智能[M]．北京:中国人民大学出版社,2017.

[26]陈明生．人工智能发展、劳动分类与结构性失业研究[J]．经济学家,2019(10):66－74.

/第四篇/

社会治理

本篇由 4 篇文章构成。

中国经济已由高速增长阶段转向高质量发展阶段，力图使得广大的中国人民能够在市场经济中通过劳动追求美好生活，实现共同富裕。这样的美好生活必然有着道德伦理的价值意蕴。《伦理学、市场经济治理与中国经济学的构建》从质与量的关系及内容与形式的关系上，认识中国国家治理体系与治理能力现代化道德伦理的价值意蕴，并由此认识中国经济学构建的目的、方法与内容。中国需要通过法治实现国家治理体系与治理能力的现代化，构建中国经济学的基本目的是为中国特色社会主义市场经济体制提供正当性与合法性支撑，这一支撑必然有着道德伦理的价值意蕴。我们还需要在中国现代化的历史逻辑、实践逻辑与理论逻辑的关系上，探寻构建中国经济学的方法，使得中国经济学能够呈现出中国式现代化的真、善、美，以及福利、公正、自由的知识与思想内容。

在《论中国社会信用体系建设的发展潜力》一文中指出，社会信用体系是社会主义市场经济体制和社会治理体制的重要组成部分。它以法律、法规、标准和契约为依据，以健全覆盖社会成员的信用记录和信用基础设施网络为基础，以信用信息合规应用和信用服务体系为支撑，目的是提高全社会的诚信意识和信用水平。中国社会信用体系建设经过不懈摸索已经取得显著成效，在征信系统日益完善的数字经济时代焕发出蓬勃生机。

当前党和政府把推进乡村治理与乡村振兴作为实现中华民族伟大复兴的重大任务推进。《由乡村治理到乡村振兴：长效机制与持久动力》在探讨乡村治理与乡村振兴概念的基础上，试图剖析农村任务式治理发展模式的特点与症结，准确剖析任务式治理发展模式中政府与村民的关系、深化村集体产权制度改革加强村民自治根基、试图发现培育新型社会组织焕发农村内生动力形成自下而上的自治能力，从而正确处理乡村治理与乡村振兴的轻重关系，强调农业的发展依赖成熟的补贴机制，最终实现城乡融合发展。

《走向人民主体、市场决定、创新驱动的共同富裕之路》探讨在复杂多变的国际环境和国内环境下，面对 21 世纪我国社会经济发展中存在的增长速度和全要素生产率下降、资源和人口红利减少、收入分配差距长期偏大等问题，如何正确认识和有效处理公平与效率的关系，构建初次分配、再分配、三次分配协调配套的制度安排？根据国内外经验，发展是解决我国一切问题的基础和关键，只能在高质量发展中促进共同富裕。由此，我们必须坚持人民主体、公平本位、市场决定的社会主义经济体制，坚持科技强基、创新驱动的高质量发展道路，发挥市场和政府在收入分配中的应有职能，从而实现社会经济的持续发展和全体人民的共同富裕。

伦理学、市场经济治理与中国经济学的构建[①]

黄　淳[②]　易定红[③]

摘　要： 中国经济已由高速增长阶段转向高质量发展阶段，力图使得广大的中国人民能够在市场经济中通过劳动追求美好生活，实现共同富裕。这样的美好生活必然有着道德伦理的价值意蕴。我们需要在质与量的关系上，在内容与形式的关系上，认识中国国家治理体系与治理能力现代化道德伦理的价值意蕴，并由此认识中国经济学构建的目的、方法与内容。中国需要通过法治实现国家治理体系与治理能力的现代化，构建中国经济学的基本目的是为中国特色社会主义市场经济体制提供正当性与合法性支撑，这一支撑必然有着道德伦理的价值意蕴。我们还需要在中国现代化的历史逻辑、实践逻辑与理论逻辑的关系上，探寻构建中国经济学的方法，使得中国经济学能够呈现出中国式现代化的真、善、美，以及福利、公正、自由的知识与思想内容。

关键词： 中国式现代化；高质量发展；市场经济治理；道德伦理

中国经济已由高速增长阶段转向高质量发展阶段，力图使得广大的中国人民能够在市场经济中通过劳动追求美好生活，实现共同富裕。这样的美好生活必然有着道德伦理的价值意蕴。苏剑指出，针对我国高质量发展的目标，我们需要认识到西方经济学只在数量关系上分析经济运行的局限性，我们需要在性质与数量的关系上，扩展西方经济学的分析方法。[④] 本文强调，我们还需要在质与量的关系上、在内容与形式的关系上，认识中国国家治理体系与治理能力现代化的道德伦理的价值意蕴，并由此认识中国经济学构建的目的、

---

① 本文是北京外国经济学说研究会承担的北京社科基金学科学术发展报告项目（项目编号：22XXB03）中的专题研究的部分内容。

② 黄淳，中国人民大学经济学院副教授。

③ 易定红，中国人民大学劳动人事学院教授。

④ 苏剑．宏观经济学（中国版）（第二版）[M]．北京：北京大学出版社，2021.

方法与内容。

一、伦理学与市场经济治理

人与自然关系的工业化，人际关系的市场化、货币化与资本化，人思维方式的理性化是现代化的基本性质，中国式现代化也要具有这些基本性质。然而，马克思主义政治经济学和西方经济学对现代化的理性内涵的认识有所不同，其中一个重要的表现是对经济学的科学性质与道德伦理的价值意蕴的认识有所不同。西方经济学虽然宣称要使经济学成为不依赖阶级立场、脱离价值观的“纯科学”，实际上仍然体现着资产阶级自由主义的价值观。马克思主义政治经济学鲜明地从无产阶级的立场出发，自觉将对市场经济运行机制的科学分析与共产主义的价值观联系起来。中国的国家治理体系与治理能力的现代化，不仅需要自觉运用科学方法分析市场经济的运行机制，也需要自觉认识市场经济运行机制道德伦理的价值意蕴。

马歇尔认为：“经济学主要研究人类活动的动力和阻力，这种动力和阻力的数量只能大略用货币来进行衡量。不过，这种衡量仅指动力和阻力的数量而言。不论高尚的还是卑鄙的动机的质量，在性质上都是无法衡量的。”① 西方经济学这一对货币性质的认识，与其对经济问题的性质与经济学目的的认识是一致的。西方经济学认为，社会经济问题的本质是如何配置稀缺资源，并通过帕累托最优定义经济效率，货币度量的也是稀缺性资源配置中的收益与成本的关系，或者动力与阻力的关系。西方经济学的理论目的是论证市场经济制度是一种有效率的稀缺资源的配置方式。如何对资源配置的帕累托最优进行道德伦理的价值观评价，不是西方经济学主要的理论目的。

西方经济学是从稀缺资源配置的角度界定经济效率，分析市场经济的运行机制。马克思主义政治经济学对经济效率的界定是生产过程中劳动时间的节约，并由此在劳动过程与资本运动过程的关系上，分析市场经济的运行机制。马克思主义政治经济学的这种对市场经济运行机制的效率分析也体现在其对货币性质的认识上；“货币是作为一般对象的劳动时间，或者说，是一般劳动时间的对象化，是作为一般商品的劳动时间”。② 马克思主义政治经济学基于对市场经济的运行机制的科学分析，阐述了对劳资关系的道德伦理性质的批判性认识，由此认为资本主义将被共产主义扬弃。

中国特色社会主义市场经济的历史创造性表明，社会主义可以在市场经济的形式上扬弃资本主义。中国经济的高质量发展，需要我们在质与量的关系上、在内容与形式的关系

---

① 马歇尔．经济学原理[M]．廉运杰，译．北京：华夏出版社，2013.

② 马克思．政治经济学批判手稿(1857—1858)》摘选[M]//马克思恩格斯文集．北京：人民出版社，2009，63.

上，认识经济学的科学性质与道德伦理的价值意蕴。数量化是自然科学与工业技术一般的知识形式，例如，财富的物质属性需要用重量、个数、尺寸等数量衡量，社会生产力的增进，是可以用财富的物质属性度量，这也是经济活动的量的含义。货币是通过交换关系，将人与自然关系的数量化体现在了人际关系上，或者是将物质财富的数量化与人际关系的数量化联系起来的中介，例如，资产—负债、收入—支出体现的是人际关系，一个经济单位的资产就是另一个经济单位的负债，一个经济单位的收入就是另一个经济单位的支出。市场经济通过货币将物质财富的生产与财富分配关系联系起来。为此，用货币度量的经济活动，在生产力上体现着对经济活动的数量的规定性，例如，通过 GDP 核算的实际的生产水平，在生产关系上体现着对经济活动的质的规定性，例如，国民收入分配结构所表现的社会结构、贫富差距等。这样，经济活动在量与质上，有着内容的规定性。经济活动还具有思想观念的属性，例如，支撑生产力的科学技术知识，支撑社会关系的福利、公正、自由的思想观念，这是在思想观念上对经济活动的形式的规定性。姚开建强调，我们需要在质与量的基础上、进一步在内容与形式的范畴上，才能正确认识马克思主义政治经济学在生产力、生产关系、生产方式的关系上是如何构建经济学的概念与理论体系的，中国经济学应该是对广义政治经济学的当代发展。[①]

基于如上分析，我们可以认识中国经济高质量发展的含义，就是在社会运动的器物、制度、语言的关系上，自然、社会、思维属性的关系上，在经济运动的不同环节及其相互关系上，在不同经济主体的相互关系上，全面推动中国经济的发展，这样的发展才是中国经济的高质量发展。我们需要在性质与数量的关系上，在形式与内容的关系上，分析中国特色社会主义市场经济治理实践的原则是什么，进而认识中国经济学知识和思想体系构建的目的、方法与内容。

西方经济学分析实体经济与货币经济之间的均衡关系，从财富经营的角度，将工人、地主、资本家看成劳动力、土地、资本的经营者，为此，他们的生活方式、经济活动的形式都是一样的，支配他们的思想观念与思维方式也是相同的。财富经营的一般属性是在可能的用途上进行选择，以便获得最大利益，只是不同社会成员经营的财富种类不同、数量不同，但他们都是理性的经济人、理性的选择者或决策者。这样，西方经济学也就将经济问题的本质描述为稀缺性资源的配置问题。西方经济学也是从理性选择的思维方式上反对剩余价值理论，例如庞巴维克与费雪。[②③] 马克思政治经济学继承了古典政治经济学的传统，将人们的生活方式分为两类，一类是通过劳动谋生，另一类是经营资本谋利。两类人

① 姚开建．广义政治经济学——资本主义以前的社会生产方式[M]．北京：中国人民大学出版社，2019.

② 庞巴维克．资本与利息[M]．何崑曾，高德超 译．北京：商务印书馆，2010.

③ 费雪．利息理论[M]．陈彪如，译．北京：商务印书馆，2019.

的生活方式是不同的，经济活动的形式是不同，思想观念与思维方式也不同。马克思政治经济学分析劳动过程与资本运动过程的矛盾关系，资本的性质是通过利润追求资产增值，资本家是资本的人格体现。西方经济学与马克思政治经济学，虽然都使用存量—流量范畴分析市场经济的运行机制，但两者的经济学概念不同，阐述市场经济运行机制的经济学原理不同。例如，西方经济学的要素存量，劳动力、土地、资本，经由所提供的不同服务，得到不同种类的流量收入：工资、地租、利润。马克思政治经济学中作为存量的资本（不变资本、可变资本）与劳动力，经由劳动创造价值，形成工资、利润的分配关系，地租是一种特殊形式的利润。中国特色社会主义市场经济的治理实践，需要辨识两种经济学市场经济运行机制的不同分析导致的对市场经济治理原则的不同认识，才能在马克思主义政治经济学的基础上结合西方经济学，在实践上、在管理与操作上发展中国经济学。[①][②]

由于西方经济学认为经济关系的本质是资本家、地主、工人为经营自身所拥有的资财而进行合作的契约与交易，市场经济基本的治理原则是分析法律制度与经济政策，如何通过规制和调控经济主体之间的契约与交易，在市场的供求关系上更好地统合与协调经济主体的市场行为，使得资源配置有效率（帕累托最优）。例如，康芒斯对资本主义社会如何通过法律制度解决劳资矛盾的分析、[③] 凯恩斯对宏观经济政策如何能够解决失业问题的分析。[④] 这一治理原则主要考虑的是法律制度对不同经济主体的产权或所有权的确定，以及这一确定对后续竞争性交易、契约谈判结果的影响，以及政府经济政策对市场交易结果的影响。

马克思主义政治经济学认为资本主义所塑造的市场经济，已经形成了无产者与有产者的社会结构，这一社会结构是工业化大生产的必然产物。马克思主义政治经济学是在这一社会结构下，分析维系这一社会结构的经济运行机制，以及经济运行机制中蕴含的社会结构变迁的矛盾。“现代社会主义，就其内容来说，首先是现代社会普遍存在的有财产者和无财产者之间，资产者和雇佣工人之间的阶级对立以及生产中普遍存在的无政府状态这两个方面进行考察的结果。”[⑤] 我们需要根据马克思主义政治经济学自身的性质，认识在马克思主义政治经济学指导下中国特色社会主义市场经济的治理原则。马克思主义政治经济学认为价值是在生产环节中创造，在交易环节中实现，马克思主义政治经济学主要在社会的生产过程上分析社会矛盾。为此，社会主义市场经济的治理原则还要在生产过程上，而

① 高鸿业．中国经济学应该遵循的道路[M]//高鸿业自选集．北京：中国人民大学出版社，2007.

② 高鸿业．中国经济学的发展途径[M]//高鸿业自选集．北京：中国人民大学出版社，2007.

③ 康芒斯．制度经济学[M]．赵睿，译．北京：华夏出版社，2013.

④ 凯恩斯．就业、利息和货币通论[M]．高鸿业，译．北京：商务印书馆，1999.

⑤ 恩格斯．反杜林论[M]//马克思恩格斯全集(26 卷)．北京：人民出版社，2014：19.

非仅仅在交易环节上，分析如何解决劳资矛盾，如何控制经济的有序发展，使得不同形态的资本的发展能够为广大劳动者的就业与发展提供条件。

中国特色社会主义市场经济实践已经呈现两种治理原则的综合，例如，通过法律制度完善对所有权的保护、通过财政政策与货币政策调控经济运行，以及通过基础建设、产业政策、精准扶贫等政策对社会生产的促进。中国特色社会主义市场经济的治理，需要将两种对立的市场经济治理原则统一起来。首先，中国共产党的领导地位、中国社会主义的政治制度，是中国能够将两种治理原则统一起来的政治条件，这一政治条件还要有经济体制上的必要保障，例如国有企业等。其次，在市场经济条件下，中国共产党实事求是与为人民服务的思想路线，要体现在广大劳动者的就业与职业发展上，这就需要市场与资本为其提供条件，这应该是将两种治理原则统一的共识。再次，经济政策有着思想的内涵，不同国家，不同发展阶段经济政策不同，思想内涵不同，我们需要加强经济政策史与经济政策思想史的研究。[①] 最后，我们需要在经济学原理上，加强西方经济学与马克思主义政治经济学对生产、消费、分配、交换、货币周转之间关系的不同分析的比较研究，在性质与数量的关系上，在形式与内容的关系上，更好地认识两种治理原则对立统一的关系。

二、社会运动文明形态的正当性与中国经济学的目的

我们需要通过法治实现中国国家治理体系与治理能力的现代化，这就关系到如何认识中国社会主义市场经济体制的正当性与合法性的问题，对社会体制正当性与合法性的认识不能没有伦理道德的价值意蕴。构建中国经济学的基本目的是为中国特色社会主义市场经济体制提供正当性与合法性的支撑。

科学研究的对象就是事物的运动，目的是揭示事物运动的规律。事物的运动有物质运动、有机运动、生命运动与社会运动等类型。恩格斯在《自然辩证法》中说明，在这一运动序列形成的历史过程中，虽然后者以前者为基础，但后者有新的运动形式、新的性质、新的规律，需要新的术语、范畴、概念阐述。[②] 马克思在《资本论》中指出："本书的最终目的就是揭示现代社会的经济运动规律。"[③] 本文强调，社会运动有着文明的形式或形态，人的思维属性还使得社会运动文明形态的正当性成为社会科学阐述社会运动规律不可或缺的范畴。

这里对社会运动文明形态及其正当性范畴的含义进行说明。第一，人的生活、活动、行动就是人的运动，是由所思、所言、所行（为）组成。社会运动就是由个体的思言行统

---

① 贾根良．论加强经济政策史和经济政策思想史的研究[J]．经济思想史学刊，2021(2)．

② 恩格斯．自然辩证法(节选)[M]//马克思恩格斯文集(第9卷)，北京：人民出版社，2009.

③ 马克思．资本论(第一卷)[M]//马克思恩格斯文集(第5卷)．北京：人民出版社，2009：10.

合而成的整体的社会行动。第二，社会行动通过器物构建人与自然的技术关系，通过制度构建人与人的社会关系，通过语言构建人与思想观念的思维关系。物质运动、有机运动、生命运动有着其自身的形态，而社会运动有着文明形态。社会运动通过器物与制度呈现的文明属性，有着思想观念与思维方式的文化属性，社会运动的文明形态有着思想观念与思维方式的规定性，这种规定性需要通过人自身的思维认识与把握。我们需要在社会生活的器物、制度、语言的形式上，以及社会生活的自然、人际、思维属性的内容上认识社会运动的文明形态。第三，人思言行之间相互作用的关系，使得社会运动的文明形态具有自我创造性。我们可以将"社会运动"区分为"社会运行"与"社会变革"，社会运行是社会文明形态的维持，是人们在既定的文明形态下日复一日的生活；社会变革是文明形态的变迁，也是人思言行方式的变迁。最后，在思言行的关系上，做人做事要有个说法，人要为自己行动提供理由，判定其行动的是非对错，也就是确立其做人做事的正当性，确定其行动的正当性。社会需要通过话语体系构建，使得人们能够交流对行动是非对错的认识，形成对社会行动正当性的共同认识，这是将个体行动统合为社会行动的必要条件。总之，构建中国经济学的话语体系、知识体系、思想体系，需要我们通过分析思言行的关系，经由文明形态正当性的范畴，认识社会创造文明形态的机制，以及语言、知识、思想在这一机制中的作用。

社会运动文明形态的正当性是我们将不同民族、国家发展道路的比较研究作为一个问题或议题的范畴。韦伯将社会行动作为基本范畴，并从正当性的角度，在思想体系上对社会不同的统治（治理）模式进行了比较研究。[①] 正如米塞斯指出的，西方经济学也是将人的行动作为基本范畴，并将自由主义作为判定现代化正当性的标准。[②] 认识人行动的是非对错，确立人行动的正当性，也是中国哲学的基本内容，例如，《周易》《论语》《中庸》等。对国家治理模式正当性的自觉与反思，是中国传统文化的核心内容，形成了中国传统文化的道统、政统与学统，例如，以经史为核心内容的中国传统文化所体现的历史精神。人们对社会运动文明形态正当性的认识并不相同，人类历史也是人们这种不同认识相互作用、相互斗争的过程，这种斗争不仅导致人类社会不同文明与文化的交融与嬗变，推动人类文明形态的演变，也决定着不同民族、国家以及人类的发展道路与命运。[③④⑤]

我们需要通过社会运动文明形态的正当性，认识中国经济学知识体系构建的基本目

---

① 韦伯．经济与社会[M]．阎克文，译．上海：上海人民出版社，2010.

② 米塞斯．人的行动：关于经济学的论文[M]．余晖，译．上海：上海人民出版社，2013.

③ 布罗代尔．文明史：人类五千年文明的传承与交流[M]．常绍民，等，译．北京：中信出版集团股份有限公司，2017.

④ 汤因比．历史研究[M]．郭小凌，等，译．上海：上海人民出版社，2010.

⑤ 波兰尼．大转型：我们时代的政治与经济起源[M]．冯刚，刘阳，译．北京：当代世界出版社，2020.

的。发端于西方的现代文明，是由农业文明转变为工业文明的历史过程，这一历史过程是人与自然关系的工业化，人际关系的商品化、货币化与资本化，人的思想观念与思维方式理性化的过程。作为后发的现代化国家，中国现代化也要具有这些一般性质。然而，中国的现代化毕竟是中国人思言行转变发展的过程，是中国人通过器物、制度、语言重构人与自然、人与人以及人与思维关系的过程，是中国人创造新经济、新政治、新文化的过程。在中国的现代史上，如何解决社会变革与社会运行的矛盾，中国始终需要解决中国传统、资本主义、社会主义之间的矛盾。中国传统是农业文明形态，资本主义是西方社会的工业文明形态，中国特色社会主义是中国力图创建的新的文明形态。中国人必然会对这一创造性的正当性有自己的认识，并确立中国现代化发展道路的权利与合法性。

发端于西方的资本主义市场经济，使得任何民族、国家的历史成为世界史的组成部分。西方社会是在个体、家庭、企业、国家之间的关系上，阐述对现代化正当性的认识，确立个体、家庭、企业、国家的生存与发展的权利。迄今为止，以美国为首的西方社会不仅通过法律制度的构建主导着社会结构、世界秩序合法性的阐述，也通过思想体系、知识体系的构建主导着对社会结构、世界秩序及其运行模式或形态的正当性的阐述。作为后发的现代化国家，中国也要在个体、家庭、企业、国家之间的关系上，重新回答何为中国人、何为中国的问题，阐述自己对现代化正当性的认识，确认中国式发展道路的合法性。正如《大学》的三纲八目所显示的，中国传统文化对个体、家庭、国家与世界关系的构建过程与正当性，有着高度的文化自觉。中国人不可能没有自己独立自主的对社会生活、社会运动文明形态是非对错的认识。在中国现代化的社会运动中，中国共产党通过马克思主义中国化，独立自主地认识中国式现代化发展道路的正当性与合法性，形成了中国共产党领导中国人民并服务于中国人民的社会结构，这一社会结构体现着中国特色社会主义的根本性质，并以《中华人民共和国宪法》的形式确认其合法性。总之，阐述中国特色社会主义市场经济形成与发展的正当性，阐述中国式现代化发展道路创造文明形态的正当性，是构建中国经济学话语体系、知识体系、思想体系最基本的目的。

三、历史、实践、理论的关系与中国经济学的方法

任何社会都会构建自身的思想体系、知识体系，为其社会生活的文明形态的正当性提供理由，阐述其价值意蕴，将其社会生活的文明形态合理化。然而，这种合理化的阐述未必是科学的、理性的，也可以是愚昧的、非理性的。这就关系到人正确的思想观念从哪里来的认识论问题。对思想体系和知识体系科学的、理性的构建，才能成为推动社会进步与发展的思想力量。我们需要认识构建中国经济学科学的、理性的方法。

第一，中国经济学界不能脱离中国社会生活的主体，不能脱离中国社会运动自身，用

先验的、形而上学的范畴与概念分析、评判中国社会运动的正当性。正如毛泽东指出的："规律自身不能说明自身。规律存在于历史发展的过程中。应当从历史发展过程的分析中来发现和证明规律。不从历史发展过程的分析下手，规律是说不清楚的。"[①]研究中国现代化正当性的科学的、理性的方法，如同杨奎松、萧冬连、范世涛等学者那样，首先要从中国共产党领导中国人民力图改造旧中国、创造新中国的实践出发，认识中国现代化的历史逻辑、实践逻辑与理论逻辑之间的关系。[②③④]

需要强调的是，实事求是与为人民服务，集中体现着中国式现代化的科学性质与道德伦理的价值意蕴。面对如何解决中国由传统农业文明向现代化工业文明转变的问题，中国共产党将马克思主义的普遍真理与中国实际结合，走向了社会主义的发展道路，奠定中国现代化实践的基本方法，形成并发展着实事求是与为人民服务的现代思想。面对如何解决社会主义与资本主义的矛盾，1978 年真理标准的大讨论，在实践与理论的关系上，深化了对实事求是科学性质的认识，为改革开放奠定了解放思想的基础，使得中国走向了中国特色社会主义市场经济的发展道路。今天，面对如何推动中国特色社会主义市场经济的高质量发展、实现共同富裕的问题，我们仍需追随中国现代化的历史过程，在历史逻辑、实践逻辑、理论逻辑的关系上，阐述中国式现代化发展道路为人类创造文明形态的正当性。

第二，西方社会构建现代思想体系、知识体系的科学的、理性的方法，不仅有其传统文化的根源，也是对其传统文化的创造性发展。救亡图存是中国式现代化的文化动机。王亚南在《中国经济原论》中指出："我们研究政治经济学，应随时莫忘记，我们是以中国人的资格来研究。"[⑤] 日本学者沟口雄三意识到，研究中国问题要有以中国为方法的自觉。[⑥] 高德步指出，复兴与重构中国文化的价值观，是中国式现代化的基本目的，中国文化的思维方式与思想观念仍支配着中国式现代化道路的探索，我们需要在中国文化的传承与创新上，理解中国式现代化的发展道路，探寻构建中国经济学的方法。[⑦] 本文强调，我们需要在历史、实践、理论的关系上，自觉认识中国传统文化的学术价值，在特殊与一般、个别与整体的矛盾关系上，认识实践的历史属性与理论属性，自觉认识中国文化吸收与消化西方文化，实现现代转变与发展的文化能力。

中国传统文化的核心就是经世济民的学说，就是经济学。学术不是坐而论道，是仁人

---

① 毛泽东．读苏联《政治经济学教科书》的谈话（节选）[M]//毛泽东文集（第八卷）．北京：人民出版社，1999.

② 杨奎松．革命[M]．桂林：广西师范大学出版社，2012.

③ 萧冬连．筚路维艰：中国社会主义路径的五次选择[M]．北京：社会科学文献出版社，2014.

④ 范世涛，薛小和．薛暮桥年谱 1904—1952[M]．北京：中信出版集团股份有限公司，2022.

⑤ 王亚南．中国经济原论[M]．广州：广东出版社，1998.

⑥ 沟口雄三．作为方法的中国[M]．孙军悦，译．北京：生活・读书・新知三联书店，2011.

⑦ 高德步．中国价值的革命[M]．北京：人民出版社，2016.

志士做人做事的方法。没有道德追求与探索精神的行动不是做人做事，不是实践。学术就是求道者的实践方法，是提出问题、研究问题、解决问题的方法。在特殊与一般、个别与总体的关系上认识实践的正当性，是中国哲学的基本问题，正如《道德经》开篇所言："道可道，非常道，名可名，非常名。"中国传统文化的学术就是自觉认识实践的历史属性（史）与理论属性（经），在做人、做事、做学问上评价人物的实践，以经史关系为核心，塑造了中国传统经史子集的话语体系、知识体系，在文明的创造中呈现着中国传统的思想体系与学术体系。今天，我们仍需如先人教导的那样，从自己的一息一念、一动一静、一言一行出发，在特殊与一般、个别与总体的关系上，在个人与世界的关系上，自觉分析现代化实践的历史属性与理论属性，传承并创造性地发展中国的经世济民学说。

任何个人的经历都是独一无二的，任何民族、国家的历史也都是独一无二的。任何国家都需要在自身的历史条件下，认识自身现代化所要解决的特殊的、个别的现实问题。与工业文明相适应的市场经济是任何国家使其自身的历史融入世界史的必要条件。市场经济的全球运行需要有共同的规则与制度。现代经济学主要的理论目的是分析市场经济的运行机制，为市场经济的规则与制度提供合理性的支撑。这就必然产生不同国家现代化发展过程的特殊性与市场经济运行机制的一般性、不同国家历史的个别性与世界历史的总体性之间的矛盾。不同国家对自身现代化道路正当性的认识，必然面临对自身社会变革的历史认识与对市场经济运行机制的理论分析之间的矛盾。中国特色社会主义市场经济的发展必然也面临这种矛盾。实践所面临的历史与理论的矛盾，体现着实践的历史属性与理论属性。我们可以在中国学术传统上认识到，中国现代化实践为何会提出道路选择、理论选择、制度选择与文化支撑的问题，以及中国共产党与中国人民回答这一问题所创造的文明形态，所形成的共识、信念与自信，本身就是对中国传统文化的传承与创造性发展。

第三，古代中国塑造了传统农业文明的巅峰，但现代文明的基础是发端于西方的自然科学与工业技术。正如费孝通指出的，中国学界的道德追求要和工业技术结合才能发挥作用，否则也就是写个道德规范的文章，实则是幻想维系自己在旧体制中坐而论道的生活方式。[①] 现代化是自然科学与工业技术进步引致的一系列的经济、政治、文化的社会变革。在自然科学与工业技术上成为世界先进强国，摆脱贫穷与落后，是中国在现代史上坚持不懈的基本追求。然而，中国还需要在经济、政治与文化上完成现代化的变革与发展，这就需要有与之相适应的思维方式与思想观念的现代转变与发展。马克思主义政治经济学与西方经济学是西方社会现代工业文明历史发展过程中产生的两个主要的经济理论。我们需要在马克思主义政治经济学的基础上结合西方经济学，构建中国经济学，完成中国经世济民

---

① 费孝通．论"知识阶级"[M]//费孝通，吴晗，等．皇权与绅权．上海：华东师范大学出版社，2015.

学说的现代转变与发展，完成中国思维方式与思想观念的现代转变与发展。对此，我们需要辨识马克思主义政治经济学与西方经济学对实践的历史属性与理论属性矛盾关系的不同认识。

马克思主义认为社会科学就是历史科学，不将对工业文明变革的历史认识与对市场经济运行机制的理论分析割裂开来，而是在两者的矛盾中，认识社会变革的原因，认识历史发展的规律。马克思主义认为，推动现代社会历史发展的实践主体是无产阶级而非资产阶级，无产阶级的命运代表着人类的命运，马克思是从无产阶级的历史属性出发，批判资产阶级经济学对市场经济运行规律的分析，马克思政治经济学的阶级性与科学性是统一的，[①]对资本主义市场经济运行机制的理论分析支撑其对社会变革的历史认识，这就是科学社会主义。

西方经济学否认马克思主义政治经济学的阶级分析方法，试图确立资本主义社会运行机制的永恒的合法性与正当性，本质上是维护资产阶级主导历史发展永恒的合法性与正当性。西方的现代史，是一个现代国家形成与发展的过程，国家是构建世界秩序的主要力量。西方资本主义国家必然要从自身国家利益的角度，认识社会变革与社会运行的矛盾。例如，以李斯特为代表的德国历史学派为服务德国资产阶级的崛起，否认英国经济学的世界性，强调经济学的民族性或国民性。[②] 然而，随着西方资本主义阵营的相对统一，西方经济学在当代发展的过程中，回避对社会变革的历史认识与对市场经济运行机制理论分析的矛盾。例如，德国经济学家欧肯将社会变革的历史认识的特殊性与市场经济运行机制理论分析的一般性之间的矛盾表述为悖论，为排除悖论，与新古典经济学一样，欧肯将经济学的研究对象也界定为稀缺资源的配置方式。欧肯将集中决策的计划经济方式与分散决策的市场经济方式，作为两种典型的配置稀缺资源的方式，欧肯用这两种决策方式的关系解释社会经济的演变，以及市场经济兴起的合理性，并否认对经济的文明形态的文化特征进行历史分析的科学性。[③] 再如，虽然熊彼特在一定程度上承认马克思主义是一种反映人类发展趋势的历史思想，也承认社会主义与资本主义是不同的历史观，但并不承认这种历史思想在经济学分析方法上的科学性，而是将西方经济学的分析方法确立为经济学应该有的科学方法。[④][⑤]

第四，中国的语言文字延绵不绝发展了 3000 年，我们需要在话语体系上完成中国经

---

① 吴易风．英国古典政治经济学[M]．北京：商务印书馆，1988.

② 李斯特．政治经济学的国民体系[M]．陈万煕，译，蔡受百，校．北京：商务印书馆，1961.

③ 欧肯．国民经济学基础[M]．左大培，译．北京：商务印书馆，2010.

④ 熊彼特．资本主义、社会主义与民主[M]．吴良健，译．北京：商务印书馆，1999.

⑤ 熊彼特．经济分析史（全三卷）[M]．朱泱，等，译．北京：商务印书馆，1994.

世济民学说的现代转变与发展。我们需要通过语言、思想、知识将个体行动统合为社会行动的作用，在语言、思想、知识的特殊性与一般性、个别性与总体性的关系上，认识为何要将中国式现代化实践这一特殊的、个别的历史创造上升为世界性、一般性的理论创造。

无论是旧约中通天塔的故事，还是孔子对名正言顺的认识，表明中西方文化都认识到，社会要以语言为工具交流思想，才能将个体行动统合为社会行动。不同社会成员、阶级、民族、国家有着自己特殊的思想，然而，人们的思想沟通不是自话自说，需要具有一般性的语言为工具。社会运行总是要以不同的社会成员、阶级、民族、国家之间一定的共识为条件，这种共识总是体现为一定知识体系与思想体系，例如，人们对社会秩序、法律制度背后的法理的认识。在社会变革中，不同的社会成员、阶级，以及民族、国家有着不同的命运，适应历史发展潮流的力量需要创造新知识、新思想、新文化。这种创造需要符合人的思维规律，需要实事求是，才能成为推动社会变革与进步的思想与理论力量。例如，资产阶级与基督教对利息正当性的看法不同，无产阶级与资产阶级对利润正当性的看法不同，资产阶级与无产阶级都要通过经济学论证其看法，其论证不仅要有范畴、概念和逻辑，还要具有实事求是的科学性，也能成为推动社会变革与进步的思想力量。同样，中国式现代化发展道路对文明体系的创造，若要成为推动中华民族伟大复兴与人类命运共同体构建的力量，必然要求有相应的新知识、新思想与新文化的创建，这种创建需要具有世界性、一般性，其论证需要范畴、概念和逻辑，需要有实事求是的科学性，才能成为真正推动人类进步的思想力量。

第五，中国特色社会主义市场经济作为人类历史上的新生事物，需要在与世界的经济、政治、文化的交流中呈现真理性。中国经济学的构建应该具有开放性，我们还需要认识中国经济学的话语体系与意识形态的关系问题。对此，我们应该吸取苏联在理论创建上的经验教训，斯大林的反思仍然具有借鉴意义。斯大林在《马克思主义和语言学问题》中指出语言和上层建筑有原则上的不同："语言的存在和语言的创造就是要作为人们交际的工具为整个社会服务，就是要语言成为社会全体成员的共同的东西，成为社会的统一的东西，为社会全体成员服务，不管他们的阶级地位如何。语言一离开这个全民的立场，一站到偏爱和支持某一社会集团而损害其他社会集团的立场，它就会丧失自己的本质，就不再是人们在社会中交际的工具，就会变成某一社会集团的同行语而退化下去，以致使自己消失。"① 这就需要我们从能够体现人类社会思维规律的范畴出发，构建中国经济学的话语体系。

第六，在经济、政治、文化的关系上，国家是呈现现代文明形态最基本的单位，国家

---

① 斯大林．马克思主义和语言学问题[M]．北京：人民出版社，1964：3.

之间的关系也是决定世界现代文明形态变化发展最直接的原因。不同国家由于历史条件的不同，由于现代化形成的历史过程不同，其现代文明形态的经济、政治、文化关系的内涵也不同。例如，英国革命、美国革命、法国革命、俄国革命、中国革命等世界上不同民族、不同国家的现代化历史过程中的重大事件，在世界现代化史上的意义不同，塑造着不同国家不同的现代文明形态的经济、政治、文化的内涵。迄今为止，虽然美英主导着世界现代文明形态塑造，但人类历史并未终结，世界面临百年未有之大变局。在中国现代化的发展过程中，中国共产党需要动员和组织群众进行中国现代化的社会运动，创造中国的新经济、新政治与新文化。中国共产党是在与中国人民的交流中，与世界的交流中，不仅形成并发展着实事求是与为人民服务的现代思想，也形成中国共产党领导中国人民并服务于中国人民这一基本的社会结构。我们需要在这一社会结构的基础上，坚持中国经济学的立场，认识构建中国经济学话语体系、知识体系、思想体系的作用。

一方面，中国经济学需要体现中国共产党实事求是与为人民服务的思想路线，服务于中国共产党治国理政、经世济民的实践；另一方面，中国经济学的话语体系的构建，还要成为全体中国人民交流思想的工具，使得全体中国人民都能够表达自己的思想观念，这不仅是党群众路线的体现，是中国社会主义民主的体现，也是中国传统文化的传承。例如，孔子在《论语》中对诗经的作用与品德的认识："诗，可以兴，可以观，可以群，可以怨。""诗三百，一言以蔽之，曰：思无邪。"今天，中国经济学还需要融通中西方文化，不仅服务于中国特色社会主义市场经济的建设，服务于中华民族伟大复兴，还要服务于中国与世界的交往，服务于人类命运共同体的构建。中国经济学既是党的，也是群众的；既是民族的，也是世界的；既是特殊、个别的，也是一般、整体的。这也就在思想体系与知识体系构建上，规定了中国经济学的任务。

四、中国经济学的思想与知识内容

中国经济学要实现的任务，不仅是为中国国家治理体系与治理能力的现代化，为中国参与全球治理体系的建设，提供话语体系、思想体系与知识体系的支撑，还要通过对中国现代化正当性的自觉认识，使得理论思维的能力成为推动中国现代化发展理性的、科学的力量。

西方的现代化是西方人在自身历史条件下的思言行的现代转变与发展。古希腊、古罗马、基督教是西方传统文化的三个主要来源。西方在现代化的发展过程中，通过文艺复兴、科学革命、宗教改革、启蒙运动等思想革命重构了现代思想体系与知识体系，阐述现代化的正当性。理性成为西方思想体系现代转变标志性的范畴。理性有两个基本含义：一是西方人认识到人自身而非上帝是人行动的目的，人的目的具有道德伦理的价值意蕴；二是人目的的实现需要科学方法。西方社会的现代思想也是一个对其传统文化的重构的过程。我们可以将亚里士多德的自然哲学—伦理学—逻辑学的思想体系作为参照，一方面认识到，人们对自身行动是非对错的认识，对自身行动正当性的判断有着真、善、美，福利、公正、自由的意蕴；另一方面，我们也需要通过对这些范畴的不同阐述，辨识西方社会对现代思想体系的重构形成的不同的思想体系，例如，社会主义与资本主义。中国经济学还需要在思想内容上融通中西方文化，在真、善、美，福利、公正、自由的思想内容上体现中国现代化的创造性，自觉阐述中国特色社会主义市场经济正当性的思想内容。

经济学知识体系的构建有其自身描述经济运动的术语或范畴，中国经济学也需要在这些范畴上构建知识体系。马克思政治经济学和西方经济学都要通过生产、消费、分配、交换与货币周转的范畴描述经济活动。马克思力图通过六册计划（资本、土地所有制、雇佣劳动、国家、国际贸易与世界市场），描述与分析现代世界体系的运行与发展。同样，西方经济学的微观经济学在家庭与企业的经济关系上，描述与分析资本、劳动、地产的经济关系，通过宏观经济学描述与分析国家（政府）与市场的经济关系，通过国际经济学描述与分析国际贸易与世界经济的关系。需要指出的是，虽然两种经济学有一些共同的范畴，但两种经济学对这些范畴的阐述有所不同，形成的概念不同，体现出的思维方式不同，进而构建了不同的知识体系。中国经济学界需要在马克思政治经济学的基础上综合西方经济学，构建中国经济学的知识体系，这就需要认识不同经济学学科在中国经济学知识体系构建中的不同作用。例如，经济史与经济思想史，对我们在史论关系上构建中国经济学具有直接的意义。数量化是现代知识体系的基本形式，数量经济学对我们在自然科学与社会科学的关系上，构建中国经济学具有不可或缺的作用。我们还需要通过微观经济学、宏观经济学、国际经济学的学科建设，在经济主体的相互关系上，在社会结构与世界秩序上构建中国经济学。

参考文献

[1]苏剑．宏观经济学——中国版(第二版)[M]．北京:北京大学出版社,2021.

[2]马歇尔．经济学原理[M]．廉运杰,译．北京:华夏出版社,2013.

[3]马克思．政治经济学批判(1857—1858)手稿摘选[M]//马克思恩格斯文集．北京:人民出版社,2009:63.

[4]姚开建．广义政治经济学——资本主义以前的社会生产方式[M]．北京:中国人民大学出版社,2019.

[5]庞巴维克．资本与利息[M]．何崑曾,高德超,译．北京:商务印书馆,2010.

[6]费雪．利息理论[M]．陈彪如,译．北京:商务印书馆,2019.

[7]高鸿业．中国经济学应该遵循的道路[M]//高鸿业自选集．北京：中国人民大学出版社，2007.

[8]高鸿业．中国经济学的发展途径[M]//高鸿业自选集．北京：中国人民大学出版社，2007.

[9]康芒斯．制度经济学[M]．赵睿，译．北京：华夏出版社，2013.

[10]凯恩斯．就业、利息和货币通论[M]．高鸿业，译．北京：商务印书馆，1999.

[11]恩格斯．反杜林论．马克思恩格斯全集(第26卷)[M]．北京：人民出版社，2014：19.

[12]贾根良．论加强经济政策史和经济政策思想史的研究[J]．经济思想史学刊，2021：2.

[13]恩格斯．自然辩证法(节选)[M]//马克思恩格斯文集(第9卷)．北京：人民出版社，2009.

[14]马克思．资本论(第一卷)[M]//马克思恩格斯文集(第5卷)．北京：人民出版社，2009：10.

[15]韦伯．经济与社会[M]．阎克文，译．上海：上海人民出版社，2010.

[16]米塞斯．人的行动：关于经济学的论文[M]．余晖，译．上海：上海人民出版社，2013.

[17]布罗代尔．文明史：人类五千年文明的传承与交流[M]．常绍民，等，译．北京：中信出版集团股份有限公司，2017.

[18]汤因比．历史研究[M]．郭小凌，等，译．上海：上海人民出版社，2010.

[19]波兰尼．大转型：我们时代的政治与经济起源[M]．冯刚，刘阳，译．北京：当代世界出版社，2020.

[20]毛泽东．读苏联《政治经济学教科书》的谈话(节选)[M]//毛泽东文集(第八卷)．北京：人民出版社，1999.

[21]杨奎松．革命[M]．桂林：广西师范大学出版社，2012.

[22]萧冬连．筚路维艰：中国社会主义路径的五次选择[M]．北京：社会科学文献出版社，2014.

[23]范世涛，薛小和．薛暮桥年谱 1904—1952[M]．北京：中信出版集团股份有限公司，2022.

[24]王亚南．中国经济原论[M]．广州：广东出版社，1998.

[25]沟口雄三．作为方法的中国[M]．孙军悦，译．北京：生活·读书·新知三联书店，2011.

[26]高德步．中国价值的革命[M]．北京:人民出版社,2016.

[27]费孝通．论“知识阶级”[M]//费孝通,吴晗,等．皇权与绅权．上海:华东师范大学出版社,2015.

[28]吴易风．英国古典政治经济学[M]．北京:商务印书馆,1988.

[29]李斯特．政治经济学的国民体系[M]．陈万熙,译,蔡受百,校．北京:商务印书馆,1961.

[30]欧肯．国民经济学基础[M]．左大培,译．北京:商务印书馆,2010.

[31]熊彼特．资本主义、社会主义与民主[M]．吴良健,译．北京:商务印书馆,1999.

[32]熊彼特．经济分析史(全三卷)[M]．朱泱,等,译．北京:商务印书馆,1994.

[33]斯大林．马克思主义和语言学问题[M]．北京:人民出版社,1964:3.

论中国社会信用体系建设的发展潜力

丁安平①

摘　要： 社会信用体系是社会主义市场经济体制和社会治理体制的重要组成部分。它以法律、法规、标准和契约为依据，以健全覆盖社会成员的信用记录和信用基础设施网络为基础，以信用信息合规应用和信用服务体系为支撑，目的是提高全社会的诚信意识和信用水平。中国社会信用体系建设经过不懈摸索已经取得显著成效，在征信系统日益完善的数字经济时代焕发出蓬勃生机。

关键词： 社会信用体系；征信系统；数字经济

一、社会信用体系的内涵

征信作为社会信用体系建设的重要组成部分，具有巨大的发展空间和潜力。根据习近平总书记关于“抓紧建立覆盖全社会的征信系统”的重要指示，人民银行认真研究制定我国征信市场发展的顶层设计和总体规划，充分发挥政府和市场双线推动的积极作用，促进各类征信机构错位发展、优势互补，推进征信服务对经济金融领域、社会生活领域和行政司法领域的全覆盖，切实维护信息主体权益和经济金融安全。

近年来，恶意拖欠和逃废银行债务、逃骗偷税、商业欺诈、制假售假、非法集资等社会现象屡禁不止。我国信用普遍缺失，这是我国发展不平衡不充分的突出表现，也是推进国家治理体系和治理能力现代化建设需要着力解决的一个问题。加快建设社会信用体系，对于打击失信行为，防范和化解金融风险，促进金融稳定和发展，维护正常的社会经济秩序，保护群众权益，推进政府更好地履行经济调节、市场监管、社会管理和公共服务的职

---

① 丁安平，中国人民银行征信中心研究员，博士后，日本早稻田大学特聘教授.

能，具有重要的现实意义①。推进社会信用体系建设，对于我国创新社会治理方式、转变政府职能、加强事中事后监管都非常重要，能够起到重要的支撑作用。

社会信用体系是指为促进社会各方信用承诺而进行的一系列安排的总称，最终目标是形成良好的社会信用环境。社会信用体系作为一套完整的信用建设系统，它分为四个部分：政务诚信，主要针对行政机关和公职人员；商务诚信，主要针对企业；社会诚信，主要针对自然人；法院的司法公信。社会信用体系是中国在国家治理当中，聚焦于信用缺失或诚信缺失的社会问题所采用的一套系统工程。

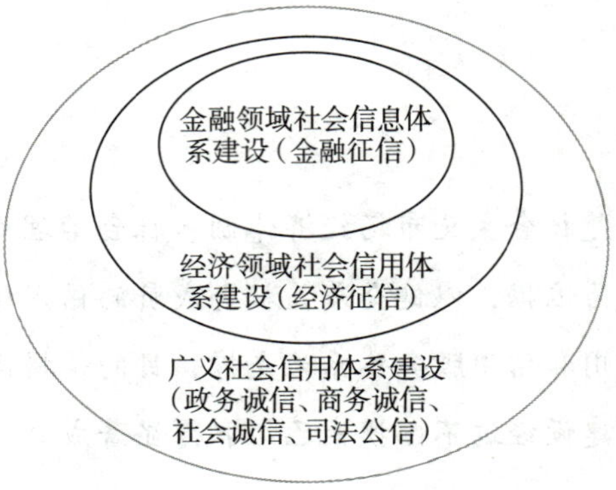

图1　社会信用体系建设的含义和范畴

资料来源：中国人民银行征信管理局．现代征信学［M］．北京：中国金融出版社，2015.

中国社会信用体系建设起源于金融领域，起步于信贷征信，经过20多年的摸索与实践，范围和内涵不断扩充。从金融领域信用体系建设（金融征信），扩大到经济领域信用体系建设（经济征信），最后扩大到包括政务诚信、商务诚信、社会诚信和司法公信领域的信用建设。

社会信用体系是社会主义市场经济体制和社会治理体制的重要组成部分。它以法律、法规、标准和契约为依据，以健全覆盖社会成员的信用记录和信用基础设施网络为基础，以信用信息合规应用和信用服务体系为支撑，以树立诚信文化理念、弘扬诚信传统美德为内在要求，以守信激励和失信约束为奖惩机制，目的是提高全社会的诚信意识和信用水平。社会信用体系建设是整顿和规范市场经济秩序、强大国内市场、扩大国内消费的治本之策，也是激发市场活力、新旧动能转续、实现高质量发展的必然选择，从市场经济向信用经济转变是必然要求。

2007年，国务院印发《关于社会信用体系建设的若干指导意见》（国办发〔2007〕17号）指明了我国社会信用体系建设的方向，提出“培育和发展种类齐全、功能互补、依法

① 张纵华．以信用体系建设助推社会治理[N]．人民法院报．2019-09-06.

经营、有市场公信力的信用服务机构，依法自主收集、整理、加工、提供信用信息”。

“十四五”期间，社会信用体系建设进入法治化、科学化、制度化、标准化和智能化轨道。2016 年国务院发布《关于加强个人诚信体系建设的指导意见》《关于建立完善守信联合激励和失信联合惩戒制度加快推进社会诚信建设的指导意见》。2019 年国务院发布《关于加快推进社会信用体系建设构建以信用为基础的新型监管机制的指导意见》，提出建立健全贯穿市场主体全生命周期，衔接事前、事中、事后全监管环节的新型监管机制，不断提升监管能力和水平，进一步规范市场秩序，优化营商环境，推动高质量发展。该意见将在相当长一段时间内对强化社会信用体系建设产生强大助推力。此举不仅有助于深入推进“放管服”改革，进一步发挥信用在创新监管机制、提高监管能力和水平方面的基础性作用，而且有望更好地激发市场主体活力，在推动高质量发展方面发挥重要作用，可以带动各方社会治理资源重组，推动在互联网时代的社会治理中形成新的进路。

二、征信系统助力社会信用体系建设

中国人民银行组织金融机构建成的全国集中统一的企业和个人征信系统（金融基础信用信息数据库），是全球规模最大的征信系统，在防范金融风险、维护金融稳定、促进金融业发展等方面发挥了不可替代的作用。

我国征信系统建设在短时间内走完了发达国家征信机构近百年的历程。2003 年，国务院赋予中国人民银行“管理信贷征信业，推动建立社会信用体系”职责，批准设立征信管理局。同年，上海、北京、广东等地率先启动区域社会征信业发展试点，一批地方性征信机构设立并迅速发展。2004 年，中国人民银行建成全国集中统一的个人信用信息基础数据库，2007 年，中国人民银行联合涉农部门、金融机构在农村地区推进农村信用体系建设工作并在全国推广中小企业信用体系建设工作。

2008 年，国务院将中国人民银行征信管理职责调整为“管理征信业”并牵头社会信用体系建设部际联席会议，2009 年发布《中国人民银行关于推进农村信用体系建设工作的指导意见》。2010 年中国人民银行印发《中小企业信用体系试验区建设指导意见》。2013 年 3 月《征信业管理条例》正式实施，征信业步入了有法可依的轨道。2014 年国家发展改革委和人民银行牵头 43 个部委建立部委联席制度，以加快全国社会信用体系建设步伐。推进共治模式，政府监督行业自治、企业自律。政府监督主要从政府采购、PPP、招投标、招商引资、政府的地方债务五个方面加强诚信建设。①

由央行主导建设的央行征信系统，立足全国范围内个人和企业信贷信息全面共享应

---

① 中国人民银行征信中心年报。

用，已成为世界上规模最大、覆盖人口最多、收集信贷信息种类最全的征信系统。截至2022年8月末，个人征信系统接入金融机构4081家，收录11.5亿个自然人信息，日均提供查询1084.4万次；企业征信系统接入金融机构3811家，收录9874.6万户企业和其他组织信息，日均提供查询服务27.3万次。向央行征信系统查询信用报告已成为金融机构信贷业务的必要环节。在世界银行《营商环境报告》信用信息指数评估中，数据库为主要考评对象，我国在此项上已连续5年获得满分，位居世界前列。[①]

（一）市场化征信机构满足多元征信需求

一是按照“第三方独立性、客观公正性、个人隐私权益保护”原则发展市场化个人征信机构。中国人民银行先后批设了百行征信有限公司和朴道征信有限公司2家个人征信机构。截至2022年8月末，百行征信、朴道征信分别覆盖4.96亿人、1.57亿人，提供服务38.59亿次、10.13亿次，实现个人非贷海量替代数据全面共享应用。

二是按照“有稳定数据来源、有先进信息处理技术、有明确市场需求”的原则，依法为企业征信机构办理备案。截至2022年8月末，在中国人民银行分支机构备案的企业征信机构136家，已实现企业注册登记等公开信息的全覆盖，仅2022年前8个月累计提供信用评分、反欺诈、企业画像、联合建模、决策支持等征信产品征信服务就达52亿次。

三是按照“高标准、市场化、国际化”原则培育具有国际竞争力的信用评级机构。截至2022年8月末，全国备案评级机构55家，标普、惠誉等知名外资评级机构以独资形式进入中国市场。在“引进来”的同时，我国本土信用评级机构也在逐步“走出去”，提高了国际影响力。已形成以大型债券市场信用评级机构为主、小型信贷市场信用评级机构为辅、多种所有制形式并存的评级市场架构，评级市场总体实力不断提升。

（二）推动建设地方征信平台，实现涉企信息共享应用

通过当地平台实现小微企业非信贷信息归集共享和融资服务，大幅提升了小微企业融资可得性。截至2022年8月末，各地已建成地方征信平台40余家，累计收录企业9049万户，接入金融机构3280家，提供查询服务8170万次，帮助90.66万户企业获得贷款3.41万亿元，其中首贷率超过60%。

为解决小微企业跨区域融资经营问题，自2021年起，中国人民银行推动在地方征信平台之间建立区域一体化征信联盟链。现已建成“长三角征信链”“珠三角征信链”和“京津冀征信链”，截至2022年8月末上链共享2.51亿条信用信息。

---

① 央行征信管理局．建设覆盖全社会的征信体系[Z]．2022－10.

在近年来有效建设征信系统的基础上，下一步，中国人民银行将总结经验，继续坚持以习近平新时代中国特色社会主义思想为指导，进一步建设完善覆盖全社会的征信体系，为经济社会发展提供高质量征信服务，助力中国社会信用体系的良好发展。具体未来发展方向主要有以下几个方面：一是坚持征信全覆盖的建设目标。推动不同领域、不同平台的个人和企业信用信息共享应用，不同征信系统互联互通，为每一个经济主体建立“信用档案”，满足经济社会多层次多样化的征信服务需求。二是坚持“征信为民”理念，保护信息主体合法权益。推动相关法律法规进一步完善，平衡好信用信息合规使用和有效保护的关系，加强行业监管，严肃查处滥采、滥用个人信息等违规行为。三是坚持征信业市场化、法治化、国际化的发展方向。构建多样化征信市场、多维度征信产品、多渠道征信服务。推动跨境征信合作，培育具有国际竞争力的征信机构和信用评级机构，服务国家对外开放战略。

三、数字时代社会信用体系的发展潜力

伴随大数据、云计算、区块链等现代信息技术的运用，数字经济作为一种新业态形式，在信用机制的支撑下蓬勃发展。数字经济的发展日趋呈现出高度的信用化趋势。我国2018年通过的《电子商务法》，高度重视信用对数字经济发展的保障，多个条文涉及信用机制，包括要求电商平台建立信用评价机制，将违法失信的主体纳入信用惩戒等。[①] 如何在电商平台监管中有效落实《电子商务法》，如何更好地协调好信用建设与数字经济之间的关系，促使两者更加高度融合发展，在电商平台领域构筑完善的信用信息实时传递链、实时监管监督链和回溯问责链，完善信用支撑体系，打破信息孤岛，推进各类信用信息平台无缝对接，实现全社会信用共治，推进各类信用信息平台无缝对接，从制度上完善政府、平台、信用服务机构的数据信息开放机制，利用数字经济平台的信用信息补充和完善社会征信数据体系，从而推动市场经济健康、有序、和谐发展，更好地增进社会福祉，提高广大人民群众的幸福体验度，将是我们今后一段时间迫切需要面对和解决的课题。

参考文献

[1]季晓南．在治理体系和治理能力现代化建设中不断提高信用水平[EB/OL]．人民论坛网,2018－01－09.

[2]张纵华．以信用体系建设助推社会治理[N]．人民法院报,2019－09－06.

[3]中国人民银行征信中心年报。

---

① 任豪．数字经济时代的社会信用体系建设[Z]．2019.

[4]丁安平．互联网金融时代的征信与信用评级[J]．清华金融评论,2014(2).

[5]任豪．数字经济时代的社会信用体系建设[Z].2019.

[6]央行征信管理局．建设覆盖全社会的征信体系[Z].2022－10.

[7]中国人民银行征信中心．中国征信业发展报告(2003—2013)[Z].2013－12.

[8]陈昌盛．把握数据时代趋势,创新宏观治理模式．经济日报[N].2020－09－02.

[9]王锡锌．社会信用体系的概念地图及实践展开[J]．中国法律评论,2020－02－10.

[10]张钦坤,朱开鑫．关于数据要素交易流通模式的新思考[J]．腾讯研究院,2020－10－26.

[11]万存知．征信业的探索与发展[M]．北京:中国金融出版社,2018.

[12]王晓明．征信体系构建制度选择与发展路径[M]．北京:中国金融出版社,2015.

[13]中国人民银行征信管理局．现代征信学[M]．北京:中国金融出版社,2015.

由乡村治理到乡村振兴：长效机制与持久动力[①]

张　巍[②]

摘　要：当前党和政府把推进乡村治理与乡村振兴作为实现中华民族伟大复兴的重大任务推进。基于对农业农村部开展的乡村治理示范村与示范乡镇进行的调研，笔者发现乡村治理与乡村振兴都是政府作为任务自上而下推进的。本文在探讨乡村治理与乡村振兴概念的基础上，试图剖析农村任务式治理发展模式的特点与症结，准确剖析任务式治理发展模式中政府与村民的关系，深化村集体产权制度改革加强村民自治根基，试图发现培育新型社会组织焕发农村内生动力形成自下而上的自治能力，从而正确处理乡村治理与乡村振兴的轻重关系，强调农业的发展依赖成熟的补贴机制，最终实现城乡融合发展。

关键词：乡村治理；乡村振兴；任务式治理

一、引言

随着 20 世纪 80 年代改革开放，中国整体经济持续高速发展与农村日渐衰败形成对比。党的十八大以来，以习近平同志为核心的党中央高度重视“三农”问题，在宣布 2020 年全面建成小康社会，由政府主导消除了农村绝对贫困之后，大力倡导乡村治理与乡村振兴行动。对于农村发展而言，准确定义乡村治理与乡村振兴概念内涵，是达成目标的第一步。实际工作中乡村振兴局负责推进乡村振兴，农业农村部负责推进乡村治理并于 2019 年年底在全国遴选设立了乡村治理示范村与示范乡镇，笔者有幸作为中期考核专家到京津冀调研，发现政界、学术界普遍对乡村治理与乡村振兴内涵不清晰，具体开展工作中两个概念往往混在一起，容易陷入困惑、不利于工作开展。因此，有必要首先对其内涵加

---

① 基金项目：大学科研创新项目资助（项目编号：20ZFG79003）；中央高校基本科研业务费专项资金资助；大学新兴科培育与建设计划资助；北京市教改：“法商大数据分析创新型人才培养模式研究”（京教函〔2020〕427 号）。

② 张巍，教授。经济学博士。研究方向：宏观政策分析、产业经济研究。

以明晰。

作为政府工作组成内容的两个概念，乡村治理与乡村振兴近年来引起社会各界越来越多的关注，概念内涵也随着社会经济形势发展的需要不断演化，其变迁集中体现在中央政策文件中。梳理乡村治理在“一号文件”中的表述，2007 年首次提出创新农村社会管理体制机制。在此基础上，2008 年提出探索乡村有效治理机制，之后乡村治理始终是“一号文件”重点关注的问题。如果按“一号文件”的一级标题和二级标题区分重要程度，对乡村治理的表述有三类。见表 1。

表 1　“一号文件”作为二级标题的乡村治理表述

年份	一级标题	二级标题
2008	扎实推进农村基层组织建设	探索乡村有效治理机制
2010	加强农村基层组织建设，巩固党在农村的执政基础	进一步完善符合国情的农村基层治理机制
2015	围绕增添农村发展活力，全面深化农村改革	创新和完善乡村治理机制
2016	加强和改善党对“三农”工作领导	创新和完善乡村治理机制
2020	加强农村基层治理	健全乡村治理工作体系
2021	加强党对“三农”工作的全面领导	加强党的农村基层组织建设和乡村治理

资料来源：根据 2008—2021 年中央“一号文件”整理。

“一号文件”中有 6 年（2008 年、2010 年、2015 年、2016 年、2020 年、2021 年）乡村治理作为一级标题下的二级标题，13 年间乡村治理大部分年份在强调基层组织建设，加强党的领导，只有 2015 年放在增添农村发展活力与深化农村改革内容里谈乡村治理，二级标题由乡村治理机制推到工作体系建设，内容强调加强村级党组织建设，完善村民自治制度，加强农村基层干部队伍建设。2016 年提出完善多元共治的农村社区治理结构。此外，平安乡村建设、扫黑除恶常态化机制、加强县乡村应急管理和消防安全体系建设也不同程度地被提及。2009 年受“金融危机”影响、2011 年强调加快水利改革发展、2012 年强调农业科技创新、2017 等年份没有在“一号文件”中提到乡村治理。“一号文件”有 4 年（2013 年、2014 年、2018 年、2019 年）以一级标题强调乡村治理，尤其是 2018 年“一号文件”提出“构建乡村治理新体系”，坚持自治、法治、德治结合，具体从加强农村基层党组织建设、深化村民自治实践、建设法治乡村、提升乡村德治水平和建设平安乡村五个方面开展乡村治理，这一阐述具有重大意义。这是继 2017 年 10 月党的十九大报告提出实施乡村振兴战略之后对乡村治理的系统化表述。

梳理中央文件出台的脉络，本文认为可以将乡村治理理解为乡村社会治理的简称。结合之前提出的农村社区化管理，本质在于社会治理的内容界定，冯仕政经过研究认为党和国家在不同时期对社会治理的具体表述略有差异，但长期稳定在六个方面，即教育、就业、收入分配、社会保障、医疗卫生、社会安定，党的十九大之后又新增了“国家安全”（冯仕政，2021）。本文认为由于乡村治理是政府负责推广实施的一项任务，其内容界定倾向于社会管理层面，与冯仕政提到的社会治理以上几个方面的内涵还有所不同，正如前文所述，乡村治理内涵与早期提出的相比也在不断发生变迁，最终强调农村基层党组织建设，将农民有效组织起来，村民自治、德治、法治的融合创新，基础设施与公共服务保障性工作与乡村安全。

乡村振兴战略于2017年在党的十九大报告中被提出，是党和国家未来发展的“七大战略”之一，关系全局性、长远性、前瞻性的国家总布局，是作为国家发展的核心关键任务设置的。2018年1月“一号文件”以《中共中央　国务院关于实施乡村振兴战略的意见》发布，对乡村振兴进行了全面的部署。同年9月，中共中央、国务院印发了《乡村振兴战略规划（2018—2022年）》，明确了2018—2022年实施乡村振兴战略的目标任务和政策框架，按照产业兴旺、生态宜居、乡风文明、治理有效、生活富裕的总要求，对实施乡村振兴战略做出阶段性谋划。乡村振兴战略提出坚持农村优先发展的总体要求，把解决好“三农”问题作为全党工作的重中之重。

由此可见，政府实施的乡村振兴，是乡村全面振兴的简写，其范围涵盖“三农”问题的方方面面，包含产业、组织、风俗、制度与生态。乡村振兴战略是党的十九大提出的，距离2008年中央“一号文件”提出乡村有效治理晚了近10年的时间，乡村治理是农村现代化的一个非常重要的组成部分，谈乡村振兴必然涵括乡村治理的内容，乡村治理强调将村民有效组织起来，组织起来之后去做什么是实现乡村振兴的重要内容。继20世纪80年代承包制之后“三农”工作一次划时代意义的重大变化，党和政府已经把全面推进乡村振兴作为实现中华民族伟大复兴的一项重大任务。

学者从经济学、政治学、管理学、社会学、法学等多学科视角研究乡村治理，近年取得了丰硕的成果。这些成果大致可以分为三类，第一类以村为中心针对乡村治理某项工作进行研究，如乡村治理共同体（刘俊生、陈璟，2021）、新乡贤治村（倪咸林、汪家焰，2021；姜方炳，2021）、乡村振兴内生动力激发与农民主体性发挥（彭小兵、彭洋，2021；王春光，2018；隋筱童，2019）。第二类是基于乡村治理与乡村振兴基础理论的研究，如乡村振兴的实践转向与路径（袁宇阳，2021）、组织制度视角关注乡村有效治理的实现（李华胤，2019）、推进村社联动（王秋月，2019）、关注社会力量参与（李怀瑞、邓国胜，2021）。第三类是标题中没有出现乡村治理或乡村振兴，但研究的问题本质有密切相关，这一类研究有很多权威经典论述，包括中国转型的乡村变迁（刘守英、王一鸽，2018）、农业农村现代化实践行动和路径（王春光，2021）、社会治理研究（冯仕政，2021）、农村基层治理与现代化研究（杨华，2020）、消除贫困与乡村振兴研究（李小云、徐进，2020）。由于乡村振兴是在精准扶贫基础上提出的，大量关于精准扶贫政策研究对于乡村振兴研究富有启发性，如精准扶贫中党的集中领导起核心作用，最大限度实现资源利益统筹协调；群众是核心主体，组织动员群众参与是重点也是难点。实际工作中根据政策执行效果和政策反馈情况合理调适以适应扶贫需求（王亚华、舒全峰，2021）。众多学者讨论了基层治理实践中常用的政策工具和治理策略之一——运动式治理，认为它在克服中国式官僚制组织的弊端及治理困境方面发挥了重要作用，但是某些负面效应导致其长期遭受诟病。冯志峰（2007）、李里峰（2010）等视运动式治理为非制度化、非专业化、非理性化的治理方式。随着知识的积累和研究的拓展，其评价基调逐渐从完全否定转向有限肯定。① 刘成良（2015）认为运动式治理是应对普遍存在的“制度性规则的制度化拒斥”现象的一种策略性举措。② 周雪光（2012）认为运动式治理是常规治理失效后的一种补充治理工具与纠偏机制，这为运动式治理的生成与存在提供了一个合理的解释。学术界对运动式治理的关注也由“运动”转为“治理”。③ 这种分析范式下，运动式治理被认为是与常规治理共存共生且相互作用的治理机制，植根于稳定的制度化组织基础之上，有着一整套制度设施和环境，是国家治理制度逻辑的重要组成部分（周雪光，2012）。④

二、农村任务式治理分析

（一）农村任务式治理特点

与以往运动式治理相对应，本文认为目前中国农村日常问题的基本解决方式依赖政府任务式治理，这种常规治理的特点是针对农村日常问题，其解决问题方式仰仗政权力量，将要达成的目标设置成专项任务，由政府自上而下发动各层级政府领导推动执行，一旦任务完成即可向上级反馈，以得到上级认可。新的任务下达替代旧的任务执行，各种日常问题的解决是间歇性的、难以长时间持续，农村发展停留在自上而下的政府推动层面。

“乡村治理的发文最好是几个部门联合发文，如果文件中有中央组织部一起，我们去找组织部，他们才会配合我们工作，否则人家根本不理我们，工作就完全推广不下去。以后发文还是要联合发文，光是成立领导小组不行。”

（访谈记录 20210510NH）

---

① 冯志峰. 中国运动式治理的定义及其特征[J]. 中共银川市委党校学报,2007(2);李里峰. 运动式治理:一项关于土改的政治学分析[J]. 福建论坛(人文社会科学版). 2010(4).

② 刘成良. 基层国土执法的困境与逻辑——以对制度性规则的制度化拒斥为视角[J]. 北京社会科学,2015(7).

③ 倪星,原超. 地方政府的运动式治理是如何走向“常规化”的? [J]. 公共行政评论,2014(2):92.

④ 周雪光. 运动型治理机制:中国国家治理的制度逻辑再思考[J]. 开放时代,2012(9).

在天津某村调研时的访谈记录，充分说明任务式乡村治理的特点，政府对于农村日常问题的关注有不同侧面，这样农村任务式治理突出表现为各种运动式乡村行动。基层干部接到各个部门布置的任务，很难分出轻重缓急，容易出现抓现成已有成果或资料应付差事。

（二）任务式治理依赖政府组织达成目标

近年来，中国政府特别重视农村工作，为了达成目标，实现乡村有效治理与振兴，2018 年 3 月根据国务院机构改革方案设立农业农村部，整合过去中央农办、农业部以及国家发展改革委、财政部、国土局、水利部等部门的农业投资建设项目管理职责。中央领导对农业农村部寄予厚望，强调其职责由过去单纯负责农业转为负责农业农村发展。依照 2019 年中央“一号文件”明确提出的要求，中央农办、农业农村部牵头组织，联合中央组织部、中央宣传部、民政部、司法部开展乡村治理试点示范和乡村治理示范村镇创建这两项活动，在全国选择 100 个县（市、区）作为首批乡村治理体系建设的试点单位；中央农办、农业农村部、中央宣传部、民政部、司法部五个部门在地方创建的基础上，联合认定 100 个示范乡镇和 1000 个示范村。目前试点已经在各地平稳推进，大部分试点地区对此项工作非常重视，也取得了明显成效。在整个调研过程中，我们调查小组几乎听到所有区县、乡镇干部说乡村治理就是农村工作的方方面面。

教授，乡村治理既包括德治，也包括乡村法治，它是工作的方方面面。农业部发了两个文，先是乡村治理试点的文，接着是整体推进乡村治理的文。

（访谈记录 20210423HD）

依照前文，乡村治理肯定不是农村工作的方方面面。乡村治理任务落实到基层后，各地普遍高度重视。以天津某区为例，成立由区（县）委书记及区（县）长任双组长、区（县）委副书记任常务副组长、分管区（县）级领导任副组长、相关部门主要负责人为成员的乡村治理体系试点创建工作领导小组，办公室设在区（县）委农办，组建专班推动。明确由区委农办牵头，组织、宣传、政法、民政、司法、农业农村 6 个部门和 9 个镇共同建立试点示范工作联席会议制度，赋予村级负责人联席议事、意见建议、自主探索权利。将乡村治理工作纳入“乡村振兴大专项资金”重点保障范围。将乡村治理试点创建重点内容，作为“区 2020 年乡镇党政领导班子和领导干部推进乡村振兴战略实绩考核”重要指标，纳入区 2020 年乡镇党政领导班子年度考核评价范围。笔者整理汇报材料，将京津冀三地有代表性的四区乡村治理组织领导情况列表如下。

表2 北京市两区乡村治理组织领导情况比较

	区1	区2
领导机构	区委区政府全面统筹；区委农村工作领导小组统筹调度；区委农办将小组议定事项的检查落实	区委书记任组长，区委、区人大、区政府、区政协领导任副组长，各相关单位、乡镇（街道）党政正职为成员的试点区创建工作领导小组
经费保障	财政资金11.7亿元	财政资金4.449亿元
激励督查	写入“十四五”规划，对镇党政领导班子和领导干部乡村振兴实绩考核和基层党建述职评议考核的重要内容	纳入区政府重点工作、区政府改革创新任务，纳入区政府督查任务。每月对督查情况进行一次通报。督查结果纳入年度目标考核，与年终绩效奖挂钩

资料来源：根据汇报材料整理。

表3 天津、河北两区乡村治理组织领导情况比较

	区3（天津）	区4（河北）
领导机构	区委书记及区长任双组长的乡村治理体系试点创建工作领导小组，办公室设在区委农办，组建专班推动	区委书记、区长任组长的乡村治理领导小组
经费保障	在全国乡村治理体系建设专项经费10万元的基础上，纳入区1亿元“乡村振兴大专项资金”	无
激励督查	正向激励与督导检查相结合。对试点示范、重大制度建设、村级事务管理、诚信体系、精神文明建设等方面进行资金奖补、政策倾斜、精神奖励；调研督导16次；纳入区2020年乡镇党政领导班子年度考核评价范围	实施“强基工程”。印制《“四议两公开一审查一监督”工作纪实》，重新修改完善《小微权力清单流程图》，实施举办党建年会、清理规范村集体合同、村级延伸巡察、制定小微权力清单、整治软弱涣散党组织、推行“网格化+微信矩阵”快速响应机制等一系列行动

资料来源：根据汇报材料整理。

由表2、表3可知，对乡村治理作为任务组织了地区最高行政长官参与。从经费保障上来看，北京、天津都有安排财政资金支持、专款专用，尤其是北京的乡村治理资金给付力度非常大，河北没有经费支持，这从侧面反映了地方财力的差距，反哺农业如果单纯依靠地方政府显然无法实施，以农业为主的地区财力有限，很难独自提供滋养“三农”的足够资金。乡村治理在各地都是政府当作首要任务来执行的，除少数地区外大部分是地方“一把手”挂帅，成立了专门的工作小组推动。从京津冀地区来看，基层领导偏向于听从上级指挥，各地发挥过去已有基础与优势开展建设，工业基础好的乡镇或村，倾向于继续强调经济上的优势，实施第一、第二、第三产业融合，第二、第三产业反哺农业；工业基础不好的乡镇或村，倾向于移风易俗等社会建设，程度不同地存在形式主义。无论怎样，从上到下推动的乡村治理，在基础设施、社会安定等方面的建设上容易取得成功，各地道路硬化、各村垃圾清运由于政府出资得到迅速改观。但村民人人参与的三治融合的局面并未形成，随着公权力的不断进入，村民反而被管束得越来越严，三治融合很容易成为政府单方面的一厢情愿。

三、共建共治共享突破农村任务式治理模式

（一）突破任务式治理模式中政府与村民的关系

多年以来，政府的农村建设一直强调共建共治共享。姜方炳（2021）认为乡村治理的实质是公共权力在国家与乡村社会之间配置。在河北省河间，有位放弃北京退休生活在大庄村担任书记大校村官，座谈会上有位 80 多岁的村民代表，在自家房后搭建了一间 10 多平方米的棚房，大校书记领人拆一次他搭一次，三建三拆之后，不仅那位老人再没有私搭乱建，其他村民也开始自觉执行村里的相关规定。我们调研时那位老人说：

“人家书记不图啥，就是真心为大伙儿办事。他带着村委会的人三次拆除我私搭的 10 多平方米棚房，我三次重新盖房，就是在考验书记是不是真正踏踏实实、给村民办实事的人。第三次拆除棚房后的当天晚上，村书记带着酒去了我家里，几杯酒喝下去，我俩互相交心，我特别相信他、支持他。大伙儿都应该支持他！我现在八十岁了，谁不支持他，我坚决不干！”

（访谈记录 20210417HJ）

由此可见，树立起信任之后老人成为最支持村里做事的人，但这一典型例子也引出任务式治理中政府与农民、村组织与农民的关系值得特别关注。村干部不是公务员，在一线承担着与农民直接沟通的工作，河间这个村书记虽然取得了村民的信任，收到了较好的成效，但笔者认为刚性的管控方式不值得提倡，单轨式治理方式有悖民主与法治精神。在全社会处于现代化进程的大背景下，乡村警惕个人的权力过大带来的问题甚至灾难，乡村振兴关键培育自下而上的村民自治能力。李小云、徐进（2020）提出村干部虽然是“干部”，但却不是“国家干部”，几乎没有人接受过公务员工作的培训。被领导与被管理的任务式治理显然无法调动农民的积极性，村干部水平的限制也容易导致农村发展方向错误。乡村多元治理扩大乡村治理主体范围，鼓励多元主体共同“在场”，形成“党委领导、政府负责、社会协同、公众参与、法治保障、科技支撑”的共治共享的社会治理共同体才是治理有效的关键。共建共治共享的多元治理理念的升华，包含了在社会治理中实现人人参与的目标，构建与之相适应的动态精准的社会治理新模式是未来乡村社会治理发展的基本趋势。基层党组织和政府应逐步实现由治理主体向治理主导的转变，由行政领导者转向治理引领者，更好地发挥公共服务供给能力。

与市民相比，农民对自身诉求的表达能力相对较弱，无论是村干部还是村民，他们获取知识的路径相对较窄，更容易借鉴身边榜样的经验，因此复制周边乡村的做法成为常态，不需要太多的推广成本。这种复制很容易良莠不分，诸如我们在各地看到的村史馆，占用房间但大多是没有太大价值的照片、图片或农家日常用具，村村简单重复设立非常浪费资源。因此，政府应坚持以人民为中心进行社会治理，调动农民的主动性，基层治理成为人民愿意参与、进行创新的实践，让人民参与、受益、评判至关重要。

（二）深化村集体产权制度改革，加强村民自治根基

农村集体经济组织资产数量庞大，习近平总书记提出全面开展清产核资，中共中央、国务院下发的《关于稳步推进农村集体产权制度改革的意见》要求，从2017年开始，中央农办、农业农村部组织开展了全国农村集体资产清产核资工作。两年花费专项资金26.7亿元，至2019年年底调查得到全国共有集体土地总面积65.5亿亩，账面资产6.5万亿元，其中经营性资产3.1万亿元，占47.4%；非经营性资产3.4万亿元，占52.6%。固定资产为3.1万亿元，其中2/3是用于教育、科技、文化、卫生等公共服务的非经营性固定资产。资产高度集中在村级。在如此庞大的规模上，村集体经济组织与村民的关系急迫需要探讨解决。比照国有企业转型的经验，由管国企变为管国资，村集体经济组织股份化是关键问题，谁来经营至关重要。我们调研的北京市某区农村集体资产总额突破2200亿元。习近平总书记一直强调，农村改革不论怎么改，都不能把农村土地集体所有制改垮了、把耕地改少了、把粮食生产能力改弱了、把农民利益损害了。这些底线必须坚守，决不能犯颠覆性错误。村集体经济组织进行股份制改造后，遵循市场规则聘请职业经理人运营是出路。国企改革经过多年摸索得到的经验，未来村集体经济组织值得重点借鉴，其中政府最大限度地减少对企业生产经营活动的直接干预，以管资本为主履行好出资人职责，既做好国有资产出资人代表机构，也做好资本运作和企业经营的国有资本投资公司或运营公司，将国资监管化为股东意志，进而落实到市场行为。村集体经济组织进一步发展本质上要发挥市场的力量，股份制改革让村民得以享受到村集体经济发展的红利。

农民作为缺乏经营参与和管理能力的个体，虽然被政府赋予了清晰的个体股份特征，但并未突破集体资产在法律意义上的相关权限。管兵（2019）提出农村集体资产并不能完整地落实以“去关系型嵌入”和“去政府型嵌入”为主的脱嵌治理的制度安排。对于村集体经济组织，无论是否实施了股份制改革，农民享受到的红利都有限。我们调研发现北京某区农村集体资产总额突破2200亿元，目前该区已经完成最后2.8万人的农转非，全区已基本没有身份上的农民；将村级集体经济组织（股份经济合作社）换届纳入村“两委”换届一并开展，在村级股份经济合作社设立党组织，强化党对集体经济的领导。其中

经济最好的乡村治理示范村平均每位村民每年分红1.03万元，该区也有很多村镇不能分红，集体经济组织的运营不规范，村民从中的收益得不到保障；村民对于集体资产的代际传承与进入退出机制存在边界不清的问题。在乡村振兴过程中发展村集体经济组织必须注重保障农民权益，进一步深化产权制度改革，从而逐渐理顺村集体经济组织与农民的关系，让农民在村集体发展中得到实惠，提高参政议政意识。

（三）培育新型社会组织，焕发农村内生动力

2008年以及之后中央“一号文件”频繁提出培育和发展服务“三农”的社会组织。除了村“两委”自治组织以外，京津冀地区甚至北方农村与政府相关的混合组织目前很少，社会组织更是几乎没有发育出来。政权力量在农村很多领域中起着主导作用，由政府资助运作的社会组织（Government Organized Non－governmental Organization，GONGO）刚刚开始有所萌芽。邓燕华、王颖异、刘伟（2020）认为能否发挥社会组织的优势，与超级协调者的能力和权威有很大关系。如果国家作为协调者的动员力很强并享有很高的权威，那么基于成员来源多样性而划分的社会组织就能发挥更大的组织优势，并可以有效地控制固有的组织管理问题。习近平总书记强调充分发挥市场决定性作用和更好发挥政府作用的关系，强调推进新一轮农村改革激活乡村振兴内生动力，优化农村创新创业环境，培育乡村发展新动能。北京某区盛产大桃的某镇，在德治建设过程中特别强调诚信。通过深入开展“诚信村、厚德果、幸福人”创建活动，提升村民文明意识、法律意识和道德水平，形成了诚实守信、遵纪守法、尊老爱幼、礼让宽容的良好德治氛围。镇政府组织“诚信之星”评比、诚信互助组、诚信联盟，通过互助组、联盟组织让入组入盟的村民自觉清扫、自觉保持自己门前卫生和果园环境，杜绝新增违章建筑，很好地带动了左邻右舍，镇村环境有了很大改观。“诚信之星”评选实现诚信的“果品”+“人品”，诚信星级高，自家大桃的销量就好，德治水平与文明致富实现同步效果明显。

河北供销合作总社是省政府事业机构，在河北推广市乡村三级综合服务体系，形成以市级综合服务中心为龙头，以乡镇（办）综合服务中心为中枢，以农村综合服务站为终端，市乡村三级上下贯通、层层联动的综合性服务平台。平台采取“互联网+实体”，“线上线下”相融合的方式，提供全方位、一站式、方便快捷的综合服务。

我区组建综合服务中心比较晚，最早定州、涿州搞得比较好。市级中心包含市信息指挥中心和市仓储物流配送中心。市信息指挥中心横向以公网连接市属多个党政单位，纵向专网链接所有乡镇和各村（社区），准备实现市乡村网络全覆盖。市仓储物流配送中心设有低温冷库区、恒温库区、初加工库区、拆零库区以及中央厨房等，实现了商品统仓统配。

在乡镇组建综合服务中心。按照每个乡镇设有1个、占地8~15亩的标准，利用现有乡镇办公场地或供销合作社闲置场地，在乡镇政府所在地建设25个乡镇综合服务中心。内部设立办公区、政务服务中心、社会公共综合服务中心、农业服务中心、现代仓储物流服务中心等。

在村级组建综合服务站。利用村委会免费提供的现有房屋或办公场地，按照2000人以上村设1个、2000人以下村每2个邻近村设1个标准建设村级综合服务站，深度融合政务代办、商品流通、社会公共服务等功能，实现“服务一张网、事项全覆盖”。

（访谈记录 20210524RZQ）

综合服务体系起初是行政化推动，发挥党的政治组织优势以任务形式下达，市乡村三级供销服务体系由市委组织部牵头、市供销社主办，并成立了由市委书记任组长、市长任第一副组长的领导小组，建立了各乡镇、相关部门参与的联席会议制度，形成了政府推动合力。市场化运作，省供销商贸有限公司与市供销社共同组建区供销商贸有限公司，形成市乡村三级综合服务体系。运营过程中，建立服务利益联结机制，公共服务收益的15%~20%向村委会分红用于壮大集体经济。融合型建设发挥政府的公共资源优势，综合服务体系融合了党务、政务等服务功能。村支部书记等村委会成员轮流坐班，党员挂牌服务，实现了身份证、结婚证、低保等“一网”通办，就地取证；群众合理诉求分类梳理、专人来办、上门解决。这一组织跨越了场域（如国家和经济或国家与社会），在不同的逻辑中实现平衡，带有GONGO的性质。未来由GONGO到NGO的混合体应大力培育，成为农村振兴的中坚力量。

四、结论

（一）乡村治理与乡村振兴两项任务的关系

作为“三农”工作两项重大任务，正如前文所提及，乡村治理比乡村振兴的提出要早10年，乡村治理更多地侧重将村民组织起来，提供良好公共服务与公共基础设施，而只有实现农村农民共同富裕这种组织才有意义，也才能真正得民心并走得长远，乡村治理最终要落到通过乡村振兴让农民生活质量有效提升上来。按照2018年9月中共中央、国务院印发的《乡村振兴战略规划（2018—2022年）》产业兴旺、生态宜居、乡风文明、治理有效、生活富裕五个方面的总要求，如果生活富裕是乡村振兴与乡村治理两项任务的最终结果，是二者作为任务设定的终极目标，乡风文明并入治理有效，那么最重要的任务包括产业、生态、治理三个重要方面。习近平总书记在2018年7月提到乡村振兴，特别列举了要实现乡村产业振兴、人才振兴、文化振兴、生态振兴、组织振兴，如果将人才、文化与组织振兴并入乡村治理范畴，同样可以合并为产业、生态、治理三个重要方面。基础设施、公共服务、民生事业以及发展机会的提供更多是乡村治理这一任务要完成的，是当务之急，也是产业与生态问题解决的基础。

（二）乡村振兴依赖于提升地方自治能力

乡村振兴过程是实现乡村治理现代化以融入现代社会的过程，治理现代化的根本是产生自下而上的地方自治能力。在调研过程中，笔者发现京津冀地区由于经济发展阶段不同，"三农"紧迫解决的任务不同，北京农村经济最发达地区急迫解决的是农村集体经济组织发展与产权问题；天津最重视的是公共基础设施、公共服务问题，很多地区道路硬化早已完成，因此借国家政策红利发展农村经济；河北总体来讲经济差距明显，少数经济基础好、地理位置优越的村庄在谈经济发展，更多的村镇以乡风民俗整治作为抓手完成乡村治理任务。农村先进文化需要伴随农民基本素质提高而提升，如果为了完成任务快速推进乡风民俗的转变，很容易形成对农民个人行为过度约束，政府的精力过度分散于百姓生活琐事无暇发展经济，摆正乡村治理与乡村振兴两项任务的关系，乡村有效治理将农民组织起来，为了实现生活富裕目标，乡村振兴需要通过做好产业与生态建设实现。

（三）乡村振兴需要成熟的补贴机制

李克强总理指出继续加大"三农"投入力度，落实好惠农富农政策，深入推进农业供给侧结构性改革。王春光（2021）提出在欧美乃至日韩，乡村基础设施、公共服务都非常好，但乡村依然大多是老年人，"乡村发达了，但是还没有振兴"。从目前的情况看，乡村振兴过程中政府与市场依然是最为重要的两极，一方面要充分发挥市场的力量，尊重农民个人的选择；另一方面政府对"三农"投入，借乡村振兴真正形成合理的农业反哺机制的时机已经成熟，可以首先从形成有效农业补贴瞄准机制入手建设。以保护农田的奖励为例，目前瞄准的不是农民而是土地。如北京某区的补贴如下：

按照我区 2018 年文件，农田生态补偿机制补贴资金有农田生态补贴、永久基本农田保护补贴。农田生态补贴每年每亩 1500 元，永久基本农田保护补贴每年每亩 1000 元。海淀区范围内符合条件的农田（纳入生态林范围的地块除外）都可以享受；永久基本农田除享受生态补贴外，还享受相应的保护补贴。这个钱由区财政预算和市级资金统筹安排，纳入年度部门预算。也是要求专款专用的，每个镇、村集体经济组织都要设专账，提前拟定方案使用，执行"三重一大"民主决策程序。是由区农委牵头负责组织落实的。

（访谈记录 20210423HD）

以土地为依据进行补贴不如以从事农业劳动的农民为依据进行补贴。将瞄准机制从土地转到从事农业的农民，形成更为精准的补贴模式值得探索。除此以外，考虑补贴农业中某些特殊产业链条，包括技术创新、高科技投入、大型机械设备投入等产业链条，努力打造全产业链，将农业种植溯及育种与深加工，以增加农产品价值。

乡村振兴依赖于农村先进文化与人才队伍建设。目前并未出现农民大规模返乡，农村空心化严重，没有青壮农民的农村无法实现乡村振兴，很难实现乡村先进文化普及与治理现代化，无法实现自下而上的基层民主与自治。早在2016年中央“一号文件”已经提出职业农民的概念，同时提出加强职业教育与培训。这就需要户籍制度配套改革，首先完成农民由身份到职业的转变，农民成为普通公民所从事的一种职业，改变乡村割裂于现代社会运转的正常逻辑之外的现状，实现城乡融合发展与经济协调发展。

参考文献

[1]刘俊生,陈璟．“村为中心”的乡村治理共同体:祁阳实践[J]．行政论坛,2021(3).

[2]倪咸林,汪家焰．“新乡贤治村”：乡村社区治理创新的路径选择与优化策略[J]．南京社会科学,2021(5).

[3]姜方炳．从革命到改革:政治话语流变中的“乡贤之治”及其行动伦理[J]．浙江社会科学,2021(6).

[4]彭小兵,彭洋．“参与—反馈—响应”行动逻辑下乡村振兴内生动力发展路径研究[J]．农林经济管理学报,2021 (3).

[5]王春光．关于乡村振兴中农民主体性问题的思考[J]．社会发展研究,2018 (1).

[6]隋筱童．乡村振兴战略下“农民主体”内涵重构[J]．山东社会科学,2019 (8).

[7]袁宇阳．国内大循环背景下乡村振兴的实践转向与路径探索[J]．当代经济管理,2021(3).

[8]李华胤．走向治理有效：农村基层建制单元的重组逻辑及取向[J]．东南学术,2019(4).

[9]王秋月．村社联动:村级有效治理的路径选择[J]．华中农业大学学报(社会科学版),2019(6).

[10]李怀瑞．邓国胜．社会力量参与乡村振兴的新内源发展路径研究[J]．中国行政管理,2021(5).

[11]刘守英,王一鸽．从乡土中国到城乡中国——中国转型的乡村变迁视角[J]．管理世界,2018(10).

[12]王春光．迈向共同富裕[J]．社会学研究,2021(2).

[13]冯仕政．社会治理与公共生活：从联结到团结[J]．社会学研究,2021(1).

[14]杨华．农村基层治理事务与治理现代化：一个分析框架[J]．求索,2020(6)．

[15]李小云,徐进．消除贫困：中国扶贫新实践的社会学研究[J]．社会学研究,2020(6)．

[16]农业农村部．开展乡村治理试点示范和乡村治理示范村镇创建[EB/OL]．中国网．2020－06－24. http://finance. china. com. cn/agri/20190624/5013185. shtml.

[17]中共中央办公厅,国务院办公厅．关于加强和改进乡村治理的指导意见[EB/OL]．2019－06－23. https://baijiahao. baidu. com/s? id＝1637129041757273875&wfr＝spider&for＝pc.

[18]梁漱溟．北游所见纪略[J]．村治月刊,1929(4)．

[19]农业农村部新闻办公室．扎实开展全国农村集体资产清产核资工作[Z]. 2020－07－10.

[20]习近平．把乡村振兴战略作为新时代"三农"工作总抓手,2018年9月21日在十九届中央政治局第八次集体学习时的讲话[EB/OL]. https://www. ccps. gov. cn/xtt/201906/t20190601_132033. shtml.

[21]邓燕华,王颖异,刘伟．扶贫新机制：驻村帮扶工作队的组织、运作与功能[J]．社会学研究,2020(6)．

[22]李克强对实施乡村振兴战略作出批示[EB/OL]．央视网(新闻联播),2018－07－05.

[23]冯志峰．中国运动式治理的定义及其特征[J]．中共银川市委党校学报,2007(2)．

[24]李里峰．运动式治理：一项关于土改的政治学分析[J]．福建论坛(人文社会科学版),2010(4)．

[25]刘成良．基层国土执法的困境与逻辑——以对制度性规则的制度化拒斥为视角[J]．北京社会科学,2015(7)．

[26]倪星,原超．地方政府的运动式治理是如何走向"常规化"的？[J]．公共行政评论,2014(2)．

[27]周雪光．运动型治理机制：中国国家治理的制度逻辑再思考[J]．开放时代,2012(9)．

走向人民主体、市场决定、创新驱动的共同富裕之路①

李　由②

摘　要：在复杂多变的国际环境和国内环境下，面对21世纪我国社会经济发展中存在的增长速度和全要素生产率下降、资源和人口红利减少、收入分配差距长期偏大等问题，如何正确认识和有效处理公平与效率的关系，构建初次分配、再分配、三次分配协调配套的制度安排？根据国内外经验，发展是解决我国一切问题的基础和关键，只能在高质量发展中促进共同富裕。由此，我们必须坚持人民主体、公平本位、市场决定的社会主义经济体制，坚持科技强基、创新驱动的高质量发展道路，发挥市场和政府在收入分配中的应有职能，从而实现社会经济的持续发展和全体人民的共同富裕。

关键词：共同富裕；人民主体；公平本位；市场方式；创新驱动

公平与效率的关系是人类社会经济发展中的基本问题，也是我国70多年来一直试图解决而至今争议颇多的理论和政策领域。2021年8月17日，中央财经委员会第十次会议再次提出“必须把促进全体人民共同富裕作为为人民谋幸福的着力点”，“正确处理效率和公平的关系，构建初次分配、再分配、三次分配协调配套的基础性制度安排”。可见，如何全面、准确认识公平、效率、共同富裕等问题，不只是单纯的理论问题，更是“促进人的全面发展，使全体人民朝着共同富裕目标扎实迈进”的重大政策问题。实践表明，人民主体、公平本位、市场决定是我国社会主义经济体制的基本内容，是我国实现创新驱动、经济发展、共同富裕的制度保障。

---

① 原文《走向人民主体、公平本位、创新驱动的共同富裕之路》，首发于《中国经济评论》2021年第9期。

② 李由，北京师范大学经济与工商管理学院。

一、人民主体、公平本位、市场决定的经济体制

人是具有不断增长、多种多样的消费需要的生物物种和社会个体。人类为了降低其各种物质资料供给的稀缺性、粗劣性，为了改善其生存发展的条件，勇敢探索，不断试错，理性实践，这就是人类劳动的历史的和自然的发生发展过程。从经济学的角度看，人类为了满足其物质性的消费需要，必须采取一定的生产方式，投入劳动以及资产，展开生产、交换、分配、消费物质资料的社会经济活动。在经济活动的生产、交换、分配、消费等几个方面和阶段，物质资料生产或价值创造、经济增长是交换、分配、消费的对象和源泉，政府（组织、权威、权力或暴力）、市场是物质资料交换或配置的两种基本方式，分配是对上一次生产成果在从事经济活动、非经济活动社会成员以及全体社会成员之间的分割、分布，消费则是社会成员对分配后的生产成果的使用过程，包括生活性消费和生产性储蓄（投资），分配和消费既是上一次经济活动的阶段性结束，又为下一次经济活动提供了初始的准备条件。按照近几十年的说法，生产、交换活动主要是做蛋糕，分配、消费活动主要是分蛋糕、吃蛋糕。显而易见，做蛋糕是分蛋糕的前提和基础，要想分得、吃到更多更好的蛋糕，必须做大、做好蛋糕，解决扩大再生产或经济增长问题。梦想、情怀、道德必须建立在广大、厚实的人类实践和经济活动的基础之上，实践是检验一切理论和政策的唯一标准，贫穷不是社会主义，否则就容易流于空想、荒诞和苦难，这是我国 70 多年社会主义实践得出的基本经验和理论原则。

一个健全的、有效的现代经济增长和发展体系是由社会经济主体、财产或经济动力（激励）制度、经济增长方式、资源配置方式等部分有机构成的。人类数千年实践和我国近现代历史表明，人民主体、公平本位、市场决定是我国社会主义经济体制的基本内容，是我国实现创新驱动、经济发展、共同富裕的制度保障。

第一，充分发挥人民的主体作用。马克思、恩格斯 1848 年的《共产党宣言》中早已概括了未来社会的核心命题："每个人的自由发展是一切人的自由发展的条件。"我国宪法和党的十八大、十九大报告也明确提出：以人为本，人民主体，全面依法治国，以满足人民日益增长的美好生活需要为根本目的，这才是我国特色社会主义的本质要求，是发展大国开放经济的制度保障。在改革开放以来的开放型经济中，从事社会经济活动的人民主体包括我国的全体居民（依法剥夺公民权利的刑事犯罪人员除外）和在我国依法从事社会经济活动的外国居民，包括全体劳动者和建设者，他们投资经营的内资企业和外资企业、公有制企业和非公有制企业共同创造了一国的国内生产总值。由于人民是发展的主体，是推动发展的根本力量，就必须全面坚持人民主体地位，维护人民根本利益，贯彻国民待遇原则，全面激发和保护全体居民、企业的积极性和创造性，如此才能够为中国现代化事业提

供最广泛、最可靠、最牢固的群众基础和力量源泉。

从经济分析的角度看，转换经济发展方式和建立现代经济体系、深化供给侧结构性改革为主线和高度重视需求侧管理、实施扩大内需战略，以坚持生产者主权和维护消费者主权，其决策和行动、供给和需求、生产和消费的社会主体都应当且只能是人民，都应当且只能是每一个居民、企业，归根结底都必须坚持人民是经济活动、社会发展和人类历史的主体，这正是马克思主义的基本原理和中国特色社会主义的基本思想。居民和企业是知识的生产者、扩散者和应用者，是经济活动的供给者和需求者、生产者和消费者，居民和企业的权利、能力和行为的方式、效率直接决定着一个国家的发展水平。

第二，全面落实公平本位的法律体系。人民是社会经济活动的主体，在法律制度上就表现和落实为充分赋予并全面落实人民的各项权利，建立和实施公平且有效的社会主义法律体系。我国宪法明确规定，实行依法治国，公民在法律面前一律平等，国家尊重和保障人权，公民的合法的私有财产不受侵犯，公共财产神圣不可侵犯。公民享有言论、出版、集会、结社、游行、示威的自由，宗教信仰自由，人身自由和人格尊严，通信自由和通信秘密，劳动的权利和休息的权利，社会保障和社会救助的权利，受教育的权利。随着户籍、计划生育制度的深化改革，公民还享有出生、迁徙和居住等方面的权利。我国自1954年开始起草、2020年通过的《中华人民共和国民法典》，全面明确规范、落实了《中华人民共和国宪法》规定的公民的人身权和财产权。随着我国1971年恢复联合国席位，1980年恢复世界银行席位，1979年以来相继制定颁布《中外合资经营企业法》《外商独资企业法》《中外合作经营企业法》，2001年11月加入世界贸易组织，我国宪法、民法和缔结的国际公约、条约等各种制度规定，为坚持公有制为主体、多种所有制经济共同发展的基本经济制度，坚持按劳分配为主体、多种分配方式并存的分配制度，国家实行社会主义市场经济和完善宏观调控，建立开放型经济，国民经济转向创新型、开放型、高质量、高效率的发展阶段奠定了法律制度基础。1979年以来，我国相继创办了4个经济特区、14个沿海开放城市和沿海经济开发区，2015年以来不断建立自由贸易试验区，逐渐消除国内的城乡、地区、行业、所有制之间和中外之间的各种不合理规定和做法，对中外居民、企业实施权利平等的国民待遇原则，建成公平竞争、全面开放的现代化经济体系，我国从计划经济、封闭经济初步转向市场经济、开放经济，开始全面融入世界经济的发展道路。

在公平与效率的关系上，我们过去对于效率有着基本一致的理解，效率是指经济活动的投入产出、成本收益的状况，是指生产成果的持续增长和收入分配的帕累托状态。邓小平等所提出的，一切以是否有利于发展社会主义社会的生产力、有利于增强社会主义国家的综合国力、有利于提高人民的生活水平这三个“有利于”的实践结果，就是判断和指导我国改革开放的效率标准。然而，尽管提出了诸如公平、公正、正义、正当、平等一系列概念，但人们对于公平似乎并没有规范、明确、理性的理解和界定。比如，公平长期被理解为收入和财产结果上的人人大致均等，改革开放之前批判资产阶级法权和建立一大二公、一平二调的公有制经济，生产和分配领域的“大呼隆”“大锅饭”做法，反映了小农经济、自然经济的平均主义思想和政府对经济活动的不当干预。在公平与效率的关系问题上，曾经提出了公平（实际上是结果均等）优先、兼顾效率，公平与效率兼顾，效率优先、兼顾公平等不同的政策主张，这反映了在认识公平概念、处理公平与效率关系上的模糊不清。

在政治学、法学、社会学、心理学等其他社会科学中，公平、平等等概念其实早有相对明确、稳定的认识。国外学界将英语的 equity、justice、fairness 一般译为汉语的公平（公正、正义、合法），公平在法律或制度上等价于每一个人、全体人所拥有且可实施的充分且平等的权利或自由，即公平是以权利为内容、本体和目标的概念，比如马克思所说的公民（曾译为“资产阶级”“市民”）权利，英国宪章运动、北美独立战争、法国大革命都是资产阶级和无产阶级打破王权专制、争取公民权利的社会运动。将英语的 equality 一般译为汉语的平等（平均、均等），主要指分配的、结果的平等或平均。由于社会成员获得了从出生、教育、就业、创业到退休、死亡的比较充分、相对平等的权利，在经济领域获得了就业、创业、研究开发、生产、交换的自由，居民的收入和财产除非依法征税或自愿捐赠否则不能任意剥夺或侵占，这就充分、普遍、持续地尊重和激励了居民以及组织从事社会经济活动的积极性和创造性，而基于知识的创新、扩散和应用的社会经济活动实现了普遍、持续的经济增长和社会进步。

亦如马克思、恩格斯《共产党宣言》所言：“资产阶级在历史上曾经起过非常革命的作用。”“资产阶级在它的不到一百年的阶级统治中所创造的生产力，比过去一切时代创造的全部生产力还要多，还要大。”概言之，公平与权利、自由、合法是相通、等价的概念，人民主体、以人为本、公民权利、公平本位是相通、等价的概念，如果这么认识和实施公平，那么公平与效率之间显然就是统一、互动的关系，人民主体、公平本位的制度安排就推动和保障了社会经济的全面持续发展，经济发展又反过来巩固了这种制度安排，否则就要改革或革命。相反，如果不尊重、不保护权利或公平，而把公平视为、变为结果均等，那么这种看似公平、实为均等的公平与效率之间就是矛盾、对立、权衡、取舍的关系，经济学家阿瑟·奥肯于 1975 年出版了小册子《平等与效率：重大抉择》（*equality and efficinency*，*the big tradeoff*），但国内许多人长期把这一平等、均等问题自觉不自觉地转换为公平、权利问题，由此导致国内理论研究和政策分析上的一系列困惑和混乱。权利内核、本位的公平与效率之间是自洽、互动性关系，不是矛盾、抉择性关系。只有澄清和明确了公平、平等、效率的理论内涵和实践背景，确立一种人民主体、权利本位、法治保障的公平理论，才能够在实践中正确处理公平、平等和效率的关系。

第三，市场是资源配置的基础性、决定性的因素或方式。人类解决经济运行中的信息、决策和实施问题，配置资源的基本方式大致有二：一是自上而下的强制性权力、行政命令、统一计划的方式；二是分散独立的分工、竞争、交换、合作的市场方式。我国社会主义市场经济的本质就是将人民主体、权利本位的制度安排转换为经济运行和发展的基础性方式，就是在公民充分、平等权利的基础上将社会分工的众多买方和卖方协调起来，通过自由竞争、自愿交易而共同决定产品和服务的生产和价格，从而实现资源的长期、普遍、有效的配置。人类历史和中国经验证明，市场是经济运行、资源配置的基础性、决定性方式，国有制和计划主要是一种在紧急状态或公共物品领域才相对有效的资源配置的补充方式。我国过去 40 多年的经济成就，直接和主要得益于政府大幅度退出经济领域，废除众多管制，创造和维护公民主体、市场竞争的制度条件的结果。

自由竞争、公平竞争、充分竞争只是人们分析问题的角度不同，本质上是相通的、等价的概念。大致来说，自由竞争侧重指个人、企业具有充分、平等的经济权利，是经济活动的主体，市场主体在交易的对象、方式、条件等方面具有充分的选择和合同自由，生产要素能够自由流动，收入分配首先和主要由市场决定，政府不得任意干预市场。公平竞争侧重指市场竞争和交换的统一、一致的规则，个人、企业、政府等主体应当处于平等一致的法律地位，市场主体独立地行使权利，恰当地履行义务，善意地对待对方，严格执行依法订立的合同，遵守自由选择、公平竞争、等价有偿、诚实信用的行为准则，反对独家交易、欺诈交易和强制交易。充分竞争侧重指竞争状况和市场结构，构成市场供求双方的都是自由、平等、数量众多的生产者和消费者，市场是竞争性结构，即便规模经济、专利制度等而导致的不完全竞争的市场也应当是保护竞争和依法监督的市场，商品的价格、产量也不能单方面地由卖方或政府所规定和控制。只有全面清理妨碍统一市场和公平竞争的各种规定和做法，凡是在我国境内居住的所有居民、注册的所有企业都一视同仁、平等对待，才能够全面、深入、持续地激励国内外居民、企业从事社会经济活动的积极性和创造性，让一切拥有各种资源的活力竞相迸发，让一切创造物质财富的源泉充分涌流，才可能形成国内国际双循环的开放发展新格局。

二、科教强基、创新驱动的高质量发展道路

人民主体、公平本位、市场方式是对公有制为主体、多种所有制经济共同发展，按劳分配为主体、多种分配方式并存，社会主义市场经济体制等社会主义经济制度的概括。在这一制度安排下，从复杂多变的国际环境和国内环境出发，我们必须科学应变、主动求变，建立基于知识的创新、扩散和应用的高质量发展道路。

从国际环境看，和平与发展仍然是时代主题，人类命运共同体理念深入人心，但我国发展的国际环境正发生着深刻复杂的变化。第一，新一轮科技革命和产业变革深入发展。人类经过了17世纪、18世纪欧洲思想解放和第一次科学革命，18世纪、19世纪以蒸汽机、机械化为特征的第一次工业革命，1890年以后以量子力学、相对论、生物学为核心的第二次科学革命和以电气化、全球化为特征的第二次工业革命。20世纪后半叶，随着机械、电力、电子、信息技术特别是20世纪70年代以来微电子、生物技术、能源技术、互联网、数据库、物联网、区块链、分布式账户等技术的不断发展，人类开始进入知识化、信息化、网络化时代，发达国家的知识创新、技术进步对经济增长率的贡献度从20世纪初的约10%不断提高到20世纪末的50%、当前的70%~80%。第二，国际力量对比深刻调整。根据世界银行数据，从1978—2017年世界主要国家的经济增长率、经济总量及对世界经济贡献率看，虽然仍保持着美国“一家独大”和多极发展的格局，但美国地位有所降低，其经济总量占世界经济份额从1978年的27.8%下降到2017年的24%，欧元区、俄罗斯、日本下降到15.6%、2%、6%，非洲经济停滞不前，中国、印度从1.8%、1.6%提高到15.2%、3.2%，但我国在科研、教育、工业化、城市化、国家治理等方面还是发展中国家。第三，国际环境不稳定性增加，单边主义、保护主义、霸权主义对世界和平与发展构成威胁，2020年新冠疫情暴发加剧了国际环境的复杂严峻性。

从国内环境看，我国全面建成小康社会取得了决定性成就，正在转向高质量发展阶段，机遇和挑战都有着新的变化。第一，重点领域、关键环节的改革任务仍然艰巨。其中，经济领域的土地、劳动力、资本、知识、数据等要素市场化尚未健全，各种所有制、内外资企业的平等准入、公平竞争、公正监管的市场体系尚待建成，政府体制改革和政府职能转换有待推进，决策科学化、民主化、法治化和政务标准化、规范化、便利化水平有待提高，知识创新、扩散和应用领域的文艺创作、科学研究、新闻出版、广播影视、教育、医疗等领域也有待深化改革。第二，据2020年第七次全国人口普查、联合国人口司等数据，我国人口的结构、素质和创新能力存在不适应高质量发展的问题。一是人口生育率持续降低到2020年8.50‰的历史最低，总和生育率（1.3）远低于全球（2.45）、发达国家（1.67）水平，65岁及以上老龄人口占总人口的13.5%，远高于全球（9%）、印度（6%），人口平均年龄38.8岁，远高于全球平均年龄（31岁），赡养负担加重，计划生育政策有待全面调整。二是人口平均受教育年限偏低，劳动年龄人口（15岁以上）平均受教育年限从1990年的6.45年、2000年的8.58年、2010年的9.08年提高到2020年的9.91年，2020年大专以上人口、高中人口仅占总人口的15.4%、15.0%，而初中及以下人口超过70%，相反，发达国家平均受教育年限为13~15年，如2018年美国劳动年龄人口受教育年限为13.7年，硕士及以上、学士及以上人口占比分别为13.1%、35%。我国公民具备科学素质的人口比例2010年、2015年、2018年分别为3.27%、6.20%、8.47%，远低于发达国家30%左右的水平。三是户籍制度改革仍未完成，人口的自由流动、有效组织度不高，2020年人户分离的流动人口高达4.93亿人，他们不能充分、平等享有流入地的公共管理和服务。四是我国经济增长方式有待全面转变。1999年、2009年、2018年我国全社会固定资产投资相当于当年GDP的比率分别为36.4%、67%、71.7%，且这一比率趋于上升，中、西部地区固定资产投资与GDP几乎相当，但GDP增长率2007年达到峰值后即持续下降，2012年、2016年、2020年分别跌破8%、7%、6%。2020年我国生产、使用的钢材、水泥、煤炭分别为13.2亿吨、24亿吨、42亿吨，分别约占全球总量的60%、55%、60%，但只产出了全球16%的GDP，供养了18%的人口。按照张文魁等的研究，2008—2014年我国GDP增长率从9.6%下降到7.4%，但全要素生产率（TFP）增长急剧下降到-0.6%~1.2%，这意味着随着人口、资源红利的逐渐耗竭，粗放型发展方式已经难以有效应对国际分工和竞争，不能实现国民经济持续发展。五是城乡、地区之间，国有企业与非国有企业、外资企业与内资企业、金融企业与非金融企业之间的发展不平衡问题突出，居民收入、财产分配不平衡严重，经济发展与民生发展不平衡显著。

发展是解决我国一切问题的基础和关键，只能在高质量发展中促进共同富裕。实现共同富裕，首要问题是如何尊重、激励和保护勤劳致富、创新致富，如何为人民提高受教育程度、增强发展能力创造更加普惠公平的条件，如何形成人人参与、自由参与、长期参与的发展环境，走向基于知识的创新、扩散和应用的高质量发展道路。改革开放以来，我国创新环境明显优化，据世界知识产权组织报告，2019年研究与开发投入总额超过日本居世界第二位，研究与开发人员数、国际专利申请数超过美国居世界第一位，华为公司以4411件已公布申请连续3年成为企业申请人第一名，我国在世界知识产权组织发布的129个经济体的全球创新指数排名从2011年的第29位提高到2018年、2019年的第17、第14位。但当前我国的知识、技术和经济创新能力依然不高，在基础和高等教育、基础研究、核心关键技术创新、企业发展竞争环境等方面与发达国家相比依然存在较大差距。如研究与开发资金投入大但产出效率不高，基础研究投入占比只相当于发达国家的1/3，发表论文数量多但创新性、引用率不高，出口产品数额大但增加值偏低，大型企业研究与开发投入严重低于发达国家水平。1978—2017年我国三种专利中的发明专利申请仅占35.5%，2018年、2019年占比分别为36%、32%，而美国、日本、德国、英国分别约占90.4%、82.3%、80.5%、72.3%；我国发明专利授权占比长期低于20%（2019年为17.4%），美国、日本、德国、英国约为80%；我国国外申请专利、国外许可专利占比长期低于5%，而美国皆超过40%；我国核心专利占比不足1%，而美国约为20%；我国在光学、电机电气装置、音像、医学、运输、计算机等领域技术差距较大，国家外汇管理局统计 2017 年、2018 年、2019 年我国对外支付知识产权使用费分别为逆差 239 亿美元、逆差 302 亿美元、逆差 276.8 亿美元，美国分别为顺差 796 亿美元、顺差 767 美元、顺差 637 亿美元（2020 年为 713 亿美元）。

世界发展经验表明，全要素生产率提高不只依靠简单劳动力和物质资源的投入，更有赖于知识创新、技术进步、生产创新、组织创新、市场创新、法律创新。在近几年的国际竞争和贸易冲突中，也暴露了我国在基础研究、核心关键技术创新上与发达国家之间存在广泛而严重的差距，拥有有效发明专利的企业中仅有 2.2% 向境外提交国际专利申请，只有华为、中集、大疆、迈瑞等极少数企业的技术水平开始具有国际竞争能力。从制定“十四五”规划、推进第二个百年奋斗目标、实现人民共同富裕的长期战略看，我国必须综合考虑国内外发展趋势和我国基本条件，深入贯彻新发展理念，实行人民主体、全面开放、科教兴国、创新驱动的发展战略。科学发现、技术进步是社会经济发展的基本因素，人民对自然界和人类社会的认识水平直接决定了人民改造世界的能力、过程和结果，自然科学、社会科学和人文学科的创新能力是引领居民、企业全面发展的第一动力，基于知识的生产、扩散和应用才能够保障和实现国民经济的可持续健康发展。2008 年以来，我国经济运行进入了 GDP 增长率、全要素生产率双重下降的新常态发展阶段。2015 年《政府工作报告》首次提出“提高全要素生产率”，2016 年发布《国家创新驱动发展战略纲要》，2021 年《政府工作报告》再次明确坚持创新在我国现代化建设全局中的核心地位，把科技自立自强作为国家发展的战略支撑。

由于我国基础性、前沿性、关键性的知识发现、技术创新能力严重不足，支持国民经济有效运行和持续增长的全要素生产率并不高，我们必须不断改革和完善国家创新体系。比如，深化改革大学和研究机构的知识生产体制，充分尊重研究人员的创新自由并全面调动研究人员的创新动力。经验表明，所有现代化国家至少要求国民平均教育年限在高中以上，没有一个平均教育年限为初中的国家真正实现了现代化。要深化改革各级各类学校体制，促进教育公平，推动义务教育的全国均衡发展，尽快将高中教育纳入义务教育范围，支持和规范民办教育发展，增强职业技术教育的适应性，提高大学研究生教育质量，广泛开展科学普及活动，让全体居民成长为面向未来、面向世界、面向现代化的现代化事业的高素质的劳动者和建设者。市场不仅是物质资源、金融资源配置的基础方式，也应当成为知识资源配置的重要方式，企业要成为知识应用的主体，提高企业的技术创新和经济创新能力。而提高全要素生产率，从根本和整体上就是指提高知识创新能力、转变经济发展方式、提高全要素生产率对经济增长的贡献率。国际发展经验表明，越是处于经济发展的较高阶段，越要依靠提高全要素生产率实现经济增长。只有这样，我国才能够从过去的人口、研究、教育、工业、服务业、公共治理大国，全面转型为人口、研究、教育、工业、服务业、公共治理强国，国民经济转向创新型、开放型、高质量、高效率的发展阶段，才能够为实现共同富裕而创造全面深厚的社会经济基础。

三、发挥市场和政府在收入分配中的应有职能

经济发展成果应当更多、更公平地惠及全体人民，不断促进人的全面发展、共同富裕，实现人民对美好生活向往的奋斗目标。

分配活动是对生产成果的分配。从经济活动的某一个完整的过程或周期看，分配活动是对新创造的各种货物和服务在内的生产成果、价值的分配，是经济活动的增量、流量、收入的分配。从经济活动既是人类活动的物质基础和必要组成，又是持续的、变动的角度看，分配和消费的结果如果必须既满足人类当前的生存性和享受性的生活需要，又满足人类未来的发展性的生产需要，就要将一部分生产成果留存、储蓄起来，作为保持简单再生产或扩大再生产的物质条件，分配活动又可分为收入分配和财产分配、流量分配和存量分配的统一。分配活动还可以分为功能性分配和规模性分配、市场性分配和非市场性分配。功能性分配是指根据社会成员投入的人力和物力、劳动和资本的各种生产要素，以及生产要素在经济活动中发挥作用或做出贡献的大小来分配生产成果，这些贡献可以分为劳动性贡献和非劳动性贡献，这些分配可以分为劳动性的工资和非劳动性的利润（包括利息、地租等）。规模性分配是指对各个社会成员分配到的规模大小或数量多少的生产成果，如果不考虑社会成员的生产要素的投入和贡献，基尼系数就是一个规模性分配的数量指标。市场性分配主要是通过公平、开放、竞争、有序的市场方式对生产成果进行分配，市场是资产阶级革命以来，也是我国改革开放以来逐渐确立的生产和分配的基本方式。我国竞争性经济领域的分配活动大致属于市场性分配，非竞争性经济领域的收入分配兼有市场性和非市场性的双重性质，非竞争性、非经济活动的其他领域则普遍实行着非市场性分配。我国当前所说的初次分配领域大多属于市场性分配，再分配或二次分配、三次分配属于非市场性分配，政府和道德是再分配和三次分配的重要力量。

从纵向和横向比较的角度看，我国存在人均 GDP 水平不高、人均可支配收入更低、收入分配差距偏大等问题。一是人均 GDP 水平不高。据国家统计局数据，1978 年我国人均 GDP 为 381 元（即 156 美元），城镇、农村居民人均收入分别为 133 元、343 元，全国人口中的 80% 农村居民和部分城镇居民处于贫困状态，城镇职工平均工资 615 元，低于 1957 年的 624 元，这是我国改革开放的现实背景。经过 40 多年的发展，2020 年我国 GDP 突破 100 万亿元，是世界第二大经济体，人均 GDP 增至 72447 元（即超过 1 万美元）。根据国家统计局、联合国、世界银行等统计资料，当前发达国家人均 GDP 普遍超过 4 万美

元，美国 1978 年为 10565 美元，2019 年超过 6.5 万美元，我国人均 GDP 不到美国的 1/5，收入差距依然较大。二是人均可支配收入偏低。居民可支配收入是居民用于最终消费支出和其他义务性支出以及储蓄的总和，包括现金收入和实物收入，工资、财产等净收入和转移净收入，是居民分享发展成果、可自由支配的收入，是对初次分配总收入通过经常转移形式的再次分配。然而，我国居民人均可支配收入的绝对水平和相对水平偏低。相较而言，发展中国家、发达国家居民人均可支配收入大多相当于人均 GDP 的 50% ~75%，如据美国经济分析局（BEA）数据，美国人均 GDP、人均可支配收入及其占比 1943 年为 1485 美元、1023 美元和 69%，1973 年为 6726 美元、4635 美元和 68%，1978 年为 10565 美元、7220 美元和 68%，2008 年为 48330 美元、35486 美元和 73%，2017 年为 45480 美元、59472 美元和 76%。换言之，2020 年我国人均 GDP、人均可支配收入分别相当于美国 1973 年、1978 年的水平。这就意味着我国居民分享发展成果、自由支配的收入偏少，而政府支配的收入偏多。三是收入分配差距偏大。基尼系数为 0 意味着绝对平均主义，改革开放以前，我国收入分配存在严重的平均主义现象（0.3 左右比较合理，超过 0.4 则意味着收入分配差距过大），南美洲、非洲和西亚许多国家存在着收入分配差距过大现象。根据国家统计局等方面数据，1987 年我国基尼系数突破 0.3，1994 年突破 0.4，2001—2019 年一直在 0.46 ~0.49 波动，2019 年为 0.465。

我国经济发展与民生发展之间不平衡，收入分配、住房、城市化、教育、医疗、公共基础设施和公共服务等民生领域问题较多。例如 2020 年我国常住人口城市化率为 63.8%，但户籍人口城市化率仅 45.4%，适龄人口高中（含职高等）毕业率仅过 70%，社会保障体系的公平性和统一性依然不足。我国社会保障“五险”的 41% ~45% 费率和 2018 年养老保险 28% 的名义费率、21.6% 的实际缴费费率都远高于多数国家，而社会保障水平起点较低，2020 年参加城乡居民基本养老保险人数仅为 54244 万，社会保障支出的结构和效率有待改善，教育、医疗、住房成为民生的三大痛点。据 2016 年国家统计局和经济合作与发展组织（OECD）国家数据，在 2015 年主要国家的教育、健康、社会保障与福利占公共支出结构中，我国三项支出占比分别为 14.9%、6.8%、10.8%，美国分别为 16.2%、24.2%、20.8%，日本分别为 8.7%、19.4%、40.7%，英国分别为 11.9%、17.8%、38.4%，法国分别为 9.6%、14.3%、43.1%，我国以上三项支出占比显著低于发达国家。近年来，我国税收收入、一般公共预算收入占 GDP 之比分别约为 18%、20%，这些宏观税负指标并不高。但如果加上税费之外的政府债券、其他收费和官员腐败等项收入，我国宏观税负指标或许超过 50%。据普华永道和世界银行 2004—2020 年《全球纳税报告》，2004 年、2017 年、2018 年我国企业的总税收纳费率分别为 82.8%、64%、59.2%，世界平均分别为 53.1%、40.4%、40.5%（2018 年北美 38.7%、欧盟 38.9%、南美 53.3%、非洲 47.3%），我国宏观税负实际水平偏高。教育、医疗、养老等公共服务和社会保障效率不高。

人类的一切社会制度和经济活动都应当是为了有效解决不断增长变化的消费需要与各种物质资料供给之间的供求矛盾。面对知识创新、经济增长、收入分配的数据及其体现的问题，如何有效解决收入增长、分配差距偏大问题？国内外发展经验表明，生产、交换、分配、消费是相互联系、协同运行的现代经济结构和体系，人民主体、权利本位、社会分工、市场方式的社会主义经济体制应当是不断有效做大蛋糕和分配蛋糕的基本方式，政府调控和社会捐助只是缩小收入分配不合理差距的辅助方式。收入分配状况应当保持在差距虽大但不至于影响社会经济稳定运行，差距虽小但能够充分保障和激励社会经济有效发展。在实现共同富裕的进程中，我们过去深刻总结正反两方面的历史经验，认识到贫穷不是社会主义，打破传统理论和体制的束缚，推动解放和发展了社会生产力。综上可见，在共同富裕问题上应当明确并坚持两项原则。

第一，人民主体、公平本位、市场决定、创新驱动不仅是有效创造财富的基本方式，也是合理分配财富的基本方式。我们要立足社会主义初级阶段，充分尊重、激励和保障国内外的人员、资本、知识、管理方式等参与我国社会经济发展，人口和资源的自由流动、市场的开放公平竞争有助于缩小而不是扩大收入分配的差距，内资私营企业和外资企业有助于促进经济增长和提高居民收入。要特别重点鼓励知识创新、辛勤劳动、敢于创业的发展带头人，要允许一部分人、一部分地区先富起来，扩大中等收入群体比重，先富带后富、帮后富。习近平总书记 2018 年 11 月 1 日在民营企业座谈会上强调，民营企业贡献了中国经济的“五六七八九”：50% 以上的税收、60% 以上的 GDP、70% 以上的技术创新成果、80% 以上的城镇劳动就业、90% 以上的企业数量，但我国民营企业贷款长期仅占银行贷款余额的 25% 和企业贷款余额的 40% 左右，非完全性竞争的金融市场导致金融企业长期过高的工资和利润水平。我国经济发展和收入分配的主要问题不是市场竞争的结果，而是市场竞争不充分、不开放、不公平的结果。

第二，依法发挥政府在促进共同富裕上的重要作用。正如党的十九大报告所提出的，我们要坚持以人民为中心的发展思想，深化政府体制改革，加快转变政府职能，建立科学的公共政策体系，完善经济治理和社会治理。政府的主要职能不是替代居民、企业和市场，而是要充分尊重和全面保护每个人、所有人的人身权和财产权，为居民、企业的社会活动提供公平有效的立法、行政和司法服务，以及提供市场、社会不能充分有效提供的公共基础设施和公共服务。具体而言，要科学分析我国初次分配、再分配、三次分配问题，把保障和改善民生建立在经济发展和财力可持续的基础之上，重点改革我国的政府预算、税收征管、公共支出等公共财政体制，依法确定居民、企业与政府之间的关系，全面整治法外的各种社会负担，依法调节高收入，取缔非法收入，改善公共支出的结构，提高公共支出的效率。要加强基础性、普惠性、兜底性民生保障建设，改进、提高教育、医疗、失业、生育、养老等领域的公共支出，完善低收入群体的社会保障，依法鼓励高收入人群和企业更多回报社会，形成“中间大、两头小”的橄榄形分配结构，促进人的全面公平发展。

参考文献

[1]马克思,恩格斯．共产党宣言[M]．北京:人民出版社,1997.

[2]习近平．决胜全面建成小康社会夺取新时代中国特色社会主义伟大胜利[EB/OL]．新华社网站,2017－10－18.

[3]在高质量发展中促进共同富裕 统筹做好重大金融风险防范化解[N]．人民日报,2020－08－18.

[4]中央关于制定国民经济和社会发展第十四个五年规划和二〇三五年远景目标的建议[EB/OL]．新华网网站,2020－11－03.

[5]国家统计局．中华人民共和国2020年国民经济和社会发展统计公报[EB/OL]．国家统计局网站,2020－02－28.

[6]国家统计局．第七次人口普查公报(第一号至第八号)[EB/OL]．国家统计局网站,2020－05－11.

[7]普华永道和世界银行.2020年全球纳税报告[EB/OL]．普华永道中国网站.https://www.pwccn.com/zh/services/tax.html.

[8]丹尼·罗德里克．新技术、全球价值链与发展中经济体[J]．比较,2019(1).

[9]李由．公平、平等与我国收入分配政策取向[M]//李实．中国收入分配研究报告．北京:社会科学文献出版社,2013.

/第五篇/

绿色转型

本篇由 4 篇文章构成。

伴随环境规制逐渐加强，工业企业做出退出、兼并、转型的差异化选择，这些决策直接影响产业集中度，进而影响行业污染。《环境规制、产业集中度与环境污染》研究基于斯塔克尔伯格模型梳理了环境规制、产业集中度与环境污染的数理逻辑，并实证检验三者之间的关系。研究发现：①加强环境规制会提高产业集中度，进而降低大气污染排放强度，却提高了水污染排放强度。②在大气污染物的回归中，环境规制有助于降低污染，产业集中度的中介贡献是 53.32%；在水污染物的回归中，“绿色悖论”得到验证，产业集中度的中介贡献是 19.49%。因此，在未来环境政策制定过程中，应理性认识环境规制带来的产业集中度变化，充分利用行业内部的“调结构”，有效发挥产业集中度提高对治污减排的促进作用。

碳中和明确了中国能源转型的最终目标，即到 2060 年形成近零碳排放的能源体系。能源领域的深度碳减排要求一方面通过节能提效降低能耗，另一方面通过调整能源结构使能源消费清洁低碳化。《碳中和下中国能源转型战略及趋势探索》从能耗和能源结构两个维度分析满足 2030 年前碳达峰、2060 年前碳中和要求的四种可能情景，探讨能源转型的阶段性目标和路线图。在此基础上，分析碳中和愿景下能源系统形态变革的三大趋势：能源系统电气化、电力系统低碳化和能源电力系统去中心化。

《江苏省出口贸易隐含碳测算与影响因素分析》以江苏省出口贸易隐含碳为研究对象，基于 2002—2017 年江苏省投入产出数据，从总体和分 19 个部门两个角度运用投入产出法测算出口贸易隐含碳排放量，然后通过构建 LMDI 分解模型，从规模、结构、技术三个方面进一步剖析其影响因素。研究结果表明：自 2013 年以来江苏省出口贸易隐含碳排放量呈不断减少的趋势，但总体来说还是处于较高的水平，约占碳排放总量的 15%；出口贸易额较大和能源消耗量较高往往会导致一个部门较大的出口隐含碳排放量；技术效应对出口隐含碳排放的增长具有很强的抑制作用，且随着技术的不断创新，该效应的作用越来越突出；根据不同部门的特性调整出口产业结构和推动产业部门技术创新或为江苏省碳减排的一个新方向。基于此，本文认为在促进出口贸易绿色发展方面江苏省政府首先应当做到在宏观层面上调整及制定相应的环境政策，不断优化出口结构，加快技术创新的同时积极推广并鼓励采用新能源，走低碳、清洁的可持续绿色发展道路。

我国现代化建设进入了美丽中国新阶段，主要指向坚持绿色低碳循环发展的绿色创新，习近平总书记曾宣布“中国将提高国家自主贡献力度，采取更加有力的政策和措施”争取实现“双碳”目标。企业绿色技术创新是“减污降碳协同增效”的关键动力，绿色信贷政策是支持实体经济绿色发展的重要金融工具之一，是否以及在多大程度上促进了企业绿色技术创新需要进行量化衡量，旨在为绿色信贷政策更有效地促进企业绿色技术创新。《绿色信贷政策促进企业绿色技术创新了吗?》在研究绿色信贷政策对企业绿色技术创新作用机理、归纳近些年绿色信贷政策与企业绿色技术创新的典型事实后，基于2007—2019年A股上市工业企业样本数据，以受政策支持的绿色企业为实验组、未受支持的非绿色企业为控制组，利用PSM－DID模型开展准自然实验，得出绿色信贷政策对企业绿色技术创新具有显著的正向促进作用；并通过中介效应模型检验了促进作用是通过信贷规模与融资成本两个渠道缓解了企业融资约束而进行的；且通过异质性分析分别细化研究了政策因企业区位、企业所有权、企业规模的促进作用程度差异；最后，基于研究结论提出相应的对策建议。

环境规制、产业集中度与环境污染①

杜雯翠②　陈　博③

摘　要：伴随环境规制逐渐加强，工业企业做出退出、兼并、转型的差异化选择，这些决策直接影响产业集中度，进而影响行业污染。本研究基于斯塔克尔伯格模型梳理了环境规制、产业集中度与环境污染的数理逻辑，并实证检验三者之间的关系。研究发现：①加强环境规制会提高产业集中度，进而降低大气污染排放强度，却提高了水污染排放强度。②在大气污染物的回归中，环境规制有助于降低污染，产业集中度的中介贡献是53.32%；在水污染物的回归中，"绿色悖论"得到验证，产业集中度的中介贡献是19.49%。因此，在未来环境政策制定过程中，应理性认识环境规制带来的产业集中度变化，充分利用行业内部的"调结构"，有效发挥产业集中度提高对治污减排的促进作用。

关键词：高质量发展；环境规制；产业集中度；环境污染；大气污染；水污染；斯塔克尔伯格模型

一、研究背景

小康全面不全面，生态环境很关键；高质量发展实现不实现，生态环境同样很关键。改革开放以来，中国经济40多年高速增长的同时也带来了生态环境问题。此时，党和国家充分意识到，只有转变生产、生活方式，改善环境质量，才能为经济持续发展提供有力支撑，高质量发展的重大判断正是在这个背景下提出的。2017年10月，习近平总书记在

---

①　基金项目：国家自然科学基金青年项目（项目编号：72003131）；教育部人文社会科学研究规划基金项目（项目编号：20YJA790009）；北京市属高校基本科研业务费专项资金资助项目（项目编号：QNT202006）。本文首发于《西安交通大学学报》（社会科学版）2021年第1期。

②　杜雯翠，首都经济贸易大学经济学院教授，博士生导师。

③　陈博，江苏科技大学人文社科学院讲师。

党的十九大报告中指出："我国经济已由高速增长阶段转向高质量发展阶段，正处在转变发展方式、优化经济结构、转换增长动力的攻关期。"2018 年 5 月，习近平总书记在全国生态环境保护大会上指出，"绿色发展是构建高质量现代化经济体系的必然要求"，明确了生态环境保护与高质量发展的关系。生态环境是高质量发展的核心目标之一，是衡量高质量发展成效的重要标尺，生态环境治理更是促进高质量发展的有效手段。

环境治理有效促进了区域高质量发展、产业高质量发展、企业高质量发展，从宏观、中观、微观三个层面对我国高质量发展产生了深刻影响。而在环境治理影响高质量发展的三个层面中，中观层面显得尤为重要。加强环境治理引起的不仅仅是企业生存与转型的决策，更是一场全行业的产能重组和资源重配。在行业市场需求一定的前提下，面临更严格的环境规制，企业有三种选择：一是退出行业，包括彻底关停和行业间转移两种情况，两种情况都会导致该行业内企业数量的减少。如果以规模作为"一刀切"的标准，就会造成行业内小企业数量的减少和产业集中度的提高。二是兼并重组，例如河北钢铁行业的重组，这种情况只会影响企业数量，不会影响总产出，在不改变生产方式的情况下，只是同行业内产量归属发生了变化。三是产业升级，企业决定留下，通过生产技术、能源技术、治污技术的升级促使企业实现绿色转型，这正是环境规制的最终目标，也是我们希望看到的社会优化解。在三种选择中，前两种都会减少小企业数量，提高产业集中度，进而对污染排放产生不同影响。

现有关于环境规制与环境污染关系的研究主要是基于宏观和微观两个层面的分析，较少涉及产业层面。由于数据的可获得性，国外研究多从微观层面入手，分析环境规制对企业污染排放的影响，而国内研究则多从宏观层面入手，分析环境规制对区域环境污染的影响。不过，上述研究较少从产业层面入手，分析环境规制是如何通过产业集中度来影响污染的。

基于此，本研究构建了包含一个大厂商和若干小厂商的斯塔克尔伯格（Stackelberg）模型，利用比较静态分析探讨"环境规制—产业集中度—污染排放"三者的理论关系；利用中国工业行业的平衡面板数据，验证三者的数量关系。与现有研究相比，本研究的边际贡献在于利用理论和实证方法，从行业角度验证环境规制的减排效应。文章其余部分安排如下：第二部分是逻辑模型，利用数理模型分析环境规制、产业集中度与环境污染三者之间的关系；第三部分是研究设计，设定实证模型，说明变量与数据；第四部分是环境规制影响污染排放的效果检验；第五部分是环境规制影响污染排放的机制检验：产业集中度的视角，从产业集中度的视角探索环境规制对污染的中观作用机制；第六部分是主要结论与政策建议。

二、逻辑模型

（一）模型设定

假设市场由 1 个大厂商（b）和 n 个同质小厂商（s）构成。每个厂商生产的产品是同质的，不存在勾结，按照斯塔克尔伯格模型选择各自的产量，决定市场价格。假设厂商 i 的产量为 q_i，则市场总产量为：$Q = q_b + nq_s$，令市场的反需求函数为：$p = a - bQ$，其中 a、$b > 0$。在市场容量一定的情况下，大厂商和小厂商的产量分配与产业集中度有关，大厂商产量越高，小厂商产量越低，产业集中度越高；反之，产业集中度越低。

厂商 i 的最终污染排放量由两部分决定：污染产生量和污染处理量。污染产生量指的是在生产过程中产生的污染量总和，假设厂商 i 的污染排放强度①是 γ_i，则污染产生量为 $\gamma_i q_i$。污染处理量指的是厂商通过治污设备或手段对产生的污染进行处理，被治理的污染量就是污染处理量，假设厂商 i 的污染处理量为 a_i，则最终污染排放量（e_i）为：$e_i = \gamma_i q_i - a_i$。

厂商 i 的成本由两部分构成：生产成本和治污成本。假设生产成本（C）是产量的函数，厂商的边际成本（Marginal Cost，MC）大于 0，且随着产量增加而增加，厂商在边际成本递增的阶段生产，$C(q_i) = q_i^2/2$。治污成本（EC）是污染处理量的函数，厂商的治污支出与污染处理量 a_i 成正比，$EC(a_i) = a_i^2/2$，污染处理量越多，治污成本越高。

政府通过征收环境税规制厂商的排污行为，借鉴 Lei 等的做法，假设政府对所有厂商征收相同的基准环境税率（t_o），但在执行过程中，对厂商 i 征收的实际环境税率（t_i）还受到污染排放强度的影响。以废水为例，造纸、化工、钢铁、电力、食品、采掘、纺织 7 个行业的废水排放量占全国排放量的 4/5。这些重点行业大多规模较大、污染较多，因而成为环境规制的重点。如果用环境税率表征环境规制的强度，那么污染排放强度越大的厂商，被征收的环境税率越高，反之越低。政府对厂商 i 征收的实际环境税率可以表述为：$t_i = At_0\gamma_i$，其中，$A > 0$，表示厂商 i 的污染排放强度越大，被征收的实际环境税率越高，环境规制越强，厂商 i 需要缴纳的排污税为：$T_i = t_i e_i = At_0\gamma_i(\gamma_i q_i - a_i)$。

（二）基准模型

小厂商的目标是实现利润（π_s）最大化：

---

① 污染排放强度指的是每单位产出的污染排放量，对于同一行业的企业而言，污染排放强度的大小反映了企业的生产技术水平和污染治理水平。

$$\max \pi_s = pq_s - C(q_s) - EC(a_s) - T_s = [a - b(nq_s + q_b)]q_s - \frac{1}{2}q_s^2 - \frac{1}{2}a_s^2 - At_0\gamma_s(\gamma_s q_s - a_s) \tag{1}$$

根据利润最大化的一阶条件求出小厂商的均衡产量（q_s）为：

$$q_s = \frac{1}{2bn+1}(a - bq_b - At_0\gamma_s^2) \tag{2}$$

同理，大厂商的最优产量（q_b）为：

$$q_b = \frac{1}{2b^2n + 2bn + 2b + 1}[a + abn + bnAt_0\gamma_s^2 - (2bn+1)At_0\gamma_b^2] \tag{3}$$

将式（3）代入式（2），得出小厂商的最优产量为：

$$q_s = \frac{ab^2n + ab + 2abn + a - (3b^2n + 2bn + 2b + 1)At_0\gamma_s^2 + (2b^2n + b)At_0\gamma_b^2}{(2bn+1)(2b^2n + 2bn + 2b + 1)} \tag{4}$$

由式（3）和式（4）可知，提高小厂商的污染排放强度（γ_s）将减少小厂商产量，增加大厂商产量。当 At_0 不变时，污染排放强度越高，环境税率越高，即污染排放强度越高的企业面临更加严格的环境规制。当厂商排放强度保持不变时，政府加强环境规制，不同规模厂商的产量变化如式（5）和式（6）所示：

$$\Delta q_b = \frac{\Delta(At_0)}{2b^2n + 2bn + 2b + 1}[bn\gamma_s^2 - (2bn+1)\gamma_b^2] \tag{5}$$

$$\Delta q_s = \frac{\Delta(At_0)}{(2bn+1)(2b^2n + 2bn + 2b + 1)}[(2b^2n + b)\gamma_b^2 - (3b^2n + 2bn + 2b + 1)\gamma_s^2] \tag{6}$$

（三）情景分析

由式（5）和式（6）可知，在加强环境规制的情况下，不同规模厂商的产量变化取决于各自的排放强度。按照不同规模厂商污染排放强度的关系分三类情况讨论。

1. 小厂商污染排放强度大于大厂商（$\gamma_s > \gamma_b$）

式（5）中，大厂商产量是否增加，取决于 $bn\gamma_s^2$ 和 $(2bn+1)\gamma_b^2$ 的大小。当 $\gamma_s > \gamma_b\sqrt{2+1/bn}$ 时，大厂商产量不断增加；当 $\gamma_s = \gamma_b\sqrt{2+1/bn}$ 时，大厂商产量不变；当 $\gamma_b < \gamma_s < \gamma_b\sqrt{2+1/bn}$ 时，大厂商产量不断减少；由于 $\gamma_s > \gamma_b$，式（6）中 $(2b^2n + b)\gamma_b^2 - (3b^2n + 2bn + 2b + 1)\gamma_s^2 < 0$ 恒成立，加强环境规制会使小厂商产量不断下降。因此，当 $\gamma_s \geqslant \gamma_b\sqrt{2+1/bn}$ 时，加强环境规制，会提高产业集中度。当 $\gamma_b < \gamma_s < \gamma_b\sqrt{2+1/bn}$ 时，大厂商和小厂商产量同时下降，式（7）进一步计算 $|\Delta q_b| - n|\Delta q_s|$ 的大小衡量产业集中度的变化。

$$|\Delta q_b| - n|\Delta q_s| = \frac{(6b^2n^2 + 5bn + 1)\Delta(At_0)\gamma_b^2 - (5b^2n^2 + 2bn^2 + 3bn + n)\Delta(At_0)\gamma_s^2}{(2bn+1)(2b^2n + 2bn + 2b + 1)} \tag{7}$$

此时，政府加强环境规制，产业集中度的变化不仅取决于大、小厂商的排放强度，还取决于产品的需求价格弹性和小企业数量。

令 $\sqrt{(6b^2n^2 + 5bn + 1)/(5b^2n^2 + 2bn^2 + 3bn + n)} = M$，当 $b > 1 - 1/n + \sqrt{1 - 1/n}$ 时，若 $M\gamma_b < \gamma_s < \gamma_b\sqrt{2 + 1/bn}$，加强环境规制会使产业集中度上升。若 $\gamma_b < \gamma_s < M\gamma_b$，加强环境规制会使产业集中度降低。若 $\gamma_s = M\gamma_b$，产业集中度不变。当 $b < 1 - 1/n + \sqrt{1 - 1/n}$ 时，若 $\gamma_b < \gamma_s < \gamma_b\sqrt{2 + 1/bn}$，加强环境规制会使产业集中度上升；当 $b = 1 - 1/n + \sqrt{1 - 1/n}$ 时，$|\Delta q_b| - n|\Delta q_s| < 0$，产业集中度上升。

下一步，探讨环境规制对环境污染的影响。当 $\gamma_b < \gamma_s < \gamma_b\sqrt{2 + 1/bn}$ 时，加强环境规制行业污染排放量下降。当 $\gamma_s > \gamma_b\sqrt{2 + 1/bn}$ 时，加强环境规制会增加大厂商产量，减少小厂商产量，当大厂商由于增加产量而增加的污染排放量大于小厂商因减少产量而减少的污染排量时，加强环境规制反而加重了环境污染。反之，则会减少环境污染。其中，大厂商污染排放量变化见式（8），小厂商污染排放量变化见式（9），整个行业的污染排放量变化见式（10）。

$$\Delta e_b = \Delta q_b\gamma_b - \Delta a_b = \frac{bn\Delta(At_0)\gamma_s^2 - (2bn+1)\Delta(At_0)\gamma_b^2}{2b^2n + 2bn + 2b + 1}\gamma_b - \Delta a_b \tag{8}$$

$$\Delta e_s = \Delta q_s\gamma_s - \Delta a_s = \frac{\left\{\begin{matrix}(2b^2n + b)\Delta(At_0)\gamma_b^2 - \\ (3b^2n + 2bn + 2b + 1)\Delta(At_0)\gamma_s^2\end{matrix}\right\}}{(2bn+1)(2b^2n + 2bn + 2b + 1)}\gamma_s - \Delta a_s \tag{9}$$

$$\Delta e = \Delta e_b + n\Delta e_s = \frac{\Delta(At_0)\left\{\begin{matrix}\gamma_b^2[bn(2bn+1)\gamma_s - (2bn+1)^2\gamma_b] + \\ \gamma_s^2[(2b^2n^2 + bn)\gamma_b - n(3b^2n + 2bn + 2b + 1)\gamma_s]\end{matrix}\right\}}{(2bn+1)(2b^2n + 2bn + 2b + 1)} - \Delta a_b - n\Delta a_s \tag{10}$$

由式（10）可知，当 $\gamma_s > \gamma_b\sqrt{2 + 1/bn}$ 时，$\Delta e < 0$，即行业污染排放量随环境规制的提高而减少。

综上所述，当小厂商的污染排放强度大于大厂商的污染排放强度（$\gamma_s > \gamma_b$）时，加强环境规制，大部分情况下会提高产业集中度，但总会减少环境污染。

2. 小厂商污染排放强度等于大厂商（$\gamma_s = \gamma_b$）

当排放强度不变，加强环境规制，大厂商和小厂商的产量变化量见式（11）和式（12）。

$$\Delta q_b = \frac{-\Delta(At_0)(bn+1)\gamma_s^2}{2b^2n+2bn+2b+1} \tag{11}$$

$$\Delta q_s = \frac{-(b^2n+2bn+b+1)\Delta(At_0)\gamma_s^2}{(2bn+1)(2b^2n+2bn+2b+1)} \tag{12}$$

由式（11）和式（12）可知，加强环境规制会导致大厂商和小厂商产量减少。此时，行业产量的变化为：

$$|\Delta q_b| - n|\Delta q_s| = \frac{\Delta(At_0)(b^2n^2-2bn^2+2bn+1-n)\gamma_s^2}{(2bn+1)(2b^2n+2bn+2b+1)} \tag{13}$$

政府加强环境规制，产业集中度变化不仅取决于厂商排放强度，还取决于产品需求弹性和小企业数量；当 $b>1-1/n+\sqrt{1-1/n}$ 时，加强环境规制会降低产业集中度。当 $b<1-1/n+\sqrt{1-1/n}$ 时，加强环境规制会提高产业集中度；当 $b=1-1/n+\sqrt{1-1/n}$ 时，产业集中度不变。因此，当 $\gamma_s=\gamma_b$ 时，产业集中度取决于商品的需求弹性，行业污染排放量会减少。

3. 小厂商污染排放强度小于大厂商（$\gamma_s<\gamma_b$）

当厂商污染排放强度不变时，加强环境规制，厂商产量变化量同式（5）和式（6）。第一，当 $\gamma_b>\gamma_s>N\gamma_b$ 时，令 $\sqrt{(2b^2n+b)/(3b^2n+2bn+2b+1)}=N$，小厂商产量减少；当 $\gamma_s=N\gamma_b$ 时，小厂商产量不变；当 $\gamma_s<N\gamma_b$ 时，小厂商产量增加；而大厂商的产量变化总为负。因此，当 $\gamma_s\leqslant N\gamma_b$ 时，产业集中度降低。当 $\gamma_b>\gamma_s>N\gamma_b$ 时，产业集中度的变化不仅取决于厂商的排放强度，还取决于需求价格弹性和小企业数量。第二，当 $b>1-1/n+\sqrt{1-1/n}$ 时，加强环境规制会导致产业集中度上升。当 $b<1-1/n+\sqrt{1-1/n}$ 时，若 $\gamma_b>\gamma_s>M\gamma_b$，加强环境规制会使产业集中度上升；若 $\gamma_s=M\gamma_b$，产业集中度不变；若 $M\gamma_b>\gamma_s>N\gamma_b$，加强环境规制会使产业集中度下降。当 $b=1-1/n+\sqrt{1-1/n}$ 时，加强环境规制会使产业集中度下降。对于污染而言，当 $\gamma_b>\gamma_s\geqslant N\gamma_b$ 时，加强环境规制会导致污染排放减少；当 $\gamma_s<N\gamma_b$ 时，加强环境规制使行业污染排放量降低。

综上，环境规制会通过产业路径影响环境污染，但污染排放强度的差异会影响作用效果。如果小厂商污染排放强度大于大厂商，加强环境规制会提高产业集中度，减少行业污染排放；如果小厂商污染排放强度小于大厂商，加强环境规制会降低产业集中度，同样导致行业污染排放减少。因此，不论大厂商与小厂商污染排放强度是否存在差异，加强环境规制总是可以降低行业污染排放。据此，本研究提出以下假说：

假设 H1a：行业环境规制越强，产业集中度越高，污染排放水平越低。

假设 H1b：行业环境规制越强，产业集中度越低，污染排放水平越低。

三、研究设计

（一）计量模型与变量选取

为了从实证角度检验环境规制是否会通过产业集中度这一中观机制影响环境污染，根据中介效应模型的基本原理，构建如下三个计量模型。模型Ⅰ是基础回归，用来检验环境规制对环境污染的总体影响效果，模型Ⅱ和模型Ⅲ利用中介效应模型检验环境规制影响环境污染的机制。

模型Ⅰ：环境规制对环境污染的影响模型。

$$pollu_{it} = \alpha_0 + \alpha_1 reg_{it} + \alpha_2 gdp_{it} + \alpha_3 energy_{it} + \alpha_4 soe_{it} + \alpha_5 tech_{it} + \tau_t + \varepsilon_{it} \tag{14}$$

模型Ⅱ：环境规制对产业集中度的影响模型。

$$cr_{it} = \beta_0 + \beta_1 reg_{it} + \beta_2 gdp_{it} + \beta_3 energy_{it} + \beta_4 soe_{it} + \beta_5 tech_{it} + \tau_t + \varepsilon_{it} \tag{15}$$

模型Ⅲ：环境规制、产业集中度与环境污染的中介效应模型。

$$pollu_{it} = \gamma_0 + \gamma_1 reg_{it} + \gamma_2 cr_{it} + \gamma_3 gdp_{it} + \gamma_4 energy_{it} + \gamma_5 soe_{it} + \gamma_6 tech_{it} + \tau_t + \varepsilon_{it} \tag{16}$$

参考温忠麟等提供的中介效应检验步骤，检验步骤如下：第一步，估计实证模型Ⅰ，检验环境规制影响环境污染的总效应，若 $\widehat{\alpha_1}$ 显著，则进行下一步检验。第二步，估计实证模型Ⅱ和模型Ⅲ，若 $\widehat{\beta_1}$ 和 $\widehat{\gamma_2}$ 都显著，则间接效应成立，若仅有一个不显著，则利用 Sobel 法检验 $\widehat{\beta_1}\widehat{\gamma_1}$ 是否显著为0，若不显著为0，则间接效应成立，否则间接效应不成立。第三步，当中介效应成立时，根据模型Ⅲ的估计结果，若 $\widehat{\gamma_1}$ 显著，则证明直接效应也成立，若 $\widehat{\gamma_1}$ 不显著，则直接效应不成立。第四步，比较 $\widehat{\beta_1}\widehat{\gamma_1}$ 和 $\widehat{\gamma_1}$ 的符号，若符号相同，则说明部分中介效应成立，若符号相反，则说明存在遮掩效应（suppressing effects）。

模型Ⅰ和模型Ⅲ的因变量为环境污染（*pollu*），用该工业行业工业烟（粉）尘排放强度和工业废水排放强度表示，由排放量与总产值的比值计算得到（单位：吨/亿元）。模型Ⅱ的因变量为产业集中度（*cr*），采用赫芬达尔—赫希曼指数（Herfindahl – Hirschman Index，HHI）衡量产业集中度，是一个行业中各市场竞争主体所占行业总收入或总资产百分比的平方和，计量市场份额的变化，即市场中厂商规模的离散度。模型Ⅰ和模型Ⅱ的自变量为环境规制（*reg*），采用单位企业的污染治理设施运行费来衡量（单位：万元/个）。

控制变量包括：①单位产出（*gdp*），用该工业行业总产出与总劳动力之比表示（单位：万元/人）。②能源消耗（*energy*），用单位产值的能源消耗量表示（单位：万吨标准煤/亿元）。③国有化程度（*soe*），所有制结构也会影响污染排放，用该行业国有资产占总资产的比例表示。④技术水平（*tech*），用该工业行业 R&D 投资额占行业总产值的比重表示。另外，τ 表示与行业无关的时间特征，ε为随机误差项，i 代表行业，t 代表年份。

（二）样本说明与行业调整

本研究样本为 2001—2013 年中国工业行业的平衡面板数据，之所以没有将数据更新至最新年份，是因为产业集中度数据来自《中国大型工业企业年鉴》，该年鉴在 2013 年以后不再出版。如果以其他变量表征 2013 年以后的产业集中度，可能会影响结果的可靠性和稳健性。从数据来源看，污染排放和环境规制数据来自《中国环境年鉴》，R&D 数据来自《中国科技统计年鉴》，能源数据来自《中国能源统计年鉴》，产业集中度数据来自《中国大型工业企业年鉴》，其余数据来自《中国工业统计年鉴》。

由于《国民经济行业分类》于 2002 年进行了第二次修订，使样本期间行业略有差异，为了获得平衡面板数据，本研究进行了如下处理：第一，由于污染排放数据缺失，删除“开采辅助活动”“其他采矿业”；第二，由于产业集中度数据缺失，删除“废弃资源综合利用业”“木材及竹材采运业”；第三，由于 R&D 数据缺失，删除“燃气生产和供应业”“水的生产和供应业”以及“其他制造业”；第四，将 2005—2010 年的“橡胶制品业”“塑料制品业”两个行业归并为“橡胶和塑料制品业”。最终，本研究共获得 33 个工业行业。

四、环境规制影响污染排放的效果检验

（一）描述性统计

表 1 为主要变量的描述性统计。从产业集中度的角度看，中国 33 个工业行业的产业集中度均值为 1.2%。其中，最大值为 2013 年的“黑色金属矿采选业”（13.7%），最小值为 2008 年的“金属制品业”（0.1%）。2001—2013 年，约有超过一半行业的产业集中度上升，如“烟草制品业”“皮革、毛皮、羽毛及其制品和制鞋业”“仪器仪表制造业”。约 2/5 行业的产业集中度下降，如“非金属矿采选业”“电气机械和器材制造业”。产业集中度的变化反映出近些年来行业内的结构变动，这种变动可能归因为技术特点，也可能源于外界政策（如环保政策），需要进一步检验。

表 1　主要变量的描述性统计

变量	观测值数	最大值	最小值	均值	标准差
污染排放（*pollu*）					
工业烟（粉）尘	429	1670.376	0.059	44.659	148.081
工业废水	429	171.705	0.079	9.185	17.832

续表

变量	观测值数	最大值	最小值	均值	标准差
环境规制（*reg*）	429	1488. 773	0. 404	118. 866	236. 491
产业集中度（*cr*）	429	0. 137	0. 001	0. 012	0. 020
单位产出（*gdp*）	429	439. 195	4. 080	65. 761	65. 985
能源消耗（*energy*）	429	38. 946	0. 028	0. 600	2. 009
国有化程度（*soe*）	429	99. 305	0. 773	37. 101	28. 211
技术水平（*tech*）	429	0. 064	0. 001	0. 009	0. 009

（二）基础回归

以2001—2013年中国33个工业行业的平衡面板数据为样本，利用固定效应模型估计模型Ⅰ，结果见表2的第（1）、第（3）列。考虑到污染治理的滞后效应，采用滞后一期的环境规制进行检验，结果见表2的第（2）、第（4）列。

表2　环境规制影响环境污染的基础回归（模型Ⅰ）

变量	模型Ⅰ　因变量：污染排放（*pollu*）			
	工业烟（粉）尘排放强度		工业废水排放强度	
	（1）	（2）	（3）	（4）
环境规制（*reg*）	−0. 081 * （−1. 700）		0. 123 *** （2. 610）	
环境规制滞后项（*L. reg*）		−0. 105 ** （−2. 150）		0. 106 *** （2. 150）
单位产出（*gdp*）	−0. 004 （−0. 040）	0. 039 （0. 330）	0. 189 * （1. 690）	0. 250 *** （2. 120）
能源消耗（*energy*）	1. 316 *** （22. 040）	1. 292 *** （21. 260）	1. 216 *** （20. 700）	1. 212 *** （19. 800）
国有化程度（*soe*）	0. 143 *** （2. 080）	0. 160 ** （2. 300）	−0. 036 （−0. 540）	−0. 042 （−0. 600）
技术水平（*tech*）	−0. 474 *** （−8. 08）	−0. 562 *** （−8. 78）	−0. 407 *** （−7. 04）	−0. 459 *** （−7. 12）
年份特征	控制	控制	控制	控制
R^2	0. 701	0. 770	0. 766	0. 759
观测值数	429	396	429	396

注：① * 、** 、*** 分别表示估计系数在0. 1、0. 05、0. 01的水平上显著，系数为标准化系数。
②括号内为基于稳健性标准误的 *T* 值，常数项的估计结果略去。

从表2中可以看出，在第（1）、第（2）列的回归中，环境规制（*reg*）和滞后项（*L. reg*）的估计系数显著为负，表明环境规制越高，工业烟（粉）尘排放强度越小，说明中国现有的以环保法律法规为主体的环境规制能够有效降低大气污染。在第（3）、第（4）列的回归中，环境规制（*reg*）和滞后项（*L. reg*）的估计系数显著为正，说明环境规制越强，工业废水排放强度反而越高。这说明当期的废水处理设施的运行尚未起到降低污染排放强度的作用。因此，对于不同污染物，环境规制的减排效果是不同的，环境规制有助于降低大气污染排放强度，却不利于降低水污染排放强度。对不同污染物的作用方向不同，说明加强环境规制不一定可以减少污染排放，因此假设 H1a 和 H1b 关于环境规制越强污染排放水平越低的假设不成立。从控制变量的结果看，单位产出（*gdp*）的估计系数在第（3）、第（4）列显著为正，说明工业废水排放强度在很大程度上取决于单位产出。能源消耗（*energy*）的估计系数显著为正，说明在样本期间中国能源消耗依然是影响污染排放的重要因素。国有化程度（*soe*）的估计系数在第（1）、第（2）列回归中显著为正，说明国有化程度越高，工业烟（粉）尘排放强度越高。技术水平（*tech*）的估计系数在四列回归中均显著为负，表明技术进步能有效降低污染排放强度。可见，对于不同的污染物，影响其排放的因素各有不同。因此，在制定环境政策时，应当充分考虑环境规制作用于不同污染物的异质性影响，以免造成政策的偏颇和抵消。

（三）稳健性检验

为了保证研究结果的可靠性，本文进行了如下稳健性检验：第一，利用工业二氧化硫（SO_2）达标排放率衡量环境规制，回归结果见表 3 的第（1）列，发现回归结果基本稳健。该数据只对 2005—2010 年进行了统计，因此样本区间为 2005—2010 年。第二，用单位产值的工业化学需氧量（COD）排放量和单位产值的工业氨氮排放量衡量环境污染，回归结果见表 3 的第（2）、第（3）列，结果是稳健的。

表 3　环境规制影响环境污染的稳健性检验（模型 I）

变量	模型 I　因变量：污染排放（*pollu*）		
	工业 SO_2	工业 COD	工业氨氮
	(1)	(2)	(3)
环境规制（*reg*）	-1.270^{***}	0.289^{***}	0.285^{***}
	(−3.670)	(3.980)	(3.730)
控制变量	控制	控制	控制
年份特征	控制	控制	控制
R^2	0.793	0.393	0.377
观测值数	198	428	428

注：①***表示估计系数在 0.01 的水平上显著，系数为标准化系数。

②括号内为基于稳健性标准误的 *T* 值，常数项的估计结果略去。

五、环境规制影响污染排放的机制检验：产业集中度的视角

为了进一步探索环境规制影响污染排放的中观机制，利用固定效应模型对模型Ⅱ进行估计，回归结果见表4。表4中第（1）～（5）列中，分别采用该行业资产总值最大的前四家企业总资产占行业总资产的比重、资产总值最大的前八家企业总资产占行业总资产的比重、赫芬达尔指数、工业总产值最高的前四家企业总产值占行业总产值的比重、工业总产值最高的前八家企业总产值占行业总产值的比重共五种方法衡量产业集中度。从中可以看出，环境规制（*reg*）的估计系数均显著为正，说明环境规制的加强会提高产业集中度。这表明加强环境规制将导致行业内部结构调整，资源向大企业集中，小企业数量减少，产业集中度提高。该结果证明假设H1a关于环境规制越强产业集中度越高的假设成立，H1b关于环境规制越强产业集中度越低的假设不成立。出现这种结果可能的原因有两个：第一，关停并转（关闭、停办、合并以及转产）是近些年来中国主要的环境治理措施，这些措施会直接减少行业中的企业数量，同时也会使行业中的部分小企业被兼并，导致该行业的产业集中度提高。第二，随着环境规制逐渐加强，企业被迫加大研发投入、环保投资，降低污染排放水平，而行业中的小企业可能没有能力承担这部分成本，进而退出行业。

表4 中介效应检验（模型Ⅱ）

变量	模型Ⅱ 因变量：产业集中度（*cr*）				
	（1）	（2）	（3）	（4）	（5）
环境规制（*reg*）	0.314***	0.285***	0.397***	0.285***	0.314***
	（11.300）	（10.960）	（9.750）	（10.960）	（11.300）
年份特征	控制	控制	控制	控制	控制
R^2	0.570	0.542	0.536	0.542	0.570
观测值数	429	429	429	429	429

注：①***表示估计系数在0.01的水平上显著，系数为标准化系数。
②括号内为基于稳健性标准误的T值，常数项的估计结果略去。

模型Ⅲ的回归结果见表5。第（1）、第（2）列用工业烟（粉）尘排放强度表示污染排放，第（3）、第（4）列用工业废水排放强度表示污染排放，第（1）、第（3）列以赫芬达尔指数衡量产业集中度，第（2）、第（4）列以工业总产值最大的前四家企业总产值占全行业总产值的比重衡量产业集中度。在第（2）列回归中，产业集中度（*cr*）的估计系数显著为负，说明产业集中度越高，工业烟（粉）尘排放强度越低。这主要是由于治污减排在某种程度上可能存在规模效应。在第（1）、第（2）列回归中，通过Sobel检验发现产业集中度对总效应的贡献约为53.32%。可见，环境规制除直接降低污染排放外，还通过提高产业集中度降低污染排放，这便是产业集中度在环境规制与环境污染之间发挥的

中介作用，也正是本研究所要探究的环境规制影响环境污染的中观产业机制。在第（3）、第（4）列中，产业集中度（*cr*）的估计系数均显著为正，说明产业集中度越高，工业废水排放强度越高，其中一部分影响也是通过产业集中度实现的。结合表2、表4和表5的回归结果，从工业废水排放强度看，通过Sobel检验发现产业集中度在环境规制与工业废水排放强度之间也发挥了中介效应，产业集中度对总效应贡献约占19.49%。

表5 中介效应检验（模型Ⅲ）

变量	模型Ⅲ 因变量：污染排放（*pollu*）			
	工业烟（粉）尘排放强度		工业废水排放强度	
	（1）	（2）	（3）	（4）
环境规制（*reg*）	-0.050	-0.011	0.239***	0.223***
	（-0.94）	（-0.20）	（4.17）	（3.78）
产业集中度（*cr*）	-0.078	-0.224***	0.136**	0.222***
	（-1.35）	（-2.65）	（2.17）	（2.42）
控制变量	控制	控制	控制	控制
年份特征	控制	控制	控制	控制
R^2	0.772	0.775	0.550	0.551
观测值数	429	429	429	429

注：①**、***分别表示估计系数在0.05、0.01的水平上显著，系数为标准化系数。
②括号内为基于稳健性标准误的*T*值，常数项的估计结果略去。

综上所述，产业集中度在环境规制影响环境污染的中观产业机制中发挥了不同作用：对于大气污染物而言，产业集中度的提高有助于降低大气污染排放强度；对于水污染物而言，产业集中度的提高不利于污染处理设施的使用。因此，环境规制一定会提高产业集中度，但产业集中度的提高却对大气和水污染排放产生了截然相反的影响，这在一定程度上证实了假设H1a关于环境规制越强、产业集中度越高的成立。关于环境规制越强、产业集中度越高、污染排放水平越低的假定只针对当污染物为工业烟粉尘时成立，对于水污染排放不成立。

六、主要结论与政策建议

本研究基于斯塔克尔伯格模型梳理了环境规制、产业集中度与环境污染的数理逻辑。研究发现，如果小厂商污染排放强度大于大厂商，加强环境规制会提高产业集中度，减少污染排放。如果小厂商污染排放强度小于大厂商，加强环境规制会降低产业集中度，减少污染排放。利用2001—2013年中国33个工业行业的面板数据，基于中介效应模型，验证了环境规制是如何通过产业集中度来影响环境污染的。研究发现，加强环境规制会提高产业集中度，而提高产业集中度又会影响行业污染。以大气污染排放为主的行业，环境规制提高了产业集中度，进而减少污染，产业集中度对总效应的贡献约为 53.32%。而以水污染排放为主的行业，环境规制提高了产业集中度，进而增加污染，产业集中度对总效应贡献约为 19.49%。

基于上述研究结论，本文就充分发挥产业集中度在环境规制与污染排放之间的中介作用，实现治污减排、高质量发展提出以下政策建议：

第一，加强水污染环境规制，加快环境基础设施建设。水污染的治理不仅需要排污企业水污染处理设施的运行，还需要相应环境基础设施的建设。因为水污染处理过程较为复杂，一些规模较小的企业并不具备处理水污染的能力，只能将废水集中排放至污水处理厂处理。因此，地方政府应当进一步建设环境基础设施，通过污水排放的集中有效处理，实现水污染环境规制的治理效能。

第二，科学看待产业集中度的变化，"一行一策"，寻找实现高质量发展的中观途径。通过比较工业行业的污染排放和产业集中度情况，发现一些行业产业集中度较低，一些行业产业集中度较高。因此，应进一步考查这些行业内大企业和小企业的环境行为，对产业集中度的合理性做出科学判断，通过适当的环境规制引导，实现产业集中度的治污减排效应。

第三，环境管理变粗放式为精细化，推动企业高质量发展。研究发现，产业集中度的提高对环境污染产生不同影响。针对污染排放强度较大的小企业应该制定合理的政策，促使企业转型与企业合并。利用企业在线监测等数据手段，为环境执法找到效率更高、误伤更少的依据。帮助企业从粗放式的高利润增长转变为精细化的高质量发展，推动地方政府从单一标准的粗放式环境管理转变为科学标准的精细化环境治理。

当然，本文仍存在一些不足，由于衡量产业集中度的指标在 2013 年以后不再披露，使样本不能得到更新，也无法检验最近几年环境规制对产业结构和行业污染的影响。另外，到底有多少企业真正退出行业，又有多少企业并入到大企业，这些问题的回答需要利用微观数据进一步验证，这将是本研究未来深入和完善的方向。

参考文献

[1]赵华林．高质量发展的关键：创新驱动、绿色发展和民生福祉[J]．中国环境管理，2018(4)：5－9.

[2]吴士炜，余文涛．环境税费、政府补贴与经济高质量发展：基于空间杜宾模型的实证研究[J]．宏观质量研究，2018(4)：18－31.

[3]陈诗一，林伯强．中国能源环境与气候变化经济学研究现状及展望：首届中国能源环境与气候变化经济学者论坛综述[J]．经济研究，2019(7)：203－208.

[4]郭然，原毅军．生产性服务业集聚能够提高制造业发展质量吗:兼论环境规制的调节效应[J]．当代经济科学，2020(2):120－132.

[5]涂正革，周涛，谌仁俊，等．环境规制改革与经济高质量发展:基于工业排污收费标准调整的证据[J]．经济与管理研究，2019(12):77－95.

[6]张成，于同申．环境规制会影响产业集中度吗:一个经验研究[J]．中国人口·资源与环境，2012(3):98－103.

[7]Polemis M, Stengos T. Does competition prevent industrial pollution? Evidence from a panel threshold model[J]. Business Strategy and the Environment, 2019, 28(1):98－110.

[8]聂普焱，罗益泽，谭小景．市场集中度和技术创新对工业碳排放强度影响的异质性[J]．产经评论，2015(3):25－37.

[9]Sinn H W. Public policies against global warming[J]. International Tax & Public Finance, 2008, 15(4):360－394.

[10]Bye B, Marit E K. The impacts of alternative policy instruments on environmental performance: A firm fevel study of temporary and persistent effects[J]. Environmental and Resource Economics, 2014, 69(2): 317－341.

[11]Foulon J, Lanoie P, Laplante B. Incentives for pollution control: Regulation or information? [J]. Journal of Environmental Economics & Management, 2002, 44(1):169－187.

[12]Zalakeviciute R, Rybarczyk Y, Lopez－villada J, et al. Quantifying decade－long effects of fuel and traffic regulations on urban ambient $PM_{2.5}$, pollution in a mid－size South American city[J]. Atmospheric Pollution Research, 2018, 9(1):66－75.

[13]Shapiro J S, Walker R. Why is pollution from U. S. manufacturing declining? The roles of environmental regulation, productivity, and trade[J]. American Economic Review, 2018, 108(12):3814－3854.

[14]余长林，高宏建．环境管制对中国环境污染的影响:基于隐性经济的视角[J]．中国工业经济，2015(7):21－35.

[15]徐志伟．工业经济发展、环境规制强度与污染减排效果:基于“先污染，后治理”发展模式的理论分析与实证检验[J]．财经研究，2016(3):134－144.

[16]张同斌．提高环境规制强度能否“利当前”并“惠长远”[J]．财贸经济，2017(3):116－130.

[17]张志强．环境规制提高了中国城市环境质量吗:基于“拟自然实验”的证据[J]．产业经济研究，2017(3):69－80.

[18]Lei P, Tian X, Huang Q, et al. Firm size, government capacity, and regional environ-

mental regulation: Theoretical analysis and empirical evidence from China[J]. Journal of Cleaner Production,2017,164(15):524 –533.

[19]於方，张强，过孝民．中国主要工业废水排放行业的污染特征与行业治理重点[J]. 环境保护，2003(10):38 –43.

[20]温忠麟，叶宝娟．中介效应分析:方法和模型发展[J]. 心理科学进展，2014(5):731 –745.

[21]杜雯翠，牛海鹏，张平淡．企业产权多元化对环境污染的门槛效应检验[J]. 财贸经济，2017(12):145 –158.

碳中和下中国能源转型战略及趋势探索①

林卫斌　吴嘉仪②

摘　要：碳中和明确了中国能源转型的最终目标，即到2060年形成近零碳排放的能源体系。能源领域的深度碳减排要求一方面通过节能提效降低能耗，另一方面通过调整能源结构使能源消费清洁低碳化。本文从能耗和能源结构两个维度分析满足2030年前碳达峰、2060年前碳中和要求的四种可能情景，探讨能源转型的阶段性目标和路线图。在此基础上，分析碳中和愿景下能源系统形态变革的三大趋势：能源系统电气化、电力系统低碳化和能源电力系统去中心化。

关键词：碳中和；能源转型；框架路线图；能源体系；能源形态

在2020年9月22日举行的第七十五届联合国大会和2020年12月12日举行的联合国气候雄心峰会上，国家主席习近平两次宣布：中国将提高国家自主贡献力度，采取更加有力的政策和措施，二氧化碳排放力争于2030年前达到峰值，努力争取2060年前实现碳中和。2021年3月召开的中央财经委员会第九次会议进一步强调："我国力争2030年前实现碳达峰，2060年前实现碳中和，是党中央经过深思熟虑做出的重大战略决策，事关中华民族永续发展和构建人类命运共同体。"实现碳中和是一场广泛而深刻的经济社会系统变革，而作为二氧化碳排放"大户"的能源系统将"首当其冲"。本文在分析为满足碳中和要求需要最终构建什么样的能源体系的基础上，从能源消费总量和能源消费结构两个方面对满足碳中和要求的中国能源转型进行情景分析，探讨中国能源转型框架路线图，并在此基础上分析能源系统形态变革的三大趋势。

---

① 本文是首发于《价格理论与实践》的两篇文章的整合。文章信息和出处如下：林卫斌，吴嘉仪．碳中和目标下中国能源转型框架路线图探讨[J]．价格理论与实践，2021(6)：9－12；林卫斌，吴嘉仪．碳中和愿景下中国能源转型的三大趋势[J]．价格理论与实践，2021(7)：21－23，114.

② 林卫斌、吴嘉仪，北京师范大学创新发展研究院。

一、为实现碳中和需要构建什么样的能源体系

对于中国提出的碳中和目标，主要存在两种理解：一种认为碳中和是指二氧化碳的净零排放；另一种认为碳中和是指温室气体的净零排放。显然，温室气体净零排放的目标更高，实现该目标需要强有力的行动和措施。对于碳中和的定义和内涵，联合国政府间气候变化专门委员会（IPCC）的《全球1.5℃增暖特别报告》提出了四种概念：碳中和（carbon neutrality）、二氧化碳净零排放（net zero CO_2 emissions）、净零排放（net zero emissions）和气候中性（climate neutrality）。其中，碳中和与二氧化碳净零排放虽然表述不同但内涵一致，均是指一定时期内人类活动引起的二氧化碳排放量与二氧化碳人为消除量相抵消；而净零排放指的是一定时期内人类活动引起的温室气体排放与温室气体人为消除量相抵消，通过选择气候指标如全球变暖潜势值（global warming potential）将各种温室气体转换成二氧化碳当量值再进行加总，从而完成对温室气体净零排放的核算；气候中性描述的是人类活动对气候系统作用为零的一种状态，其侧重点是人类活动对气候系统的影响，不仅要考虑温室气体的排放，还需要考虑人类活动带来的生物地球物理效应（biogeophysical effects），例如众所周知的城市热岛效应，城市化对地表反照率、植被覆盖率等产生影响从而引起温升等地区性气候变化。可见，碳中和从字面上理解是指二氧化碳的净零排放，即指一定时期内人类活动引起的二氧化碳排放量与二氧化碳人为消除量相抵消。2021年4月《中美应对气候危机联合声明》中对中美两国的应对气候变化目标做出了区分："两国都计划在格拉斯哥联合国气候公约第26次缔约方大会之前，制定各自旨在实现碳中和/温室气体净零排放的长期战略"，这一表述意味着中国提出的碳中和目标有别于美国的温室气体净零排放目标。不过，需要进一步指出的是，《巴黎协定》第四条第一点明确指出：为了实现2℃和1.5℃的长期温控目标，缔约方旨在尽快达到温室气体排放的全球峰值，此后利用现有的最佳科学迅速减排，在21世纪下半叶实现温室气体源的人为排放与汇的清除之间的平衡。因此在各国的具体实践中政策表述均围绕温室气体展开。2021年4月欧洲议会和欧盟理事会就《欧洲气候法》关键内容达成临时协议，其中明确2050年实现气候中性。可见，温室气体净零排放将逐步成为国际社会的主流目标。因此，本文认为碳中和顾名思义就是指二氧化碳的净零排放，但考虑到国际趋势，中国也将会逐步把非二氧化碳温室气体排放纳入约束范围。

根据生态环境部发布的《中华人民共和国气候变化第二次两年更新报告》：2014年中国温室气体排放总量为123亿吨二氧化碳当量，二氧化碳排放总量为103亿吨，占温室气体排放总量的83.7%；能源消费二氧化碳排放量为89亿吨，占二氧化碳排放总量的87%，占温室气体排放总量的72%；碳汇量为11亿吨。对于中国的温室气体及二氧化碳

排放量和碳汇量的最新数据，目前尚缺乏权威性的官方核算结果。二氧化碳排放方面，主要有两大来源：一是煤炭、石油、天然气等化石能源消费碳排放；二是水泥生产、石灰生产、玻璃、纯碱、氨水、电石和氧化铝等工业过程碳排放。其中，化石能源消费二氧化碳排放是主体，按照国家应对气候变化战略合作和国际合作中心核算的结果，2020 年能源消费二氧化碳排放量为 99 亿吨，按比例估算 2020 年工业过程二氧化碳排放量为 15 亿吨左右。非二氧化碳温室气体排放方面，按照清华大学气候变化与可持续发展研究院课题组发布的报告，2020 年非二氧化碳温室气体排放量为 25 亿吨二氧化碳当量左右。人为消除方面，主要包括两类：一是碳汇，即通过植树造林等措施，利用植物光合作用吸收大气中的二氧化碳，并将其固定在植被和土壤中；二是碳捕捉与封存（CCS），即将二氧化碳从相关排放源中分离出来，输送到封存地点，并长期与大气隔绝。其中，碳汇方面受国土自然条件的约束而具有有限性，中国通过植树造林等方式农林业碳汇总量预计在 10 亿 ~20 亿吨。根据上述排放量和碳汇量数据，2060 年之前实现碳中和要求在 2060 年之前将二氧化碳排放量从当前的 115 亿吨左右减少到 10 亿 ~20 亿吨。考虑到工业领域的二氧化碳排放和非二氧化碳温室气体排放问题，为了给实现温室气体净零排放争取空间，对于能源领域而言，要求到 2060 年实现二氧化碳近零排放，即从当前的 100 亿吨左右减少到接近 0。二氧化碳近零排放在能源体系理论上有两种可能：一是化石能源退出历史舞台，未来能源系统依靠零碳的非化石能源；二是能源系统中仍存在一定规模的化石能源，但是通过碳捕集和封存技术将这一部分化石能源使用所带来的二氧化碳排放进行捕集、封存或利用。如果碳捕集的成本不能够大幅下降，那么碳中和就意味着到 2060 年要基本结束化石能源时代，建成近零碳排放能源体系。

二、碳中和要求能源转型战略做什么样的调整

碳中和要求最终构建近零碳排放的能源体系，这和中国能源转型的既定战略在方向上是一致的，是一脉相承的。党的十八大首次提出了“能源生产和消费革命”，这一提法实质上是定性地给出了能源转型的战略目标，所谓革命，就是最终要实现能源系统的颠覆性重构。党的十八大以来历次重要会议/文件逐步明确了能源转型的方向（见表 1）。2014 年中央财经领导小组第六次会议进一步明确了“四个革命、一个合作”的战略框架，即推动能源消费革命、推动能源供给革命、推动能源技术革命、推动能源体制革命和全方位加强能源国际合作。2017 年党的十九大将能源转型战略方向凝练为“推动能源生产和消费革命，构建清洁低碳、安全高效的能源体系”。2020 年党的十九届五中全会提出要“推进能源清洁低碳高效安全利用”。

表 1 重大会议/文件对能源战略的表述

时间	会议/文件	表述
2012 年	党的十八大报告	推动能源生产和消费革命，控制能源消费总量，加强节能降耗，支持节能低碳产业和新能源、可再生能源发展，确保国家能源安全
2014 年	中央财经领导小组第六次会议	推动能源消费革命，抑制不合理能源消费；推动能源供给革命，建立多元供应体系；推动能源技术革命，带动产业升级；推动能源体制革命，打通能源发展快车道；全方位加强能源国际合作，实现开放条件下能源安全
	能源发展战略行动计划（2014—2020 年）	坚持“节约、清洁、安全”战略方针，加快构建清洁、高效、安全、可持续的现代能源体系。重点实施四大战略：节约优先战略、立足国内战略、绿色低碳战略、创新驱动战略
2016 年	能源生产和消费革命战略（2016—2030 年）	坚持以安全为本、节约优先、绿色低碳、主动创新的战略取向，全面实现我国能源战略性转型，构建现代能源体系
2017 年	党的十九大报告	推进能源生产和消费革命，构建清洁低碳、安全高效的能源体系
2020 年	党的十九届五中全会	推进能源清洁低碳高效安全利用

上述分析表明，碳中和与中国能源转型战略的既定方向是一致的，都是要实现能源系统清洁低碳绿色转型。不过，碳中和对能源转型提出了更高的要求。按照 2016 年《能源生产和消费革命战略（2016—2030）》所确定的战略进程：到 2030 年非化石能源比重达到 20% 左右，到 2050 年非化石能源比重提高到 50% 以上。按照 2050 年能源消费总量 50 亿吨标准煤保守估计和非化石能源、煤炭、石油、天然气消费比重为 50%∶20%∶15%∶15% 的情景，依据各种能源消费二氧化碳排放系数①可以估算届时能源消费二氧化碳排放量仍将高达 55 亿吨左右，这显然无法满足 2060 年前实现碳中和的要求。因此，碳中和的提出意味着原定的能源转型进程需要提速。实际上，碳中和宣示后中国能源转型战略目标和进程已经做出了一些调整。在 2020 年 12 月 12 日举行的联合国气候雄心峰会上，习近平主席宣布到 2030 年中国非化石能源占一次能源消费比重将达到 25% 左右。这意味着 2030 年非化石能源消费比重目标提高了 5 个百分点，而原定的 20% 的目标则可能提前 5 年实现。那么进一步地，2030 年前碳达峰之后中国能源转型的战略进程如何安排？尤其是按照党的十九大确定的社会主义现代化建设“两步走”战略，基本实现现代化的 2035 年和建设现代化强国的 2050 年等关键时间节点能源转型的阶段性战略目标如何确定？这是需要进一步明确的，也是制定碳中和目标下中国能源转型框架路线图最重要的里程碑。

① 为了简化，本文对能源消费二氧化碳碳排放量的估算采用各能源品种平均排放系数，未细分考虑各种不同能源品种在不同用途中的不同排放情况，因此所得到的数值只是一个概算值，并且可能存在一定程度的高估。按照本文的估算方法，2020 年能源消费二氧化碳排放量为 102 亿吨，比国家应对气候变化战略合作和国际合作中心核算值高 3 亿吨。

三、如何把握好能源转型的节奏

碳中和目标下，确定能源转型框架路线图核心的边界条件就是能源消费二氧化碳排放量。按照碳达峰、碳中和的统一部署，能源消费二氧化碳排放同样可以分为两大阶段：第一阶段是2030年之前达峰，第二阶段是达峰后排放量逐步减少，到2060年减少到接近零排放的水平。能源转型的路线图就是能源消费二氧化碳排放量从当前的100亿吨左右增加到2030年之前达峰后的峰值，然后逐步减少到接近0的减排路线图。就整个能源系统而言，二氧化碳排放取决于两个因素：一是能源消费总量，二是能源消费结构。因此探讨能源转型框架路线图需要从这两个方面进行情景分析，基于这两个维度的情景分析可以得出能源消费二氧化碳减排路径。

（一）能源消费总量情景分析

21世纪以来，中国经济快速增长，工业化和城镇化进程加速，能源消费大幅增加。能源消费总量从2000年的14.7亿吨标准煤增加到2020年的49.8亿吨标准煤，20年间年均增长6.3%。分时期看，五年规划期间年均能源消费增长呈增量和增速逐期“双下降”趋势。从“十五”到“十三五”，四个五年规划期年均能源消费增量分别为2.29亿吨标准煤、1.99亿吨标准煤、1.47亿吨标准煤和1.28亿吨标准煤，增速分别为12.20%、6.65%、3.78%和2.78%（见图1）。

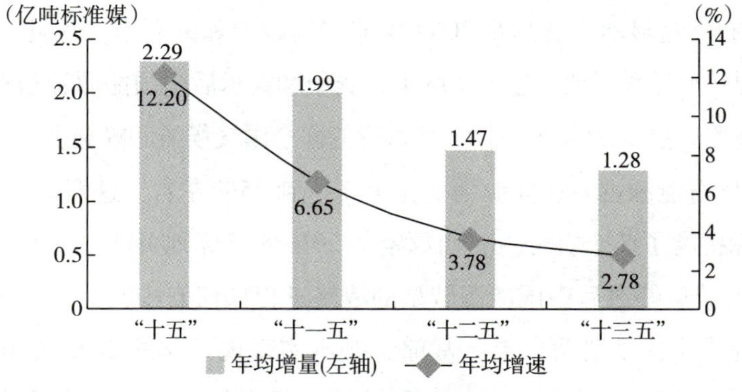

图1　2000年以来各时期年均能源消费增长

资料来源：作者根据国家统计局官网公布数据计算所得。

如果说过去20年，工业化、城镇化快速推进和经济快速增长带动能源消费需求快速增加，那么，随着中国经济进入新发展阶段，能源消费增长也将呈现新的特征。2020年中国城镇化率超过60%，第三产业增加值占比达到54.5%，中国经济发展逐步进入后工业化时代，城镇化速度将逐步放缓。与此相应地，中国经济增速将进一步放缓，产业结构将深度调整，这必然会导致能源消费增速进一步放缓。

对于未来中国能源消费走势，本文设定两种情景：高能耗情景和低能耗情景。2016 年《能源生产和消费革命战略（2016—2030）》提出到 2020 年能源消费总量控制在 50 亿吨标准煤以内，到 2030 年能源消费总量控制在 60 亿吨标准煤以内，据此，本文将高能耗情景下 2030 年能源消费总量设定为 60 亿吨标准煤，将 2025 年能源消费总量设定为 55 亿吨标准煤。这样，在高能耗情景下“十四五”和“十五五”期间的能源消费增速分别为 2.0% 和 1.7%。低能耗情景下，“十四五”和“十五五”期间的能源消费增速均比高能耗情景低 0.5 个百分点。“十六五”期间，预计能源消费增速将进一步减缓，高能耗情景和低能耗情景下的增速分别设定为 0.7% 和 0.4%，2035 年能源消费总量分别为 62 亿吨标准煤和 58 亿吨标准煤。2035 年以后，预计能源消费总量将有所回落，高能耗情景和低能耗情景下的增速分别设定为 -0.8% 和 -1.0%，到 2050 年能源消费总量分别为 55 亿吨标准煤和 50 亿吨标准煤（见表 2）。

表 2 能源消费总量情景设定

	2020 年	2025 年	2030 年	2035 年	2040 年	2045 年	2050 年
高能耗情景							
能源消费总量（亿吨标准煤）	49.8	55	60	62	59.5	57	55
年均增速（%）	2.78	2.0	1.7	0.7	-0.8	-0.8	-0.8
低能耗情景							
能源消费总量（亿吨标准煤）	49.8	53.6	57	58	55	52.5	50
年均增速（%）	2.78	1.5	1.2	0.4	-1.0	-1.0	-1.0

（二）能源消费结构情景设定

能源结构方面，碳中和愿景下能源转型的核心是零碳的非化石能源比重的提高，本文设定未来两种不同非化石能源消费比重的能源消费结构情景：高比重情景和低比重情景。在 2020 年 12 月举办的联合国气候雄心峰会上，习近平主席宣布到 2030 年中国非化石能源占一次能源消费比重将达到 25% 左右。2021 年 3 月发布的《中华人民共和国国民经济和社会发展第十四个五年规划和 2035 年远景目标纲要》提出“十四五”时期非化石能源占能源消费总量比重要提高到 20% 左右。据此，本文分别将 20% 和 25% 设定为低比重情景下 2025 年和 2030 年的非化石能源消费比重。在具体实践中，非化石能源消费比重可能努力突破所设定的目标，比如《能源发展“十三五”规划》提出到 2020 年非化石能源消费比重提高到 15% 以上，而 2019 年非化石能源消费比重为 15.3%，提前一年就完成了规划设定的目标，2020 年非化石能源消费比重接近 16%，比预定目标提高近 1 个百分点。据此，本文设定高比重情景下 2025 年和 2030 年的非化石能源消费比重分别为 22% 和 27%。对于 2035 年和 2050 年的非化石能源消费比重，分别设定为 30% ~35% 和 75% ~80%，2035 年之后非化石能源消费比重每 5 年提高 15 个百分点。

根据非化石能源消费比重，考虑到煤炭、石油和天然气的消费增长趋势，设定未来一次能源消费结构的情景，如表 3 所示。近年来，虽然煤炭占能源消费总量的比重有所下降，但是消费总量上仍在增加。2030 年前实现碳达峰、2060 年前实现碳中和，需要煤炭和石油消费尽早达峰而后逐步削减。未来随着非化石能源替代高碳能源大力推进，煤炭和石油的消费比重将逐步下降。因此，本文设定煤炭消费比重由当前的 56.8% 逐步降至 2030 年的 43% ~45%、2035 年的 35% ~40% 和 2050 年的 5% ~10%；石油消费比重由当前的 18.9% 逐步降至 2030 年的 16%、2035 年的 14% 和 2050 年的 5%。由于相对清洁低碳，天然气被认为是可以助力能源转型的过渡能源，未来天然气的利用规模将进一步扩大，而 2035 年后随着能源转型加速推进，以非化石能源为主体的能源体系逐步建立，天然气利用规模将有所回缩。据此，本文设定天然气消费比重由当前的 8.4% 先逐步提高至 2035 年的 16%，再逐步回落至 2050 年的 10%。

表 3　能源消费结构情景设定　　(%)

类别	2020 年	2025 年	2030 年	2035 年	2040 年	2045 年	2050 年
非化石能源消费低比重情景							
煤炭	56.8	50	45	40	30	20	10
石油	18.9	18.8	16	14	11	8	5
天然气	8.4	11.2	14	16	14	12	10
非化石能源	15.9	20	25	30	45	60	75
非化石能源消费高比重情景							
煤炭	56.8	48	43	35	25	15	5
石油	18.9	18.8	16	14	11	8	5
天然气	8.4	11.2	14	16	14	12	10
非化石能源	15.9	22	27	35	50	65	80

（三）能源消费碳减排路径情景分析

能源消费总量和结构的两种情景设定结合，组成了四种未来能源转型和碳减排情景：一是低能耗和非化石能源低比重情景；二是高能耗—低比重情景；三是高能耗—高比重情景；四是低能耗—高比重情景。二氧化碳减排速度最快的是低能耗—高比重情景，其次是高能耗—高比重情景，再次是低能耗—低比重情景，最后是高能耗—低比重情景。

低能耗—高比重情景下，二氧化碳排放量有望在“十四五”期间达峰，其余三种情景下碳达峰将在“十五五”期间实现。如图 2 所示，四种情景下能源转型和碳减排都将在 2035 年之后显著加速。2030 年能源消费二氧化碳排放量为 97 亿 ~ 105 亿吨，到 2035 年降至 86 亿 ~ 100 亿吨，到 2050 年降至 20 亿 ~ 29 亿吨，2050 年可以实现能源消费二氧化碳的深度减排，有望在 2060 年实现近零碳排放能源体系。上述四种情景均能够满足 2030 年前碳达峰和 2060 年前碳中和的要求。

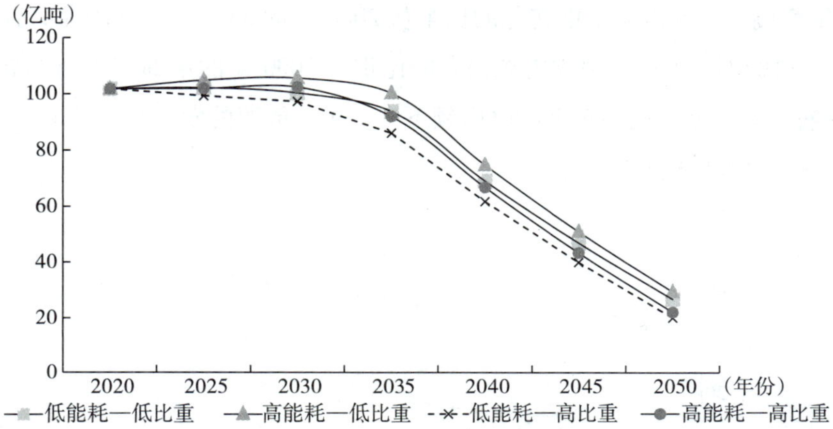

图 2　四种情景下的能源消费碳减排路径

四、碳中和下中国能源转型的三大趋势

碳中和愿景下能源转型的核心是零碳、低碳能源对高碳能源的逐步替代，是非化石能源消费比重的大幅提高，这将深度改变未来能源系统。由于非化石能源主要都是通过转化为电能供终端使用，非化石能源消费比重的提高必然会提高能源系统的电气化水平：一方面，一次能源电能转化的比重趋于提高；另一方面，电能占终端能源消费的比重趋于提高（见图 3）。对于电力系统而言，非化石能源消费比重的大幅提高则意味着电源结构发生深度改变，非化石能源发电比重将在电力系统中逐步占据主导地位。此外，考虑到非化石能源尤其是风能、太阳能等新能源资源的分散性和间歇性特征，能源电力系统形态也必将发生深刻变革，需要集中式与分布式并举开发利用新能源。因此，能源系统电气化、电力系统低

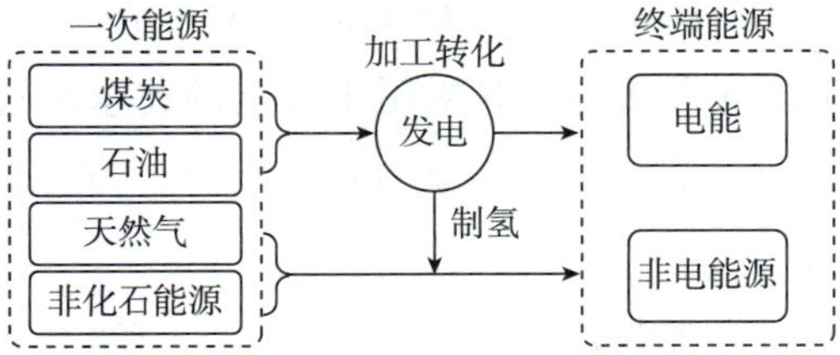

图 3　能源系统结构

碳化和能源电力系统去中心化是碳中和愿景下能源转型的三大趋势，也是三大必由之路。

（一）能源系统电气化

过去 20 年间，随着经济社会快速发展、城市化进程加速和科技水平不断提升，中国的电气化水平稳步提升。电气化水平在能源生产侧主要体现为一次能源通过电能转化的比重，即一次能源用于发电的比重，在消费侧主要体现为电能占终端能源消费的比重。如图 4 所示，在生产侧，一次能源电能转化的比重从 2000 年的 35% 左右逐步提高到 2020 年的 45% 左右；在消费侧，电能占终端能源消费的比重从 2000 年的不到 15% 逐步提高到 2020 年的 27% 左右。近年来在能源革命战略引领下，可再生能源的发展和终端电能替代取得了较快进展，电气化水平提升较快。

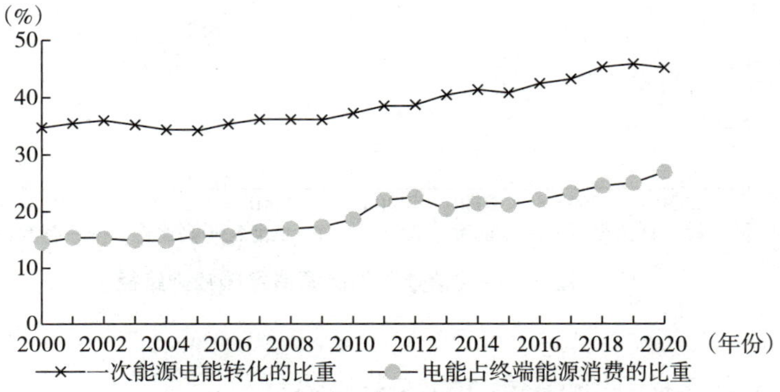

图 4　2000—2020 年中国电气化水平

资料来源：作者根据《中国能源统计年鉴》数据计算得到。

碳中和愿景下能源系统绿色低碳转型一方面需要加快调整一次能源结构，大幅提升非化石能源消费比重；另一方面需要加快改变终端部门用能方式，实施电能替代。现阶段工业、交通、建筑等终端部门的化石能源消费量和二氧化碳排放量仍居高位，随着生产侧非化石能源大比例接入电力系统，加强终端部门电能替代将可以有效削减煤炭等化石能源消费从而减少二氧化碳排放。在生产侧和消费侧两方面的协同作用下，未来能源系统电气化水平必然会进一步提升。

在生产侧，一次能源通过电能转化的比重为煤炭、石油、天然气和非化石能源的不同能源品种电能转化的比重的加权平均，权重为一次能源消费结构。当前中国煤炭用于发电的比重为 52% 左右，而在美国等发达国家煤炭用于发电的比重超过 90%；中国天然气用于发电的比重为 14% 左右，而世界平均水平为 30% 左右①。可以预计，在碳中和大背景

① 中国煤炭和天然气用于发电的比重根据《中国能源统计年鉴》(2020) 数据计算得到，美国煤炭用于发电的比重和天然气用于发电的比重的世界平均水平根据 IEA 统计数据计算得到。

下，一方面煤炭等化石能源的消费量将受到控制而逐步减少①，另一方面化石能源的利用方式也会趋于清洁高效，通过电能转化的比重将逐步提高。本文假定到2050年煤炭和天然气用于发电的比重分别提升到95%和35%②。非化石能源方面，考虑到碳中和背景下生物质燃料、地热能、光热等领域的发展，假定非化石能源通过电能转化的比重维持在90%左右。结合一次能源消费结构情景设定，可以推算出一次能源电能转化的比重。如图5所示，到2050年一次能源电能转化的比重可能达到80%左右，电力将在能源供应中占据绝对主导地位。

在消费侧，基于能源系统中一次能源与终端能源的平衡关系，可以推算出电能占终端能源消费的比重。计算公式为：电能占终端能源消费的比重＝（一次能源电能转化比重×电能转化效率）/（一次能源电能转化比重×电能转化效率＋一次能源非电能转化比重×加工转化效率）。通过能源平衡表计算可得过去5年一次能源电能转化效率约为38%，非电能转化的能源加工转化效率约为98%。结合上文推算出的一次能源电能转化的比重，可以推算出电能占终端能源消费的比重。如图5所示，到2050年电能占终端能源消费的比重可能提升至60%左右，电能将逐步成为终端能源主体。

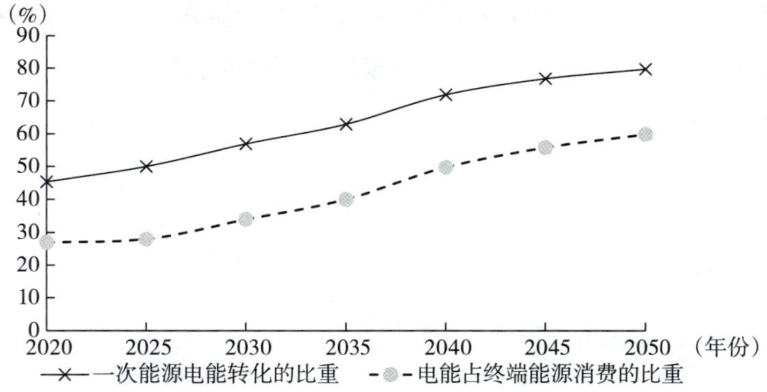

图5　电气化水平变化趋势研判

（二）电力系统低碳化

当前煤电在中国电力系统中仍占主导地位，装机容量比重近50%，发电量比重超过60%。这种以高碳能源为主的发电结构不可避免地造成二氧化碳的大量排放，难以满足碳中和的要求。未来随着电气化水平持续提升，电力需求不断增加，电力系统在能源转型和碳减排中的作用将尤为凸显。在能源生产侧，由于非化石能源主要通过发电进行转化，非

① 相对低碳的天然气在碳中和实现过程中作为一种过渡能源，其消费量可能先增后减。

② 在中国石油用于发电的比重很小，因此忽略不计。

化石能源对煤炭等传统化石能源的清洁替代将有效作用于电力系统。随着非化石能源的大力发展，电源结构将逐渐优化，电力系统将趋于绿色低碳化。

对于电力系统的低碳化程度，可以用非化石能源发电比重，即总发电量中非化石能源发电量的占比进行衡量。具体公式为：非化石能源发电比重 =（非化石能源消费比重 × 非化石能源电能转化比重）/一次能源电能转化比重。考虑到非化石能源主要通过转化为电能而得到利用，非化石能源用于发电的比重变化不会太大，因此非化石能源发电比重的变化将主要取决于非化石能源消费比重和一次能源电能转化比重的变化。以 2020 年为例，非化石能源消费比重为 15.9%，一次能源电能转化比重约为 45%，相应地，非化石能源发电比重为 33% 左右。未来非化石能源消费比重和一次能源电能转化比重都将趋于提高，非化石能源发电比重也将随之提高。

结合非化石能源消费比重情景设定以及一次能源电能转化比重的趋势，可以研判非化石能源发电比重。与非化石能源消费高比重和低比重两种情景相对应的，存在非化石能源发电高比重与低比重两种情景。如图 6 所示，未来 30 年，非化石能源发电量占总发电量的比重将持续提升，到 2050 年，如果一次能源中非化石能源消费比重达到 75% ~80%，则非化石能源发电量比重将高达 84% ~90%。非化石能源在成为一次能源供应主体的同时也将成为电力供给的主力军，电力系统将呈现深度低碳化特征。

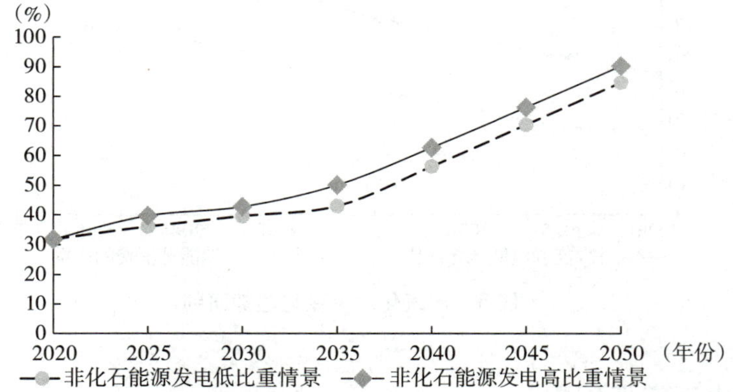

图 6　非化石能源发电占比趋势

（三）能源电力系统去中心化

满足碳中和下能源转型要求的非化石能源，尤其是风能、太阳能的大规模开发利用要求能源电力系统形态发生深刻变革。由于风能和太阳能等具有间歇性的特征，在传统集中式开发利用模式下，需要在大规模建设风电、光伏电站的同时，配套建设相应的火电机组以满足电力系统灵活性要求，保障电力供应安全。比如，"十三五"期间，中国风电、太阳能发电装机容量增加了 3 亿多千瓦，与此同时，火电装机容量也增加了 2 亿多千瓦。长远看，可再生能源与火电“比翼齐飞”式扩张的能源转型之路无疑会不断增加“冗余”，大幅提高系统成本并最终体现为用能成本。因此，满足碳中和要求的非化石能源的大规模开发利用需要突破传统的能源电力系统形态，突破集中式、中心化的开发利用模式，更多地采取分布式、去中心化的开发利用模式。正如里夫金在《第三次工业革命》一书中所构想的：每一栋楼都变成即时收集可再生能源资源的微型发电厂；在每一栋建筑采用氢能和其他存储技术，使建筑的每一部分都能存储间歇性能量；用互联网技术把电网转变成一个能够实现能源共享的互联电网；逐步将交通车辆转为电动和燃料电池汽车，并与智能电网互联互通。

可以预见的是，开放互联、多源协同、多能互补、能源与信息深度耦合的能源互联网将会是未来能源电力系统的主要形态特征，这种去中心化的能源电力系统主要包括以下几大关键元素：

一是可再生能源资源的分布式开发利用。与煤炭、石油等化石能源不同，风能、太阳能的分散性特征使其开发利用无须再囿于一处，分布式开发、就地转化和就近消纳可以最大限度地利用可再生能源。中国可再生能源资源丰富、分布较为广泛，分布式新能源资源可开发潜力巨大，据评估，其可开发潜力高达 54 亿千瓦左右。随着技术进步和成本下降，未来分布式新能源开发利用形式将越发多样化，例如发展建筑光伏一体化，将每一栋建筑变成一个小型发电厂；在农村推进风能、太阳能、生物质能等资源的分布式开发利用，因地制宜建设“农光互补”等复合光伏发电项目。

二是微电网和智能电网。高渗透率的分布式可再生电源直接接入配电网会给电网安全稳定运行带来巨大挑战，而以分布式电源、配电设施、控制设备、负荷以及储能装置等构成的微电网既可以离网独立运行，实现电力供需自平衡，可以接入大电网，在电力短缺时从大电网购电，在电能过剩时为大电网提供调峰服务，这种分布式能源组织方式可以有效降低大电网的负担，提高电网的安全可靠性。未来随着大数据、云计算、物联网、移动互联等先进信息技术和智能技术在电力系统的应用，电力系统的各个环节将全面智能化、数字化、互动化。一个个微电网通过智能电网相互连接，电力系统中所有节点之间的信息和电能都将可以实现双向流动。

三是储能。鉴于可再生能源间歇性的出力特性，储能将成为能源电力系统不可或缺的元素。储能的使用可以突破电力发、输、配、用同时连续进行的传统模式，实现电能的“跨时间转移”。因此，通过发展“可再生能源 + 储能”的模式可以有效减少可再生能源出力波动及不确定性，有望成为未来主流的发展方向。按照技术原理，储能主要有物理储能、化学储能和电磁储能三类，其中物理储能技术的典型代表抽水蓄能是当今最为成熟的储能技术之一，而化学储能如锂离子电池等目前技术进步最快、最受关注。考虑到技术可行性、建设的经济性和安全性等因素，能源转型前期抽水蓄能仍将是最主要的储能形式，转型后期随着化学储能技术的成熟以及成本的下降，电化学储能容量预计将显著增加。

四是氢能。氢能能量密度大、转化效率高，具有来源广泛、用途多样、既可运输也可储存的特性，是功能灵活的能源载体和燃料。当前氢气主要通过化石燃料制取，制氢过程会产生温室气体排放，有悖于碳中和要求。随着风能、太阳能发电电价进一步下降，电解水制氢成本降低，可再生能源电解水制氢有望成为氢气制取的主要方式。通过可再生能源电解水制取的氢气可以在能源转型中发挥多重作用：一方面，风能、太阳能、水能等的弃电可以通过电解水制氢，以氢气的形式进行储存和运输，在电力不足时再以氢供电，通过电—氢之间的高效转化，实现电氢协同，提高电力系统的灵活性；另一方面，零碳的氢能可以实现多种能量形式的转化，氢能的应用有助于终端用能部门实现深度脱碳，例如在难以减碳的炼钢领域，以氢气代替焦炭作为还原剂可以实现“零碳炼钢”，在碳排放较高的交通运输领域，应用氢燃料电池可以实现“零污染”。

五是新能源交通。智能技术以及新能源的使用是交通行业低碳转型的必然方向，未来传统燃油车将逐步被清洁、智能化的电动车替代。技术成熟时，电动汽车可以作为储能设备，通过合理机制的引导参与电力系统调节，在电网负荷较低时进行充电，在电网负荷较高、电力供应不足时为电网回输电能。考虑到未来电动车的广泛使用，这种储能资源将具有巨大潜力，新能源交通将成为去中心化能源电力系统不可缺少的部分。另外，随着以新能源为动力的运输工具在交通全域的广泛应用，绿色清洁的运输体系逐步形成，这将极大地助力碳中和的实现。

参考文献

[1]IPCC. Special report on global warming of 1.5℃ [M]. UK: Cambridge University Press, 2018.

[2]Rezaul Mahmood, et al. Land cover changes and their biogeophysical effects on climate [J]. International Journal of Climatology,2014,34(4).

[3]邓旭,谢俊,滕飞. 何谓“碳中和”? [J]. 气候变化研究进展,2021,17(1):107-113.

[4]清华大学项目综合报告编写组.《中国长期低碳发展战略与转型路径研究》综合报告[J]. 中国人口·资源与环境,2020,30(11):1-25.

[5]全球能源互联网发展合作组织. 中国2060年前碳中和研究报告[EB/OL]. https://www.geidco.org.cn/html/qqnyhlw/zt20210120_1/index.html.

[6]杰里米·里夫金. 第三次工业革命:新经济模式如何改变世界[M]. 张体伟, 孙豫

宁，译．北京：中信出版社，2012.

[7]李琼慧，叶小宁，胡静，等．分布式能源规模化发展前景及关键问题[J]．分布式能源，2020，5(2)：1－7.

[8]国家能源局．能源科技热词：储能技术[EB/OL]．http://www.nea.gov.cn/2013－05/16/c_132386097.htm.

[9]国网能源研究院有限公司．中国能源电力发展展望2020[M]．北京：中国电力出版社，2020.

[10]曹军文，郑云，张文强，等．能源互联网推动下的氢能发展[J/OL]．清华大学学报(自然科学版)：1－10．https://doi.org/10.16511/j.cnki.qhdxxb.2021.25.007.

江苏省出口贸易隐含碳测算与影响因素分析[①]

童 霞 杨蕊蕊 高申荣[②]

摘 要： 本文以江苏省出口贸易隐含碳为研究对象，基于2002—2017年江苏省投入产出数据，从总体和分19个部门两个角度运用投入产出法测算出口贸易隐含碳排放量，然后通过构建LMDI分解模型，从规模、结构、技术三个方面进一步剖析其影响因素。研究结果表明：自2013年以来江苏省出口贸易隐含碳排放量呈不断减少的趋势，但总的来说还是处于较高的水平，约占碳排放总量的15%；出口贸易额较大和能源消耗量较高往往会导致一个部门较大的出口隐含碳排放量；技术效应对出口隐含碳排放的增长具有很强的抑制作用，且随着技术的不断创新，该效应的作用越来越突出；根据不同部门的特性调整出口产业结构和推动产业部门技术创新或为江苏省碳减排的一个新方向。基于此，本文认为江苏省在促进出口贸易绿色发展方面政府首先应当做到在宏观层面上调整及制定相应的环境政策，不断优化出口结构，加快技术创新的同时积极推广并鼓励采用新能源，走低碳、清洁的可持续绿色发展道路。

关键词： 出口贸易；隐含碳排放；投入产出模型；LMDI分解模型

碳排放激增、全球变暖给人类社会带来严峻挑战，其引起的极端气候突变已成为世界性难题。出口贸易作为一个国家或地区经济发展的重要影响因素，其产生的“碳”问题更是成为全球性议题，有关碳减排、提升环境质量和生活水平等绿色贸易理念的研究和探讨也成为国际社会的热点问题。中国是世界上最大的出口贸易国，出口规模的扩大在提高国际竞争力和影响力的同时，也导致大量的温室气体留在本国，国内二氧化碳排放总量激增，环境与贸易的矛盾进一步激化。“十四五”是中国碳达峰关键期、窗口期，在新时代

---

① 基金项目：国家社会科学基金项目协同治理视角下上海大都市圈创新共同体形成机理与效应研究（20BGL303）。

② 童霞、杨蕊蕊、高申荣，南通大学商学院。

绿色贸易潮流的影响下，中国已经将绿色发展上升为国家战略，努力协调好出口贸易与碳排放之间的关系，积极主动承担国际减排责任。

江苏省作为经济发达的长江三角洲地区重要的组成部分，是中国发展出口贸易的重要窗口，也是中国出口贸易绿色发展的重要引擎。一方面，加入世界贸易组织以来，中国不断顺应经济全球化的潮流，经济力量迅速崛起，其中江苏省紧紧抓住全球化浪潮的贸易趋势，利用自身优势积极参与国际分工，发展对外贸易并取得了较大进展。2000 年，中国出口总额为 2492.03 亿美元，其中江苏省为 257.67 亿美元，占全国出口总额的 10.34%。2020 年，江苏省出口总额为 3962.83 亿美元，占国内出口总额的比重上升至 15.30%，稳居全国第二位。较 2000 年而言，2020 年江苏省对外贸易出口额增长了 14.38 倍，远高于全国平均值（9.40 倍）。除 2009 年受金融危机冲击和 2016 年受国际市场萧条、全球贸易大幅下滑等影响，其余时期大多维持两位数的增长速度，年均增速为 14.64%。

另一方面，江苏省的碳排放规模也在持续扩大。据统计，江苏省碳排放规模由 2000 年的 10036.98 万吨增加至 2019 年的 30564.93 万吨，年均增长率达 6.04%，远超全国碳排放规模的年均增长率。从能源消费结构上看，江苏省的能源消耗以煤炭为主，随着该区域贸易规模的扩大，能源消耗量剧增，较高的高能耗、高污染的能源依赖度和较低的清洁能源使用率使得生态环境开始恶化，逐渐限制江苏省的经济绿色发展和产业升级。同时，近年来江苏省积极实施鼓励出口的贸易政策，该政策虽然带来了出口扩大和经济增长，但出口商品中工业制成品的占比较高，加工贸易的发展无疑加剧了该地区的环境问题。

现有研究侧重国家层面偏多，以江苏省出口贸易隐含碳排放的研究较少，鉴于“贸易大省”与“碳排放大省”的角色地位，选择江苏省作为研究对象，探讨江苏省出口隐含碳排放的变化趋势及其影响因素，既是江苏省实施碳排放总量控制、加速节能减排的内在要求，也是促进全国绿色贸易发展的重要依据。本文提出与此相关的一些重要问题：①随着出口规模不断扩大，碳排放规模持续加大，江苏省出口贸易隐含碳排放量呈现一个怎样的变化趋势？②带来这种变化趋势的背后影响因素是什么？同时又经历了怎样的时序变化？为了测算江苏省出口贸易隐含碳排放量及研究内在影响因素，本文从总体和分部门两个维度进行综合考察，首先通过投入产出模型测算江苏省出口隐含碳排放量，进一步通过 LMDI 分解法对不同阶段的出口隐含碳排放量进行因素分解，量化三影响因子（规模、结构及技术）的作用效果。

一、文献综述

“隐含碳”一词源于“隐含能”，1974 年“隐含能”一词在国际高级研究机构联合会

（IFIAS）的能源分析工作组会议上被首次提出并定义为“整个生产过程中所消耗的能源总量”之后，“隐含碳”一词被扩展而来。隐含碳是指某一产品（包含各个元件）经历的完整生产链条中产生的所有二氧化碳，即从原料、加工、运输到消费的整个生命周期中直接或间接产生的碳排放。目前国内外关于隐含碳方面的研究可大致分为两个部分：一是对隐含碳排放规模的测算；二是对隐含碳排放规模的因素分解。需要指出前者是后者的研究基础。

在碳排放测算研究方面，投入产出模型是量化测算贸易隐含碳排放的重要方法，不仅能完整地反映实体消费过程中所有的碳排放信息，而且可以量化生产和消费两者间隐含碳的依存关系。Ackerman（2007）采用多区域投入产出法测算美日贸易间产生的隐含碳规模，得出日本承接了部分来自美国的碳排放。国内学者周新（2010）通过投入产出法进一步测算多个国家和地区的贸易隐含碳排放量，研究得出中国是贸易隐含碳净出口国，而美国是贸易隐含碳净进口国。钟章奇等（2018）运用同样方法对中国30个省份投入产出进行分析，提出开展区域合作共同减排比单个省区独自应对更为有利的政策建议。

为了进一步分析影响隐含碳排放变动的主要原因并提出针对性的碳减排政策，很多学者开始进行隐含碳影响因素的分解研究，其中LMDI指数分解法被认为是最具科学性和理论上的完美性，在研究中获得了较为广泛的应用。Greening（2004）利用LMDI法对经济合作与发展组织国家间的制造业、运输业等部门的贸易隐含碳排放进行分解，研究结果表明技术升级是碳排放规模下降的主要原因；Wang等（2005）通过该法对中国对外贸易隐含碳规模进行规模、结构、技术的效应分析，提出可通过加强贸易商品结构优化来促进碳减排；庞军等（2014）基于LMDI方法对2004—2007年中欧双边贸易中隐含碳变化的影响因素进行分解，得出规模效应是导致出口隐含碳排放总量增加的主要原因；李晨等（2018）采用同种方法对中国水产品贸易发展对隐含碳排放转移的影响因素进行分解，得出结构效应对水产品进出口贸易隐含碳排放具有抑制效应。

通过对现有研究的梳理发现，在对贸易隐含碳的研究中，隐含碳排放量化的评估方法较为成熟，投入产出模型为主要模型，同时在贸易隐含碳的影响因素分析方面，国内外的研究也较为丰富，这为学者的后续研究提供了扎实的理论基础和论证方法。但目前国内的研究侧重点均偏向于国家层面，以单独省市为对象的研究很少，按部门测算隐含碳排放规模的研究更是少之又少。因此，本文摒弃传统的隐含碳研究范畴，以江苏省为研究对象，分整体和部门两个维度进行详细测算与深入分析，补充现有研究。

二、研究模型与数据说明

（一）出口隐含碳测算模型

本文用于测算出口隐含碳排放量的方法是基于由 Leontief（1936）提出的投入产出法，此方法在宏观层面上从中间需求和最终需求、中间消耗和净产值两个方面建立平衡关系。模型公式为：

$$AX + Y = X \tag{1}$$

式（1）中，A 为直接消耗系数矩阵（$n \times n$ 方阵），其基本组成元素为直接消耗系数 a_{ij}，X 代表各部门的总产出矩阵，Y 代表各部门的最终使用矩阵。

进一步整理得：

$$X = (E - A)^{-1}Y \tag{2}$$

式（2）中，E 代表 n 阶单位矩阵，$(E - A)^{-1}$ 代表列昂惕夫逆矩阵。

直接消耗系数 a_{ij} 指 j 部门生产单位价值产品所需要直接消耗的 i 部门的价值量，即可反映某一部门与其他部门间的生产联系程度，计算公式为：

$$a_{ij} = \frac{X_{ij}}{X_j} \tag{3}$$

式（3）中，X_{ij} 代表 j 部门对 i 部门的中间使用，X_j 代表 j 部门的总产出。

完全消耗是指某一产品在整个产业链上消耗的所有产品的价值之和，包括直接消耗和间接消耗。完全消耗系数 b_{ij} 指 j 部门生产单位价值产品所需要直接消耗和间接消耗的 i 部门的价值量之和，由完全消耗系数 b_{ij} 组成的完全消耗系数矩阵 B 为：

$$B = (E - A)^{-1} - E \tag{4}$$

将投入产出法一般模型应用于隐含碳排放测算时，应先构建直接碳排放系数 dc_i，即 i 部门生产产品的能源使用效率，计算公式为：

$$dc_i = \frac{C_i}{X_i} \tag{5}$$

式（5）中，dc_i 代表 i 部门生产单位价值产品所产生的直接碳排放量，C_i 代表 i 部门在整个生产过程中产生的直接碳排放总量，X_i 代表 i 部门的总产出，直接碳排放系数矩阵 DC 由 dc_i 基本构成。

完全碳排放系数是指某一产品在整个制造过程中所排放的所有二氧化碳总和，包含直接碳排放和间接碳排放。根据列昂惕夫矩阵，完全碳排放系数矩阵 TC 的计算公式为：

$$TC = [(E - A^d)^{-1} - E] \cdot DC \tag{6}$$

式（6）中，A^d 为实际直接碳排放系数矩阵，即剔除国外进口投入品，仅考虑国内生产投入品。出口隐含碳排放量 EC 为完全碳排放系数 TC 乘以出口额 EX，计算公式为

$$EC = TC \cdot EX = [(E - A^d)^{-1} - E] \cdot DC \cdot EX \tag{7}$$

（二）出口隐含碳影响因素分解模型

本文用于分解出口隐含碳影响因素的方法是对数平均迪氏指数法，又称 LMDI 分解法。LMDI 是在 IDA 模型基础上建立的，最初在能源领域应用广泛，后在 Ang 基于 Kaya 恒等式进一步完善后，被广泛运用到碳排放领域。相比于 Paasche 分解法、Laspeyres 指数法、AMDI 分解法等，该模型可通过构建指标进行多因素分解，且分解后无残余项，此外，利用相同的公式形式来代表不同的影响因素，可使结论更具通用性。

LMDI 模型有加法和乘法两种形式，且由于因素数量不同又有三因子、五因子之分，结合上章内容，本文采用加法三因子形式（规模效应、结构效应、技术效应）构建江苏省出口贸易隐含碳影响因素公式，规模效应即出口贸易总额变动产生的影响，结构效应即出口贸易结构变化带来的影响，技术效应即完全碳排放系数降低（技术改进促进了能源使用效率提高）产生的影响，具体表达式如下：

$$EC = \sum_{i=1}^{n} EC_i = \sum_{i=1}^{n} EX \cdot \frac{EX_i}{EX} \cdot \frac{EC_i}{EX_i} \tag{8}$$

式（8）中，EC 代表出口隐含碳总量，EC_i 代表第 i 部门出口隐含碳量，EX 代表出口贸易总额，EX_i 代表第 i 部门出口贸易额。

将式（8）转换为三因子式为：

$$EC = \sum_{i=1}^{n} EX \cdot M_i \cdot U_i \tag{9}$$

式（9）中，EX 代表出口总额，即规模因子；$M_i = \frac{EX_i}{EX}$ 代表第 i 部门出口额占出口总额的份额，即结构因子；$U_i = \frac{EC_i}{EX_i}$ 代表第 i 部门完全碳排放系数，即技术因子。

定义 EC^0 和 EC^t 分别代表基期和 t 期出口贸易隐含碳总量，则基期至 t 期的综合影响效应可表示为 $\Delta EC^{0-t} = EC^t - EC^0$，定义 ΔEC_{ex} 为规模效应，ΔEC_m 为结构效应，ΔEC_u 为技术效应，则各因子对出口贸易隐含碳的影响效应表达式分别为：

$$\begin{cases} \Delta EC_{ex} = \sum_{i=1}^{n} \frac{EC_i^t - EC_i^0}{\ln EC_i^t - \ln EC_i^0} \cdot \ln\left(\frac{EX^t}{EX^0}\right) \\ \Delta EC_m = \sum_{i=1}^{n} \frac{EC_i^t - EC_i^0}{\ln EC_i^t - \ln EC_i^0} \cdot \ln\left(\frac{M_i^t}{M_i^0}\right) \\ \Delta EC_u = \sum_{i=1}^{n} \frac{EC_i^t - EC_i^0}{\ln EC_i^t - \ln EC_i^0} \cdot \ln\left(\frac{U_i^t}{U_i^0}\right) \end{cases} \tag{10}$$

则出口贸易隐含碳排放的总效应为：

$$\Delta EC = \Delta EC_{ex} + \Delta EC_m + \Delta EC_u \tag{11}$$

（三）数据来源及处理

1. 数据来源

江苏省各部门出口额数据主要来自《江苏统计年鉴》，能源消耗数据主要来自《江苏省能源平衡表》和《江苏省能源统计年鉴》；用于计算各能源二氧化碳排放系数的数据主要来自《IPCC 国家温室气体清单指南》；用于计算直接和完全碳排放系数的数据主要来自江苏省 2002 年、2007 年、2012 年、2017 年投入产出表。

2. 数据处理

（1）投入产出数据

自 1987 年起，中国以 5 年为周期开始编制投入产出表，现阶段最新的投入产出表为 2020 年 7 月出版的《2017 年中国地区投入产出表》。考虑到短期内技术水平变化不大和计算结果连续性的需要，本文以投入产出表数据代替相近年份的数据，即 2000—2002 年、2003—2007 年、2008—2012 年、2013—2017 年四个阶段的数据分别以 2002 年、2007 年、2012 年、2017 年的投入产出表数据为基础。同时本文采用分阶段的方法，对江苏省出口贸易隐含碳从总量和分部门两个维度测算综合影响效应 $\Delta EC^{2002-2007}$、$\Delta EC^{2007-2012}$、$\Delta EC^{2012-2017}$，并进行规模、结构、技术分解。

（2）部门归类与合并

本文对出口贸易隐含碳分部门测算时，综合考虑了三种不同统计口径（《统计年鉴》《能源统计年鉴》和投入产出表），对江苏省投入产出表中的 42 个部门进行部门整理归并。合并时尽量保留年鉴中出口额较大的部门，将一些出口额较小的部门与其他部门进行合并，某些产出或出口额极小的部门可以直接删去。最终将江苏省各部门整理划分为 19 个部门，具体的部门名称如表 1 如示。

表 1　部门划分

部门编号	部门
S1	农林牧渔业
S2	煤石油天然气开采和洗选业
S3	金属矿采选业
S4	非金属矿和其他矿采选业
S5	食品制造和烟草加工业
S6	纺织业
S7	服装帽鞋制品业
S8	木材加工及家具制造业
S9	造纸印刷及文教体育用品制造业
S10	石油及核燃料加工业
S11	化学工业
S12	非金属矿物制品业
S13	金属加工业
S14	金属制品业
S15	通用专用设备制造业
S16	交通运输设备制造业
S17	电气机械及器材制造业
S18	通信、计算机及其他电子设备制造业
S19	仪器仪表及其他机械制造业

资料来源：根据江苏省投入产出表整理编制。

三、实证结果与分析

（一）江苏省出口贸易隐含碳测算

1. 出口贸易隐含碳总量分析

《江苏省能源平衡表》和《江苏省能源统计年鉴》中涉及的能源主要有原煤、洗精煤、其他洗煤、型煤、焦炭、焦炉煤气、原油、汽油、煤油、柴油、燃料油、液化石油气、炼厂干气、天然气，共计 14 种。依据《IPCC 国家温室气体清单指南》中的相关参数，可计算第 k 种能源的二氧化碳排放系数（λ_k），公式为：

$$\lambda_k = NCV_k \cdot CC_k \cdot \frac{44}{12} \tag{12}$$

式（12）中，NCV_k 代表第 k 种能源的平均低位发热量，CC_k 代表第 k 种能源的碳排放因子，44/12 为 CO_2 与 C 的相对分子质量之比。

根据式（12）计算的各能源二氧化碳排放系数如表2所示。

表2　各能源二氧化碳排放系数

能源	平均低位发热量（*NCV*）（kJ/kg）	碳排放因子（*CC*）（$kg/10^6kJ$）	二氧化碳排放系数（$kg-CO_2/kg$）
原煤	20908	26. 32	2. 02
洗精煤	26344	26. 32	2. 54
其他洗煤	12545	26. 32	1. 21
型煤	18025	26. 32	1. 74
焦炭	28435	31. 38	3. 27
焦炉煤气	17981	21. 49	1. 42
原油	41816	20. 08	3. 08
汽油	43070	18. 90	2. 98
煤油	43070	19. 60	3. 10
柴油	42652	20. 20	3. 16
燃料油	41816	21. 10	3. 24
液化石油气	50179	20. 00	3. 68
炼厂干气	45998	20. 20	3. 41
天然气	38931	15. 32	2. 19

根据江苏省2000—2019年各能源消耗数据及表2中各能源二氧化碳排放系数，可以测算出江苏省二氧化碳排放总量。综合考虑数据的可获得性和投入产出表统计区间的相适应性，本文以2000—2017年为研究区间。根据式（7）及相关数据可测算出2000—2017年江苏省出口贸易隐含碳排放总量。分析比较江苏省二氧化碳碳排放总量和出口贸易隐含碳排放总量，结果如图1所示。

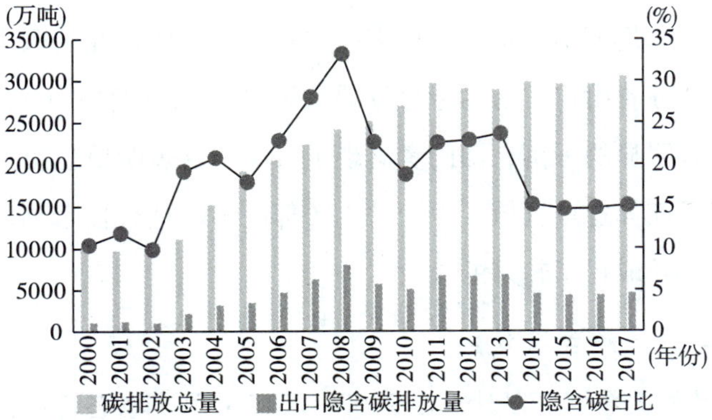

图1　江苏省二氧化碳碳排放总量和出口贸易隐含碳排放量

资料来源：根据统计年鉴、能源平衡表和投入产出表中部分数据计算得出。

从图1中可以看出，出口贸易隐含碳排放量从2000年的1045. 35万吨增长到2017年的 4608.08 万吨，年平均增长率为 18.93%，其中 2000—2008 年大体上呈持续上升趋势，2008 年达到峰值 8023.42 万吨，2009—2017 年呈“W”形，先小幅回落后又继续回弹，最后逐渐回稳。

出口隐含碳排放占比情况呈“锯齿形”，2000—2004 年得益于加入世界贸易组织的契机，出口贸易隐含碳占比大幅上升，主要是由于江苏省位于沿海地区，具有独特的地理位置优势和环境比较优势，吸引了大量国际资本，承接了发达国家的污染型产业。2005 年受禽流感影响导致出口商品出现短暂滑落；随后 2006—2008 年开始报复性反弹；受 2008 年金融危机影响，2009—2013 年一直稳定在 20% 附近；2014—2017 年，受可持续发展观影响，政府开始重视环境、倡导节能减排，出口隐含碳排放的占比大幅下降并逐渐稳定。整体来看，出口隐含碳排放量约占总碳排放的 1/5，处于较高的水平，因此出口贸易隐含碳问题应该予以重视。

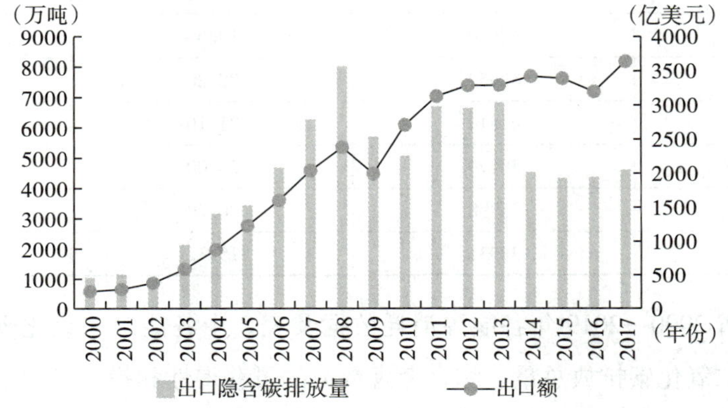

图 2　江苏省出口隐含碳排放量和出口额

资料来源：根据统计年鉴、能源平衡表和投入产出表中部分数据计算得出。

从图 2 中可以看出，整体上江苏省出口贸易隐含碳排放量与出口额在趋势上具有高度一致性，说明随着出口规模不断扩大，更多的二氧化碳气体留在了国内，造成了当地环境的破坏，这不利于江苏省出口贸易的绿色发展。2013 年出口贸易隐含碳排放量出现断崖式下滑，而出口额没有明显的下落，即两者出现了背离，这表明单位出口值对应的能源消耗量大幅降低，体现了江苏省重视低碳生产，生产部门不断进行技术创新，加强对新型清洁能源的开发与利用，并取得了较好的成效。

2. 分部门出口贸易隐含碳分析

根据式（7）及相关数据可以计算出 2000—2017 年江苏省各部门出口贸易隐含碳排放量，为了便于对比分析分部门出口贸易隐含碳排放量的具体情况，本文将 2000—2017 年各部门的出口贸易隐含碳排放量取平均值，计算结果如图 3 所示。

从图 3 中可以看出，江苏省占比最大的三个部门是 S11（化学工业）、S13（金属加工业）、S17（电气机械及器材制造业），分别占29.83%、18.06%、14.28%，合计62.17%。这些占比前三的部门均为传统的加工贸易部门（完全碳排放系数一般不高，但出口贸易额较大），或高能耗高排放的部门（完全碳排放系数很高，出口规模一般），且这三个部门的占比之和超过60%，因此，加强对这些部门的优化升级、技术创新，将会事半功倍。

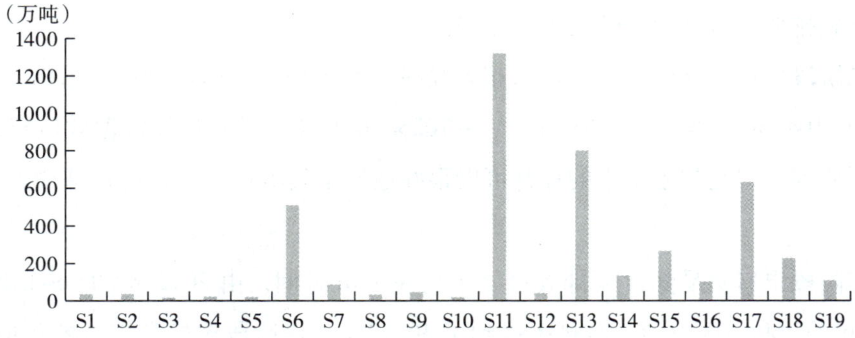

图3　江苏省分部门出口隐含碳排放量

资料来源：根据统计年鉴、能源平衡表和投入产出表中部分数据计算得出。

（二）江苏省出口贸易隐含碳影响因素分解

1. 出口贸易隐含碳总量分解

根据式（10）、式（11）及相关数据对江苏省出口贸易隐含碳排放总量的LMDI分解结果如表3所示。从总效应上看，江苏省在第三阶段出现了负效应，即整体的出口隐含碳排放规模呈现快速上升、收敛递增、逐渐减少三个阶段。从规模效应上看，不同时期该效应的分解值均为正值，且呈倒“U”形，即规模效应保持为平稳增长—上升趋缓—持续下滑趋势。从结构效应上看，不同阶段的分解值始终为正值，但相对规模效应而言一直很小。从技术效应上看，该效应的分解值始终为负值，说明技术效应对碳排放有抑制作用，数值上呈“U”形，即技术效应的抑制程度均在第二阶段表现最为突出。

表3　江苏省出口贸易隐含碳总量的LMDI分解　　单位：万吨

	第一阶段：2002—2007年	第二阶段：2007—2012年	第三阶段：2012—2017年
ΔEC_{gx}	4238.08	7104.50	362.13
ΔEC_m	353.71	291.68	210.23
ΔEC_u	-411.23	-7025.46	-2607.47
ΔEC	4180.56	370.72	-2035.10

资料来源：根据式（10）、式（11）及相关数据计算得出。

2002—2017年，江苏省出口贸易隐含碳排放总量整体上呈先增后减趋势，经历了高速增长、缓慢增长、逐渐下滑三个阶段。不同时期内，结构效应和规模效应均为正向作用，而技术效应为负向作用，说明调整出口产业结构或为江苏省碳减排的一个新方向。

第一阶段为高速增加时期，从2002年的2091.90万吨增长至2007年的6272.46万吨，增长率高达199.85%，接近翻倍。该阶段技术和结构两者的作用均明显减弱，规模效应的分解值为4238.08万吨，促进作用明显。这说明该时期江苏省对外出口规模的迅速扩大是导致隐含碳排放总量高速增长的主要原因。

第二阶段出口隐含碳排放总量增速大幅降至5.91%，该阶段规模、结构、技术的贡献值依次为7104.50万吨、291.68万吨、-7025.46万吨，说明尽管规模效应仍是隐含碳排放的主要原因，但是技术水平的提升可以很好地抑制其增长，相较而言结构效应的影响一直很小。

第三阶段出口贸易隐含碳排放量处于快速下滑时期，由2012年的6643.18万吨减少至2017年的4608.08万吨，减排率达到了30.63%。该阶段规模和结构的正向作用较弱，技术贡献值为-2607.47万吨，抑制作用远高于其他两者，是促进碳减排的重要因素，且影响作用越来越突出。

2. 分部门出口贸易隐含碳分解

（1）规模效应分析

由表4可知，不同时期各个部门的规模效应值均为正值。从具体数值上看，2002—2007年、2007—2012年、2012—2017年三个阶段中，大多数部门中间时期的效应值较大，其余时期较小，说明多数部门的规模效应处于递减趋势。规模效应较大的部门有S11（化学工业）、S13（金属加工业）、S17（电气机械及器材制造业）和S6（纺织业）四个部门，其中部门S6和部门S17是由于其出口规模占比较大，部门S11和部门S13则是由于其高污染的产业属性。随着出口增速的逐渐趋缓以及地方政府对高耗能产业的生产指标监管，这四个部门的规模效应出现了明显的下降。规模效应较小的部门有S3（金属矿采选业）、S5（食品制造和烟草加工业）和S4（非金属矿和其他矿采选业），主要是由于江苏省该类产业资源匮乏，产业占比极小。

（2）结构效应分析

从表4中可以看出，不同时期各个部门结构效应的影响各有差异。合理的产业结构能够有效地抑制碳排放量增长，如部门S13（金属加工业）三个时期的结构效应分别为694.07万吨、-212.40万吨、-39.99万吨，通过优化产业结构，转促进为抑制，极大地降低了碳排放总量。然而不合理的结构布局很可能使一些行业转低污染为高污染，如部门S6（纺织业）三个阶段的结构效应分别为-109.16万吨、33.72万吨、82.96万吨，由于该行业发展迅速且规模庞大，该部门不能及时协调产业布局结构，导致原本的抑制作用变为促进作用，且促进作用越来越显著。综合而言，结构优化效果明显的部门有 S13（金属加工业）、S17（电气机械及器材制造业）、S19（仪器仪表及其他机械制造业），有待加强的部门有 S11（化学工业）、S6（纺织业）、S2（煤石油天然气开采和洗选业）。

（3）技术效应分析

由表 4 可知，整体而言，技术的提高能够有效抑制碳排放的增长，除少数几个部门外，技术效应大多表现为持续的抑制作用，且随着技术的不断创新，该效应的作用越来越突出。尤其是 2007—2012 年，该区域各部门的平均技术效应达到 -369.76 万吨，显示出较强的减排效果。整个期间减排效果最突出的部门为 S11（化学工业）、S13（金属加工业）、S17（电气机械及器材制造业）和 S15（通用专用设备制造业），效应分别为 -814.53 万吨、-753.18 万吨、-584.12 万吨、-311.62 万吨，主要是因为该地区政府和居民重视经济绿色发展，鼓励通过技术创新推进产业升级，在追求经济效益最大化的同时，能够兼顾资源与环境的可持续发展。

表 4　分部门出口贸易隐含碳效应分解　　单位：万吨

部门	规模效应（万吨）			结构效应（万吨）			技术效应（万吨）		
	$\Delta EC_{ex}^{2002-2007}$	$\Delta EC_{ex}^{2007-2012}$	$\Delta EC_{ex}^{2012-2017}$	$\Delta EC_{m}^{2002-2007}$	$\Delta EC_{m}^{2007-2012}$	$\Delta EC_{m}^{2012-2017}$	$\Delta EC_{u}^{2002-2007}$	$\Delta EC_{u}^{2007-2012}$	$\Delta EC_{u}^{2012-2017}$
S1	77. 7516	42. 6175	2. 6623	-39. 3831	2. 5284	2. 9333	-22. 6574	-38. 4528	-5. 8574
S2	120. 6683	37. 8179	1. 9653	-210. 8256	31. 6750	-29. 1758	31. 8034	-23. 8464	-21. 8487
S3	3. 8531	1. 3389	0. 0791	-3. 9545	0. 3918	-0. 1734	3. 9949	-0. 9976	-0. 5807
S4	14. 1168	39. 1913	2. 8030	-4. 5726	14. 8265	-5. 3823	4. 5641	0. 9744	-42. 1551
S5	15. 8129	8. 4243	0. 5362	-4. 9515	1. 7056	1. 1868	2. 1925	-6. 1985	-4. 2644
S6	308. 0480	710. 1136	51. 3299	-109. 1612	33. 7196	82. 9566	-113. 6952	-234. 3278	-380. 1221
S7	65. 1612	151. 9031	6. 6667	-30. 3617	3. 4253	-3. 2564	7. 6785	-136. 7986	-75. 2467
S8	30. 5502	47. 3536	2. 8156	0. 7172	9. 4755	-11. 1958	20. 0448	-75. 6697	30. 8285
S9	79. 6582	70. 5691	4. 3490	-7. 4183	0. 4233	-4. 7695	-20. 6706	-43. 0874	-19. 4106
S10	56. 8229	24. 9518	1. 3648	11. 2054	18. 5566	-15. 1458	1. 1465	-32. 5823	1. 2451
S11	1054. 7177	1908. 2393	133. 9355	-123. 4013	364. 5231	202. 0808	-472. 6546	-1180. 2473	-790. 6946
S12	42. 7964	66. 7516	3. 8152	-0. 2751	7. 0295	4. 3737	17. 3443	-66. 1532	-16. 0948
S13	846. 6506	1759. 7863	65. 5241	694. 0715	-212. 4020	-39. 9938	161. 2715	-1229. 9065	-1192. 7217
S14	132. 7928	264. 5708	12. 4816	-10. 2449	-11. 5398	0. 2642	-3. 5413	-137. 5003	-190. 9162
S15	374. 5608	445. 6517	15. 1940	55. 4355	127. 7200	39. 4329	63. 1539	-943. 6182	-54. 3845
S16	73. 7760	161. 5186	9. 8612	-4. 2483	57. 9395	-12. 1830	34. 0412	-201. 4380	2. 1692
S17	585. 7843	827. 2100	26. 3787	46. 2940	-35. 7474	-34. 1014	-62. 1080	-1948. 0707	257. 7918
S18	291. 6004	360. 9406	11. 0604	53. 2190	-124. 2297	52. 9770	-99. 2546	-560. 7958	-84. 5401
S19	62. 9581	175. 5454	9. 3091	41. 5657	1. 6638	-20. 5984	36. 1159	-166. 7461	-20. 6629

资料来源：根据式（10）及相关数据计算得出。

另外，也有一些部门的技术效应出现“转负为正”现象，比如部门 S17（电气机械及器材制造业），该部门三个时期的技术分解值分别为 －62.108 万吨、－1948.0707 万吨、257.7918 万吨，表现为抑制—抑制增强—促进，因此该部门的技术水平应进一步向低碳经济转变。同时，政府部门也应加强低碳观念的宣传，让低碳理念深入人心，通过相应的政策鼓励，激励生产部门不断技术创新，加强对新型清洁能源的开发与利用，让企业真正做到低碳生产。

四、结论与政策建议

本文基于 2002—2017 年江苏省投入产出数据，利用投入产出模型，测算江苏省总体及分 19 个部门的出口贸易隐含碳排放量，并通过 LMDI 分解法从规模效应、结构效应、技术效应三个方面进行总体及分部门的出口贸易隐含碳排放量的影响因素分析，得出以下几点主要结论：

（1）从总体出口隐含碳排放量上看，该总量与出口额具有高度一致性，说明随着出口规模不断扩大，更多的二氧化碳气体留在了国内，造成了当地环境的破环。自 2013 年以来随着出口规模不断扩大，出口贸易隐含碳排放量却不断减少，这主要得益于政府碳减排措施的积极实施，但整体来看，出口隐含碳排放量约占区域总碳排放量的 15%，仍处于较高水平。

（2）从分部门出口隐含碳排放量上看，江苏省占比最大的三个部门即 S11（化学工业）、S13（金属加工业）和 S17（电气机械及器材制造业）的出口隐含碳排放量合计占比高达 62.17%，这些部门具有较高的出口隐含碳排放量，一方面是由于出口贸易额较大，另一方面是由于能源消耗量较大。

（3）从总体 LMDI 分解结果看，不同时期规模效应和结构效应的分解值均为正值，技术效应的分解值始终为负值，总效应在第三阶段才出现负效应，说明第三阶段的规模效应和结构效应的正向作用较弱，技术效应的抑制作用远高于前两者，江苏省在该阶段真正达到了减排效果。

从分部门 LMDI 分解结果看，不同时期各个部门的规模效应值均为正值，是否合理的产业结构决定了不同部门对出口隐含碳排放增长的抑制程度。

关于技术效应，除少数几个部门外，技术效应大多表现为持续的抑制作用，需要注意的是一些技术效应出现“转负为正”现象的部门，政府应加强低碳观念的宣传，使企业真正做到低碳生产。

因此，在制定碳减排目标时，要充分考虑江苏省对外开放程度、经济水平、生产技术、产业结构、地理位置等方面的具体情况，以及各部门之间的出口贸易隐含碳排放量差异和影响出口隐含碳排放量的因素分析，科学合理地制定减排目标，从而真正促进江苏省出口贸易绿色发展。基于此，本文提出以下几点建议。

（1）在宏观层面调整和制定相应的环境政策，在大力发展经济的同时注重环境保护，实现经济与环境的同步发展。例如，在出口政策方面，鼓励高新技术产业出口，对使用新能源替代高污染化石能源的企业给予金融支持，对节能环保企业给予金融补贴和声誉奖励。相反，严厉要求高污染企业的碳排放标准或鼓励自产转进口。在出口商品时也可以分为不同的耗能污染水平，根据不同的水平征收不同的碳关税。从政府层面全面落实发展绿色贸易的理念，使绿色贸易的发展有理可依、有规可循。

（2）通过优化出口结构，即在不牺牲原有贸易规模的前提下，通过增加技术等方式升级出口产品，引导出口商品向高附加值、低能耗转移，促进产业逐步向技术密集型、资源集约型的绿色产业转变。江苏省现阶段出口贸易占比较大的部门如化学工业、金属加工业、纺织业等均为高碳排放部门，同时出口贸易又是江苏省经济增长的重要动力，这一现状很长时间都不会改变，即无法通过缩减出口来抑制出口贸易隐含碳排放，这样做不利于经济稳定和保障就业。因此要通过优化出口结构，转粗放型出口模式为绿色贸易模式。

（3）不断采用现有的先进技术，积极鼓励发展新技术，充分发挥技术效应对出口贸易隐含碳排放的抑制作用。江苏省作为中国经济大省和外贸大省，更要不断加快传统技术升级的进程，通过新技术提高能源利用效率，促进能源循环利用。同时充分培养和利用高技能人才，提高区域绿色技术研发水平，进一步激发技术效应的减排作用。“十四五”是碳达峰的关键期、窗口期，要重点推动绿色低碳技术实现重大突破，抓紧部署低碳前沿技术研究，积极扶持技术创新，增加人力物力投入，提高市场的创新驱动力。

（4）积极推广并鼓励采用新能源，提高绿色能源的消耗占比，从源头抓起减少碳排放，逐渐形成新型清洁能源消耗模式，走低碳、清洁的绿色发展可持续道路。长期以来江苏省的能源消耗以化石燃料为主，经济增长越快，意味着该地区碳排放也会越多。此外，出口贸易额中占比较大的化学工业、金属加工业等行业，均为高碳排放、高污染部门。由于各部门的能源消耗结构较为稳定，短时期内无法快速转变，因此企业可以根据地区特点，鼓励采用新型绿色能源，如风能、太阳能、生物质能等。

参考文献

[1] Wiedmann T ,Wood R ,Minx J C , et al. A carbon footprint time series of the UK – results from a multi – region input – output model[J]. Economic Systems Research, 2010, 22(1): 19 –42.

[2] Minx J C, Wiedmann T, Wood R, et al. Input – output analysis and carbon footprint-

ing:An overview of applications[J]. Economic Systems Research: Carbon Footprint and Input – Output Analysis, 2009,21(3):187 – 216.

[3]Wiedmann T. Editorial: Carbon footprint and input – output analysis – An introduction [J]. Economic Systems Research: Carbon Footprint and Input – Output Analysis, 2009,21(3): 175 – 186.

[4]孟凡鑫，苏美蓉，胡元超，等. 中国及“一带一路”沿线典型国家贸易隐含碳转移研究[J]. 中国人口·资源与环境，2019,29(4):18 – 26.

[5]Ackerman F,Ishikawa M,Suga M . The carbon content of Japan – US trade[J]. Energy Policy, 2007, 35(9):4455 – 4462.

[6] Peters G P,Hertwich E G . CO_2 embodied in international trade with implications for global climate policy[J]. Environmental Science & Technology, 2008, 42(5):1401.

[7]周新. 国际贸易中的隐含碳排放核算及贸易调整后的国家温室气体排放[J]. 管理评论，2010,22(6):17 – 24.

[8]钟章奇，张旭，何凌云，等. 区域间碳排放转移、贸易隐含碳结构与合作减排——来自中国30个省区的实证分析[J]. 国际贸易问题，2018(6):94 – 104.

[9] Ang B W. Decomposition analysis for policymaking in energy: Which is the preferred method? [J]. Energy Policy, 2004, 32(9):1131 – 1139.

[10] Greening L A . Effects of human behavior on aggregate carbon intensity of personal transportation: Comparison of 10 OECD countries for the period 1970 – 1993[J]. Energy Economics, 2004, 26(1):1 – 30.

[11] Wang C,Chen J,Zou J . Decomposition of energy – related CO_2 emission in China: 1957 – 2000[J]. Energy, 2005(30).

[12] Dynamics of energy – related CO_2 emissions in China during1980 to 2002: The relative importance of energy supply – side and demand – side effects.

[13] 庞军,张浚哲. 中欧贸易隐含碳排放及其影响因素——基于MRIO模型和LMDI方法的分析[J]. 国际经贸探索,2014,30(11):51 – 65.

[14] 李晨,丛睿,邵桂兰. 基于MRIO模型与LMDI方法的中国水产品贸易隐含碳排放转移研究[J]. 资源科学,2018,40(5):1063 – 1072.

绿色信贷政策促进企业绿色技术创新了吗？

张冬梅[①]　钟尚宏[②]

摘　要：我国现代化建设进入了美丽中国新阶段，主要指向坚持绿色低碳循环发展的绿色创新，习近平主席曾宣布“中国将提高国家自主贡献力度，采取更加有力的政策和措施”争取实现“双碳”目标。企业绿色技术创新是“减污降碳协同增效”的关键动力，绿色信贷政策是支持实体经济绿色发展的重要金融工具之一，是否以及在多大程度上促进了企业绿色技术创新需要进行量化衡量，旨在为绿色信贷政策更有效地促进企业绿色技术创新。本文在研究绿色信贷政策对企业绿色技术创新作用机理、归纳近些年绿色信贷政策与企业绿色技术创新的典型事实后，基于2007—2019年A股上市工业企业样本数据，以受政策支持的绿色企业为实验组，未受支持的非绿色企业为控制组，利用PSM－DID模型开展准自然实验，得出绿色信贷政策对企业绿色技术创新具有显著的正向促进作用；并通过中介效应模型检验了促进作用是通过信贷规模与融资成本两种渠道缓解了企业融资约束而进行的；且通过异质性分析分别细化研究了政策因企业区位、企业所有权、企业规模的促进作用程度差异；最后，基于研究结论提出相应的对策建议。

关键词：绿色信贷政策；企业绿色技术创新；PSM－DID模型

一、问题提出

党的十九大和十九届历次全会精神清晰指明建设“美丽中国”与推进“绿色发展”，2020年习近平主席在第七十五届联合国大会上宣布“中国将提高国家自主贡献力度，采取更加有力的政策和措施”力争实现“双碳”目标。我国现代化建设已经进入了“减污

① 张冬梅，中央民族大学经济学院教授，博士生导师。主要研究方向：西方经济学。

② 钟尚宏，中央民族大学经济学院研究助理。主要研究方向：金融学。原始数据与过程数据可以找作者索取，文责自负。

降碳协同增效”的生态文明保护新阶段，无论是在保护措施上由末端治理向源头控制上转变，还是在质量改善上由量变到质变的转变，均主要指向坚持绿色低碳循环发展的企业绿色技术创新。“十四五”规划再次表明党中央、国务院对生态文明建设和绿色发展的高度重视，强调要“发展绿色金融，支持绿色技术创新”，2021 年国家相继出台的多项政策及首次将“碳达峰”及“碳中和”写入全国《政府工作报告》，足见我国推进经济结构绿色转型与实现绿色可持续发展的战略与决心。

为加速建成绿色低碳循环发展的经济体系，有效解决我国生态环境保护结构性、根源性、趋势性压力问题与重点行业污染问题，更为重要的是污染源头治理的企业绿色转型升级，特别是制造业企业是现代经济体系的重要组成部分，未来我国能否突破绿色发展的关键问题就在于企业绿色技术创新，企业应该把握“双碳”目标下的重要机遇，大力开展绿色技术创新，走低碳、循环、智慧与可持续的绿色发展之路，为我国实现经济高质量发展提供新动能。众所周知，企业绿色技术创新需要较大规模的持续的资金投入，创新成功与否具有不确定性，承担着极高的投资风险，仅凭借普通的金融手段融资难以为继，要辅以有力度的政策倾斜。自 2007 年国家环保总局和中国人民银行、原银监会首次提出“绿色信贷”以来，我国绿色信贷政策逐步出台，可以将中国的绿色信贷政策归为两大领域：一是支持战略性新兴产业生产端（如新能源开发、环保节能设备制造等六大类产业）的贷款政策；二是支持节能环保项目和服务的贷款政策。为我国各经济主体绿色信贷决策提供战略支撑，为提升银行业绿色金融绩效提供了具有针对性的行动指南，进一步规范了绿色信贷政策实施细则①。现阶段我国实施的绿色信贷政策取得了一定成效，截至 2021 年年末，我国本外币绿色信贷余额达 15.9 万亿元②，绿色信贷余额占所有绿色融资余额的比例超过 95%③，仅 2021 年的 18 家上市银行绿色信贷超 11 万亿元，其中有 4 家银行规模超过万亿元，④ 绿色信贷在我国的绿色金融体系中发挥着举足轻重的作用。

现有国外文献专门针对绿色信贷政策与企业绿色技术创新之间关系的研究较为少见，而是较早提出了与绿色信贷相关的绿色金融等概念，并将其理解为环境金融（Salazar，1998）⑤，现已拓展为可持续金融（Kunhibava et al.，2018）⑥。而国内文献明确提出“绿

---

① 资料来源：http://www.cbirc.gov.cn/cn/view/pages/govermentDetail.html? docId = 277181&itemId = 4167&generaltype = 1。

② 2021 年金融机构贷款投向统计报告[EB/OL]. http://www.gov.cn/xinwen/2022-01/31/content_5671459.htm.

③ 兴业研究中国绿色金融市场综览[EB/OL]. http://greenfinance.xinhua08.com/a/20180108/1744086.shtml.

④ 吴珊，余俊毅. 18 家上市银行 2021 年绿色信贷超 11 万亿元[N]. 证券日报，2022-04-07(B01).

⑤ Salazar J. Environmental finance: Linking two worlds[R]. 1998.

⑥ Sherin Kunhibava, Sarah Tan Yen Ling, Md Khalil Ruslan. Sustainable financing and enhancing the role of islamic banks in Malaysia[J]. Arab Law Quarterly, 2018, 32(2): 129-157.

色信贷”术语源于2003年关于农村信用社创新性实施“绿色信贷工程”（胡玉明等，2003）①，继之，关于各地方实施绿色信贷的文献纷纷呈现。何德旭和张雪兰（2007）将绿色信贷政策定义为银行等金融机构对绿色企业提供优惠利率贷款扶持，而对污染企业进行贷款额度限制并实施惩罚性高利率的政策手段②；后续对绿色信贷效果评价（吴勋等，2022）③ 等也越来越深入。就“绿色技术创新”而言，国外文献将其界定在经济与环境协调发展基础上绿色化途径中的创新活动（Zhong K M et al.，2004）④，主要是研发新绿色技术获专利等（Hall & Helmers，2011；Schiederig et al.，2012）⑤，也包括为获得绿色绩效的绿色技术（Bartlett & Trifilova，2010）⑥ 与环境产品创新（Afum et al.，2021）⑦。在我国“双碳”目标下，企业有动力并希冀通过绿色技术创新在国内外竞争中领先与获益（齐绍洲等，2018；李青原和肖泽华，2020；刘传江等，2022；邓峰等，2021）⑧。

总之，在绿色信贷政策指引下，以绿色信贷为首要代表的绿色金融已经逐渐成为我国金融业发展的主流趋势。对绿色信贷政策是否促进以及如何更好地促进企业绿色技术创新这一问题，本文通过理论和实证分析后进行了深入的回答，为切实有效推进创新驱动绿色发展提供有价值的参考信息与政策建议。

二、绿色信贷政策促进企业绿色技术创新的作用机理

（一）绿色信贷政策促进企业绿色技术创新的机理分析

就国家宏观调控的多项相关政策而言，更强调加强绿色信贷政策对企业绿色技术创新

---

① 胡玉明，胡冉华．贺石桥镇信用社“绿色信贷”实践[J]．武汉金融，2003（4）：64.

② 何德旭，张雪兰．对我国商业银行推行绿色信贷若干问题的思考[J]．上海金融，2007（12）：4－9.

③ 吴勋，余洋．上市银行绿色信贷信息披露：趋势分析与质量评价[J]．征信，2022（4）：66－73.

④ Zhong K M，Guo P Q，Chi Q. Two approaches for greenization of fixture design and corresponding technology innovation [C]. Materials Science Forum，2004：477－480.

⑤ Hall B H，Helmers C. Innovation and diffusion of clean/green technology：can patent commons help？[J]. NBER working papers，2011，66（1）：33－51；Schiederig T，Tietze F，Herstatt C. Green innovation in technology and innovation management－an exploratory literature review[J]. R&D Management，2012，42（2）：180－192.

⑥ Bartlett D，Trifilova A. Green technology and eco－innovation：seven case－studies from a Russian manufacturing context[J]. Journal of Manufacturing Technology Management，2010，21（8）：910－929.

⑦ Afum E，Gao Y，Agyabeng－Mensah Y，Sun Z. Nexus between lean operations，eco－product innovativeness，social，green and business performances：An empirical evidence from ghanaian manufacturing SMEs[J]. Journal of Manufacturing Technology Management，2021，32（8）：1557－1577.

⑧ 齐绍洲，林屾，崔静波．环境权益交易市场能否诱发绿色创新？——基于我国上市公司绿色专利数据的证据[J]．经济研究，2018，53（12）：129－143；李青原，肖泽华．异质性环境规制工具与企业绿色创新激励——来自上市企业绿色专利的证据[J]．经济研究，2020，55（9）：192－208；刘传江，张劭辉，李雪．绿色信贷政策提升了中国重污染行业的绿色全要素生产率吗？[J]．国际金融研究，2022（4）：3－11；邓峰，贾小琳．高技术产业绿色技术创新的动因：内外部研发与协同创新[J]．生态经济，2021，37（1）：35－43.

的支持，通过政策的结构调节和引导功能影响企业投资倾向，进而增加研发投入促进企业绿色技术创新，尤其是2012年银监会印发的《绿色信贷指引》（以下简称《指引》）第三条明确“银行业金融机构应当从战略高度推进绿色信贷，加大对绿色经济、低碳经济、循环经济的支持”；2019年国家发展改革委、科技部印发《关于构建市场导向的绿色技术创新体系的指导意见》，其主要目标是“到2022年，基本建成市场导向的绿色技术创新体系”，“强化企业的绿色技术创新主体地位”。根据信号传递理论，绿色信贷政策对绿色企业发放优惠信贷且对高污染、高能耗企业进行信贷限制，传递了一个激励与约束的绿色发展信号：一方面，在政策优惠利率信号的指引下，会促进企业创新驱动绿色发展道路，助力企业倾向于选择提升核心竞争力的研发绿色技术作为投资方向，追求绿色技术创新；另一方面，受到惩罚性高利率贷款影响的高污染、高能耗企业要对生产技术、流程等进行转型升级，加速企业对绿色技术创新性应用，进而获得绿色信贷政策支持。

就资本形成机制和资金导向机制而言，资本是企业赖以生存的根本，并且贯穿企业生产经营的全过程。企业要发展，必须依靠创新，在仅靠内源性融资难以满足企业绿色技术创新的资金需求时，外源性的银行信贷融资成为主要融资手段（徐飞，2019）①。由于绿色技术创新过程中的信息不对称、创新收益不确定以及创新项目难以抵押变现，企业绿色技术创新往往面临极强的信贷约束（徐佳和崔静波，2020）②。绿色信贷政策主要是通过缓解融资约束促进企业绿色技术创新，资本传导主要通过两个渠道：一是政策扩大了金融业绿色信贷规模，银行能够提供更多的绿色信贷资金，绿色企业能从中获得较为充足的资金以补充企业发展资本，推动了企业优化配置绿色技术创新的研发投入，促进企业绿色技术创新产出；二是绿色企业可以通过绿色信贷的优惠政策获得较低利率的贷款，降低企业融资成本，加大了企业绿色技术创新的资金支持力度。

因此，绿色信贷政策引导金融市场的资金从“两高一剩”企业流向绿色企业，银行业金融机构为严格控制信贷业务中的环境风险会积极响应绿色信贷政策。

（二）绿色信贷政策促进企业绿色技术创新的异质性分析

1. 基于企业区位的异质性分析

一般而言，企业区位即企业所在区域经济发展水平有差异，经济发展水平高的区域如东部地区基础设施和金融环境更为完善，环保产业和项目的发展更为成熟，降低了银行与企业间信贷信息的不对称程度，从而能够对企业的资质、项目质量以及环保情况进行有效

① 徐飞．银行信贷与企业创新困境[J]．中国工业经济，2019(1)：119－136.
② 徐佳，崔静波．低碳城市和企业绿色技术创新[J]．中国工业经济，2020(12)：178－196.

评估，更好地为企业提供绿色信贷服务，促进企业合理安排资金流转与资本配置，从而有助于企业绿色技术创新；经济欠发达区域则相反（曹廷求等，2021）①。

2. 基于企业所有权性质的异质性分析

由于道德风险和逆向选择的存在，相比国有企业，银行向非国有企业搜集信息的成本更高，提高贷款利率不一定能增加银行的期望效用，银行宁愿选择贷款利率相对较低的国有企业，也不选择更迫切需要资金支持的非国有企业，所以融资约束是抑制民营企业等非国有企业绿色技术创新的重要因素（余明桂等，2019）②；同时非国有企业因具有自筹资金、自主经营、自担风险、自负盈亏等特征，在制定企业战略目标和分配资金时更加灵活自主，具有更强的竞争意识，更愿意通过参与绿色技术创新提升生产效率。因此，不同所有权性质的企业参与绿色技术创新的驱动力存在差异。

3. 基于企业规模的异质性分析

企业规模是决定中国企业技术创新的关键内部因素，通常大规模企业比小规模企业开展更多的持续性研发活动（冯根福等，2021）③。不同规模的企业在经营效率、内部控制、融资能力等方面存在较大差异。相较于其他形式的创新活动，绿色技术创新需要投入大量的物质资本和人力资本，短时间内会增加企业生产成本，且收益周期较长，企业的风险增加，从而减弱了小规模企业绿色技术创新的动力（冯向前等，2020）④。

三、我国绿色信贷政策下企业绿色技术创新成效与存在的问题

（一）我国主要绿色信贷政策演变

在我国绿色金融中，绿色信贷最先起步，发展最迅速，政策体系最为成熟。我国绿色信贷政策的演变大致可划分为起步萌芽阶段（1995—2006 年）、快速发展阶段（2007—2011 年）和健全完善阶段（2012 年至今）三个阶段，目前已初步形成了以《指引》为核心，涵盖顶层方案设计、统计分类制度、考核评价体系和信贷激励机制等相对完善的政策体系，各阶段的主要政策见表 1。

---

① 曹廷求，张翠燕，杨雪．绿色信贷政策的绿色效果及影响机制——基于中国上市公司绿色专利数据的证据[J]．金融论坛，2021，26(5)：7－17.

② 余明桂，钟慧洁，范蕊．民营化、融资约束与企业创新——来自中国工业企业的证据[J]．金融研究，2019(4)：75－91.

③ 冯根福，郑明波，温军，等．究竟哪些因素决定了中国企业的技术创新——基于九大中文经济学权威期刊和 A 股上市公司数据的再实证[J]．中国工业经济，2021(1)：17－35.

④ 冯向前，叶银萍，李金生．基于模糊 EDAS 的中小企业绿色创新障碍分析[J]．科技管理研究，2020，40(11)：200－205.

表 1　我国主要绿色信贷政策演变（1995—2021）

阶段	时间	政策	主要内容及关注点
起步萌芽阶段	1995 年 2 月	《关于贯彻信贷政策与加强环境保护工作有关问题的通知》（银发〔1995〕24 号）	将资源保护和环境治理作为评审贷款的必备条件
	1995 年 2 月	《关于运用信贷政策促进环境保护工作的通知》（环计〔1995〕105 号）	对环保和治理项目尽可能予以优惠
	2004 年 4 月	《关于进一步加强产业政策和信贷政策协调配合控制信贷风险有关问题的通知》（发改产业〔2004〕746 号）	明确授信禁止类和限制类行业目录，调整信贷结构
	2005 年 12 月	《关于落实科学发展观加强环境保护的决定》（国发〔2005〕39 号）	停止向环保不达标的企业发放信贷
	2006 年 12 月	《关于共享企业环保信息有关问题的通知》（银发〔2006〕450 号）	将环境执法信息纳入征信管理系统
快速发展阶段	2007 年 4 月	《关于落实环境保护政策法规防范信贷风险的意见》（环发〔2007〕108 号）	绿色信贷正式启动实施
	2007 年 7 月	《关于防范和控制高耗能高污染行业贷款风险的通知》（银监办发〔2007〕161 号）	限制“两高”行业贷款授信
	2007 年 12 月	《节能减排授信工作指导意见》（银监发〔2007〕83 号）	优先授信支持节能环保产业
	2011 年 8 月	《“十二五”节能减排综合性工作方案》（国发〔2011〕26 号）	将绿色信贷成效纳入监管评级
健全完善阶段	2012 年 2 月	《绿色信贷指引》（银监发〔2012〕4 号）	规定绿色信贷具体实施细则
	2013 年 7 月	《绿色信贷统计制度》（银监办发〔2013〕185 号）	正式建立绿色信贷制度标准
	2014 年 6 月	《绿色信贷实施情况关键评价指标》（银监办发〔2014〕186 号）	绿色银行评级提供了依据和基础
	2015 年 9 月	《生态文明体制改革总体方案》（中发〔2015〕25 号）	提出建立绿色金融体系
	2016 年 8 月	《关于构建绿色金融体系的意见》（银发〔2016〕228 号）	构建绿色金融体系具有重要意义
	2018 年 7 月	《关于建立绿色贷款专项统计制度的通知》（银发〔2018〕10 号）	定量明确绿色信贷统计和监测要求
	2021 年 2 月	《国务院关于加快建立健全绿色低碳循环发展经济体系的指导意见》（国发〔2021〕4 号）	将绿色信贷提高到战略高度
	2021 年 6 月	《中国人民银行关于印发〈银行业金融机构绿色金融评价方案〉的通知》	明确绿色金融考核业务范围
	2021 年 11 月	《关于设立碳减排支持工具有关事宜的通知》（银发〔2021〕278 号）	创设“先贷后借”的碳减排支持工具

资料来源：作者整理，源自中国政府网国务院政策文件库，http：//www. gov. cn/zhengce/zhengcewenjianku/index. htm。

早期的绿色信贷政策缺乏环境数据信息沟通渠道和国家强制约束，加上金融机构出于自身经济利益考虑，并没有积极响应与贯彻落实，导致绿色信贷未能明显发挥积极作用。在快速发展阶段不断推进绿色信贷标准的建设进程、明确提出具体实施细则的标志性绿色信贷政策是2012年的《指引》，自此，我国绿色信贷政策体系框架不断拓展及深化，尤其是2021年，我国频繁出台多项政策与方案，为实现“双碳”目标而迅速行动。

（二）绿色信贷政策指引下我国绿色信贷规模与投向

1. 近年来我国绿色信贷规模

自2012年《指引》发布以来，我国银行业各金融机构积极落实相应政策，履行社会责任，绿色信贷市场总规模正逐年持续快速增长，根据中国人民银行发布的《2021年金融机构贷款投向统计报告》[①]，截至2021年年末，我国绿色贷款余额高达15.9万亿元，同比增长33%，存量规模世界第一，绿色信贷占比不断提高（图1）。其中，投向具有直接和间接碳减排效益项目的贷款分别为7.3万亿元和3.36万亿元，合计占绿色贷款的67%，是推动生态文明建设和绿色发展“30·60”转型的主力军。

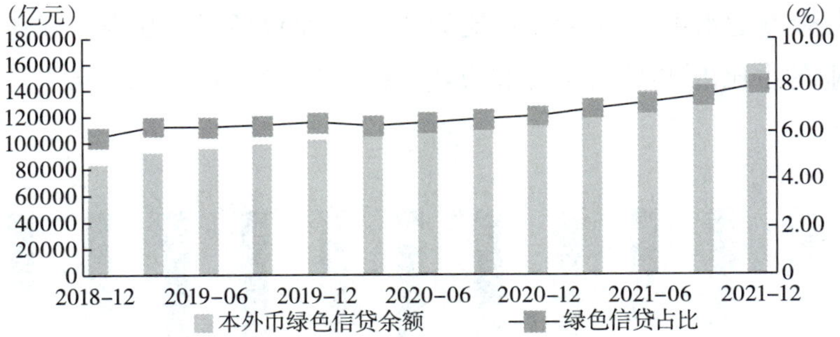

图1　2018—2021年绿色信贷余额及占比情况

资料来源：2018—2021年中国人民银行《金融机构贷款投向统计报告》[②]。

商业银行作为绿色信贷的投放主体，近年来也在不断加大绿色信贷的投放力度，据银保监会披露，如图2所示，国内21家主要银行绿色信贷余额从2013年6月末的4.85万亿元增长至2021年年末的15.1万亿元，年复合增长率超过14%，所支持的项目每年可实现可观的节能节水和污染物减排效果，为清洁能源、节能环保、碳减排技术等重点领域的绿色发展做出了重要贡献。值得关注的是，绿色信贷的不良率低于0.5%，远低于同期各项

① http://www.gov.cn/xinwen/2022-01/31/content_5671459.htm.
② 数据来源：http://www.pbc.gov.cn/goutongjiaoliu/113456/113469/4372938/index.html。

贷款的平均不良率 1.75%①，绿色信贷资产质量优良，明显好于整体信贷资产质量。

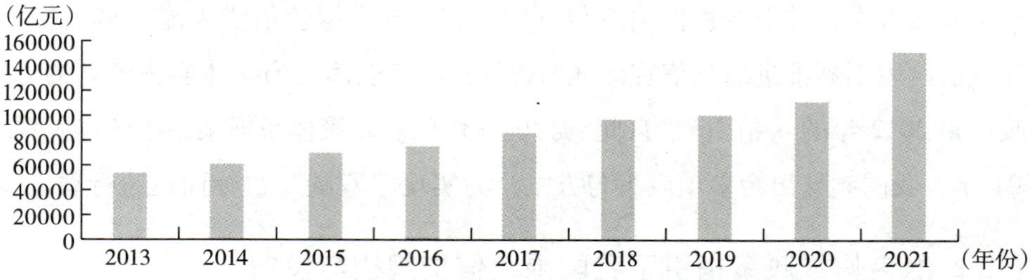

图 2　2013—2021 年主要银行机构绿色信贷年末余额

资料来源：2018—2021 年中国银行保险监督管理委员会例行新闻发布会②。

2. 近年来我国绿色信贷投向

随着绿色经济的快速发展与政策支持力度不断加大，绿色信贷产品类型逐渐丰富，投向愈发多元化，投放领域覆盖多行业。从贷款投向的行业分布来看，我国绿色信贷投放主要集中在生态保护、节能减排、循环经济、清洁能源、绿色交通和污染防治六大领域，其中绿色交通运输领域和绿色能源领域是绿色信贷投放最多的领域。如图 3 所示，2021 年，交通运输、仓储和邮政业到 4.13 万亿元，占比达 26%，电力、热力、燃气及水生产和供应业的绿色贷款余额达 4.41 万亿元，占比为 28%，而包括绿色建筑、绿色农业、垃圾治理等其他行业的占比由 2018 年年末的 24% 提升到 2021 年年末的 46%，呈现逐年递增的态势。

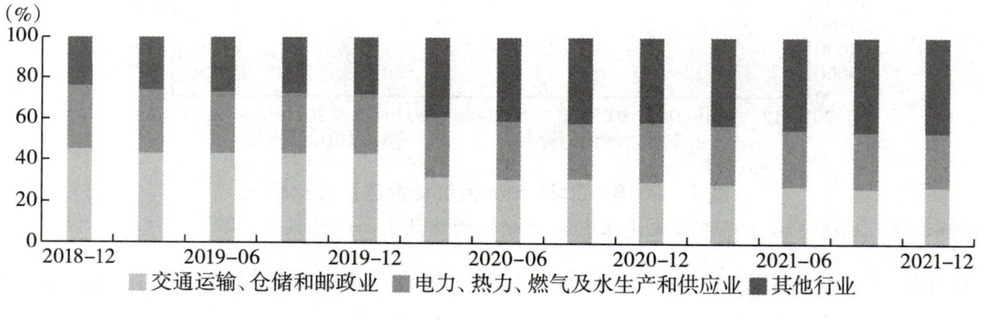

图 3　2018—2021 年主要银行机构绿色信贷余额结构分布

资料来源：中国人民银行《金融机构贷款投向统计报告》③、Wind 金融终端 · 2018—2021 年绿色信贷投向明细表。

我国不同银行在绿色信贷业务中形成了鲜明的业务特色，如中国工商银行实行“环保

---

① 数据来源：2021 年商业银行主要监管指标情况表（季度），http://www.cbirc.gov.cn/cn/view/pages/ItemDetail.html? docId = 1018523&itemId = 954。

② 2013 年至 2017 年 6 月国内 21 家主要银行绿色信贷数据，http://www.cbrc.gov.cn/chinese/home/docView/96389F3E18E949D3A5B034A3F665F34E.html；http://finance.people.com.cn/n1/2021/0715/c1004 - 32158531.html。

③ 数据来源：http://www.pbc.gov.cn/goutongjiaoliu/113456/113469/4372938/index.html。

一票否决制”，并将低碳要素全面纳入标准制定、产品创新、业务流程、业务考核、前瞻性研究等领域，绿色信贷主要投向节能环保、清洁生产、清洁能源、生态环境、基础设施绿色升级、绿色服务等绿色产业；又如，中国农业银行对绿色信贷业务采取了单年信贷增量计划、足额配置信贷规模、配套经济规模债务、授权专项债的费用等差异化措施，绿色信贷指标已涵盖55个行业；再如，兴业银行以碳达峰、碳中和率先达标为核心，以“融资+融智”为载体，以“交易+做市”为抓手，以“碳权+碳汇”为标的，持续扩大绿色信贷投融资规模。显然，各银行在执行绿色信贷政策与相关业务模式上存在较大差异。

（三）绿色信贷政策下我国企业绿色技术创新状况

绿色技术创新的发展经历了从关注末端处理技术到创新无废生产工艺、从实施废弃物最少化技术到发展清洁生产技术、从治理污染到预防污染几个阶段。企业绿色技术创新更有助于企业获得绿色信贷等金融产品的支持，相当于降低环境成本，抢占绿色竞争优势；同时使企业生产出差异化的绿色产品，激发新的市场需求，切实提升企业绿色竞争力。

1. 近年来我国企业绿色技术创新投入

绿色技术创新一般存在投资多、周期长、风险高等特点，主要的投资要素为人才与资金。在国家政策引导下，企业绿色技术研发投入确实在增长，根据中国环保产业协会发布的《中国环保产业分析报告（2020）》，2019年我国近1.2万家环保企业研发经费支出占营业收入的比重为3.4%，与2018年相比同比增长15.6个百分点。相比绿色技术创新的资金要素投入，人才要素同样重要，且资金配置方向影响人才要素的优化配置。如图4所示，我国规模以上企业研发人员数量的不断增长及单位投入研发强度的逐渐加大，说明我国企业积极开展绿色技术创新的决心和行动，应当进一步优化配置资金要素，充分发挥绿色创新人才的价值引领作用，提高企业绿色技术创新的效率和质量。

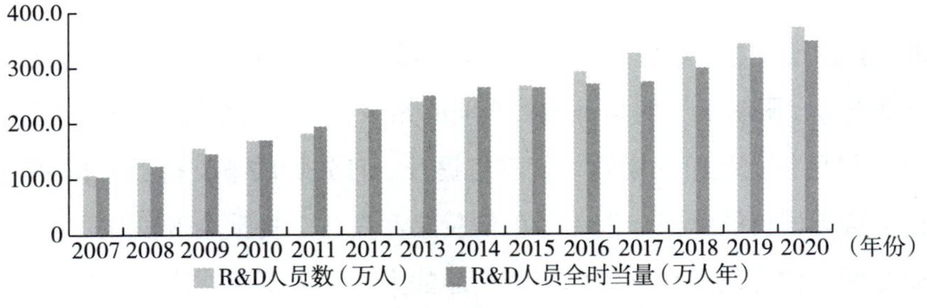

图4　我国规模以上工业企业R&D人员情况

资料来源：2008—2021年《中国统计年鉴》中的“科学技术·科技活动基本情况”。

2. 近年来我国企业绿色技术创新产出

自 2007 年以来，我国上市企业绿色专利申请总量和平均申请数量明显增加，除去突发公共卫生事件的 2020 年，总体上，我国上市企业绿色技术创新的节奏不断加快。具体如图 5、图 6 所示。

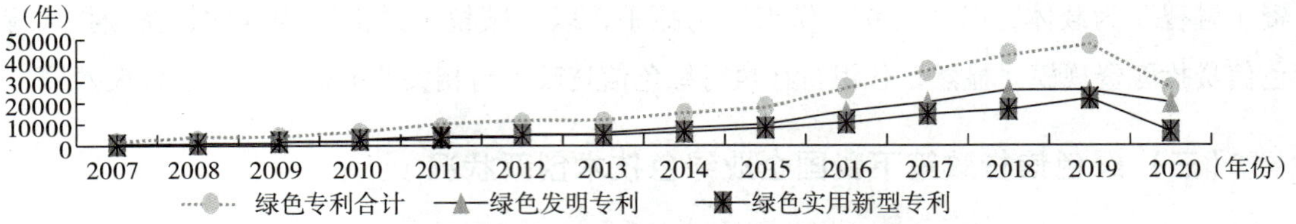

图 5　2007—2020 年我国上市企业绿色专利申请总量

资料来源：根据 CNRDS 公司专利分类号信息和 WIPO① 数据整理，其中，绿色专利数据利用中国研究数据服务平台（CNRDS）搜集所有 A 股上市企业发明专利和实用新型专利的专利分类号信息，将其与 2010 年 9 月 16 日世界知识产权组织（WIPO）推出的“国际专利分类绿色清单”（IPC Green Inventory）进行匹配获得。

图 6　2007—2020 年我国上市企业绿色专利平均申请量

资料来源：根据 CNRDS 公司专利分类号信息和 WIPO 数据整理，同图 5。

（四）绿色信贷政策支持企业绿色技术创新存在的典型问题

近年来，我国银行业金融机构积极贯彻实施绿色信贷政策取得了一定的成效，为绿色企业提供了资金支持，限制了“两高一剩”企业的无序扩张，但在实施过程中明显存在问题。

（1）现行绿色信贷政策的激励效应有待提升。首先，政策支持力度相对较小，虽然近年来的绿色信贷规模持续增长，但是绿色信贷余额占各类贷款余额的比重仍处在低位；其次，银行业金融机构开发多样化绿色信贷产品的内在动力不足，因此异质性企业绿色技术创新差异化需求的信贷资金模式难以被满足；最后，绿色信贷政策全过程监督不够严明，尚未形成“政银企”良性循环。

---

① IPC Green Inventory[EB/OL]. https://www.wipo.int/classifications/ipc/green-inventory/home.

（2）现行企业信息披露机制不够健全。真实准确和全面完整的企业环境信息披露是推进绿色信贷高效运行的基础，但现有环境信息披露体系存在责任分散、内容零散、信息质量差、信息获取难等问题。一方面，企业信息披露机制不完善，银行无法将环境风险准确纳入其风控授信体系，也无法完成对绿色信贷余额的整体碳排放或者环境影响做完整估算，影响银行绿色信贷的规模与结构；另一方面，企业绿色信贷项目的对称性信息难获取，导致银行在做资产结构选择时缺乏信息依据与投放意愿，结果是银行绿色信贷规模偏小与企业融资约束加大。

（3）基于企业绿色技术创新的信贷项目的“成本—收益”核算体系有待完善。一方面，因企业绿色技术创新普遍存在信贷资金融资期限长与收益不确定大等问题，不易作为信贷抵押而导致银行形成资金供需期限错配；另一方面，目前碳交易市场和碳定价机制还不够完善，企业绿色技术创新的碳减排量难以兑现到银行的账面收益上，同时企业绿色技术创新的环境正效益尚未全部反映在信贷项目的成本收益率计算中，结果必然在一定程度上抑制了绿色信贷规模。

可见，绿色信贷政策不仅要激励银行绿色信贷产品创新，为企业绿色技术创新提供长期低成本的资金支持，还要兼顾银行业降低绿色信贷风险与增强金融行业的稳健性，确实是一个重大挑战。

四、我国绿色信贷政策下企业绿色技术创新的实证分析

（一）模型设计

本文采用倾向得分匹配—双重差分模型分析绿色信贷政策对企业绿色技术创新的促进效应。因为无法做到随机实验中对样本的随机选择，所以采用处理观察值的倾向得分匹配方法解决样本选择上的误差问题，增强样本数据的可比性，从而满足双重差分法所要求的平行趋势假定。为克服参数内生性问题，本文利用绿色信贷核心政策《指引》实施的外生冲击，将 2012 年《指引》实施前后作为一个准自然实验，通过双重差分模型来消除不可观测的因素，具体是通过将上市工业企业分为绿色企业（实验组）和非绿色企业（控制组）两类，2012 年以前两组企业都只能通过传统信贷模式获取贷款；2012 年及以后绿色企业符合绿色信贷政策的发放标准，获得规模大、价格低的绿色信贷支持投入绿色技术创新，而非绿色企业无法获得绿色信贷，从而进一步研究实施绿色信贷对绿色企业绿色技术创新的政策净效应。基于 DID 方法的基准回归模型构造如下形式：

$$INV_{it} = \beta_0 + \beta_1 \times treat_{it} \times time_{it} + \beta_2 \times treat_{it} + \beta_3 \times time_{it} + \varepsilon_{it} \quad (1)$$

其中，被解释变量 INV 度量了企业绿色技术创新，具体指标为绿色专利申请，下标 i

代表第 i 个企业，下标 t 代表第 t 年，ε 为随机扰动项。解释变量及其参数含义如表 2 所示。

表 2　双重差分模型中各参数含义

	2012 年以前（$time=0$）	2012 年及以后（$time=1$）	*Difference*
绿色企业（实验组，$treat=1$）	$\beta_0+\beta_2$	$\beta_0+\beta_1+\beta_2+\beta_3$	$\Delta Y_1=\beta_1+\beta_3$
非绿色企业（控制组，$treat=0$）	β_0	$\beta_0+\beta_3$	$\Delta Y_0=\beta_3$
DID			$\Delta\Delta Y=\beta_1$

资料来源：作者整理。

由式（1）可得，绿色信贷政策对绿色企业绿色技术创新的净效应 $\Delta\Delta Y=\beta_1$，如果政策促进了绿色企业的绿色技术创新，那么 β_1 的系数应该显著为正。

根据研究问题进行倾向得分匹配，在考虑影响企业绿色技术创新的相关因素的基础上，本文采用企业资本投入、企业劳动力投入、企业成熟度、企业杠杆程度、企业社会财富创造能力、企业成长性和企业总资产收益率 7 个可观测控制变量对两组企业进行匹配。根据实验组和控制组之间倾向得分匹配量的相近度，在不能获得绿色信贷支持的控制组（非绿色企业）中找到某个企业 i，使得与受绿色信贷支持的实验组中的绿色企业 j 的可观测控制变量尽可能匹配，即 $X_i \approx X_j$，当企业的个体特征对是否获得绿色信贷支持的作用完全取决于可观测的控制变量时，企业 i 与企业 j 获得绿色信贷支持的概率相近，从而能够相互比较。匹配估计量可以有效解决双重差分模型中两组企业在受到绿色信贷影响前不完全具备平行趋势假设所带来的问题，而且倾向得分的估计量不仅是一维变量，而且取值介于［0，1］，在度量距离时具有良好的特性，即控制变量在匹配后的两组企业之间分布比较均匀。

本文采用近邻匹配（一对一原则匹配）的方法来确定权重，如式（2）所示：

$$\text{Logit}(treat_{it}=1)=f(CAP,LAB,AGE,LEV,TBQ,GRO,ROA) \tag{2}$$

运用 Logit 回归，根据两组变量估计倾向得分，将两组企业进行匹配，不满足匹配条件的两组样本将被舍弃，最后得到满足平行趋势假定的两组样本。

1. 基本实证模型

本文设计的实证模型的基本公式如式（3）：

$$INV_{it}=\beta_0+\beta_1\times treat_{it}\times time_{it}+\sum_{j=1}^{7}\beta_{j+1}CTRL_{jit}+FIRM_i+YEAR_t+\varepsilon_{it} \tag{3}$$

其中，$CTRL$ 代表控制变量，j 表示第 j 个控制变量，一共有 7 个控制变量。$FIRM$ 为代表个体固定效应的虚拟变量，$YEAR$ 为代表时间固定效应的虚拟变量，其他参数和变量的含义与式（1）相同；交互项的系数 β_1 即为平均效应中需要观测的值，如果 β_1 为正向显著，则说明政策能够促进绿色企业进行绿色技术创新。

2. 中介效应模型

为了检验绿色信贷政策主要通过缓解企业信贷约束（扩大信贷规模与减少融资成本）来促进绿色企业绿色创新，中介效应模型设计为式（4）与式（5）：

$$MED_{it} = \alpha_0 + \alpha_1 \times treat_{it} \times time_{it} + \sum_{j=1}^{7} \alpha_{1+j} CTRL_{jit} + FIRM_i + YEAR_t + \varepsilon_{it} \quad (4)$$

$$INV_{it} = \gamma_0 + \gamma_1\, treat_{it} \times time_{it} + \gamma_2\, MED_{it} + \sum_{j=1}^{7} \gamma_{2+j}\, CTRL_{jit} + FIRM_i + YEAR_t + \varepsilon_{it} \quad (5)$$

其中，式（5）的中介变量 *MED* 在实证模型中分别用 *LOAN* 与 *COST* 两个具体中介变量替代。

3. 异质性分析模型

为了进一步检验不同企业区位和不同企业所有权性质以及不同企业规模下绿色信贷对企业绿色创新影响的平均效应，继续在式（3）的交互项引入异质性分析变量（*HET*），具体实证分析时分别用区位虚拟变量（*AREA*）、企业所有权虚拟变量（*SOE*）和企业规模虚拟变量（*BIG*）替代异质性分析变量（*HET*），模型如式（6）所示：

$$INV_{it} = \beta_0 + \beta_1\, HET_{it} \times treat_{it} \times time_{it} + \sum_{j=1}^{7} \beta_{j+1} CTRL_{jit} + FIRM_i + YEAR_t + \varepsilon_{it} \quad (6)$$

（二）变量数据

1. 变量说明

在参考借鉴了齐绍洲（2018）、王馨和王营（2021）等做法的基础上，模型中具体被解释变量、解释变量、中介变量与控制变量定义解释说明如表 3 所示。

表 3　变量定义

变量类型	变量名称	变量符号	变量解释
被解释变量	企业绿色创新	*INV*	ln（绿色专利申请量 +1）
解释变量	政策虚拟变量	*treat*	1 代表实验组，0 代表控制组
	时间虚拟变量	*time*	1 代表 2012 年及以后，0 代表 2012 年以前
	企业虚拟变量	*FIRM*	个体固定效应
	年份虚拟变量	*YEAR*	时间固定效应
	企业区位虚拟变量	*AREA*	分为东、中、西部地区
	企业所有权虚拟变量	*SOE*	1 代表国有企业，0 代表非国有企业
	企业规模虚拟变量	*BIG*	1 代表大规模企业，0 代表小规模企业
中介变量	企业信贷规模	*LOAN*	长期借款/总资产
	企业信贷成本	*COST*	利息支出/总负债

续表

变量类型	变量名称	变量符号	变量解释
控制变量	企业资本投入	*CAP*	企业净资产的自然对数
	企业劳动力投入	*LAB*	企业职工人数的自然对数
	企业成熟度	*AGE*	企业成立年限的自然对数
	企业资产负债率	*LEV*	总负债/总资产
	企业社会财富创造力	*TBQ*	企业市场价值/重置成本
	企业成长性	*GRO*	营业收入增长率
	企业总资产收益率	*ROA*	净利润/总资产

注：（1）①企业区位虚拟变量（*AREA*）是东部地区（*EAST*）、中部地区（*MID*）和西部地区（*WEST*）的统称变量，当企业区位为东部地区时，*EAST* = 1，其他两个变量为 0（*MID* = 0，*WEST* = 0）时，以此类推；企业所有权虚拟变量（*SOE*）根据企业所有权类型，设定国有企业 *SOE* = 1、非国有企业 *SOE* = 0；企业规模虚拟变量（*BIG*）根据国家统计局 2017 年公布的《统计上大中小微型企业划分办法》，按照上市企业规模的大小，设定大型企业为大规模企业（*BIG* = 1）、中小微型企业为小规模企业（*BIG* = 0）。②企业信贷规模（*LOAN*）选取企业长期借款占总资产的比重作为信贷规模渠道的中介变量，企业信贷成本（*COST*）选取利息支出占企业总负债的比重作为信贷成本渠道的中介变量。

（2）考虑到样本企业因成立日期以及开展绿色环保业务的时间不统一，可能存在多重共线性的问题影响结果的稳健性，因此，本文使用个体固定效应（*FIRM*）和时间固定效应（*YEAR*）来代替原双重差分模型中的 *treat* 和 *time* 项。

2. 样本选取与数据来源

样本选自推动绿色技术创新主要市场主体的工业企业，因为 2020—2022 年大部分企业都受到新冠疫情影响，在不同程度上减缓了企业绿色技术创新活动，所以选取 2007—2019 年 A 股工业上市企业作为研究样本；其中绿色企业的选取主要源于历年中国环境保护产业协会发布的《环保产业景气报告》中披露的 A 股节能环保上市企业名单以及《战略性新兴产业分类（2018）》中的节能环保企业；①企业绿色技术创新的数据源于国家专利产权局中检索到的 A 股工业企业发明专利和实用新型专利的专利分类号信息，将其与 2010 年世界知识产权组织（WIPO）发布的国际专利分类绿色清单进行匹配，根据匹配结果将企业专利分为绿色专利和非绿色专利。

本文企业的财务数据源于 CSMAR 数据库，企业的区位、所有权和规模等基本信息数据源于 Wind 数据库以及企业历年的年度报告。在数据整理过程中按照以下规则进行清洗处理：①剔除 ST 类和 *ST 类等非正常交易的上市企业样本；②剔除无贷款的上市企业样本；③剔除资产负债率小于 0 和大于 1 的上市企业样本；④剔除部分数据严重缺失的上市

① 主营业务为环保工程及服务、水利水电、新能源发电、风能发电、光伏制造和其他符合绿色特点的工业企业；同时，根据上市企业历年年度报告和企业官网上披露的主营业务、经营范围等板块，手工查找是否明确有“碳中和”“节能”“环保”“绿色”“低碳”“减排”等内容，更加精准判断是否为绿色信贷支持的绿色企业。

企业样本；⑤为了消除异常值可能给实证研究带来的误差，本文对样本中部分变量的异常值进行了99%和1%水平的Winsorize缩尾处理。最终选取了2007—2019年累计20047家工业上市企业数据，共20047个年度观测值。2007—2019年绿色企业和非绿色的统计情况如表4所示，其中绿色企业从2007年的85家增加到2019年的288家。表5为截至2019年样本企业的统计。

表4　历年样本企业统计

类型	2007年	2008年	2009年	2010年	2011年	2012年	2013年	2014年	2015年	2016年	2017年	2018年	2019年
绿色企业	85	88	95	129	156	176	178	187	206	214	223	227	288
非绿色企业	732	785	836	1043	1206	1282	1282	1363	1500	1641	1970	2039	2116
合计	817	873	931	1172	1362	1458	1460	1550	1706	1855	2193	2266	2404

资料来源：作者统计。

表5　截至2019年样本企业的统计

异质类型	类型细分	绿色企业	非绿色企业	合计
区位分布	东部	206	1498	1704
	中部	41	340	381
	西部	41	278	319
	合计	288	2116	2404
所有权分布	国有企业	102	606	708
	非国有企业	186	1510	1696
	合计	288	2116	2404
规模分布	大规模企业	211	1570	1781
	小规模企业	77	546	623
	合计	288	623	2404

资料来源：作者统计。

表6　各变量描述性统计

变量名	观测值	均值	标准差	最小值	中位数	最大值
INV	20047	0.9240	1.2160	0.0000	0.0000	7.3860
LOAN	20047	0.0410	0.0790	0.0000	0.0018	0.8460
COST	20047	0.0080	0.1250	-2.4550	0.0155	14.7930
CAP	20047	2.9180	1.1770	-0.7210	2.8294	6.3560
LAB	20047	7.7170	1.2050	4.6820	7.6468	10.9880
AGE	20047	2.7490	0.3450	1.7920	2.7726	3.4970
LEV	20047	0.4130	0.2070	0.0500	0.4038	0.9470
TBQ	20047	2.0370	1.2310	0.8890	1.6433	8.1100
GRO	20047	0.1620	0.3630	-0.4890	0.0971	2.2760

· 续表

变量名	观测值	均值	标准差	最小值	中位数	最大值
ROA	20047	0.0470	0.0630	-0.2040	0.0427	0.2330

注：模型中的虚拟变量已经在前述内容中明确解释，所以没有列入表6的各变量描述统计中。
资料来源：作者计算。

表6中各变量的描述性统计结果显示，企业绿色创新的衡量指标绿色专利申请量（INV）的均值为0.9420，中位数为0，表明半数及以上企业没有绿色专利产出，同时绿色专利申请量的标准差为1.2160，大于1，表明各企业间的绿色技术创新表现有很大差异。从影响企业绿色技术创新的控制变量来看，各上市企业的规模［即资本投入（CAP）和劳动力投入（LAB）］和企业社会财富创造能力（托宾Q值TBQ）差异较大，与现实情况相符，因为部分绿色企业是战略性新兴企业，发展初期企业规模较小。其余变量数据差异比较小，与现有研究的统计结果相近。综上所述，可以看出各上市工业企业之间的企业规模、杠杆水平、经营状况间都存在较大差异，这在一定程度上导致各企业在绿色技术创新上存在较大差异。

（三）实证结果分析与检验

1. 单变量差异分析

本文使用STATA 16软件对样本的企业绿色技术创新变量（绿色专利申请量指标）在《指引》政策冲击下的单变量平均值在2012年前后的变化进行差异分析，结果如表7所示。

表7　单变量差异分析及t-Test结果

	2012年前（*time*=0）	2012年及以后（*time*=1）	*Difference*
绿色企业（实验组，*treat*=1）	0.9610	1.8440	0.8830
非绿色企业（控制组，*treat*=0）	0.4580	0.8290	0.3710
Difference	0.5030	1.0150	0.5120
t-Test	25.94***	18.28***	8.69***

注：*** 表示1%的显著性水平。

结果显示在《指引》政策冲击下，实验组绿色专利申请数量平均上升了0.8830，控制组平均上升了0.3710。2012年以前，实验组与控制组的绿色专利申请量均值差异为0.5030；在2012年及以后，均值差异为1.0150；两时段都在1%的显著性水平上为正；得出《指引》政策净效应是实验组比控制组的绿色专利申请均值高出0.512。这说明符合绿色信贷政策的绿色企业更容易获得绿色信贷从而更好地实现企业绿色技术创新。但仅采用单变量差异分析企业绿色技术创新的政策影响因素显然不够，如下采用其他方法继续论证。

2. 倾向得分匹配法的结果与平衡性检验

因为本文所选取的样本（上市工业）企业所处的行业以及经营范围等特征变量差异较大，不满足微观个体特征相同这一基本条件，即可能存在选择性偏差，难以真实地反映绿色信贷政策对企业绿色技术创新的促进作用，所以采用倾向得分匹配法（能够最大限度地降低模型设定以及遗留变量带来的偏误）① 保证双重差分模型估计结果的准确性，且采用最近邻匹配法，按照实验组个体匹配控制组个体，不舍去任何一个实验组，能够充分利用实验组的信息。本文在此部分运用最近邻匹配方法按照一对一原则进行匹配。

如表 8 所示，通过倾向得分匹配后，被解释变量 *INV* 的平均处理效应（ATT）的估计值为 1.6126，对应的 *t* 值为 15.5600，大于 1% 显著性水平下的临界值（2.3265），因此处理效应在 1% 的显著性水平下显著。

表 8　被解释变量平均处理效应

变量名称	样本类型	实验组	控制组	ATT	*T* 统计量
INV	匹配前	1.6093	0.8361	0.7732	19.4100
	匹配后	1.6126	0.9575	0.6551	15.5600

资料来源：作者计算。

倾向得分匹配的匹配结果与平衡性检验结果如表 9 所示，匹配后实验组和控制组各个控制变量的标准差都显著减小了。匹配后所有变量的 *t* 检验结果均不拒绝实验组与控制组数据在匹配前后无系统性差异的原假设，而且匹配后所有变量标准差的绝对值均小于 5%，说明运用倾向得分匹配方法匹配后的结果比较理想，满足倾向得分匹配法的平衡性要求。②

表 9　倾向得分匹配前后变量平衡性检验结果

变量名称	样本类型	均值		标准差（%）	Δ 标准差（%）	*t* 值	P>| t |
		实验组	控制组				
CAP	匹配前	3.2822	2.8831	32.6	92.4	15.18	0.000
	匹配后	3.2783	3.2478	2.5		0.81	0.418
LAB	匹配前	7.7623	7.7211	3.3	71.7	1.52	0.129
	匹配后	7.7704	7.7588	0.9		0.30	0.764
AGE	匹配前	2.7307	2.7514	-5.9	98.6	-2.66	0.008
	匹配后	2.7309	2.7312	-0.1		-0.03	0.978
LEV	匹配前	0.4656	0.406	29.4	91.5	12.83	0.000
	匹配后	0.4654	0.4705	-2.5		-0.83	0.408

① 分别为核匹配法、半径匹配法和最近邻匹配法。

② 根据 Rosenbaum 和 Rubin（1985）的研究，匹配后标准差的绝对值在小于 20% 的情况下匹配效果是有效的。

续表

变量名称	样本类型	均值		标准差（%）	Δ标准差（%）	t值	P>|t|
		实验组	控制组				
TBQ	匹配前	1.7596	2.0715	-27.8	96.0	-11.27	0.000
	匹配后	1.7611	1.7486	1.1		0.44	0.660
GRO	匹配前	0.1919	0.1578	9.1	94.9	4.22	0.000
	匹配后	0.1919	0.1936	-0.5		-0.14	0.888
ROA	匹配前	0.044	0.0474	-5.5	65.5	-2.33	0.020
	匹配后	0.044	0.0429	-1.9		0.67	0.502

资料来源：作者计算。

3. 双重差分模型实证分析与作用机制检验

建立双重差分模型的基准回归，根据模型设计的基本公式（3）建立基准回归模型步骤：第一步，只检验双重差分估计量 DID（即双重差分交互项 $treat \times time$）的影响；第二步，在第一步的基础上控制了年份固定效应和企业固定效应；第三步，在第一步的基础上控制了控制变量的影响；第四步，在第三步的基础上控制了年份固定效应和企业固定效应；第五步，对双重差分实证模型进行最后的变量回归。全样本基准回归结果如表 10 中"双重差分模型实证回归分析"列所示。

表 10　双重差分模型实证回归结果与作用机制检验

变量	双重差分模型实证回归分析	信贷规模渠道作用检验		融资成本渠道作用检验	
		LOAN	INV	COST	INV
DID	0.523***	0.005***	0.522***	-0.004*	0.524***
	(-0.034)	(-0.002)	(-0.034)	(-0.003)	(-0.034)
LOAN/COST			-0.442***		-0.198***
			(-0.111)		(-0.100)
CAP	0.262***	0.023***	0.254***	0.001	0.244***
	(-0.015)	(-0.001)	(-0.015)	(-0.001)	(-0.014)
LAB	0.141***	0.008***	0.146***	0.004***	0.150***
	(-0.014)	(-0.001)	(-0.014)	(-0.001)	(-0.014)
AGE	0.107***	-0.019***	-0.015	0.043***	0.001
	(-0.026)	(-0.006)	(-0.086)	(-0.007)	(-0.086)
LEV	0.581***	0.180***	0.647***	0.071***	0.583***
	(-0.056)	(-0.004)	(-0.06)	(-0.004)	(-0.057)
TBQ	0.026***	-0.001***	0.004	0.003***	0.005
	(-0.006)	(0.000)	(-0.006)	(0.000)	(-0.006)

续表

变量	双重差分模型实证回归分析	信贷规模渠道作用检验		融资成本渠道作用检验	
		LOAN	*INV*	*COST*	*INV*
GRO	0.039*** (−0.015)	0.003*** (−0.001)	−0.037*** (−0.015)	0.001 (−0.001)	−0.038*** (−0.015)
ROA	−0.028 (−0.115)	−0.040*** (−0.008)	−0.054 (−0.115)	−0.029*** (−0.009)	−0.043 (−0.115)
年份固定效应	是	是	是	是	是
企业固定效应	是	是	是	是	是
_ *cons*	−1.210*** (−0.244)	0.021 (−0.017)	−1.205*** (−0.244)	−0.180*** (−0.019)	−1.246*** (−0.245)
N	19490	19513	19513	19509	19509
R^2	0.737	0.718	0.737	0.446	0.737
adj. R^2	0.703	0.681	0.702	0.373	0.702

注：*、***分别表示10%、1%的显著性水平。

根据表10中双重差分模型实证分析中的数据结果可以发现，双重差分估计量DID的系数均在1%的显著性水平上显著为正，相较于控制组，在其他情况相同的情况下，实验组绿色企业的绿色技术创新水平显著提升，说明绿色信贷政策对绿色企业的绿色技术创新具有显著的促进作用，即在其他条件都相同的情况下，绿色信贷政策《指引》实施后，银行业金融机构加大了对绿色经济、低碳经济、循环经济的支持，对绿色企业绿色技术创新具有显著的正向影响。这说明实施绿色信贷政策能够有效引导企业绿色研发投资倾向，增加企业绿色技术创新要素投入，加快企业绿色转型升级，提升企业绿色创新能力。同时得到控制变量的实证数据结果显示：除总资产报酬率（*ROA*）外，其余6个控制变量系数检验结果均在1%的显著性水平上显著为正，说明在其他条件不变的情况下，企业资本投入（*CAP*）、企业劳动力投入（*LAB*）、企业成熟度（ln*AGE*）、企业杠杆程度（*LEV*）、企业社会财富创造能力（*TBQ*）、企业成长性（*GRO*）增加1%，企业绿色技术创新（即企业绿色专利申请数量）分别提高0.262%、0.141%、0.107%、$e^{0.581}$%、$e^{0.026}$%、$e^{0.039}$%，而总资产收益率这一控制变量没有通过10%显著性水平的检验，说明政策对此影响具有不确定性。

根据前述的作用机理分析，企业开展绿色技术创新活动需要长期稳定的资金支持，绿色信贷政策支持分别主要通过扩大绿色企业的信贷规模与减少绿色企业的融资成本两渠道，为绿色企业投入绿色技术创新提供充足的资金供给。本文采用中介效应模型（4）与模型（5）分析并检验了绿色信贷政策促进绿色企业技术绿色创新的两个渠道，实证分析与检验结果见表10中的作用机制检验部分。根据表10的信贷规模渠道作用机制检验的结果，可以发现中介变量 *LOAN* 列的双重差分估计量 *DID* 的回归系数在 5% 置信水平下显著为正，说明绿色信贷显著提高了绿色企业的长期借款比重，同时被解释变量 *INV* 列的双重差分估计量 *DID* 的回归系数在 1% 置信水平下显著为正，说明绿色信贷通过长期借款的扩张促进绿色企业的绿色技术创新。同时，根据表 10 的融资成本渠道作用机制检验的结果，可以发现中介变量 *COST* 列的双重差分估计量 *DID* 的回归系数在 10% 置信水平下显著为负，说明绿色信贷显著降低了绿色企业的信贷利息成本。同时被解释变量 *INV* 列的双重差分估计量 *DID* 的回归系数在 1% 置信水平下显著为正，说明绿色信贷通过信贷利息成本的降低以促进绿色企业的绿色创新。

（四）异质性分析

把式（6）中的异质性分析变量（*HET*）分别用具体的区位虚拟变量（*AREA*）、企业所有权虚拟变量（*SOE*）与企业规模虚拟变量（*BIG*）替代，得出异质性检验结果见表 11。

表 11　异质性分析与检验结果

变量	区位异质			所有权异质		规模异质	
	东部地区	中部地区	西部地区	国有企业	非国有企业	大规模企业	小规模企业
DID	0.612*** -0.043	0.146* -0.082	0.538*** -0.074	0.497*** -0.048	0.536*** -0.047	0.535*** -0.037	0.321*** -0.091
CAP	0.296*** -0.019	0.180*** -0.033	0.208*** -0.029	0.291*** -0.021	0.226*** -0.02	0.250*** -0.017	0.161*** -0.027
LAB	0.146*** -0.017	0.178*** -0.032	0.130*** -0.031	0.144*** -0.019	0.157*** -0.019	0.123*** -0.016	0.143*** -0.028
AGE	-0.138 -0.105	0.335 -0.22	0.28 -0.212	0.077 -0.112	-0.024 -0.137	-0.014 -0.099	0.012 -0.172
LEV	0.450*** -0.072	0.675*** -0.135	0.741*** -0.119	0.612*** -0.072	0.611*** -0.09	0.615*** -0.066	0.231*** -0.1
TBQ	0 -0.008	0.031*** -0.014	-0.016 -0.014	0.019*** -0.008	0.001 -0.01	0.004 -0.008	0.014 -0.011
GRO	-0.031 -0.02	-0.122*** -0.032	0.032 -0.03	-0.043*** -0.019	-0.026 -0.023	-0.038*** -0.017	0.006 -0.027
ROA	0.003 -0.15	-0.011 -0.253	-0.198 -0.253	-0.135 -0.146	-0.087 -0.188	-0.117 -0.143	-0.073 -0.181
年份固定效应	是	是	是	是	是	是	是
企业固定效应	是	是	是	是	是	是	是

续表

变量	区位异质			所有权异质		规模异质	
	东部地区	中部地区	西部地区	国有企业	非国有企业	大规模企业	小规模企业
_cons	-0.844***	-2.344***	-2.003***	-1.521***	-1.240***	-1.014***	-0.943***
	-0.299	-0.62	-0.589	-0.317	-0.393	-0.282	-0.478
N	12813	3625	3075	11654	7859	15658	3855
R^2	0.752	0.688	0.717	0.718	0.757	0.744	0.588
adj. R^2	0.717	0.65	0.684	0.673	0.732	0.712	0.516

注：(1) *、*** 分别表示10%、1%的显著性水平。

(2) 区位异质性分析做了三次回归，即当 $EAST=1$ 时，$MID=WEST=0$；当 $MID=1$ 时，$EAST=WEST=0$；当 $WEST=1$ 时，$EAST=MID=0$。

由表11的异质性分析与检验结果可知：①东部地区政府能够实施严格的环境约束，具有较为完善的金融基础设施，可以在较大程度上消除银企之间的信息不对称，提高银行的审批效率，提高企业绿色信贷的可得性，激励商业银行为符合绿色信贷政策标准的企业提供融资成本相对优惠的绿色信贷，为政策的贯彻落实奠定基础，并能持续产生良好的协同作用，有助于企业进行绿色技术创新研发；中部地区经济发展水平等各方面条件弱于东部地区，企业贷款融资约束相对较大，绿色信贷对中部地区的促进作用相对较小；西部地区初步建立了具有特色的绿色技术创新模式，形成绿色技术创新的新体系，对企业绿色技术创新有较大的激励，因此绿色信贷政策对西部地区企业绿色技术创新具有不小的促进作用。②国有企业虽然享受更多贷款政策和信贷资源的优惠，但国有企业因其特殊的所有权性质和市场主体地位，竞争意识和创新动力稍弱于非国有企业，缺乏绿色技术创新的市场激励；非国有企业组织结构和投资倾向比国有企业更灵活，在竞争市场环境下想要获得更多信贷资源，必须比国有企业更加积极通过自主绿色研发创新寻求转型升级，因此绿色信贷政策对非国有企业绿色创新的促进效果比国有企业更好。③与大规模企业不同，小规模企业资源基础薄弱，在融资筹资、吸引创新人才等方面阻力较大，在开展绿色技术创新的过程中受到多方面制约，如绿色技术创新的研发投入环节会在短时间内增加企业的生产成本，进一步增大不确定性风险，小规模企业在高额成本的压力下，易缺乏绿色技术创新动力；再如在信息不对称的市场环境方面，小规模企业的绿色创新成果不利于投资者进行评估，绿色创新产出缺乏价值担保，容易受到银行业金融机构的信贷歧视，无法缓解融资约束，缺乏绿色技术创新的外源动力。

五、研究结论与对策建议

（一）研究结论

为全面精准衡量绿色信贷政策对企业绿色技术创新的促进作用，本文基于2007—2019年累计20047家A股上市工业企业样本数据，在通过倾向得分匹配方法降低选择偏误、满足平行趋势假定的前提下，利用双重差分模型针对2012年《指引》实施这一核心政策事件开展准自然实验，得出在1%的显著性水平下绿色信贷政策对企业绿色技术创新净促进效果为0.5110，即在《指引》政策实施前后，实验组比控制组企业绿色专利申请数量多增加0.5110；分别以5%的显著性水平通过信贷规模的中介效应检验，以10%的显著性水平通过了融资成本的中介效应检验；进一步基于企业区位、企业所有权和企业规模进行异质性分析，结果显示在这三方面皆存在作用效果差异；在其他条件不变的条件下，就绿色信贷政策对企业绿色技术创新的正向促进作用而言，东部地区大于中西部地区，非国有企业略高于国有企业，小规模企业低于大规模企业。

（二）对策建议

在“双碳”目标下，我国绿色发展面临着重大挑战，为绿色信贷政策更好地促进企业绿色技术创新，基于上述理论与实证研究，提出如下对策建议：

1. 健全绿色信贷政策体系，提升对银企市场主体绿色发展的激励效应

首先，政策支持力度需加大，提升绿色信贷余额在各类贷款余额的比重，调动银企市场主体绿色发展与创新的积极性；其次，设计政策奖励机制，激励金融机构开发多样性绿色信贷产品与企业绿色技术创新投入，奖励评估优异的银行提供再贷款、差别准备金率等，同时奖励绿色技术创新产出的企业，如单项贡献卓越的绿色技术奖金、更优惠的绿色信贷利率等；最后，绿色信贷政策实施全过程的监管约束需更严明，严格按照政策规定，对银企实施政策全过程进行智慧监督。

2. 建立信息对称传递机制，促进绿色信贷政策与项目高效运行

首先，建立健全政府信息披露机制，以便市场主体同时无差别地获取绿色信贷政策信息，使得金融业各银行是平等获取信息的绿色信贷供给主体及不同产业组织内各企业是平等机会获取绿色信贷政策信息的融资需求主体；其次，建立健全银行信息披露机制，以便各企业同时无差别获取银行业各金融机构绿色信贷规模、结构及产品等信息，为企业公平竞争绿色信贷提供及时有效的信息服务；最后，建立健全企业信息披露机制，方便各银行

将环境风险准确纳入相应风控授信体系，对称性获取企业绿色信贷项目信息，有利于银行从贷前、贷中、贷后进行全流程的环境风险监控及环境效益核算，提高绿色信贷的质量，实质性扶持企业绿色技术创新。

3. 建立健全绿色信贷项目成本收益核算体系与开发差异性绿色信贷产品

要特别关注基于企业绿色技术创新的信贷项目“成本—收益”核算体系的建立健全，专门针对企业技术绿色创新信贷项目的融资期限长与收益不确定大等特点，将企业绿色技术创新获得的碳减排量兑现到银行账面收益上，要把企业绿色技术创新的环境正效益全部反映在信贷项目的成本收益率计算中，更有助于银行主动满足企业绿色技术创新的融资需求。为更好地服务异质性企业绿色技术创新，倡导与鼓励金融业从事多样化的绿色信贷产品创新活动，迎合位于区位差异、所有权性质差异及规模大小差异的不同企业绿色技术创新的融资需求，积极支持与服务于企业绿色转型升级，提升企业绿色核心竞争力。

参考文献

[1]Salazar J. Environmental finance: Linking two worlds[R]. 1998.

[2]Sherin Kunhibava, Sarah Tan Yen Ling, Md Khalil Ruslan. Sustainable financing and enhancing the role of islamic banks in Malaysia[J]. Arab Law Quarterly, 2018, 32(2): 129 – 157.

[3]胡玉明,胡冉华. 贺石桥镇信用社“绿色信贷”实践[J]. 武汉金融,2003(4):64.

[4]何德旭,张雪兰. 对我国商业银行推行绿色信贷若干问题的思考[J]. 上海金融,2007(12):4 – 9.

[5]吴勋,余洋. 上市银行绿色信贷信息披露:趋势分析与质量评价[J]. 征信,2022(4):66 – 73.

[6]Zhong K M, Guo P Q, Chi Q. Two approaches for greenization of fixture design and corresponding technology innovation[C]. Materials Science Forum. 2004:477 – 480.

[7]Hall B H , Helmers C. Innovation and diffusion of clean/green technology: Can patent commons help? [J]. NBER Working Papers, 2011, 66(1):33 – 51.

[8]Schiederig T, Tietze F, Herstatt C. Green innovation in technology and innovation management – an exploratory literature review[J]. R & D Management, 2012, 42(2):180 – 192.

[9]Bartlett D, Trifilova A. Green technology and eco – innovation: Seven case – studies from a russian manufacturing context[J]. Journal of manufacturing technology management, 2010, 21(8):910 – 929.

[10]Afum E, Gao Y, Agyabeng – Mensah Y, et al. Nexus between lean operations, eco – product innovativeness, social, green and business performances: an empirical evidence from Ghanaian manufacturing SMEs[J]. Journal of Manufacturing Technology Management, 2021, 32(8):1557 – 1577.

[11]齐绍洲,林屾,崔静波. 环境权益交易市场能否诱发绿色创新?——基于我国上市公司绿色专利数据的证据[J]. 经济研究,2018,53(12):129 – 143.

[12]李青原,肖泽华. 异质性环境规制工具与企业绿色创新激励——来自上市企业绿色专利的证据[J]. 经济研究,2020,55(9):192 – 208.

[13]刘传江,张劭辉,李雪. 绿色信贷政策提升了中国重污染行业的绿色全要素生产率吗?[J]. 国际金融研究,2022(4):3 – 11.

[14]邓峰,贾小琳. 高技术产业绿色技术创新的动因:内外部研发与协同创新[J]. 生态经济,2021,37(1):35 – 43.

[15]徐飞. 银行信贷与企业创新困境[J]. 中国工业经济,2019(1):119 – 136.

[16]徐佳,崔静波. 低碳城市和企业绿色技术创新[J]. 中国工业经济,2020(12):178 – 196.

[17]曹廷求,张翠燕,杨雪. 绿色信贷政策的绿色效果及影响机制——基于中国上市公司绿色专利数据的证据[J]. 金融论坛,2021,26(5):7 – 17.

[18]余明桂,钟慧洁,范蕊. 民营化、融资约束与企业创新——来自中国工业企业的证据[J]. 金融研究,2019(4):75 – 91.

[19]冯根福,郑明波,温军,张存炳. 究竟哪些因素决定了中国企业的技术创新——基于九大中文经济学权威期刊和A股上市公司数据的再实证[J]. 中国工业经济,2021(1):17 – 35.

[20]冯向前,叶银萍,李金生. 基于模糊EDAS的中小企业绿色创新障碍分析[J]. 科技管理研究,2020,40(11):200 – 205.

/第六篇/

和谐发展

本篇由 4 篇文章构成。

《中国现代化进程中的粮食安全政策选择》构造了未来 30 年不同时期的粮食政策模拟实验体系，并首次构造了“粮食安全忧患指数”量化表征中国奔向现代化进程中全社会对粮食安全的“忧患程度”。模拟实验表明，无论在“2020—2025”基期、“2030—2035”基期，还是在“2050—2055”基期，如果不“忧患”粮食安全，就会导致粮食供给安心率下降到 0. 8 以下，意味着中国会丧失在自身粮食安全体系中的主导权。然而，如果因过度担忧粮食安全而过分强调自给率，则会陷入粮食短缺和生态环境恶化的“忧患陷阱”，走向因为“忧患”所以更加“忧患”的恶性循环。即使用安心率替代自给率作为评价指标，过度“忧患”也会带来沉重的财政负担并降低社会总福利水平，这凸显精准把控“忧患程度”的重要性。

共同富裕是中国式现代化的本质要求，在推动共同富裕的进程中，家族企业大有可为。《家族涉入视角下家族企业推动共同富裕的逻辑、机制及政策》论证了家族企业如何从初次分配、再分配和第三次分配的角度推动共同富裕，并从家族企业区别于非家族企业的最大特点——家族涉入出发，阐释家族企业促进共同富裕的作用机制，提出了三个理论命题，即在社会情感财富和企业社会责任的作用下，当家族涉入程度越高时，家族企业对初次分配、再分配和第三次分配的推动力量越强。在此基础上，本文提出了鼓励家族企业“先富起来”、做大经济“蛋糕”、鼓励家族企业提高员工待遇、扩大对家族企业依法纳税的宣传效应、鼓励家族企业“先富带动后富”等助力家族企业推动共同富裕的政策建议。

随着经济全球化的趋势，经济外交越来越引起各国的重视，探讨经济外交背景下外交决策理论的发展具有重要意义。《经济外交决策分析探析》基于经济外交的视角，从优化排序和博弈两个方面，对外交决策理性选择模式进行探讨。具体包括：结合决策学中的各种理论和方法——不确定型决策、风险型决策、多属性决策、多目标决策，以及决策量化分析的各种技术——信息价值、灵敏度分析技术、预测技术、系统构建技术等进行外交决策理性选择模式深化研究；进一步利用博弈论的理论体系，从外交博弈模型的结构分析和构建方法，外交博弈模型类型选择，外交博弈模型解的精确性、稳定性和灵敏度等方面进行外交决策理性选择模式拓广性分析，以期探索经济外交背景下外交决策的规范化、智能化、科学化的研究途径。

在《独特的“有形之手”与中华民族伟大复兴——经济发展的系统思维视角》中阐述了中华民族伟大复兴的历史和实践，中国共产党的诞生，开辟了中国历史的新纪元，是实现中华民族伟大复兴的根本领导组织保证；中国共产党团结带领中国人民成立了中华人民共和国，确立了社会主义基本制度，消灭了一切剥削制度，为中华民族伟大复兴提供了根本政治前提和制度基础；中国共产党带领中国人民实行改革开放，开创了中国特色社会主义道路，实现了中华民族从站起来到富起来的伟大飞跃；党的十八大以来，中国共产党站在新时代的历史起点，带领人民不懈奋斗，开辟了新时代中国特色社会主义新境界，实现了中华民族从富起来向强起来的历史突破。中国共产党领导中国人民实现中华民族伟大复兴的历程，体现了经济发展的系统思维，体现了党和人民对马克思主义经济发展理论与传统发展经济学理论的整合与应用。中国共产党团结带领人民为实现中华民族伟大复兴而奋斗的历程启示我们：中国共产党作为中国特色社会主义事业的“有形之手”，是实现中华民族伟大复兴的根本保证，实现中华民族伟大复兴必须坚持党的领导。

中国现代化进程中的粮食安全政策选择[①]

倪国华[②] 王赛男[③] Yanhong Jin[④]

摘 要：本文构造了未来30年不同时期的粮食政策模拟实验体系，并首次构造了“粮食安全忧患指数”量化表征中国奔向现代化进程中全社会对粮食安全的“忧患程度”。模拟实验表明，无论在“2020—2025”基期、“2030—2035”基期还是在“2050—2055”基期，如果不“忧患”粮食安全，就会导致粮食供给安心率下降到0.8以下，意味着中国会丧失在自身粮食安全体系中的主导权。然而，如果因过度担忧粮食安全而过分强调自给率，则会陷入粮食短缺和生态环境恶化的“忧患陷阱”，走向因为“忧患”所以更加“忧患”的恶性循环。即使用安心率替代自给率作为评价指标，过度“忧患”也会带来沉重的财政负担并降低社会总福利水平，这凸显精准把控“忧患程度”的重要性。

关键词：“忧患陷阱”；现代化进程；粮食安全；政策模拟

一、引言

未来30年，“第二个一百年”奋斗目标已成为团结中华民族奔向国家现代化征途的力量源泉，而中国社会并未因目标的美好而忽视对于困难的“忧患”。“生于忧患，死于安乐”已成为中华民族深入骨髓的意识形态，它承载着深厚的民族精神，也凝结着深刻的历史教训，《贞观政要》中“天下稍安，尤须兢慎，若便骄逸，必至丧败”的戒语已成为从决策者到普通民众的社会共识。

---

① 本文首发于《经济研究》2021年第11期。本研究得到国家社科基金重大项目(项目编号:21ZDA055)、北京市自然科学基金面上项目(项目编号:9192006)、国家自然科学基金面上项目(项目编号:72073008)的资助。作者感谢匿名审稿专家的宝贵建议。当然,文责自负。

② 倪国华,北京工商大学经济学院。

③ 王赛男(通讯作者),北京工商大学经济学院。

④ Yanhong Jin,美国罗格斯大学。

实际上，中国社会对于粮食安全的"忧患"既源于一脉相承的民族生存智慧，更源于中国粮食安全体系自身所面临的战略性威胁（程国强和朱满德，2020）。庞大的人口基数、有限的水土资源、严峻的生态压力和复杂的国际环境始终威胁着中国现代化征途中的粮食安全体系（陈飞和翟伟娟，2015；柯炳生，2020），正如习近平总书记的概括：保障国家粮食安全是一个永恒课题，任何时候这根弦都不能松。

虽然"忧患"已成共识，但国内外发展经验表明，"忧患"本身并不能保证粮食体系更加安全，也不能保证政策的合理性，有时过度"忧患"反而会将粮食安全政策引向失败。比如，有些国家和地区在特定历史时期将破解深度"忧患"的策略对应为不惜一切代价提高自给率，在水土资源不能支撑的情况下，引致食物短缺和生态恶化的双向灾难，而这种灾难，又会反过来促使社会对于粮食安全的"忧患"升级，从而加剧食物供给与生态环境之间的矛盾（Wright，2001；Gouel et al.，2016）。即使未将"忧患"解析为不惜一切代价提高自给率，而是能够综合利用国际市场和跨期储备，也会因为对"忧患"的过度反应而使国家财政不堪重负，严重影响社会福利，从而导致全社会对于粮食安全更深的"忧患"，形成因为"忧患"所以更加"忧患"的恶性循环，并将粮食安全政策最终引向失败。本文将上述恶性循环称为"忧患陷阱"。

如何避免"忧患陷阱"已成为决策者和研究者共同关注的问题。然而，要在确保"忧患"的前提下，避免"忧患陷阱"，则需要对"忧患"本身进行量化，并将"忧患"纳入决策过程。实际上，在高度复杂的现代治理体系中，尤其是在高度敏感的粮食安全治理体系中，"忧患"该如何量化表达，"忧患"到何种程度才能达到最优的宏观均衡结果，一直缺乏量化的学术研究。

本研究基于对国家粮食政策体系的理论模型推演，首次构造了"粮食安全忧患指数"的概念，将"粮食安全忧患指数"纳入粮食政策体系中，并从不同维度量化表征"忧患"对于国家现代化进程中的粮食政策体系的影响。优化借鉴 Newbery 和 Stiglitz（1982）以及 Deaton 和 Laroque（1992）等在研究国家粮食储备战略时的理论体系，通过 RECS 语言，模拟出充分体现"忧患"影响的粮食安全政策体系，并在高度仿真的模拟环境中求解未来不同时期所需的最优政策工具组合。

RECS 政策模拟的基本思路：在"基期"政策环境的基础上，模拟不同政策工具组合在"均衡期"的执行效果，进而回答未来特定时期需要采取怎样的政策工具组合才能取得中国社会所需的最优粮食安全格局的问题（Miranda & Helmberger，1988；Gouel & Legrand，2017）。

基于对未来 30 年中国现代化进程中决定性关键时期的研判，本研究确定了"2020—2025 年""2030—2035 年"和"2050—2055 年"三个研究基期。为避免陷入"忧患陷阱”，本研究在模拟决策过程时，将决策准则确定为深度体现“忧患”影响的多目标体系，即决策者在决策时不仅关注单一目标，而是关注多个目标，决策主体会全面权衡不同目标之间的制约关系，做出平衡各方约束条件的最优选择。

作为决策准则的组成部分，自给率一直是政策调控的重要依据。作为人口基数庞大的发展中大国，如果没有稳定的自给作为支撑，粮食安全是难以保证的（程名望等，2015）。但也不能将自给率作为唯一依据，从理论上讲，如果完全切断与国际市场的联系，自给率可以达到 100%，因为自给率的定义是国内消费的粮食中自产粮食所占比重。在水土资源无法支撑的情况下，实现 100% 的自给率将以大量的国内有效需求无法满足或者说粮食严重短缺甚至饥荒为代价。因此，本研究在决策准则中加入了内需满足率这一指标，其含义是相关时期的有效需求得到满足的程度，如果内需满足率很低，即使自给率很高，粮食体系仍然是不安全的。同时，粮食安全还包含生态可持续的目标，即如果在某一个时期自给率很高，内需满足率也很高，既能将饭碗端在自己手里，又能吃得很饱，但却以牺牲当期的生态环境为代价，为了满足当期的供给而透支了未来的供给能力，使生态环境不能持续，粮食体系也是不安全的。因此，本研究在决策准则中又加入了生态涵养率这一指标，其含义是相关时期国内已有水土资源禀赋与支撑国内供给所需的水土资源的比值。

在综合考虑自给率、内需满足率和生态涵养率多目标均衡的情况下，要确保中国在粮食安全体系中的主导权，则需要综合利用国际市场和跨期储备，确保在任何时期中国可以完全支配的粮食总量都能够大于等于总需求量。而中国可以完全支配的粮食除了当期自产之外还包括当期的储备。因此，本研究在决策准则中引入了粮食供给安心率这一指标，其含义是相关时期中国可以完全支配的粮食总量与粮食需求总量的比值，确保安心率大于等于 1 是中国人“手中有粮，心里不慌”的底线需求。

要实现安心率大于等于 1 的目标，需要综合运用储备和贸易等政策工具，而相关政策工具的使用需要付出巨大成本，而且要以牺牲其他公共利益为代价，决策主体需要综合考虑政府负担，同时考虑政府效能。因此，在本研究的决策准则中，又加入了政府调控支出和政府调控杠杆率两项指标。当然，作为决策的核心目标将一直围绕社会总福利最大化进行，因此，本研究的决策准则中自然包括均衡期国内总福利和经忧患加权的均衡期国内总福利两项指标。

以上述多项指标作为综合决策准则，通过在 RECS 政策模拟体系中精准调节“忧患程度”“战略存储限值”和“粮食进口限值”等政策参数，本研究最终确定了“2020—2025 年”基期、“2030—2035 年”基期和“2050—2055 年”基期的最优政策工具组合。研究表明，对于三个基期而言，“2030—2035 年”基期的粮食安全形势最严峻，这一方面源于需求侧人口峰值的到来，另一方面则源于“2030”年前后将是国际国内局面最复杂的经济社会发展阶段，到“2050—2055 年”基期，粮食安全形势将大幅改善。无论是在“2020—2025 年”基期、“2030—2035 年”基期，还是在“2050—2055 年”基期，如果完全不“忧患”粮食安全问题，都会导致粮食供给安心率下降到 0.8 以下，意味着有超过 20% 的“综合粮食”需要依赖当期国际市场；如果过度忧虑粮食安全，也会带来沉重的财政负担并降低社会总福利水平。

本文其余内容安排如下：第二节为模型构建；第三节为主要政策工具讨论；第四节为政策环境参数校准与评价指标构建；第五节为模拟结果分析；第六节为简要结论及政策含义。

二、模型构建：将国家对粮食安全的“忧患”纳入政策模拟体系

鉴于中国社会对于粮食安全的“忧患”最终表现为对于未来粮食短缺的“忧患程度”，定量表述国家对于自身粮食安全问题的“忧患程度”，并将这种“忧患程度”纳入定量决策过程，才是回答一系列关键问题的瓶颈性制约条件。本研究首次从“粮食安全忧患指数”、经“忧患”加权的存储成本、经“忧患”加权的消费者剩余、经“忧患”加权的总福利四个维度将国家对粮食安全的“忧患”纳入政策模拟体系。

（一）“粮食安全忧患指数”γ

基于学理分析，本文所讨论的“忧患”是国家对于下一期粮食安全面临的不确定性风险的“战略忧患”。这里所说的“战略忧患”主要源于对未来贸易环境不确定性及生产者福利大幅波动等重大战略问题的“战略忧患”，不包括对于“特殊年景”等生产波动风险的担忧。而这种“战略忧患”可以量化表述为，中国社会在当期究竟愿意为下一期提前拥有一定数量的粮食这一优势条件（即在当期为下一期储备）支付多少附加价格，显然，“战略忧患”程度越大，中国社会愿意支付的附加价格就越高。

基于此，本研究构造了“粮食安全忧患指数”这个概念。从定量角度看，“粮食安全忧患指数”的具体含义是国家对本期单位粮食存储到下一期的“忧患”赋值系数。

当国家对于自身粮食安全完全不“忧患”时，$\gamma=1$，这意味着国家对于本期粮食存储到下一期的“战略忧患”赋值就是市场赋值。若存储的折损率为 δ，则一单位粮食存储到下一期的市场赋值为 $(1-\delta)E_t(P_{t+1})$，其中 $E_t(P_{t+1})$ 为下一期的预期单位价格。若国家对自身粮食安全存在一定程度的“战略忧患”，则“粮食安全忧患指数”$\gamma>1$，担忧程度越大，“粮食安全忧患指数”γ 越大。从数量核算方式上看：一单位“综合粮食”存储到下一期的国家赋值为 $\gamma(1-\delta)E_t(P_{t+1})$。显然，“粮食安全忧患指数”$\gamma$ 越大，一单位“综合粮食”存储到下一期的国家赋值越高。

社会对于粮食安全的“战略忧患”程度，一方面取决于国家的资源禀赋、经济发展水平和国际政治环境，另一方面也是决策主体在做出综合判断之后，可以通过国家力量调控的变量。政府通过媒体的宣传和政策边界的把控，都能够改变全社会对于粮食安全的“忧患程度”。如果将“粮食安全忧患指数”本身作为一项决策参数，则该项决策参数的含义是将当期为下一期提前拥有的一单位粮食赋值为当期市场价值的倍数。

本研究在政策模拟过程中，将未来处于深刻变化的中国“粮食安全忧患指数”设定为从 1 到 10 变化的连续变量。最低层级为 $\gamma=1$，国家对于自身粮食安全完全不担忧，粮食供需通过国内外联通的市场机制自发调节；若 $\gamma=10$，一单位“综合粮食”存储到下一期的国家赋值为市场赋值的 10 倍，意味着国家将在本期尽最大可能挖掘国内的供给潜力，并愿意从国际市场上获取粮食作为下一期的储备。

国家在 t 期存储“综合粮食”的单位成本为 P_t+k，其中 P_t 为 t 期市场价格，k 为存储的交易成本。当存储的国家赋值大于存储成本，即 $\gamma(1-\delta)E_t(P_{t+1})\geqslant P_t+k$ 时，在国家存储没有达到战略存储限值 $\bar{S}^G$ 之前，政府会按市场价格存储粮食。上述运行规则在模拟程序中用式（1）表示：

$$0\leqslant S_t^G\leqslant\bar{S}\mathrm{G}\quad\perp\quad P_t+k-\gamma(1-\delta)E_t(P_{t+1})\geqslant 0\tag{1}$$

其中“ ⊥ ”是限制条件符号，在政策模拟程序中的含义是其左右两边的约束条件不会同时发生。式（1）意味着，如果存储的国家赋值大于存储成本，即 $\gamma(1-\delta)E_t(P_{t+1})\geqslant P_t+k$ 的条件存在，国家就有愿望不断增加储备 S_t^G，直至其达到设定的战略存储限值 $\bar{S}^G$。显然，“粮食安全忧患指数”γ 越大，增大储备以达到 $\bar{S}^G$ 的愿望就越强烈。当然，能否达到 $\bar{S}^G$ 还取决于其他限制条件。

（二）经“忧患”加权的存储成本

存储成本的福利核算方式也是表征国家对自身粮食安全问题“忧患程度”的重要参数。国家越是担忧粮食安全，越会不计成本地追求粮食储备，以达到战略存储限值 $\bar{S}^G$。这意味着，政府在核算国家福利时，存储成本的福利核算值与“粮食安全忧患指数”γ 成反比。

因为粮食生产的周期性，当期（t）的存储要在下一期（$t+1$）核算，而下一期则要为下下期存储，所以均衡期存储成本的福利核算方式如式（2）所示：

$$Cost_{t+1}^{SG}=1/\gamma\{(1-\delta)S_t^GE(P_{t+1})-[k+E(P_{t+1})]S_{t+1}^G\}\tag{2}$$

在式（2）中，$E(P_{t+1})$ 为均衡期的预期价格，$(1-\delta)S_t^G$ 为“综合粮食”存储到均衡期去除折损后的剩余存量，$(1-\delta)S_t^GE(P_{t+1})$ 为“综合粮食”存储到均衡期的市场收益。k

为存储“综合粮食”的交易成本，$[k+E(P_{t+1})]S_{t+1}^{G}$ 表示均衡期为下下期（$t+2$）存储“综合粮食”所付出的成本。$(1-\delta)S_{t}^{G}E(P_{t+1})-[k+E(P_{t+1})]S_{t+1}^{G}$ 表示均衡期存储“综合粮食”的净成本。$1/\gamma\{(1-\delta)E(P_{t+1})S_{t}^{G}-[k+E(P_{t+1})]S_{t+1}^{G}\}$ 则表示政府在考虑了自身对于粮食安全的“忧患程度”之后，经“忧患”加权的存储成本。

（三）经“忧患”加权的消费者剩余

根据 Gouel 和 Jean（2015）的研究，在不考虑“忧患指数”的条件下，均衡期的消费者剩余：

$CS_0=\int_{P_{t+1}}^{\bar{P}}D(p)dp=|dp^{1+\alpha}/(1+\alpha)|_{P_{t+1}}^{\bar{P}}=d(\bar{p}^{1+\alpha}-p^{1+\alpha})/(1+\alpha)$。然而，在不同“忧患程度”下，消费者对于短缺的承受能力存在差异，即社会对于粮食安全的“忧患程度”越高，消费者对于短缺的承受能力也越弱。本文在内需满足率的基础上，构造了经“忧患”加权的短缺指数：

$$FS=(duanquelv)^{\gamma} \tag{3}$$

其中，$duanquelv$ 表示内需满足率（也称短缺指数），其含义是将基期的消费水平确定为标准值之后，再将均衡期的消费水平与基期的消费水平相比所得比值。当内需满足率为1时，意味着均衡期的消费水平达到了基期的消费水平；如果小于1，意味着均衡期的消费水平低于基期的消费水平，数值越小短缺程度越大，表征与基期相比有大量的刚性需求无法得到满足；大于1，意味着均衡期的消费水平高于基期的消费水平，数值越大意味着均衡期的消费水平高出基期的倍数越大。经“忧患”加权的短缺指数是将“粮食安全忧患指数”γ 作为指数，对内需满足率进行指数运算得到。显然，“粮食安全忧患指数”γ 越高，经“忧患”加权的短缺指数 FS 波动幅度越大。在均衡期，经“忧患”加权的消费者剩余 CS_{t+1}，是由均衡期的消费者剩余 CS_0 与经“忧患”加权的短缺指数 FS 相乘得到，其计算方法如式（4）所示：

$$CS_{t+1}=FS\cdot CS_0 \tag{4}$$

显然，“粮食安全忧患指数”γ 越高，经“忧患指数”加权的消费者剩余 CS 的波动幅度越大。

（四）经“忧患”加权的总福利

政府作为决策者，其目标之一是实现国家总福利最大化。在均衡期，经“忧患”加权的总福利由经“忧患”加权的消费者剩余 CS_{t+1}、生产者剩余 PS_{t+1} 和贸易福利 W_{t+1}^{Tr} 加总，再减去补贴成本 $Cost_{t+1}^{sb}$ 和经“忧患”加权的存储成本 $Cost_{t+1}^{SG}$ 构成，如式（5）所示：

$$W_{t+1} = CS_{t+1} + PS_{t+1} + W_{t+1}^{Tr} - Cost_{t+1}^{sb} - Cost_{t+1}^{SG} \tag{5}$$

式（5）中，生产者剩余 $PS_{t+1} = EP_{ea} \cdot EH_a + bta \cdot EH_a - a_a \cdot EH_a - a_b \cdot EH_a^{(mua+1)} / (mua + 1)$。其中，$EP_{ea}$ 为国内均衡期价格，EH_a 为国内均衡期产量，bta 为政府按单位产量发放给农户的补贴；贸易福利 $W_{t+1}^{Tr} = EX_b \cdot (EP_{ea} - EP_{eb})$，其中，$EX_b$ 为均衡期的净进口，EP_{ea} 为均衡期国内价格，EP_{eb} 为均衡期“综合粮食”的进口到岸价格；补贴成本 $Cost_{t+1}^{sb} = (1 + ssh) \cdot bta \cdot H_a$，其中，$ssh$ 表示执行补贴政策本身所支付的交易成本。各参数的设定及取值详见表 1。

本研究用“粮食安全忧患指数”、经“忧患”加权的存储成本、经“忧患”加权的消费者剩余、经“忧患”加权的总福利四个量化参数，从四个维度将国家对粮食安全的“忧患”纳入了政策模拟体系。

三、主要政策工具的讨论

在本文所讨论的 2020—2050 年的三个基期内，中国可使用的粮食政策工具主要包括生产者补贴、关税、战略存储限值和粮食进口限值（陈飞等，2010；倪国华和郑风田，2019）。其中，生产者补贴和关税两项政策工具已另文深入讨论，本文则将经扫描式模拟确定的最优值校验为政策环境参数（具体赋值见表 1）。除了“忧患指数”这项具有决定性含义的决策参数之外，本文主要讨论战略存储限值和粮食进口限值两项政策工具。

（一）战略存储限值

本文所说的战略存储是国家为了减轻对未来粮食短缺的担忧，在当期为下一期所做的粮食储备。作为一项政策工具，国家需要确定战略存储的最高数量，本文称之为战略存储限值。国家根据自身的禀赋和对未来粮食供需形势的判断，确定战略存储限值，本研究用 $\bar{S}^G$ 表示，即国家要在当期为下一期储备不高于 $\bar{S}^G$ 的粮食。在政策模拟过程中，本文确定的战略存储限值 $\bar{S}^G$ 的取值范围是从 0 逐步增加到“基期”需求量的两倍。

（二）粮食进口限值

粮食进口限值 $\bar{X}$ 是国家设定的“综合粮食”进口上限，这个参数是国家为了保护国内生产者，进而确保粮食自给率而设定的最高进口限值，用耕地面积表示的“综合粮食”进口数量为 X_{t+1}^i。若进口关税税率为 T_{t+1}，国际市场上“综合粮食”到岸价格为 $E(P_{t+1}^w)$，在进口量没有达到国家确定的进口上限 $\bar{X}$ 之前，只要国际市场上“综合粮食”到岸完税价格 $E(P_{t+1}^w)(T_{t+1} + 1)$ 低于国内市场价格，中国就会进口“综合粮食”，在政策模拟时的程序如式（6）：

$$0 \leqslant X_{t+1}^{i} \leqslant \overline{X} \quad \perp E(P_{t+1}^{w})(T_{t+1}+1) \geqslant E(P_{t+1}) \tag{6}$$

四、政策环境参数校准与评价指标构建

（一）政策环境参数校准

本研究所构建的政策模拟体系中，国内外市场运行原则的确定、“综合粮食”和“外国”的概念构造及政策工具调节空间的设定与倪国华和郑风田（2019）的研究保持一致。同时，本研究进一步构造了经“忧患指数”量化调节的政策环境（蔡昉和王美艳，2016；程名望等，2019；UN，2019；USDA，2019；IFPRI，2020），“2020—2025 年”“2030—2035 年”和“2050—2055 年”三个“基期”的环境参数校对如表 1 所示。

表 1　参数校准列表

变量名称（单位）	不同“基期”的赋值		
	2020—2025 年	2030—2035 年	2050—2055 年
生产者福利的系数（城乡收入比）	2.6	2	1.5
经扫描式模拟确定的最优生产者补贴（单位价格为 1）	0.3	0.4	0.5
中国需求价格弹性 *alphaa*	-0.2	-0.15	-0.1
“外国”需求价格弹性 *alphab*	-0.25	-0.2	-0.15
中国供给价格弹性 *elstA*	0.05	0.1	0.2
“外国”供给价格弹性 *elstB*	0.2	0.25	0.3
需求函数的标准化参数 d_a	24.17	24.68	23.64
国内基期初始基本需求量 $\overline{D}_a$（亿亩）	24.17	24.68	23.64
“外国”基期初始基本需求量 $\overline{D}_b$（亿亩）	15.17	17.11	20.13
“外国”基期播种面积 $\overline{H}_b$（亿亩）	23.26	25.71	27.69
“外国”“综合粮食”基期到岸价格 P_b	0.8	0.7	0.65
基期从国际市场进口的“综合粮食”X_{b0}（亿亩）	8.09	8.6	7.56
国内消费者剩余 0 值点价格 $\overline{P}_a$	7.7	17.4	47.2
“外国”消费者剩余 0 值点价格 $\overline{P}_b$	5.1	8.5	13.1
跨期利率 r	0.035		
跨期风险波动系数	0.035，0.05，0.1		
政策储备存储限值 $\overline{S}^{G}$（占年需求量比例）	1		
补贴的交易成本 *ssh*（占补贴额比例）	0.1		
国内“综合粮食”生产成本 a_a（占单位价格比例）	0.9		
“外国”“综合粮食”生产成本 b_a（占单位价格比例）	0.5		

续表

变量名称（单位）	不同“基期”的赋值		
	2020—2025 年	2030—2035 年	2050—2055 年
国内基期播种面积 $\overline{H}_a$（亿亩）	16.08		
国内基期均衡价格	1		
1 单位福利的标准价值（亿元）	1099.62		
经扫描式模拟确定的最优关税水平	0.65		

（二）评价指标构建

本研究在政策模拟体系中所使用的评价指标包括均衡期国内自给率、均衡期内需满足率、生态涵养率、均衡期政府调控杠杆率以及均衡期粮食供给安心率和均衡期政府调控支出等。

1. 均衡期粮食供给安心率

在生态压力和刚性需求双重约束下，既要实现高自给率和高内需满足率，又要实现较高的生态涵养率，在当前资源禀赋条件下很难实现。如何在生态压力和刚性需求双重约束下，仍然能够让中国社会对粮食供给安心是中国社会普遍关注的核心问题。为解决这一问题，模拟政策设计的核心理念是通过自给生产和跨期储备（在储备时可合理利用当期国际市场，在均衡期则可以实现自我掌控）实现均衡期粮食可用量大于需求量的目标。为此，本研究在政策模拟时，设定了供给安心率这一指标，如式（7）所示：

$$Anxinlv = [(1-\delta)\cdot S_a + EH_a]/ED_a \tag{7}$$

其中，$(1-\delta)\cdot S_a$ 为当期粮食存储到均衡期之后的可用量，EH_a 为均衡期粮食自给产量，$(1-\delta)\cdot S_a + EH_a$ 为均衡期的“综合粮食”可用量，ED_a 代表均衡期市场需求量。安心率的含义是均衡期中国能够掌控的粮食与市场需求量之间的比值。

2. 均衡期政府调控支出

除了考量生态压力和刚性需求，政府还会考量不同政策组合的执行成本。政府调控支出也是决策者选择政策工具的决策依据之一。政府调控支出等于执行存储政策的跨期存储成本 S_{CA}，加上补贴成本 C_{BT}，减去政府从粮食贸易中获得的关税 B_{TG}，即政府调控支出 $G_b = S_{CA} + C_{BT} - B_{TG}$。

五、模拟结果分析

以均衡期国内自给率、均衡期内需满足率、生态涵养率、均衡期粮食供给安心率、均衡期政府调控支出（单位：万亿元）、均衡期政府调控杠杆率、均衡期国内总福利（单位：万亿元）、经“忧患”加权的均衡期国内总福利（单位：万亿元）为复合评价指标，通过扫描式调节“粮食安全忧患指数”、战略存储限值、粮食进口限值等政策变量，选择“2020—2025 年”基期、“2030—2035 年”基期和“2050—2055 年”基期的最优政策工具组合。

（一）“2020—2025”基期均衡结果分析

作为一个多目标复杂评价体系，各指标之间相互制衡，需要决策者综合把握各指标之间的均衡点，以确定最优的政策变量组合。对于“2020—2025 年”基期而言，经扫描式模拟，初步确定政策变量的最优组合为：最优“粮食安全忧患指数”$\gamma=1.3$，其含义是将当期为下一期提前拥有一单位粮食赋值为当期市场价值的 1.3 倍；最优粮食进口限值 $\overline{X}=8.844$ 亿亩，这项政策工具是国家为了保护国内生产者和确保粮食自给率而设定的最高进口数量；最优战略存储限值 $\overline{S}^{G}=12.085$ 亿亩，这项政策工具是国家为了减轻对未来粮食短缺的担忧，在当期为下一期所做的粮食储备，由于储备需要高额成本，国家需要确定战略存储的最高数量。

如表 2 所示，对于选定的政策变量最优组合，虽然均衡期的政府调控支出相较于对自身粮食安全完全不担忧的情况（$\gamma=1$）而言，增加了 2380 亿元，达到 0.935 万亿元，但是均衡期粮食供给安心率可以达到 1.191，意味着中国能够掌控的粮食供给量（上一期的储备余量加当期的自给产量）是当期消费量的 1.191 倍，满足了中国人“手中有粮，心里不慌”的心理底线；均衡期国内生态涵养率达到 0.939，意味着与 16.08 亿亩的生态基准线相比，超越生态基准线的国内供给压力只有约 6%，考虑到技术进步的支撑能力，6% 的生态压力处于可承受范围内；均衡期国内自给率达到 0.741，由于以面积计算的“2020—2025 年”基期起始自给率只有 66.53%。因此，均衡期国内自给率大于基期起始自给率；内需满足率达到 0.956，即使考虑到“忧患”加权，内需满足率仍可达到 0.943，意味着与“基期”相比，国内市场的基本需求均可得到满足；价格为基期价格的 1.255 倍，进口量为 7.157 亿亩，国内总福利为 15.469 万亿元。

模拟结果表明，如果中国社会对“粮食安全忧患指数”赋值低于 1.3，即一单位粮食存储到下一期的国家赋值低于市场赋值的 1.3 倍，中国将不会有粮食储备，国内的需求只能通过当期自产和当期进口来解决。例如，以中国社会对“粮食安全忧患指数”赋值为 1.2 为例，安心率只有 0.728（标准值为 1），意味着有超过 27% 的有效需求无法在中国自身掌控下得到满足，中国在自身的粮食安全体系中丧失了主导权。

图 1 展示了当“粮食安全忧患指数”γ 从 1 逐步增加到 2 的过程中，自给率、安心率和政府负担的变化情况。由于受土地禀赋的制约，中国的自给率不会随着“忧患指数”的增加而大幅增加，而粮食供给安心率则会在“忧患指数”突破 1.3 之后大幅跃升，而后随

着“忧患指数”的增加，安心率将逐步趋于平稳。

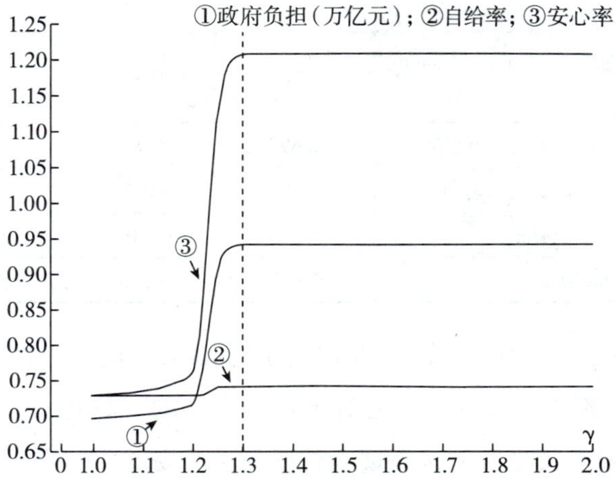

图 1　“2020—2025 年”基期忧患指数变化模拟

如果中国社会继续增大对“粮食安全忧患指数”的赋值（见表 2），从 1.3 逐步增加到 10，虽然国家储备将最终稳定在 12.08 亿亩左右，安心率将稳定在 1.213 左右，由于社会对粮食安全过度忧虑，经“忧患”加权的消费者剩余会下降，社会总福利也会下降。具体而言，当“忧患指数”从 1.3 上升到 10，均衡期的国内总福利将从 15.469 万亿元下降到 11.091 万亿元，减少 4.378 万亿元；如果进一步考虑“忧患”加权，社会总福利将从 15.403 万亿元下降到 10.821 万亿元，减少 4.582 万亿元；经“忧患”加权的消费者剩余将从 12.243 万亿元下降到 8.216 万亿元，减少 4.027 万亿元；经“忧患”加权的内需满足率将从 0.943 下降到 0.633，中国社会将会陷入过度恐慌的阴影中。显然，忽视或者过于忧虑，对整个社会都是不利的。

表 2　“2020—2025 年”基期“粮食安全忧患指数”变化对照分析

中国的“粮食安全忧患指数”（γ）	1.0	1.3	2.0	10.0
均衡期国内储备（S_a，单位：亿亩）	0.000	11.541	12.083	12.085
中国国内均衡期价格（P_a，单位：基期为 1）	1.203	1.255	1.263	1.262
均衡期中国的产量（H_a，单位：亿亩）	16.981	17.124	17.136	17.135
均衡期的进口数量（X_b，单位：亿亩）	6.377	7.157	7.207	7.211
均衡期国内总福利（W_a，单位：万亿元）	15.764	15.469	15.159	11.091
经“忧患”加权的均衡期国内总福利（W_aXS，单位：万亿元）	15.764	15.403	15.009	10.821
经“忧患”加权的均衡期国内消费者剩余（CSA，单位：万亿元）	12.655	12.243	11.837	8.216
均衡期国内自给率（$Zijilv$）	0.728	0.741	0.742	0.742

续表

均衡期内需满足率（*duanquelv*）	0.965	0.956	0.955	0.955
经“忧患”加权的均衡期内需满足率（*duanqueXS*）	0.965	0.943	0.913	0.633
均衡期政府调控支出（*ZFfudan*，单位：万亿元）	0.697	0.935	0.945	4.818
均衡期政府调控效能（*ZFganggan*，政府杠杆率）	15.350	11.731	11.346	12.034
均衡期国内的粮食供给安心率（*Anxinlv*）	0.728	1.191	1.213	1.213
均衡期国内的生态涵养率（*hanyanglv*）	0.947	0.939	0.938	0.938

社会对于粮食安全的“忧患程度”，是政府通过国家力量可以控制的，通过媒体的宣传和政策边界的把控，都能够改变全社会对于粮食安全的“忧患程度”。模拟表明，过低的“忧患”会带来系统性风险，直接表现为较低的供给安心率，在未来复杂的国际政治和贸易环境中，过低的安心率是中国社会不能接受的。当然，“忧患程度”过高，意味着主导者向全社会过度渲染粮食安全的“忧患”问题，会降低政府调控的杠杆率（意味着政府调控效能大幅降低）并降低社会总福利，也是决策时需要避免的。

基于扫描式模拟确定的政策变量最优组合，继续探讨在保持“粮食安全忧患指数” $\gamma = 1.3$、粮食进口限值 $\overline{X} = 8.844$ 亿亩的前提下，调节战略存储限值 $\overline{S}^G$ 给粮食安全形势带来的变化（见图2）。

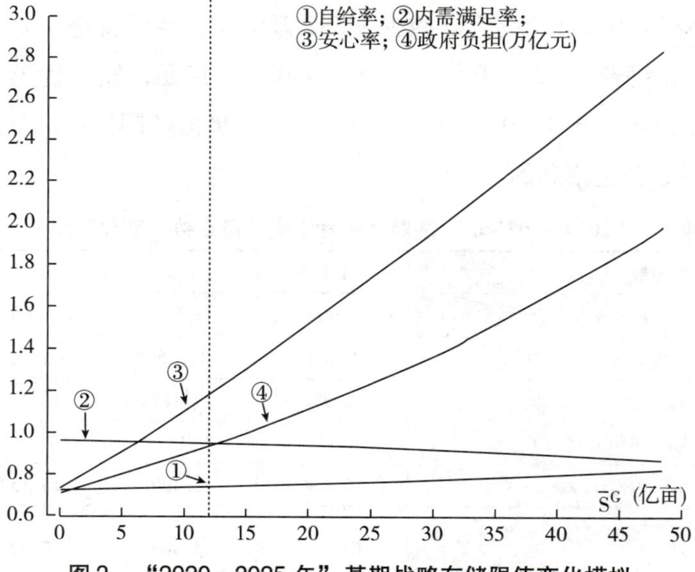

图2 “2020—2025年”基期战略存储限值变化模拟

在战略存储限值 $\overline{S}^G$ 从0变化到“基期”需求量2倍（48.34亿亩）的过程中，国内储备将从0同步增加到48.124亿亩，国内的粮食供给安心率则从0.728逐步增加到2.822。从中国社会的承受弹性来看，安心率大于1是底线，这是国家粮食安全的战略基础。当然，安心率也不是越高越好，因为安心率升高，意味着政府负担将大幅增加，在安心率从0.728升高到2.822的过程中，政府调控支出从6970亿元增加到1.995万亿元，增加近1.298万亿元，这本身是一项沉重的财政负担，必将牺牲其他公共利益；同时，政府调控效能（用政府调控杠杆率表征）也将大幅降低，在战略存储限值$\bar{S}^G$从0变化到“基期”需求量2倍（48.34亿亩）的过程中，政府调控效能从15.217大幅降低至6.167（见表3），意味着若将战略存储限值设定为48.34亿亩，则政府调控效能只有战略存储限值为0时的2/5。如表3所示。

表3　“2020—2025年”基期战略存储限值变化对照分析

战略存储限值（$\bar{S}^G$，单位：亿亩）	0.000	9.668	12.085	48.340
中国国内粮食可用量（A_a，单位：亿亩）	16.981	25.298	27.514	61.171
均衡期国内储备（S_a，单位：亿亩）	0.000	9.115	11.541	48.124
均衡期的进口数量（X_b，单位：亿亩）	6.377	6.986	7.157	8.686
均衡期国内总福利（W_a，单位：万亿元）	15.628	15.500	15.469	15.482
经“忧患”加权的均衡期国内总福利（W_aXS，单位：万亿元）	15.628	15.448	15.403	15.152
均衡期国内存储成本（*CostACC*，单位：万亿元）	0.000	0.174	0.220	1.102
经“忧患”加权的均衡期国内存储成本（*CostACCXS*，单位：万亿元）	0.000	0.226	0.287	1.433
均衡期国内自给率（*Zijilv*）	0.728	0.738	0.741	0.823
均衡期内需满足率（*duanquelv*）	0.965	0.958	0.956	0.897
经“忧患”加权的均衡期内需满足率（*duanqueXS*）	0.954	0.946	0.943	0.869
均衡期政府调控支出（*ZFfudan*，单位：万亿元）	0.697	0.886	0.935	1.995
均衡期政府调控效能（*ZFganggan*，政府杠杆率）	15.217	12.339	11.731	6.167
均衡期国内的粮食供给安心率（*Anxinlv*）	0.728	1.093	1.191	2.822
均衡期国内的生态涵养率（*hanyanglv*）	0.947	0.941	0.939	0.900

显然，过低或过高的战略存储限值都不是决策时的合理选项。当战略存储限值设为12.085亿亩时，均衡期国内储备为11.541亿亩，其他各项评价指标均能满足中国粮食安全的战略要求。

基于前期的大量研究，围绕扫描式模拟确定的政策变量最优组合，继续探讨保持“粮食安全忧患指数”$\gamma=1.3$、战略存储限值$\bar{S}^G=12.085$亿亩的前提下调节粮食进口限值给粮食安全形势带来的影响。

如表4所示，若将粮食进口限值设为0，意味着禁止进口，虽然自给率可以达到100%，但内需满足率却会大幅降低，中国将陷入粮荒状态。将粮食进口限值从0逐步增加到国内“综合粮食”自身禀赋1.2倍（19.296亿亩）的过程中，内需满足率从0.744逐步增长到0.956，若进一步考虑“忧患”加权，内需满足率在进口限值为0（禁止进口）时，更是仅有0.681。显然，若国内有超过30%的有效需求无法得到满足，中国将处于严重粮荒状态，国内的均衡价格将达到“基期”价格的4.4倍。一方面，高粮价会严重损害消费者利益；另一方面，为了满足基本需求，国内边际垦殖的力度会加大，生态环境的压力会大幅增加，生态涵养率降至0.837，土地沙漠化和石漠化的进程会加速。

表4 “2020—2025年”基期粮食进口限值变化对照分析

粮食进口限值（$\bar{X}$，单位：亿亩）	0.000	8.040	8.844	9.648	19.296
中国国内均衡期价格（P_a，单位：基期为1）	4.445	1.274	1.255	1.254	1.253
均衡期的进口数量（X_b，单位：亿亩）	0.000	7.055	7.157	7.168	7.167
均衡期国内自给率（*Zijilv*）	1.000	0.745	0.741	0.741	0.741
均衡期内需满足率（*duanquelv*）	0.744	0.953	0.956	0.956	0.956
经“忧患”加权的均衡期内需满足率（*duanqueXS*）	0.681	0.940	0.943	0.943	0.944
均衡期政府调控支出（*ZFfudan*，单位：万亿元）	1.868	0.950	0.935	0.935	0.934
均衡期国内的粮食供给安心率（*Anxinlv*）	1.660	1.199	1.191	1.190	1.190
均衡期国内的生态涵养率（*hanyanglv*）	0.837	0.937	0.939	0.939	0.939

如图3所示，在起始阶段，随着粮食进口的逐步放开，政府负担将会大幅减轻，内需满足率和生态涵养率也会大幅提高。当粮食进口限值提高到国内自给禀赋的0.55倍（8.844亿亩）之后，再继续提高粮食进口限值，进口数量会维持在7.17亿亩左右，表征

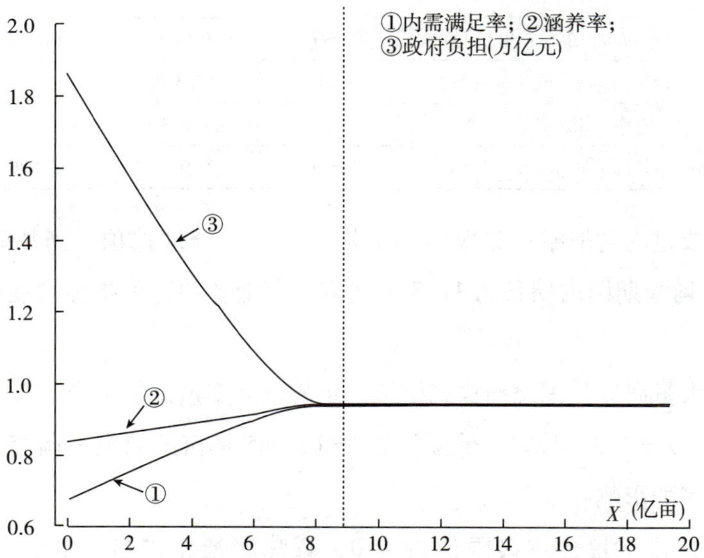

图3 “2020—2025年”基期进口限值变化模拟

粮食安全形势的其余各项指标也将保持基本稳定，意味着市场自发调节形成的进口底线会低于政府设定的进口限值，此时再提高粮食进口限值，并无实际意义。因此，本文将政府进口限值确定为8.844亿亩，实际的进口均衡量则会处于7.16亿亩左右。

（二）“2030—2035年”基期（中国粮食安全形势严峻期）均衡结果分析

与“2020—2025年”基期相比，“2030—2035年”基期的国内初始基本需求量从24.17亿亩增加到24.68亿亩，而“外国”基期初始基本需求量增加更多，从15.17亿亩增加到17.11亿亩，这主要源于人口的增加。实际上，从“2020—2025年”基期到“2030—2035年”基期，更多变化源于国内外经济发展和技术进步引起的供给弹性和需求弹性变化。具体而言，收入水平提高将会强化食物需求的刚性特征，中国需求价格弹性的绝对值将从0.2下降到0.15左右，“外国”需求价格弹性的绝对值将从0.25下降到0.2左右；技术进步会推动供给能力的增加，中国供给价格弹性将从0.05升高到0.1左右，“外国”供给价格弹性则将从0.2升高到0.25左右，由此引发的国内消费者剩余0值点价格则将从7.7攀升到17.4。

如表5所示，与“2020—2025年”基期相比，“2030—2035年”基期经扫描式模拟确定的最优政策变量组合中，中国社会赋予粮食安全的“粮食安全忧患指数”γ需要从1.3提高到1.45，意味着国家需将一单位粮食存储到下一期的国家赋值提高到市场赋值的1.45倍，才能满足中国粮食安全的战略需求；粮食进口限值$\overline{X}$的最优值确定为9.648亿亩；战略存储限值$\overline{S}^G$的最优值则确定为12.34亿亩。若将外生变量选定为最优组合，均衡期粮食供给安心率为1.164，意味着中国能够掌控的供给量（当期自产量加战略存储量）与市场需求量相比，仍有16%的余量；在整个“2030—2035年”基期生态压力增大的情况下，均衡期国内生态涵养率可以达到0.919，处于可以达到的最高水平区间；源于经济增长引发的粮食消费福利赋值增加，“2030—2035年”均衡期国内总福利增加到33.374万亿元，比“2020—2025年”基期增加17.905万亿元。

表5 “2030—2035年”基期“粮食安全忧患指数”变化对照分析

中国的“粮食安全忧患指数”（γ）	1.0	1.3	1.4	1.45	2.0
中国国内粮食可用量（A_a，单位：亿亩）	17.226	18.018	28.232	28.185	28.608
均衡期国内储备（S_a，单位：亿亩）	0.000	0.874	11.891	11.879	12.331
均衡期的进口数量（X_b，单位：亿亩）	7.158	7.198	8.023	7.939	7.995
均衡期的国内消费量（D_a，单位：亿亩）	24.384	24.346	24.351	24.236	24.270
均衡期国内总福利（W_a，单位：万亿元）	33.971	33.808	33.328	33.374	33.111
经“忧患”加权的均衡期国内总福利（W_aXS，单位：万亿元）	33.971	33.801	33.193	33.246	32.899

续表

均衡期国内生产者剩余（*PSA*，单位：万亿元）	2.201	2.205	2.359	2.354	2.362
均衡期国内消费者剩余（*CSA*，单位：万亿元）	32.261	32.116	31.758	31.757	31.414
均衡期国内存储成本（*CostACC*，单位：万亿元）	0.000	0.024	0.337	0.283	0.212
经“忧患”加权的国内存储成本（*CostACCXS*，单位：万亿元）	0.000	0.031	0.472	0.411	0.425
均衡期国内自给率（*Zijilv*）	0.708	0.708	0.722	0.722	0.723
均衡期内需满足率（*duanquelv*）	0.986	0.986	0.981	0.981	0.981
经“忧患”加权的均衡期内需满足率（*duanqueXS*）	0.986	0.982	0.973	0.973	0.963
均衡期政府调控支出（*ZFfudan*，单位：万亿元）	0.493	0.523	0.923	0.870	0.880
均衡期政府调控效能（*ZFganggan*，政府杠杆率）	40.764	39.484	25.381	26.626	26.031
均衡期国内的粮食供给安心率（*Anxinlv*）	0.708	0.740	1.164	1.164	1.181
均衡期国内的生态涵养率（*hanyanglv*）	0.933	0.933	0.918	0.919	0.918

与“2020—2025年”基期相同，在“2030—2035年”基期，如果中国社会对“粮食安全忧患指数”赋值低于1.4，中国将缺少必需的粮食储备，国内需求必须通过当期自产和当期进口解决。安心率只有0.708，意味着有将近30%的需求缺口需要依赖当期国际市场，显然中国在自身的粮食安全体系中将失去主导权。当中国社会将“粮食安全忧患指数”提高到1.45之后，政府持有的国内储备量将接近12亿亩，粮食供给安心率可以达到1.16以上。

图4展示了当“粮食安全忧患指数”γ从1逐步增加到2的过程中，自给率、安心率和政府负担等相关指标的变化情况。$\gamma=1.4$是一个拐点，与“2020—2025年”基期的变化趋势一致，在“2030—2035年”基期，若中国对于“粮食安全忧患指数”的赋值从1.4逐步增加到2.0，安心率将稳定在1.16以上，而社会总福利则由于整个国家对于粮食安全过度忧虑而逐步下降。显然，过于忧虑粮食安全，对于中国社会是不利的，权衡各项指标后，模拟结果显示将“粮食安全忧患指数”赋值为1.45是最优选择。

如表6所示，在保持“粮食安全忧患指数”$\gamma=1.45$、粮食进口限值$\overline{X}=9.648$亿亩的前提下，将战略存储限值从0增加到“基期”需求量的2倍（49.36亿亩），国内储备将从0逐步增加到49.16亿亩，国内的粮食供给安心率则从0.708逐步增加到2.706。如图5所示，与“2020—2025年”基期的变化趋势一致，在安心率从0.7升高到2.7的过程中，政府负担从0.493万亿元增加到2.283万亿元，增长了近4倍。基于各类指标综合判断，确定“2030—2035年”基期的最优战略存储限值为12.34亿亩。

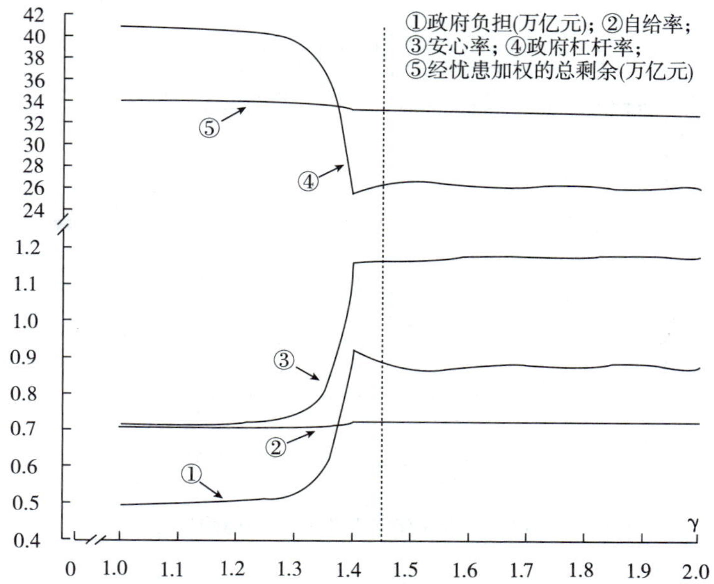

图 4　"2030—2035 年"基期忧患指数变化模拟

表 6　"2030—2035 年"基期战略存储限值变化对照分析

战略存储限值（$\bar{S}^G$，单位：亿亩）	0.000	9.872	12.340	49.360
中国国内粮食可用量（A_a，单位：亿亩）	17.225	25.900	28.185	63.249
均衡期国内储备（S_a，单位：亿亩）	0.000	9.409	11.879	49.164
中国国内均衡期价格（P_a，单位：基期为1）	1.105	1.129	1.138	1.453
均衡期中国的产量（H_a，单位：亿亩）	17.226	17.435	17.495	18.999
均衡期的进口数量（X_b，单位：亿亩）	7.158	7.780	7.939	9.350
均衡期国内总福利（W_a，单位：万亿元）	33.766	33.459	33.374	31.691
经"忧患"加权的均衡期国内总福利（W_aXS，单位：万亿元）	33.766	33.358	33.246	31.117
均衡期国内生产者剩余（*PSA*，单位：万亿元）	2.201	2.318	2.354	3.689
均衡期国内消费者剩余（*CSA*，单位：万亿元）	32.056	31.827	31.757	29.466
均衡期国内存储成本（*CostACC*，单位：万亿元）	0.000	0.224	0.283	1.274
中国的贸易总收益（*BenefitATRZ*，单位：万亿元）	0.342	0.381	0.392	0.729
均衡期国内自给率（*Zijilv*）	0.708	0.719	0.722	0.812
均衡期内需满足率（*duanquelv*）	0.986	0.982	0.981	0.948
经"忧患"加权的均衡期内需满足率（*duanqueXS*）	0.980	0.975	0.973	0.925
均衡期政府调控支出（*ZFfudan*，单位：万亿元）	0.493	0.790	0.870	2.283
均衡期政府调控效能（*ZFganggan*，政府杠杆率）	40.517	28.745	26.626	11.462
均衡期国内的粮食供给安心率（*Anxinlv*）	0.708	1.068	1.164	2.706
均衡期国内的生态涵养率（*hanyanglv*）	0.933	0.922	0.919	0.846

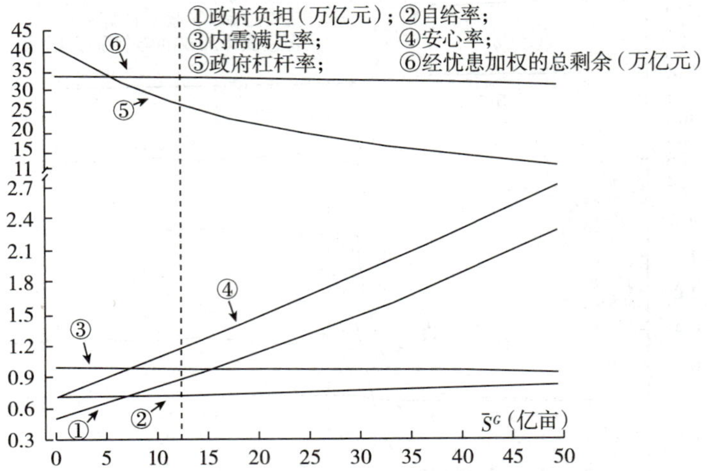

图 5 "2030—2035 年"基期战略存储限值变化模拟

如表 7 所示，在"2030—2035 年"基期，若将粮食进口限值设为 0，即禁止进口，虽然自给率可以达到 100%，中国却将陷入粮荒状态。若保持"粮食安全忧患指数"$\gamma=1.45$、战略存储限值 $\bar{S}^G=12.34$ 亿亩的条件不变，将粮食进口限值从 0 逐步增加到国内"综合粮食"生产禀赋的 1.2 倍（19.296 亿亩），内需满足率将从 0.84 逐步增长到 0.982。若进一步考虑"忧患"加权，内需满足率在进口限值为 0（禁止进口）时，仅有 0.776，虽好于"2020—2025 年"基期，但仍有约 22% 的心理缺口，将会带来极大的社会不稳定。

表 7 "2030—2035 年"基期粮食进口限值变化对照分析

粮食进口限值（$\bar{X}$，单位：亿亩）	0.000	4.824	9.648	19.296
均衡期国内储备（S_a，单位：亿亩）	12.097	12.096	11.879	11.864
中国国内均衡期价格（P_a，单位：基期为 1）	3.256	1.605	1.138	1.133
均衡期中国的产量（H_a，单位：亿亩）	22.010	19.496	17.495	17.473
均衡期的进口数量（X_b，单位：亿亩）	0.000	4.781	7.939	7.971
均衡期国内总福利（W_a，单位：万亿元）	31.963	32.080	33.374	33.388
经"忧患"加权的均衡期国内总福利（W_aXS，单位：万亿元）	31.747	31.931	33.246	33.261
均衡期国内生产者剩余（*PSA*，单位：万亿元）	12.110	4.395	2.354	2.340
均衡期国内消费者剩余（*CSA*，单位：万亿元）	21.399	28.447	31.757	31.785
均衡期国内存储成本（*CostACC*，单位：万亿元）	0.481	0.331	0.283	0.282
中国的贸易总收益（*BenefitATRZ*，单位：万亿元）	0.000	0.512	0.392	0.391
均衡期国内自给率（*Zijilv*）	1.062	0.846	0.722	0.721
均衡期内需满足率（*duanquelv*）	0.840	0.933	0.981	0.982
经"忧患"加权的均衡期内需满足率（*duanqueXS*）	0.776	0.904	0.973	0.974

续表

均衡期政府调控支出（*ZFfudan*，单位：万亿元）	1.763	1.211	0.870	0.865
均衡期政府调控效能（*ZFganggan*，政府杠杆率）	18.217	22.598	26.626	26.703
均衡期国内的粮食供给安心率（*Anxinlv*）	1.588	1.320	1.164	1.162
均衡期国内的生态涵养率（*hanyanglv*）	0.731	0.825	0.919	0.920

若禁止进口，国内的均衡价格将达到“基期”价格的3.256倍。一方面，消费者剩余大幅降低，从最优政策组合点的31.757万亿元下降到21.399万亿元，下降10.358万亿元，低收入群体的生活质量会大幅下降，所带来的社会压力将成为不可承受之重；另一方面，生态涵养率会降至0.731，比“2020—2025年”基期同类政策条件下的生态涵养率降低超过10个百分点，土地沙漠化和石漠化将会成为国家灾难，因此“2030—2035年”基期也将是中国粮食安全形势最严峻的时期。

如图6所示，随着“综合粮食”进口的逐步放开，上述各项指标逐步改善，当“综合粮食”进口限值提高到9.648亿亩之后，再继续提高粮食进口限值，表征粮食安全形势的各项指标都保持基本稳定，因此，本文将最优进口限值设定为9.648亿亩。

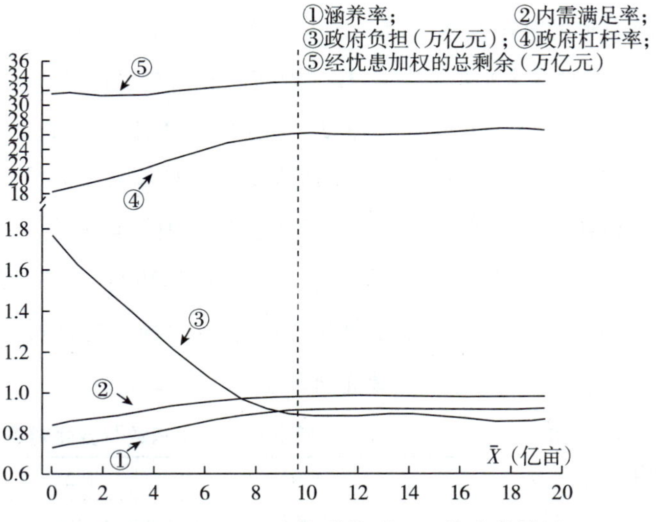

图6　“2030—2035年”基期进口限值变化模拟

（三）“2050—2055年”基期均衡结果分析

从“2020—2025年”基期到“2030—2035年”基期再到“2050—2055年”基期，国内初始基本需求量呈现先上升后下降的变化趋势，从24.17亿亩上升到24.68亿亩，再下降到23.64亿亩，测算依据是联合国人口署对中国的人口预测。根据相关预测，中国人口将在2030年前后达到峰值，之后将呈下降趋势。同样基于联合国人口署的预测，“外国”

（本文所述“外国”是由世界各国参与全球粮食贸易的部分虚拟而成）基期的初始基本需求量将一直呈现上升趋势，从“2020—2025 年”基期的 15.17 亿亩上升到“2030—2035 年”基期的 17.11 亿亩，再进一步增加到“2050—2055 年”基期的 20.13 亿亩。

当然，从“2020—2025 年”基期到“2030—2035 年”基期再到“2050—2055 年”基期，更多政策环境变化仍然源于国内外经济发展和技术进步引起的供给弹性和需求弹性变化。具体而言，中国需求价格弹性的绝对值将持续下降，从“2020—2025 年”基期的 0.2 下降到“2030—2035 年”基期的 0.15，再进一步下降到“2050—2055 年”基期的 0.1；“外国”需求价格弹性的绝对值从“2020—2025 年”基期的 0.25 下降到“2030—2035 年”基期的 0.2，并将在“2050—2055 年”基期下降到 0.15 左右；中国供给价格弹性将从“2020—2025 年”基期的 0.05 升高到“2030—2035 年”基期的 0.1，并将在“2050—2055 年”基期达到 0.2；“外国”供给价格弹性则将从“2020—2025 年”基期的 0.2 升高到“2030—2035 年”基期的 0.25，并将升高到“2050—2055 年”基期的 0.3。国内外供需弹性的变化将导致国内消费者剩余 0 值点价格在“2050—2055 年”基期攀升到 47.2。

与“2030—2035 年”基期相比，“2050—2055 年”基期的政策环境将发生很大变化，一是人口数量下降引致的基本需求下降，二是技术进步推动的供给能力增长（表现为供给弹性增加），三是经济发展水平增长将提升中国在国际市场支配资源的能力。

如表 8 所示，在“2050—2055 年”基期，经扫描式模拟确定的最优政策变量组合中，中国社会只需将“粮食安全忧患指数”γ 赋值为 1.2，即国家只需将一单位粮食存储到下一期的国家赋值提高到市场赋值的 1.2 倍，即可满足中国粮食安全的战略需求。这一赋值低于“2030—2035 年”基期的 1.45，也低于“2020—2025 年”基期的 1.3，显示中国的粮食安全环境在“2050—2055 年”基期将呈现战略性改善。粮食进口限值 $\bar{X}$ 的最优值确定为 8.844 亿亩，战略存储限值 $\bar{S}^G$ 的最优值确定为 11.82 亿亩。

表 8 “2050—2055 年”基期“粮食安全忧患指数”变化对照分析

中国的“粮食安全忧患指数”（γ）	1.0	1.15	1.2	1.25	2.0
均衡期国内储备（S_a，单位：亿亩）	0.563	9.685	11.038	11.302	11.807
中国国内均衡期价格（P_a，单位：基期为 1）	1.049	1.061	1.061	1.060	1.061
均衡期中国的产量（H_a，单位：亿亩）	17.301	17.657	17.617	17.596	17.590
均衡期的进口数量（X_b，单位：亿亩）	6.291	6.332	6.468	6.505	6.568
均衡期国内总福利（W_a，单位：万亿元）	90.271	89.997	89.977	89.966	89.646
经“忧患”加权的均衡期国内总福利（W_aXS，单位：万亿元）	90.271	89.983	89.956	89.940	89.579
均衡期国内生产者剩余（PSA，单位：万亿元）	1.770	1.845	1.835	1.830	1.829
均衡期国内消费者剩余（CSA，单位：万亿元）	89.268	89.015	89.010	89.000	88.642

续表

均衡期国内存储成本（*CostACC*，单位：万亿元）	0.008	0.095	0.105	0.103	0.066
均衡期国内自给率（*Zijilv*）	0.735	0.751	0.749	0.748	0.748
均衡期内需满足率（*duanquelv*）	0.996	0.994	0.994	0.994	0.994
经“忧患”加权的均衡期内需满足率（*duanqueXS*）	0.996	0.993	0.993	0.993	0.989
均衡期政府调控支出（*ZFfudan*，单位：万亿元）	0.770	0.892	0.899	0.898	0.899
均衡期政府调控效能（*ZFganggan*，政府杠杆率）	86.280	76.943	76.004	75.778	74.914
均衡期国内的粮食供给安心率（*Anxinlv*）	0.757	1.143	1.195	1.205	1.225
均衡期国内的生态涵养率（*hanyanglv*）	0.929	0.911	0.913	0.914	0.914

对于选定的外生变量最优组合，均衡期粮食供给安心率为1.195，意味着中国能够掌控的供给量与市场需求量相比，将有约20%的余量；均衡期国内生态涵养率可以达到0.913，意味着如果技术进步能够提供8.7%的供给量增长，生态环境压力就能够维持2020年的水平，基于工业化以来的人类社会发展经验以及持续增加的技术投入，预计经过30年的发展，通过技术进步提供10%的供给量增长并不算奢望；源于经济增长引发的食物消费福利赋值增加，“2050—2055年”均衡期国内总福利将增加到89.977万亿元，接近“2030—2035年”基期的3倍。

当然，由于“2050—2055年”基期的粮食安全战略环境显著改善，即使中国社会从战略层面将粮食安全问题完全交给市场解决（将“粮食安全忧患指数”γ赋值为1，见表8），均衡期内需满足率仍可达到0.996，即国内的基本粮食需求仍然能得到满足。同时，生态涵养率可以达到0.929，意味着只有约7%的生态环境压力需要通过技术进步来解决。当然，如果在战略层面将粮食安全问题完全交给市场解决，即将“粮食安全忧患指数”γ赋值为1，那么国内粮食供给安心率只有0.757，意味着约1/4的粮食需要从当期的国际市场购买。虽然从数量上看，从当期国际市场购买的“综合粮食”只有6.290万亿亩，并不比将“粮食安全忧患指数”γ赋值为1.2时从国际市场上购买的粮食多，但当期的储备只有0.563亿亩，这需要高度友好的国际环境，才能确保粮食市场的平稳。对于追求“把中国人的饭碗牢牢端在自己手中”的中国社会而言，这是不可以接受的战略态势，因此，即使在“2050—2055年”基期中国的粮食安全战略环境显著改善，中国社会仍需将粮食安全忧患指数γ赋值为1.2。

如图7所示，“2050—2055年”基期与“2020—2025年”基期以及“2030—2035年”基期的变化趋势基本一致，若将“粮食安全忧患指数”的赋值从1.2逐步增加到2，国家储备将稳定在11亿亩以上，安心率稳定在1.2左右，而社会总福利则由于整个国家对于粮食安全过度忧虑而下降。显然，不关注或者过度忧虑粮食安全，在“2050—2055年”基期仍然不是合理选项。

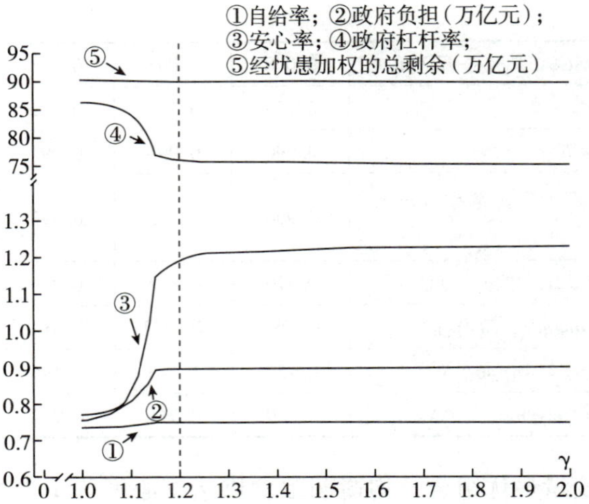

图 7　“2050—2055”基期忧患指数变化模拟

如表 9 所示，如果将战略存储限值从 0 增加到“基期”需求量的 2 倍（47. 28 亿亩），国内储备将从 0 逐步增加到 46. 663 亿亩，国内的粮食供给安心率则从 0. 736 逐步增加到 2. 691。

表 9　“2050—2055 年”基期战略存储限值变化对照分析

战略存储限值（$\bar{S}^G$，单位：亿亩）	0. 000	9. 456	11. 820	47. 280
中国国内粮食可用量（A_a，单位：亿亩）	17. 332	25. 754	28. 101	62. 938
均衡期国内储备（S_a，单位：亿亩）	0. 000	8. 641	11. 038	46. 663
中国国内均衡期价格（P_a，单位：基期为 1）	1. 050	1. 058	1. 061	1. 112
均衡期中国的产量（H_a，单位：亿亩）	17. 330	17. 548	17. 617	18. 609
均衡期的进口数量（X_b，单位：亿亩）	6. 257	6. 420	6. 468	7. 155
均衡期国内总福利（W_a，单位：万亿元）	90. 190	90. 026	89. 977	89. 248
经“忧患”加权的均衡期国内总福利（W_aXS，单位：万亿元）	90. 190	90. 010	89. 956	89. 158
均衡期国内存储成本（*CostACC*，单位：万亿元）	0. 000	0. 082	0. 105	0. 452
经“忧患”加权的均衡期国内存储成本（*CostACCXS*，单位：万亿元）	0. 000	0. 098	0. 127	0. 542
均衡期国内自给率（*Zijilv*）	0. 736	0. 746	0. 749	0. 794
均衡期内需满足率（*duanquelv*）	0. 996	0. 995	0. 994	0. 990
经“忧患”加权的均衡期内需满足率（*duanqueXS*）	0. 995	0. 994	0. 993	0. 988
均衡期政府调控支出（*ZFfudan*，单位：万亿元）	0. 766	0. 869	0. 899	1. 336
均衡期国内的粮食供给安心率（*Anxinlv*）	0. 736	1. 095	1. 195	2. 691
均衡期国内的生态涵养率（*hanyanglv*）	0. 928	0. 916	0. 913	0. 864

如图 8 所示，在战略存储限值从 0 增加到“基期”需求量的 2 倍（47.28 亿亩）的过程中，政府负担从 0.766 万亿元增加到 1.336 万亿元，增长近 1 倍。基于各类指标综合判断，确定“2050—2055 年”基期的最优战略存储限值为 11.82 亿亩。

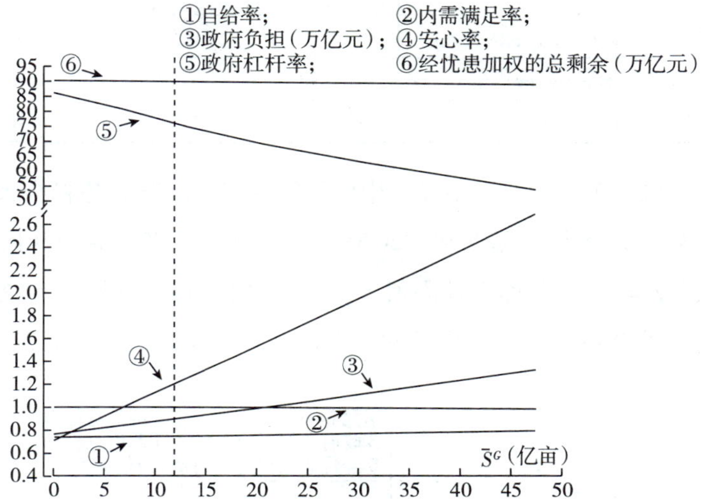

图 8　“2050—2055 年”基期战略存储限值变化模拟

显然，即使“2050—2055 年”基期的粮食安全战略环境显著改善，中国仍然无法脱离国际市场而独自达到粮食供需的最优均衡。如表 10 所示，在“2050—2055 年”基期，若禁止进口，即将粮食进口限值设为 0，国内的均衡价格将达到“基期”价格的 1.552 倍，意味着消费者福利将受到较大影响；内需满足率只有 0.958，即有超过 4% 的有效需求无法得到满足；生态涵养率则会降至 0.691，意味着如果技术进步无法提供超过 30% 的供给增长，国内的水土资源将面临严峻压力。

表 10　“2050—2055 年”基期粮食进口限值变化对照分析

粮食进口限值（$\bar{X}$，单位：亿亩）	0.000	8.040	8.844	19.296
中国国内均衡期价格（P_a，单位：基期为 1）	1.552	1.061	1.054	1.051
均衡期中国的产量（H_a，单位：亿亩）	23.261	17.617	17.475	17.433
均衡期的进口数量（X_b，单位：亿亩）	0.000	6.468	6.615	6.662
均衡期国内总福利（W_a，单位：万亿元）	86.393	89.977	90.040	90.061
经“忧患”加权的均衡期国内总福利（W_aXS，单位：万亿元）	86.367	89.956	90.019	90.040
均衡期国内生产者剩余（*PSA*，单位：万亿元）	3.946	1.835	1.805	1.796
均衡期国内消费者剩余（*CSA*，单位：万亿元）	83.985	89.010	89.093	89.118
均衡期国内存储成本（*CostACC*，单位：万亿元）	0.132	0.105	0.104	0.103
均衡期国内自给率（*Zijilv*）	1.026	0.749	0.742	0.741

续表

均衡期内需满足率（*duanquelv*）	0.958	0.994	0.995	0.995
经“忧患”加权的均衡期内需满足率（*duanqueXS*）	0.950	0.993	0.994	0.994
均衡期政府调控支出（*ZFfudan*，单位：万亿元）	1.564	0.899	0.881	0.875
均衡期国内的粮食供给安心率（*Anxinlv*）	1.493	1.195	1.186	1.184
均衡期国内的生态涵养率（*hanyanglv*）	0.691	0.913	0.920	0.922

当然，只要中国合理利用国际市场，中国的粮食安全战略态势将会大幅改善，调控的空间远高于“2030—2035 年”基期和“2020—2025 年”基期。如图 9 所示，在保持“粮食安全忧患指数”$\gamma=1.2$、战略存储限值 $\bar{S}^G=11.82$ 亿亩的前提下，将粮食进口限值从 0 逐步增加到国内“综合粮食”生产禀赋的 1.2 倍（19.296 亿亩），生态涵养率将从 0.691

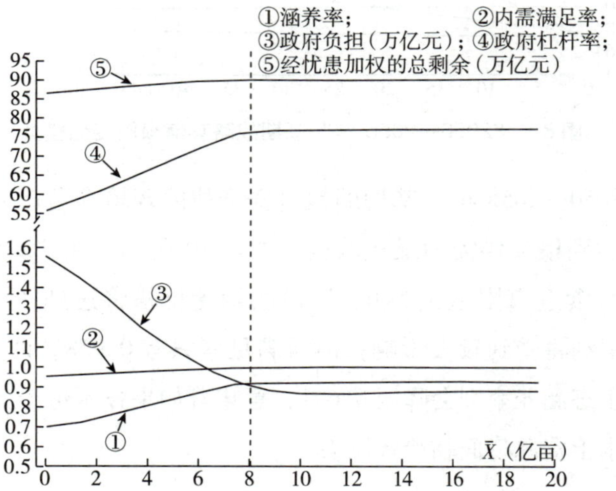

图 9 “2050—2055 年”基期进口限值变化模拟

逐步增长到 0.922，其余各项评价指标也将逐步改善。当“综合粮食”进口限值提高到 8.844 亿亩之后，再继续提高粮食进口限值，表征粮食安全形势的各项指标都保持基本稳定，因此，本文将最优进口限值设定为 8.844 亿亩。

六、简要结论及政策含义

本文首次构造了“粮食安全忧患指数”，量化表征中国社会对粮食安全的“忧患程度”，并基于跨期市场均衡将其定量表述为：国家把当期为下一期提前拥有的一单位粮食赋值为当期市场价值的倍数。同时，在自由市场均衡的基础上，又确定了经“忧患”加权的存储成本、经“忧患”加权的消费者剩余、经“忧患”加权的总福利三项参数，从不同维度进一步量化表征国家对于粮食安全的“忧患程度”。

基于 Matlab 架构的 RECS 语言，本文构造了经优化加权的粮食政策模拟体系，并根据现实决策需要，确定均衡期国内自给率、均衡期内需满足率、均衡期生态涵养率、均衡期粮食供给安心率、均衡期政府调控支出、均衡期政府调控杠杆率、均衡期国内总福利、经“忧患”加权的均衡期国内总福利 8 项指标构成了复合评价体系。

在本文构造的 RECS 粮食政策模拟体系中，通过扫描式调节战略存储限值、粮食进口限值、“粮食安全忧患指数”三项外生变量，综合分析不同政策条件下 8 项指标动态制约的演化结果，最终确定“2020—2025 年”基期、“2030—2035 年”基期和“2050—2055 年”基期的最优政策工具组合。各项评价指标之间动态交织、相互制衡，并会随着政策工具的变化此消彼长，针对各项评价指标，综合考虑中国社会能够接受的合理区间，本文确定了最优政策变量组合。

在“2020—2025 年”基期，初步确定政策变量最优组合为：中国社会将“粮食安全忧患指数”γ 赋值为 1.3（其含义是一单位粮食存储到下一期的国家赋值是市场赋值的 1.3 倍），粮食进口限值 $\bar{X}$ 为 8.844 亿亩，战略存储限值 $\bar{S}^G$ 为 12.085 亿亩。

在“2030—2035 年”基期，最优政策变量组合为：中国社会将“粮食安全忧患指数”γ 赋值为 1.45，粮食进口限值 $\bar{X}$ 为 9.648 亿亩，战略存储限值 $\bar{S}^G$ 为 12.34 亿亩。

在“2050—2055 年”基期，最优政策变量组合为：中国社会将“粮食安全忧患指数”γ 赋值为 1.2，粮食进口限值 $\bar{X}$ 确定为 8.844 亿亩，战略存储限值 $\bar{S}^G$ 确定为 11.82 亿亩。

对于上述选定的外生变量最优组合，均衡期粮食供给安心率均大于 1.15，意味着中国可以支配的粮食供给量（上一期的储备余量加当期的自给产量）超过当期消费量的 1.15 倍，坚守了中国人“手中有粮，心里不慌”的心理底线；均衡期国内生态涵养率均超过 0.91，生态压力处于可控范围内；其余各项评价指标均处于中国社会能够接受的合理区间。

政策模拟结果表明，无论是在“2020—2025 年”基期、“2030—2035 年”基期，还是在“2050—2055 年”基期，如果完全不“忧患”粮食安全问题，都会导致粮食供给安心率下降到 0.8 以下，意味着有超过 20% 的“综合粮食”需要依赖当期国际市场。由于当期进口受制于国际政治和贸易的当期博弈，中国并不能完全掌控，会导致中国丧失在自身粮食安全体系中的主导权。然而，如果因过度担忧粮食安全而过分强调自给率，则会陷入因“忧患”而导致粮食短缺和生态环境恶化的“忧患陷阱”，走向因为“忧患”所以更加“忧患”的恶性循环。即便使用“安心率”替代“自给率”作为评价指标，过度“忧患”也会带来沉重的财政负担并降低社会总福利水平，这凸显了精准把控“忧患”程度的重要性。

参考文献

[1]蔡昉,王美艳. 从穷人经济到规模经济——发展阶段变化对中国农业提出的挑战[J]. 经济研究,2016(5).

[2]陈飞,范庆泉,高铁梅. 农业政策、粮食产量与粮食生产调整能力[J]. 经济研究,2010(11).

[3]陈飞,翟伟娟. 农户行为视角下农地流转诱因及其福利效应研究[J]. 经济研究,2015(10).

[4]程国强,朱满德. 新冠肺炎疫情冲击粮食安全:趋势、影响与应对[J]. 中国农村经济,2020(5).

[5]程名望,黄甜甜,刘雅娟. 农村劳动力外流对粮食生产的影响:来自中国的证据[J]. 中国农村观察,2015(6).

[6]程名望,贾晓佳,仇焕广. 中国经济增长(1978—2015):灵感还是汗水?[J]. 经济研究,2019(7).

[7]柯炳生. 更好发挥两个作用 牢固保障粮食安全[J]. 农村工作通讯,2020(4).

[8]倪国华,郑风田. 中国应如何量化选择粮食政策工具?——基于社会总福利最优的决策参数模拟研究[J]. 经济研究,2019(9).

[9]Deaton A, Laroque G. On the behaviour of commodity prices[J]. Review of Economic Studies, 1992(59):1 – 23.

[10]Gouel C, Gautam M, Will J. Managing food price volatility in a Large open country: The case of wheat in India[J]. Oxford Economic Papers – New Series, 2016, 68(3): 811 – 835.

[11]Gouel C, Legrand N. Estimating the competitive storage model with trending commodity prices[J]. Journal of Applied Econometrics, 2017, 32(4): 744 – 763.

[12]Gouel C, Jean S. Optimal food price stablization in a small open developing country[J]. World Bank Economic Review, 2015, 29(1):72 – 101.

[13]International Food Policy Research Institute (IFPRI). 2020 global food policy report: Building inclusive food systems[Z]. Washington D C: International Food Policy Research Institute, 2020.

[14]Miranda M J, Helmberger P G. The effects of commodity price stabilization programs[J]. The American Economic Review, 1988, 78(1): 46 – 58.

[15]Newbery D M G, Stiglitz J E. Optimal commodity stock – piling rules[J]. Oxford Economic Papers, 1982, 34(3):403 – 427.

[16]United Nations (UN) Department of Economic and Social Affairs. World population

prospects 2019: Highlights[Z]. New York: Population Division of the United Nations Department of Economic and Social Affairs, 2019.

[17] United States Department of Agriculture (USDA). USDA agricultural projections to 2028 Report[R]. Washington D. C.: United States Department of Agriculture, 2019.

[18] Wright B. Storage and price stabilization. Handbook of agricultural eeconomics[Z]. B. L. Gardner & G. C. Rausser (ed.), Handbook of Agricultural Economics, volume 1 B, 817 - 861, Elsevier, 2001.

家族涉入视角下家族企业推动共同富裕的逻辑、机制及政策

程熙鎔[①]　黄文琴[②]

摘　要：共同富裕是中国式现代化的本质要求，在推动共同富裕的进程中，家族企业大有可为。本文论证了家族企业如何从初次分配、再分配和第三次分配的角度推动共同富裕，并从家族企业区别于非家族企业的最大特点——家族涉入出发，阐释家族企业促进共同富裕的作用机制，提出了三个理论命题，即在社会情感财富和企业社会责任的作用下，当家族涉入程度越高时，家族企业对初次分配、再分配和第三次分配的推动力量越强。在此基础上，本文提出了鼓励家族企业"先富起来"、做大经济"蛋糕"，鼓励家族企业提高员工待遇、扩大对家族企业依法纳税的宣传效应，鼓励家族企业"先富带动后富"等助力家族企业推动共同富裕的政策建议。

关键词：家族涉入；家族企业；共同富裕；初次分配；再分配；第三次分配

一、引言

共同富裕是社会主义的本质要求，是中国式现代化的重要特征，是中国共产党成立以来的一贯追求。党的十九届五中全会提出，到2035年全体人民共同富裕要取得更为明显的实质性进展[③]。2021年8月，在中央财经委员会第十次会议上，习近平总书记对推进全体人民共同富裕做出重要部署，即中国正在向第二个百年奋斗目标迈进，为了适应中国社会主要矛盾的变化，更好满足人民日益增长的美好生活需要，必须把促进全体人民共同富裕作为为人民谋幸福的着力点，不断夯实党的长期执政基础[④]。在党的第二十次全国代表

---

① 程熙鎔，北京工商大学经济学院，讲师，研究方向为企业经济、创新经济。

② 黄文琴（通讯作者），北京工商大学经济学院，硕士研究生，研究方向为企业经济、创新经济。

③ 习近平．中国共产党十九届五中全会会议公报[R]．2020－10.

④ 习近平．扎实推进共同富裕[J]．求是，2021(20).

大会上，习近平总书记提出，中国式现代化是人口规模巨大的现代化，是全体人民共同富裕的现代化，必须扎实推进共同富裕，实现全体人民共同富裕①。

然而，实现共同富裕是一个长期发展过程，在中国当前发展仍然不平衡、不充分的局面下，共同富裕的实现面临着诸多挑战：中国仍然是中等偏上收入的国家，属于发展中国家队列，与发达国家的经济水平相比存在较大差距；中国居民收入差距居高不下，表现为地区收入差距、城乡收入差距和劳动者的工资差距②。因此，推动共同富裕必须在保持经济高速、高质量增长的同时不断缩小居民收入差距。这就要求构建初次分配、再分配和第三次分配协调配套的基础制度③。其中，初次分配是根本，在做大经济“蛋糕”的基础上，以按劳分配为主，体现效率优先原则；再分配是关键，要分好经济“蛋糕”，采用税收调节、公共产品、社会救助、转移支付等，体现公平优先原则；第三次分配是补充，在市场和政府调节收入分配失灵时，以社会力量为主奉献“蛋糕”，遵守自觉自愿原则，充分发挥慈善事业的作用，改善收入和分配格局，推进共同富裕的实现④⑤。

通过三种分配方式协调联动实现全体人民共同富裕，必须建立在高度发达的社会生产力这个物质基础上。经济的高度发展是共同富裕的基础和前提。经济基础的核心是生产资料所有制，推进共同富裕必须坚持社会主义公有制为主体、多种所有制经济共同发展的基本经济制度。党的二十大报告提出，必须毫不动摇地巩固和发展公有制经济，毫不动摇地鼓励、支持、引导非公有制经济发展⑥。在改革开放40多年后，我国的非公有制经济迅速发展，其就业人员在城镇劳动力总量中的比重、工业总产值占比以及全社会固定资产投资占比均已超过60%⑦。作为公有制经济的有益补充，非公有制经济是实现共同富裕的重要力量，尤其是占非公有制经济比重较大的民营经济，对于推动全体人民实现共同富裕的现代化有重要作用。习近平总书记在民营企业座谈会上明确提出，民营经济是我国经济制度的内在要素，民营企业和民营企业家是我们自己人。民营经济是共同富裕进程的重要参与者和推动者。民营经济创造的物质财富和精神财富可以将共同富裕的“蛋糕”做大，提供的大量就业机会可以作为广大人民群众实现共同富裕的途径⑧。

---

① 习近平．中国共产党第二十次全国代表大会会议报告[R].2022－10.

② 李实,朱梦冰．推进收入分配制度改革促进共同富裕实现[J]．管理世界,2022(1):52－61.

③ 戎生贤,洪远朋,陶友之．我国当前收入分配中的问题与治理探析[J]．复旦学报(社会科学版),2014(5):125－130.

④ 蒋永穆,谢强．扎实推动共同富裕:逻辑理路与实现路径[J]．经济纵横,2021(4):15－24.

⑤ 李海舰,杜爽．推进共同富裕若干问题探析[J]．改革,2021(12):1－15.

⑥ 习近平．中国共产党第二十次全国代表大会会议报告[R].2022－10.

⑦ 陈宗胜,王晓云,周云波．新时代中国特色社会主义市场经济体制逐步建成——中国经济体制改革四十年回顾与展望[J]．经济社会体制比较,2018(4):24－41.

⑧ 邹升平,程琳．论民营经济参与共同富裕进程的机理、原则与路径[J]．内蒙古社会科学,2021(6):114－122.

而中国的民营经济普遍采用家族所有的形式①，这些家族企业是中国实现高质量发展和实现共同富裕的微观基础，为推动员工共富、产业共富和社会共富积极贡献力量②。家族企业充分发挥市场主体的活力，将经济"蛋糕"做大，为中国经济的高质量发展注入活力；积极缴税，助力国家财政收入保障民生；以多种形式参与第三次分配，主动投身公益慈善事业，积极参与扶贫攻坚工程，推动社会走向共同富裕。

然而，已有研究普遍从经济学和社会学角度探索共同富裕问题，较多地关注对共同富裕思想的论证③④，公有制、按劳分配和国有经济对共同富裕的推动作用⑤，实现共同富裕的第三次分配机制⑥⑦，先富带动后富和收入差距问题⑧⑨。少量研究从理论层面关注民营经济对实现共同富裕的贡献，认为民营经济可以作为公有制的有益补充，民营经济的多种分配手段也可以辅助按劳分配发挥作用⑩⑪，如员工持股计划等⑫。

目前家族企业与共同富裕相关的研究较少，仅有部分家族企业研究涉及再分配和第三次分配当中的税收⑬、慈善捐赠⑭等问题。对于已有的研究成果，本文认为：第一，缺乏管理学领域的研究。已有研究普遍局限在经济学和社会学领域内考察共同富裕问题，未关注企业内部因素对共同富裕的促进作用。第二，忽视家族企业对共同富裕的推动作用。已有研究较多关注公有制、按劳分配、国有企业等对共同富裕的推动，鲜有研究聚焦对国民经济有重要贡献的家族企业如何助力共同富裕。第三，关注家族企业纳税、慈善捐赠等行为的研究未系统化地上升到共同富裕层面。已有研究孤立、零散地研究家族企业的积极纳税和慈善捐赠等行为，没有将研究置于实现共同富裕的背景下，研究没有形成体系。因此，考察家族企业对共同富裕的推动作用有较大的研究意义和研究价值。

基于此，本文将论证家族企业推动共同富裕的内在逻辑，并从家族企业区别于非家族

---

① 储小平. 家族企业研究:一个具有现代意义的话题[J]. 中国社会科学,2000(5):51-58.

② 李宝权. 与中国民营企业家携手奔赴共同富裕新征程——《2021工银企业家财富健康指数报告》发布会演讲实录[J]. 现代商业银行,2022(1):22-29.

③ 田孟清. 试论邓小平的民族经济思想[J]. 中南民族大学学报(人文社会科学版),2003(3):24-27.

④ 黄志亮. 高质量发展阶段的中国经济发展道路论[J]. 中国经济问题,2021(1):5-16.

⑤ 胡家勇,武鹏. 当前公有制促进共同富裕的三个着力点[J]. 经济学动态,2013(9):37-42.

⑥ 岳希明,周慧,徐静. 政府对居民转移支付的再分配效率研究[J]. 经济研究, 2021(9):17.

⑦ 吴海江. 三种分配方式协调联动是实现共同富裕的关键[J]. 人民论坛,2021(28):21-23.

⑧ 蒙慧. 从"先富"带动"后富"角度解析区域共同富裕困境[J]. 西南大学学报(社会科学版),2013(4):36-42.

⑨ 于金富. 缩小财富与收入差距　实现共同富裕的制度求解[J]. 马克思主义研究,2014(12):68-75.

⑩ 刘志国. 按劳分配与共同富裕间逻辑关系的非必然性[J]. 经济纵横,2009(1):45-48.

⑪ 邹升平,程琳. 论民营经济参与共同富裕进程的机理、原则与路径[J]. 内蒙古社会科学,2021(6):114-122.

⑫ 方秀丽. 推行员工持股计划是实现共同富裕的最佳制度安排[J]. 生产力研究,2006(6):204-205.

⑬ 许文建. 税收竞争、家族企业税收规避与环境信息披露[J]. 财会通讯,2020(19):72-75.

⑭ 陈凌,陈华丽. 家族涉入、社会情感财富与企业慈善捐赠行为——基于全国私营企业调查的实证研究[J]. 管理世界, 2014(8):90-101.

企业的最大特点——家族涉入出发，阐释家族企业促进共同富裕的作用机制，提出家族企业推动共同富裕的三个命题，在此基础上，给出家族企业助力共同富裕的政策体系和管理建议。这将丰富管理学领域和家族企业领域关于共同富裕的理论研究，也将为家族企业切实推进共同富裕提供实践启示。

二、家族企业与初次分配

关于家族企业的界定，学术界尚未形成统一的标准，但是学者们存在共识，即家族对于家族企业的涉入是家族企业不同于非家族企业的典型特征[①][②]。家族涉入包括很多方面，如家族所有、家族控制、家族管理、家族价值观与愿景、家族文化[③]、家族亲属关系[④]等。其中，家族对家族企业的所有权和控制权是家族涉入企业的关键所在，通过所有权和控制权，家族可以向董事会、监事会和高管团队派遣家族成员，将自身意愿、价值观和文化融入企业的管理和经营中[⑤]。因此，对于家族企业的界定，本文采用 Schmid 等（2014）的定义，认为家族企业必须满足以下三个条件：最终控制人为自然人或家族；最终控制人对企业控股比例高于 10%；有家族成员参与高管团队，即在董事、监事或高管的职位上任职[⑥]。在此基础上，本文论证家族企业对共同富裕的推动作用。

（一）家族企业推动初次分配的内在逻辑

初次分配指按照生产要素的贡献分配收入。初次分配由市场机制主导，每个劳动者在市场竞争中投入生产要素，并获得与要素贡献相符的收入和财富。生产要素包括劳动、资本、土地和管理、技术、信息等，可以分别带来工资、利润、地租、超额利润等收入。在这个过程当中，市场按照竞争性原则发挥主要作用[⑦]。党的二十大报告中提及，我国要完善分配制度，坚持按劳分配为主体、多种分配方式并存，坚持多劳多得，鼓励勤劳致富，促进机会公平，增加低收入者收入，扩大中等收入群体，规范收入分配秩序，规范财富积

---

① 徐炜，马树元，王赐之．家族涉入、国有股权与中国家族企业国际化[J]．经济管理，2020(10)：102－119.

② Chua J H, Chrisman J J, Sharma P. Defining the family business by behavior[J]. Entrepreneurship Theory and Practice, 1999(23)：19－39.

③ 杨学儒，李新春．家族涉入指数的构建与测量研究[J]．中国工业经济，2009(5)：97－107.

④ 程熙镕，于晓东，焦立轩．亲缘关系对家族企业资产结构及绩效影响研究——基于委托代理理论和社会情感财富理论的视角[J]．北京工商大学学报(社会科学版)，2019(4)：115－126.

⑤ Su W, Lee C. Effects of corporate governance on risk taking in Taiwanese family firms during institutional reform[J]. Asia Pacific Journal of Management, 2013(30)：809－823.

⑥ Schmid T, et al. Family firms and R&D behavior: New evidence from a large－scale survey[J]. Research Policy, 2014(43)：233－244.

⑦ 唐任伍，李楚翘．共同富裕的实现逻辑：基于市场、政府与社会"三轮驱动"的考察[J]．新疆师范大学学报(哲学社会科学版)，2022(1)：103－112.

累机制[①]。以劳动生产要素创造的工资为收入主体是我国当前初次分配的基本情况。

从初次分配角度推动共同富裕，可以着眼于两处：一方面，要推动人民群众富裕，即把经济这块“蛋糕”做大做强，可以让一部分地区或一部分人先富起来，先富带动后富，最终达到共同富裕；另一方面，要推动人民群众共富，居民收入差距在很大程度上是由初次分配造成的，因此减小贫富差距、实现共同富裕必须在初次分配中抑制导致收入差距的因素[②]。

在这两方面，家族企业都可以贡献力量。首先，家族企业是民营经济的重要组成部分，家族企业推动了民营经济的蓬勃发展。家族企业购买土地和机器设备，建设厂房，招募工人组织生产；发现市场机会，寻找合适的技术，募集生产资金并实施生产经营计划；不断研发创新，革新技术并参与国内国际市场竞争。家族企业创造的财富为“先富”贡献了物质基础，其吸纳的就业为“共富”创造了条件。其次，与非家族企业相比，家族企业往往更加重视社会情感财富，即企业满足家族情感需求的非经济效用[③]。为了留存社会情感财富，家族企业可以适当降低对经济目标的追求，在风险承担、环境绩效、代理合约、人力资源管理、利益相关者参与上都表现积极[④]。因此，大规模裁员、压榨员工工资等加剧初次分配不平等的行为在家族企业中较为少见。最后，需要注意的是，社会性质决定价值分配的性质，所以在社会主义体系中的家族企业和企业家不同于资本主义体系中，他们不是剥削者而是劳动者，都为了实现社会主义共同富裕的现代化这个目标而奋斗[⑤]。

（二）家族涉入视角下家族企业推动初次分配的机制

与非家族企业不同，家族企业在追求经济目标之余，对一系列满足社会情感财富的非经济目标也有强烈偏好，如满足归属、情感和亲密的需求，实现家族愿景、价值观和使命的需求，对家族社会资本的保护和家族王朝的延续，以及以利他主义对待家族成员[⑥]。留存社会情感财富对家族和家族企业至关重要，家族企业的战略决策不仅需要满足经济目标，还必须纳入留存社会情感财富的非经济目标。当社会情感财富有可能损失时，家族企

---

① 习近平．中国共产党第二十次全国代表大会会议报告[R]. 2022－10.

② 杜玉申，张屹山，王广亮．要素禀赋和分配机制对初次分配的影响[J]. 学术月刊，2018(8)：53－68.

③ Gómez－Mejía L R, Haynes K, Núñez－Nickel M, Jacobson K, Moyano－Fuentes J. Socioemotional wealth and business risks in family－controlled firms: Evidence from Spanish olive oil mills[J]. Administrative Science Quarterly, 2007(52)：106－137.

④ Cennamo C, Berrone P, Cruz C, Luis R, Gómez－Mejía L R. Socioemotional wealth and proactive stakeholder engagement: Why family－controlled firms care more about their stakeholders[J]. Entrepreneurship Theory and Practice, 2012(36)：1153－1173.

⑤ 孟庆琳．政治经济学的理论突破与中国经济的第三次大发展[J]. 理论探讨，2003(1)：56－57.

⑥ 朱沆，叶琴雪，李新春．社会情感财富理论及其在家族企业研究中的突破[J]. 外国经济与管理，2012(12)：56－62.

业甚至愿意让渡家族和企业的一些经济效益①。这一结论得到众多研究的支持②③。

家族涉入是社会情感财富的前提④。一方面，家族涉入使得家族成员能够通过掌控董事会、监事会和高管层影响企业经营战略的制定、企业目标的设置、企业管理决策等⑤，从而获得和增进社会情感财富；另一方面，家族涉入程度越高，家族对企业的依赖越强。随着家族对企业的所有权和控制权比重越高，进入家族企业工作的家族成员越来越多，家族成员在企业内工作的时间越来越长，家族对企业的心理依赖将会越强⑥。家族成员越来越认识到，自身是企业的一员，企业是家族不可分割的部分⑦，企业不仅为家族提供财富和就业，还是家族的延伸和家族精神的具象化。

因此，当家族涉入程度越高时，家族企业越是希望基业长青和成为“百年老店”，重视企业发展壮大和绩效的不断增长，自发地为做大经济“蛋糕”添砖加瓦。为了保证家族对企业的控制和保留社会情感财富，他们愿意让渡企业的部分经济利益，如保持管理团队和员工队伍的稳定性，保持企业内部的凝聚力和降低离职率，提高员工的工资水平，设置员工持股计划，令员工参与持续的职业培训等。从而，当家族涉入程度越高时，家族企业对国民经济发展的贡献越大，对提供就业岗位、提升按劳分配的工资水平、增加按生产要素获得收入的途径等方面贡献越大。

因此，本文提出：

命题 1：家族涉入程度越高，家族企业对初次分配的推动力量越强。

其中，家族涉入程度可以从多个维度考察，包括但不限于：①家族所有权，即企业主及其家族成员对企业的所有者权益总额比例之和；②家族管理权，即家族成员是否进入董事会、监事会和高管团队，以及家族成员在其中的比例；③家族控制权，通过企业年度报告中“公司与实际控制人之间的产权及控制关系的方框图”和“股东关联关系或一致行动的说明”所开公开的信息，按照股权“控制链”计算得出的家族对企业持有的控制权；

---

① 陈凌，陈华丽．家族涉入、社会情感财富与企业慈善捐赠行为——基于全国私营企业调查的实证研究[J]．管理世界，2014(8)：90－101.

② Kets de Vries M F R. The dynamics of family controlled firms：The good and the bad news[J]. Organizational Dynamics，1993(21)：59－71.

③ Gómez－Mejía L R，Haynes K，Núñez－Nickel M，Jacobson K，Moyano－Fuentes J. Socioemotional wealth and business risks in family－controlled firms：Evidence from Spanish olive oil mills[J]. Administrative Science Quarterly，2007(52)：106－137.

④ 陈凌，陈华丽．家族涉入、社会情感财富与企业慈善捐赠行为——基于全国私营企业调查的实证研究[J]．管理世界，2014(8)：90－101.

⑤ 朱建安，陈凌，窦军生，王昊．制度环境、家族涉入与企业行为——转型经济视角下的家族企业研究述评[J]．山东社会科学，2015(2)：146－152.

⑥ Zellweger T M，Astrachan J H. On the emotional value of owning a firm[J]. Family Business Review，2008(21)：347－363.

⑦ Zellweger T M，Nason R S，Nordqvist M，Brush C G. Why do family firms strive for nonfinancial goals? An organizational identity perspective[J]. Entrepreneurship Theory and Practice，2013(37)：229－248.

④家族控制时间，即企业登记注册为私营企业的年数，若中途发生控股家族的变更，则自变更之日起计算年数[①]。

三、家族企业与再分配

（一）家族企业推动再分配的内在逻辑

再分配指在初次分配的基础上，各收入主体之间通过各种渠道实现现金或实物的转移，是政府对要素收入的再调节。自由市场主导的初次分配虽然为共同富裕奠定了巨大的物质基础，但是市场机制并非万能和完美的，市场机制可能会失灵，对于竞争能力不足、生产要素较为单一等各种因素导致在初次分配中收入较低的人群，初次分配无能为力。因此，需要由政府主导，在市场初次分配的基础上对人民群众的收入和财富进行调节，使得经济发展的成果被全民享有。通常而言，政府会对地区之间、城乡之间、不同部门之间和不同社会群体之间的收入和财富差异进行再分配和调节，以补充初次分配和市场机制的不足[②]。

再分配有多重措施，包括税收调节、基本公共服务均等化、对低收入群体的转移支付等，其中，税收调节在再分配过程中处于核心关键位置。对于不同收入水平的群体，税收可以调节过高收入、保障较低收入、缩小贫富差距；对于不同地区，采用税收减免措施缩小区域之间的收入差异；对于城市和乡村，通过一系列税费改革措施减少乡村应交税额，缩小城乡之间的收入差异；对于不同部门，采取倾向性的税收优惠政策支持特定领域和产业发展，例如新能源汽车产业、芯片产业等，以推动资金和技术在不同产业之间的流动[③]。

家族企业对再分配的推动作用主要体现在税收这一环节。通过企业所得税，家族企业向政府缴纳了自身利润的一部分；通过个人所得税，属于高收入群体的家族成员负担了比例更高的税款，调节了过高收入；通过财产税，如房产税、遗产税等，无论家族成员的高收入是何来源，都必须承担较高的税收负担[④]，从而缩小高收入的家族成员与低收入群体之间的财富差距。

（二）家族涉入视角下家族企业推动再分配的机制

社会情感财富理论认为，家族企业追求基业长青和家族传承，为了实现长远的发展目

---

① 杨学儒，李新春．家族涉入指数的构建与测量研究[J]．中国工业经济，2009(5)：97－107.

②③ 唐任伍，李楚翘．共同富裕的实现逻辑：基于市场、政府与社会“三轮驱动”的考察[J]．新疆师范大学学报(哲学社会科学版)，2022(1)：103－112.

④ 李旭红．第三次分配视角下促进共同富裕的税收政策选择[J]．税务研究，2021(11)：14－17.

标，家族企业愿意牺牲一些短期利益[①][②]。随着家族成员对企业的经营管理涉入越多，参与企业的时间越久，家族成员与企业的联系日益紧密。尤其在中国，大部分家族企业的董事长或 CEO 同时也是企业的创始人，他们对企业抱有深厚的情感[③]，也就更加看重社会情感财富和企业的长期发展目标。

从家族企业承担社会责任的角度来看，由于家族企业具有长期发展与传承导向，因此更为关心利益相关者的利益，比较愿意承担社会责任[④]。如果家族企业或家族成员做出损害利益相关者的行为，家族企业的声誉也会受到影响，进而损害家族企业的利益与资产，因此家族企业愿意承担社会责任以树立良好的形象与声誉。除此之外，承担社会责任往往能够让家族成员积累更多社会资本，如政治关联资本，这有助于家族企业持续健康发展[⑤]。

积极纳税是企业最基本的社会责任。尽管税收激进活动在短期可以给企业节约税收和增加现金流，但是从长期来看却对企业不利。一旦企业违法的税收激进活动被政府税务监管部门发现，将极大地损害家族企业和家族成员的声誉。家族涉入程度越高，家族成员和家族企业越看重社会情感财富，越不愿意通过税收激进活动导致社会情感财富可能的损失[⑥]。换句话说，家族涉入程度越高，家族企业越积极缴税，为国家财政收入做出贡献，从而保障政府主导的再分配过程。

因此，本文提出：

命题 2：家族涉入程度越高，家族企业对再分配的推动力量越强。

四、家族企业与第三次分配

（一）家族企业推动第三次分配的内在逻辑

第三次分配的概念由我国经济学家厉以宁教授在 20 世纪 90 年代出版的著作《股份制和市场经济》中提出，指在初次分配和再分配结果的基础上，在道德力量、社会责任心、个人信念等作用下的现金或实物的转移，如社会救助、民间捐赠、慈善事业和志愿者行动

---

① Gómez – Mejía L R, Haynes K, Núñez – Nickel M, Jacobson K, J Moyano – Fuentes. Socioemotional wealth and business risks in family – controlled firms: Evidence from Spanish olive oil mills [J]. Administrative Science Quarterly, 2007(52): 106 – 137.

② Berrone P, Cruz C, Gomez – Mejia L R. Socioemotional wealth in family firms theoretical dimensions, assessment approaches, and agenda for future research[J]. Family Business Review, 2012(3): 258 – 279.

③ 周立新. 家族涉入与企业社会责任——来自中国制造业的经验证据[J]. 经济管理, 2011(9): 45 – 53.

④ Bingham J B, et al. A stakeholder identity orientation approach to corporate social performance in family firms[J]. Journal of Business Ethics, 2011(99): 565 – 585.

⑤ 周立新. 家族涉入与企业社会责任——来自中国制造业的经验证据[J]. 经济管理, 2011(9): 45 – 53.

⑥ 蔡地, 罗进辉. CEO 类型影响家族企业的税收激进程度吗? [J]. 经济管理, 2015(9): 63 – 72.

等，基本不涉及政府的调节行为①。我国著名经济学家成思危也提出，“三次分配非常重要”，是对二次分配的重要补充②。随后，关于第三次分配的研究逐渐增多，并最终被党中央的文件所采用③。党的十九届四中和五中全会、我国“十四五”规划和2035年的愿景目标纲要都提出，要发挥第三次分配的作用，优化当前人民群众的收入和财富分配局面。党的二十大报告提出，构建初次分配、再分配、第三次分配协调配套的制度体系④。第三次分配早已被纳入基础性的制度安排⑤。

第三次分配是由市场主导的初次分配和由政府主导的再分配的有益补充，是“看不见的手”和“看不见的手”之外的第三条促进共同富裕的主要途径，具有道德性、民间性、公益性、自愿性和社会性的特征⑥。经济发展的实践证明，市场存在失灵，政府也无法调控所有经济行为，所以依靠市场和政府二者的力量仍然会导致社会财富分配不均、贫富差距扩大。这就使得基于社会力量的第三次分配成为必要⑦⑧。

当前，第三次分配在我国仍然属于起步阶段，但随着国民经济的不断发展和社会财富力量的增强，社会各界参与第三次分配的积极性和能力不断提升⑨。其中以慈善捐赠的发展最快，在各种灾害情况发生时，受灾地区和人民收到了社会力量捐赠的资金和物品，这有助于消除绝对贫困和防止受灾群众因灾返贫。在脱贫攻坚活动中，也经常可以看到社会力量参与贫困地区建设，提供志愿服务，以及教育、医疗、技术等。

家族企业在第三次分配中发挥了重要作用。家族成员和家族企业有能力为第三次分配提供人力、物力、财力和技术的支持。一方面，家族成员作为“先富”，比社会上大多数人拥有更多的物质资源，能够享受到更高水平的教育、医疗和技术服务，能够接触到更广泛和高质量的人际网络，也有较多的时间和精力去提供志愿服务而不用为生计疲于奔命。另一方面，家族企业除了积累大量财富之外，还具备优秀的组织、经营和管理能力，能够筹备和举办好慈善公益活动，号召更多的社会力量一起参与，有条不紊地安排人员、物资、技术的投入和使用。因此，在助力第三次分配，尤其是慈善捐赠、公益事业、脱贫攻

---

① 厉以宁．股份制与现代市场经济［M］．南京：江苏人民出版社，1994：79.

② 成思危提倡“三次分配”全力构建合理分配制度［EB/OL］．人民网．http：// npc. people. com. cn/GB/14554/3771858. html.

③ 邓国胜．第三次分配的价值与政策选择［J］．人民论坛，2021（24）：42－45.

④ 习近平．中国共产党第二十次全国代表大会会议报告［R］．2022－10.

⑤ 江亚洲，郁建兴．第三次分配推动共同富裕的作用与机制［J］．浙江社会科学，2021（9）：76－83.

⑥ 白光昭．第三次分配：背景、内涵及治理路径［J］．中国行政管理，2020（12）：120－124.

⑦ 宋林飞．第三次分配是构建和谐社会的重要途径［J］．学海，2007（3）：68－72.

⑧ 元晋秋．坚持和完善我国基本分配制度要重视发挥第三次分配作用［J］．现代经济探讨，2020（9）：9－14.

⑨ 唐任伍，李楚翘．共同富裕的实现逻辑：基于市场、政府与社会“三轮驱动”的考察［J］．新疆师范大学学报（哲学社会科学版），2022（1）：103－112.

坚活动上，家族成员和家族企业具备优质的能力、条件和资源。

家族企业和家族成员也有较强的意愿和动机助力第三次分配。首先，传统的分配方式满足了人们低层次的需求，而第三次分配满足了人们追求尊重和实现自我价值的高层次需求[①]，富含精神力量、道德力量和文化价值力量[②]。在物质上已经较为丰沛的家族成员和家族企业，往往在精神上有更高的追求。其次，第三次分配也能带来一些经济上的动力，例如慈善捐赠带来的税收减免和股价提升。慈善捐赠不仅可以部分或者全部抵消应纳税所得，减轻个人和企业的税收负担，还可以拉升家族企业的股价，增加企业股东的财富，因为投资者会奖励注重社会责任的企业[③]。再次，与家族企业未建立正式契约关系的群体，如政府、媒体、社区等，是家族企业的外部利益相关者，他们会给企业的发展带来间接影响或受到企业行为的间接影响[④]。家族企业愿意与外部利益相关者沟通，响应外部利益相关者的需求，以赢得他们的支持，保障企业的长足发展[⑤]。最后，参与第三次分配，如捐款、救灾、扶贫和助学等活动，也有助于树立家族成员和家族企业的声誉，积累家族的社会资本，维护家族和企业的正面形象，甚至抵消公众对其负面消息的不良印象，对于留存家族的社会情感财富有重要作用[⑥⑦]。因此，家族企业和家族成员对参与第三次分配的热情日益高涨。

（二）家族涉入视角下家族企业推动第三次分配的机制

家族是嵌入企业组织的独特社会组织，是企业主要的最终控制人。家族涉入，如家族的所有权与控制权、家族传承情况、家族价值观与家风文化等，会对家族企业的社会情感财富和社会责任行为产生重要影响[⑧]。家族对企业涉入程度越高，有利于企业声誉和形象的行为可能给家族带来的物质资本获利就越大，反之可能给家族带来的物质资本损失就越大，这会激励家族更加注重留存社会情感财富和承担社会责任。同时，家族成员涉入企业程度越高，越能对企业经营管理面临的挑战和机遇感同身受[⑨]，就越会关心家族企业的社

---

① 王名，蓝煜昕，王玉宝，陶泽．第三次分配：理论、实践与政策建议［J］．中国行政管理，2020（3）：101－105.

② 李贤，崔博俊．共同富裕视角下的慈善活动［J］．思想战线，2021（6）：20－29.

③ 蔡地，沈达勇，刘雪萍．家族控制的上市公司更加“乐善好施”吗［J］．当代经济科学，2016（2）：103－114.

④ 叶艳，李孔岳，胡桂梅．家族企业社会责任的选择性参与［J］．北京理工大学学报（社会科学版），2019（3）：76－85.

⑤ 邹立凯，宋丽红，梁强．“后天的慈善家”——传承背景下家族企业慈善捐赠研究［J］．外国经济与管理，2020（3）：118－135.

⑥ 许金花，李善民，张东．家族涉入、制度环境与企业自愿性社会责任——基于第十次全国私营企业调查的实证研究［J］．经济管理，2018（5）：37－53.

⑦ 叶艳，李孔岳，胡桂梅．家族企业社会责任的选择性参与［J］．北京理工大学学报（社会科学版），2019（3）：76－85.

⑧ 周立新．家族涉入与企业社会责任——来自中国制造业的经验证据［J］．经济管理，2011（9）：45－53.

⑨ 杨舟．家族所有权如何影响家族企业慈善捐赠行为？——基于 A 股上市公司研究［J］．河北经贸大学学报（综合版），2022（3）：54－63.

会情感财富和企业社会责任。而且，我国的家族企业通常是由第一代创业者所有或管理，他们对企业有深厚的情感，常常将企业视为家族声誉和形象的象征，因此会更加注重采取负责任的社会行为①。

因此，本文提出：

命题3：家族涉入程度越高，家族企业对第三次分配的推动力量越强。

五、家族企业助推共同富裕的政策建议

家族企业通过推动初次分配、再分配和第三次分配促进社会实现共同富裕。这个过程需要政府、家族企业以及家族成员的共同参与。为了使家族企业更加有效地推动共同富裕的实现，必须从初次分配、再分配和第三次分配的角度提供多样化的政策支持。基于前文的分析，本文提出以下家族企业助力共同富裕的政策建议。

（一）鼓励家族企业“先富起来”，做大经济“蛋糕”

促进经济快速高质量发展是实现共同富裕的基础条件，只有不断做大经济“蛋糕”，人民群众才能共享越来越大的经济成果②。由于中国各区域、各群体之间发展不平衡、不充分，实现共同富裕的基础和条件差异较大，要让一部分人和一部分地区先富起来③。作为民营经济的重要组成部分，应鼓励家族企业通过勤劳致富，通过创新创业先富起来，保护家族企业的财产，通过各项政策和制度激发家族企业的市场活力，使其具有更高的生产效率，为国家和社会创造更多财富。

（二）鼓励家族企业提高员工待遇

在当前的中国，受到资源稀缺性的限制，资本要素仍然相对稀缺，劳动要素相对丰富。这意味着以劳动为主要生产要素而依赖工资收入的个人和家庭将在初次分配中处于弱势地位④⑤。而劳动者的技术和管理能力，需要大量的先期时间和金钱投入，这与物质资本是一样的，而目前的报酬体系却不按照人力资本分红，而是根据劳动时间决定劳动者的收入。要调节初次分配，可以尝试提升个人的要素质量或改变个人的要素组合。在提升个人的要素质量方面，鼓励家族企业为员工提供长期的技能培训，增加员工从事专门职业的

---

① 阳镇，马光源，陈劲．企业家综合地位、家族涉入与企业社会责任——来自中国私营企业调查的微观证据[J]．经济学动态，2021(8)：101－115.

② 韩保江．实现全体人民共同富裕：逻辑、内涵与路径[J]．理论视野，2021(11)：61－67.

③ 李海舰，杜爽．推进共同富裕若干问题探析[J]．改革，2021(12)：1－15.

④ 杜玉申，张屹山，王广亮．要素禀赋和分配机制对初次分配的影响[J]．学术月刊，2018(8)：53－68.

⑤ 方秀丽．推行员工持股计划是实现共同富裕的最佳制度安排[J]．生产力研究，2006(6)：204－205.

知识和技能，改造初级劳动要素，提升劳动要素的质量。这同时也能够降低家族企业在经济不景气时期的裁员率，即使员工最终离职，也能够凭借职业技能在短时间内找到新的工作。在改变个人的要素组合方面，鼓励家族企业根据自身情况，改善企业员工薪酬水平，设计员工持股计划、提供各种员工福利，这不仅可以提高员工为企业创造价值的积极性，还可以提升企业员工的收入效率与公平，推动共同富裕的实现。对于提供员工培训、员工持股计划等员工待遇的家族企业，政府可以采取措施给予多种激励。

（三）扩大对家族企业依法纳税的宣传效应

依法纳税是企业的义务，然而，为了尽可能多地截留利润，部分企业会采取各种手段，钻税法的漏洞，进行偷漏税或所谓的“合理”避税活动。这些行为极大地损害了国家的利益，减少了国家的财政收入，缩减了再分配过程中国家可以动用的资源。为了留存社会情感财富，树立良好的企业形象和声誉，家族企业大多较为积极地纳税，主动承担纳税的社会责任。政府可以出台政策奖励家族企业的积极纳税行为，扩大对家族企业依法纳税的宣传效应，使得家族企业推动共同富裕时不仅可以依靠“自律”，还有充分的政策保障和精神鼓励。

（四）鼓励家族企业“先富带动后富”

在社会主义经济制度中“先富”起来的家族企业，需要发扬“先富带动后富”的精神，主动承担社会责任，推动农村和中西部地区提高收入，助力贫困低收入人群增加收入和财富，积极参与产业、民生、智力、技术、文化教育支援活动，投身慈善捐赠与公益事业，帮助救灾、赈灾及灾后重建活动，在国家扶贫攻坚工程中提供力所能及的支持。鼓励家族企业成为推动共同富裕进程的贡献者，并且对于主动承担社会责任、积极推进共同富裕的家族企业，可以落实税收优惠政策、系统性褒奖制度等鼓励措施。

参考文献

[1]Berrone P, Cruz C, Gomez－Mejia L R. Socioemotional wealth in family firms theoretical dimensions, Assessment approaches, and agenda for future research[J]. Family Business Review, 2012(3):258－279.

[2]Bingham J B, et al. A stakeholder identity orientation approach to corporate social performance in family firms[J]. Journal of Business Ethics, 2011(99):565－585.

[3]Cennamo C, Berrone P, Cruz C, Luis R, Gómez－Mejía L R. Socioemotional wealth and proactive stakeholder engagement: Why family－controlled firms care more about their stakeholde-

rs[J]. Entrepreneurship Theory and Practice,2012(36):1153 – 1173.

[4]Chua J H, Chrisman J J,Sharma P. Defining the family business by Behavior[J]. Entrepreneurship Theory and Practice,1999(23):19 – 39.

[5] Gómez – Mejía L R, Haynes K, Núñez – Nickel M, Jacobson K, Moyano – Fuentes J. Socioemotional wealth and business risks in family – controlled firms: evidence from Spanish olive oil mills[J]. Administrative Science Quarterly,2007(52):106 – 137.

[6]Kets de Vries M F R. The dynamics of family controlled firms: The good and the bad news[J]. Organizational Dynamics,1993(21):59 – 71.

[7]Su W,Lee C. Effects of corporate governance on risk taking in Taiwanese family firms during institutional reform[J]. Asia Pacific Journal of Management,2013(30):809 – 823.

[8]Schmid T,et al. Family firms and R&D behavior: New evidence from a large – scale survey [J]. Research Policy,2014(43):233 – 244.

[9]Zellweger T M, Nason R S, Nordqvist M,Brush C G. Why do family firms strive for nonfinancial goals? An organizational identity perspective[J]. Entrepreneurship Theory and Practice, 2013(37):229 – 248.

[10]Zellweger T M,Astrachan J H. On the emotional value of owning a firm [J]. Family Business Review,2008(21):347 – 363.

[11]白光昭. 第三次分配:背景、内涵及治理路径[J]. 中国行政管理,2020(12):120 – 124.

[12]陈凌,陈华丽. 家族涉入、社会情感财富与企业慈善捐赠行为——基于全国私营企业调查的实证研究[J]. 管理世界,2014(8):90 – 101.

[13]程熙鎔,于晓东,焦立轩. 亲缘关系对家族企业资产结构及绩效影响研究——基于委托代理理论和社会情感财富理论的视角[J]. 北京工商大学学报(社会科学版),2019(4):115 – 126.

[14]储小平,李怀祖. 信任与家族企业的成长[J]. 管理世界,2003(6):98 – 104.

[15]陈宗胜,王晓云,周云波. 新时代中国特色社会主义市场经济体制逐步建成——中国经济体制改革四十年回顾与展望[J]. 经济社会体制比较,2018(4):24 – 41.

[16]蔡地,罗进辉. CEO 类型影响家族企业的税收激进程度吗?[J]. 经济管理,2015(9):63 – 72.

[17]蔡地,沈达勇,刘雪萍. 家族控制的上市公司更加“乐善好施”吗[J]. 当代经济科学,2016(2):103 – 114.

[18]成思危提倡“三次分配”全力构建合理分配制度[EB/OL]. 人民网. http://npc.people.com.cn/GB/14554/3771858.html.

[19]杜玉申,张屹山,王广亮．要素禀赋和分配机制对初次分配的影响[J]．学术月刊,2018(8):53－68.

[20]邓国胜．第三次分配的价值与政策选择[J]．人民论坛,2021(24):42－45.

[21]方秀丽．推行员工持股计划是实现共同富裕的最佳制度安排[J]．生产力研究,2006(6): 204－205.

[22]黄志亮．高质量发展阶段的中国经济发展道路论[J]．中国经济问题,2021(1):5－16.

[23]胡家勇,武鹏．当前公有制促进共同富裕的三个着力点[J]．经济学动态,2013(9):37－42.

[24]江亚洲,郁建兴．第三次分配推动共同富裕的作用与机制[J]．浙江社会科学,2021(9): 76－83.

[25]蒋永穆,谢强．扎实推动共同富裕:逻辑理路与实现路径[J]．经济纵横,2021(4):15－24.

[26]厉以宁．股份制与现代市场经济[M]．南京:江苏人民出版社,1994:7．

[27]李海舰, 杜爽．推进共同富裕若干问题探析[J]．改革,2021(12):1－15.

[28]李实,朱梦冰．推进收入分配制度改革促进共同富裕实现[J]．管理世界,2022(1):52－61.

[29]李宝权．与中国民营企业家携手奔赴共同富裕新征程——《2021 工银企业家财富健康数据报告》发布会演讲实录[J]．现代商业银行,2022(1):22－29.

[30]李旭红．第三次分配视角下促进共同富裕的税收政策选择[J]．税务研究,2021(11):14－17.

[31]李贤,崔博俊．共同富裕视角下的慈善活动[J]．思想战线,2021(6):20－29.

[32]刘志国．按劳分配与共同富裕间逻辑关系的非必然性[J]．经济纵横,2009(1):4.

[33]孟庆琳．政治经济学的理论突破与中国经济的第三次大发展[J]．理论探讨,2003(1): 56－57.

[34]蒙慧．从“先富”带动“后富”角度解析区域共同富裕困境[J]．西南大学学报(社会科学版),2013(4):36－42.

[35]戎生贤,洪远朋,陶友之．我国当前收入分配中的问题与治理探析[J]．复旦学报(社会科学版),2014(5):125－130.

[36]宋林飞．第三次分配是构建和谐社会的重要途径[J]．学海,2007(3):68－72.

[37]唐任伍,李楚翘．共同富裕的实现逻辑:基于市场、政府与社会“三轮驱动”的考察[J]．新疆师范大学学报(哲学社会科学版),2022(1):103－112.

[38]田孟清．试论邓小平的民族经济思想[J]．中南民族大学学报(人文社会科学版),

2003(3):24 -27.

[39]吴海江. 三种分配方式协调联动是实现共同富裕的关键[J]. 人民论坛,2021(28):21 -23.

[40]王名,蓝煜昕,王玉宝,陶泽. 第三次分配:理论、实践与政策建议[J]. 中国行政管理,2020(3):101 -105.

[41]习近平. 中国共产党十九届五中全会会议公报[R]. 2020 -10.

[42]习近平. 扎实推进共同富裕[J]. 求是,2021(20).

[43]习近平. 中国共产党第二十次全国代表大会会议报告[R]. 2022 -10.

[44]徐炜,马树元,王赐之. 家族涉入、国有股权与中国家族企业国际化[J]. 经济管理, 2020(10):102 -119.

[45]许金花,李善民,张东. 家族涉入、制度环境与企业自愿性社会责任——基于第十次全国私营企业调查的实证研究[J]. 经济管理,2018(5):37 -53.

[46]许文建. 税收竞争、家族企业税收规避与环境信息披露[J]. 财会通讯,2020(19):72 -75.

[47]岳希明,周慧,徐静. 政府对居民转移支付的再分配效率研究[J]. 经济研究,2021(9):17.

[48]阳镇,马光源,陈劲. 企业家综合地位、家族涉入与企业社会责任——来自中国私营企业调查的微观证据[J]. 经济学动态,2021(8):101 -115.

[49]叶艳,李孔岳,胡桂梅. 家族企业社会责任的选择性参与[J]. 北京理工大学学报(社会科学版),2019(3):76 -85.

[50]杨舟. 家族所有权如何影响家族企业慈善捐赠行为?——基于A股上市公司研究[J]. 河北经贸大学学报(综合版),2022(3):54 -63.

[51]元晋秋. 坚持和完善我国基本分配制度要重视发挥第三次分配作用[J]. 现代经济探讨,2020(9):9 -14.

[52]于金富. 缩小财富与收入差距实现共同富裕的制度求解[J]. 马克思主义研究,2014(12):68 -75.

[53]邹升平,程琳. 论民营经济参与共同富裕进程的机理、原则与路径[J]. 内蒙古社会科学,2021(6):9.

[54]周立新. 家族涉入与企业社会责任——来自中国制造业的经验证据[J]. 经济管理,2011(9):45 -53.

[55]邹立凯,宋丽红,梁强. "后天的慈善家"——传承背景下家族企业慈善捐赠研究[J]. 外国经济与管理,2020(3):118 -135.

[56]朱建安,陈凌,窦军生,王昊. 制度环境、家族涉入与企业行为——转型经济视角下的家族企业研究述评[J]. 山东社会科学,2015(2):146 - 152.

[57]朱沆,叶琴雪,李新春. 社会情感财富理论及其在家族企业研究中的突破[J]. 外国经济与管理,2012(12):56 - 62.

经济外交决策分析探析

杨　莉[①]

摘　要：随着经济全球化的趋势，经济外交越来越引起各国的重视，探讨经济外交背景下外交决策理论的发展具有重要意义。本文基于经济外交的视角，从优化排序和博弈两个方面，对外交决策理性选择模式进行探讨。具体包括：结合决策学中的各种理论和方法——不确定型决策、风险型决策、多属性决策、多目标决策，以及决策量化分析的各种技术——信息价值、灵敏度分析技术、预测技术、系统构建技术等进行外交决策理性选择模式深化研究；进一步利用博弈论的理论体系，从外交博弈模型的结构分析和构建方法，外交博弈模型类型选择，外交博弈模型解的精确性、稳定性和灵敏度等方面进行外交决策理性选择模式拓广性分析，以期探索经济外交背景下外交决策的规范化、智能化、科学化的研究途径。

关键词：经济外交决策；理性选择模式；博弈

一、引言

（一）背景介绍

伴随着经济全球化的趋势，在当今国际交往中，经济利益成为国家利益中最主要的组成部分。经济上的联系和交往，已经成为各国之间最主要的交往和联系方式，各国的经济很大程度上依赖于地区经济和世界经济的稳定、协调与发展，而经济外交正是各国追求上述目标的重要手段，愈来愈受到各国的重视。因此我国做好经济外交是新时期外交工作为全面建设小康社会服务的重要内容和内在要求。

---

① 杨莉，外交学院国际经济学院。论文发表于2022年2月的《国际公关》杂志。

外交决策学是决策科学发展的产物，研究的是国家外交政策的制定过程，或者说是研究一个主权国家对于外交政策做出决策的过程。需要通过采用多种学科的研究方法分析外交决策的机制和过程，以及这些机制与过程对政策制定的影响。

随着经济外交大背景的深化，尤其是随着我国“外交为国”向“外交为民”理念的转变，外交决策的发展需要与时俱进，应该跟上当前全球化、信息化且相互依赖的时代发展步伐，外交决策学的内涵和外延都应有所改变和拓广。在我国，虽然政府和中国外交部门、地方的经贸部门，以及一些民间部门都在大力加强经济外交工作，但学术界关于经济外交背景下外交决策的体系理论研究尚处于发展阶段，尤其是相应的理性选择模式探讨更是较少。

面对全球上下复杂的局势，未来 10 年，中国面临的外交困难会更多而且来得更加突然，因此对外交战略、外交体制和机制进行改革性探讨，使外交政策的制定更加具有科学性、合理性、主动性、及时性，相关研究十分必要。

本文是基于经济外交大背景的视角，在考虑经济外交对外交决策影响的前提下，结合决策学中的各种理论和方法及博弈论的理论体系，进行外交决策中的理性选择模式探讨，也就是进行外交决策的量化分析，以达到为外交决策的规范化、智能化、科学化提供帮助的目的，从而使外交决策达到优化。

（二）相关概念

在本文的探讨过程中，需要涉及外交决策固有的特点、分类及理性选择模式。

1. 外交决策的特点

与其他类型的决策相比，外交决策有着自己的特殊性，有 10 个重要特点：目标、计划及解释的范围更大；对象更庞杂并会带来敌意和不满；需要集中的不同观点更多；决策环境更加复杂和不确定，结果也更难以预测和控制；信息来源更广阔且不可靠，信息分类构成特别问题；相对缺少实验和重复的机会；组织效率和政策后果难以判断；更有必要研究那些无法满足最低要求的选择；判断问题性质所需时间更长；更有可能出现基本价值观的冲突和全面妥协的必要性。经济外交背景下外交决策的研究需要针对上述特点进行。

2. 外交决策的分类

外交决策可分为三个层次：外交战略决策、重大外交问题决策和一般外交问题决策。外交战略决策可分为外交路线和外交方针决策，属于一国外交最高层次的决定，它的影响非常大。重大外交问题决策是指在既定的外交路线和外交方针指导下开展外交和对外交往活动中出现的影响重大的外交问题和事件的处理，这类重大外交事件不是孤立的、偶发的，它是在一定历史背景下出现的。一般外交问题决策包括一般外交和偶发的外交问题的决策。在外交工作中，大量需要处理的是一般外交和偶发的外交问题，对这类事件也需要做出决策。

3. 外交决策的理性选择模式

理性选择模式以人类的理性为理论前提，借用了古典经济学中的“利益最大化”原则，认为政策是“基于理性计算的选择”，而决策也就是政府依据明确的对外政策目标，对所面临的多种方案进行成本—收益分析，从中选择出一种以最小的成本换取最大收益的对外政策方案的过程。在外交决策问题上，该理论模式认为：各国都最大限度地增强其国家实力，不管决策的性质如何，决策者应用最佳的方法实现预期目标。

二、国内外研究现状分析

进行外交决策这个领域的研究，对于国际关系和国际政治的研究来说是不可缺少的。外交决策学的研究对象既包括国内政治变量，也包括国际政治变量；其内容既涉及政治学，又涉及国际政治学。正是由于这种跨学科的特点，外交决策学不但连接起这两个分属不同层次，各有自己的概念、假设和方法的领域，而且在方法上还使用了信息论、控制论、系统论、运筹学、博弈论、组织理论、认知理论等，构成了国际政治学与其他社会科学的交叉部分。

对外交决策的研究应当以一种多方位的视角，以决策者、政府组织、社会背景和国际环境为中心来理解决策，运用多种决策模式，进行多侧面、全方位的决策分析。当前国内外学术界在外交决策学领域对外交决策的分析主要有以下几种模式：理性选择模式、社会环境决定模式、国际体系决定模式、组织官僚政治模式和决策者心理认知模式等。其中三个理论框架模式受到广泛重视，即以人类的理性为理论前提进行分析（包括博弈论）为主要方法的理性选择模式、以系统论和控制论为方法的官僚组织模式和基于心理分析法的认知心理模式。这三种模式可以说构成了外交决策理论的骨干，它们分别探讨了外交政策形成的推理过程、组织过程和认知过程。

随着信息论、系统论、控制论、博弈论、环境工程等学科的理论的完善研究和成果纷纷面世，自然科学多个学科在国际政治学界中的应用研究得到广泛重视。尤其是面对日趋复杂的时代，社会科学开始向自然科学靠拢，将“硬”的科学手段运用到“软”的研究领域中。国际政治学界出现了“行为主义”或“科学主义”学派，强调国际关系理论的科学性（可以观察、计量和重复），向传统现实主义的研究方法提出了挑战。国际政治学科中的外交决策理论的发展越来越朝着打破了国际关系和政治学之间的界限的方向发展，更加注重微观领域的研究。因而外交决策的理性选择模式近年来也被国际关系学界视为主流理论，影响也最大，被称为“正式模式”，本文主要是针对这个模式进行探讨。

当前，理性选择模式的研究多采用通过对所研究的问题进行背景因素和前提条件简化处理，即在以损失解的精度为代价的条件下进行分析；并且在国际关系领域，几乎所有外交决策问题都是多目标优化与决策问题，但当前在外交决策领域应用的成熟理论方法主要集中在单目标优化方法，相关研究需要进一步完善。尤其是基于经济外交的视野，利用外交决策学是决策科学发展的产物，结合决策分析中的不确定型决策、风险型决策、多属性决策、多目标决策、群决策及一些量化分析的技术，如信息的价值、灵敏度分析技术、预测技术等进行系统研究的少。

外交决策学这门学科可以从博弈的角度研究决策者与所处环境之间在不同层次上的互动过程和互动内容。由于外交决策可分为外交战略决策、重大外交问题决策和一般外交问题决策三个层次，任何一个层次都有不同内涵的基于博弈理论的理性选择模式。虽然博弈论为促进国际关系学科的科学化进程和构建统一的学科范式起到了重要的作用，但外交决策中的博弈论存在很大的限度，当前利用博弈理论进行外交决策研究，发展完善的主要集中在完全信息静态与动态博弈、不完全信息静态与动态博弈、合作博弈在实际中的应用，以及各种纳什均衡、稳定集与核心的存在性等。但通过对研究的问题进行系统分析来确定和选择博弈模型，进一步分析博弈模型的灵敏度和稳定性，且选择复杂形式的连续博弈、微分博弈、随机博弈等的博弈模型的研究较少。需要学术界进一步研究加以充实。

当前在外交决策中博弈模型的求解过程中，当涉及优化理论时，多采用一元和多元极值常规方法进行求解。但当出现对解决不确定问题有着独特作用的模糊博弈、区间数博弈、随机博弈等复杂博弈模型时，或博弈模型中局中人数量较多、策略较多，支付效用函数形式复杂，如高次幂的非线性函数，且具有多个非线性约束和多个目标的支付函数，其纳什均衡和其他各种均衡的获取很困难，有待于深入探讨。

本文针对前文所分析的外交决策的理性选择模式发展的不完善进行较为深入的改进方法研究，为提高量化分析的精度提供帮助。研究应从在数学、经济、管理学科和国际关系、国际政治学科之间搭建尽可能容易通过的桥梁的角度进行，并为能进一步深入将应用数学、经济、管理学科的理论应用在国际关系进行研究提供帮助。

三、基于优化理论的外交决策理性选择模式的发展态势分析

理性选择模式，目的是用最佳方法实现预期目标，选择出一种以最小的成本换取最大收益的对外政策方案的过程，既要应用经济学原理，也要应用决策学方法，还要借助优化技术。因此对外交决策的研究应当以一种多方位的视角来理解决策现象，国家对外政策的

形成是一个复杂的动态过程，受到多种因素的影响，决策模式的运用也因国际环境、国内舆论、社会环境、政治体制、领导人性格和问题的性质等而相应地变化。

基于经济外交的大背景，利用外交决策学是决策科学发展的产物，结合决策学中的各种理论和方法——不确定型决策、风险型决策、多属性决策、多目标决策、群决策及决策量化分析的各种技术，如信息的价值、灵敏度分析技术、预测技术、系统构建技术等，进行外交决策中的理性选择模式的研究。即在结合决策学中的成熟理论方法和最新进展、考虑经济外交的背景条件下，进行外交决策的研究，是一种拓广的研究角度。

从外交决策的特点和分类的角度进行基于优化理论的外交决策理性选择模式的发展态势分析，本文从优化排序的角度进行外交决策研究，具体分析如下。

（一）确定型决策

若一个决策问题每一个方案未来面临的状态都是唯一确定的，则称为确定型决策问题，运筹学分支研究的都是这类问题。如采用线性规划、非线性规划、目标规划、整数规划、动态规划、存储论、排队论等运筹学的各个分支是常见的解决方法，思路是理性寻求最优化。在外交工作的实际运作过程中，大量需要处理的是一般的外交问题，对这类事件也需要做出决策，可采用确定型决策的方法。

（二）不确定型决策

若一个决策问题至少有一个方案未来面临的状态并不唯一，而且关于状态发生的规律毫无信息，则称之为不确定型决策问题，简称不定型决策问题。常见的求解方法可利用乐观准则、悲观准则、等可能准则、折中准则、后悔值准则。由于不确定型决策中含有的不确定因素太多，在外交决策中应用风险偏大，只应作为辅助手段。

（三）风险型决策

若一个决策问题至少有一种方案未来面临的状态并不唯一，但是所有状态发生的概率均为已知或可知，由于解决这类问题都需依据数理统计学，并且付诸实施都有一定的风险，即决策者无论选取哪种方案都会承担一定的风险，所以称为风险型决策（也称概率型决策）问题。风险型与不定型的相同之处是事先都不能确定未来发生的状态，其区别在于状态概率是否可知。常用的有三种基本的风险型决策方法：最大可能性法、期望值法、决策树法。

（四）贝叶斯决策

求解风险型决策问题的基础是设定自然状态的概率分布和后果的期望损益值函数。对自然状态的概率分布所做估计的精确性，会直接影响决策的期望损益值。显然，仅仅依靠决策人的经验做主观的判断和估计，所设定的自然状态的概率分布（即先验概率）的精度不可能有很大的改进。因此，为了改善决策分析的质量，决策者可以根据决策的需要，通过抽样调查、科学实验等方法收集新信息，然后利用这些更多、更准确的新信息修正和改进原来对自然状态的概率分布所做的估计，并利用经过修正的概率分布（即后验概率）做出决策，这样的过程就被称为贝叶斯决策。

风险型决策和贝叶斯决策适合针对外交决策的相对缺少实验和重复的机会、组织效率和政策后果难以判断等特点的问题进行研究，当然，不同的方法适用的背景问题不同，贝叶斯决策适合有一定准备时间的重大外交决策问题。

（五）多属性决策

多属性决策，也称多准则决策，是现代决策科学的重要组成部分，它的理论和方法在经济、管理、工程设计和军事等诸多领域中有着广泛的应用。随着经济外交的发展，多属性决策在外交决策中的应用也越来越重要，如境外投资决策、境外投资项目评估、境外企业工厂选址、国防武器系统性能评定、产业部门发展排序以及经济效益综合评价等。近年来，由于客观事物的复杂性、不确定性以及人类思维的模糊性，对不确定环境下的多属性决策问题研究已引起人们的极大关注。

多属性决策的实质是利用已有的决策信息通过一定的方式对一组（有限个）备选方案进行排序并择优。它主要由两部分组成：①获取决策信息。决策信息一般包括两个方面的内容：属性权重和属性值（属性值主要有三种形式：实数、区间数和语言），其中，属性权重的确定是多属性决策中的一项重要研究内容；②通过一定的方式对决策信息进行集结并对方案进行排序和择优。

常用的解决方法有线性加权方法、逼近理想解方法、模糊综合评价法、层次分析法等。

（六）多目标决策

由于外交决策更有可能出现基本价值观的冲突和全面妥协的必要性的特点，在进行决策时，往往需要考虑许多目标，并希望都能优化，也就是说，在国际关系领域，几乎所有外交决策问题都是多目标优化与决策问题。就中层决策分析，如企业在境外投资，考虑开发一项新产品时，往往希望投资少、见效快、质量好、利润高、对环境没有损害作用等；又如，我国某个城市需要在境外利用广告宣传自己城市的特色，在考虑广告策略时，则希望覆盖面广、延续时间长、吸引力强、费用节省等。

在如上所述许多情形中，所要考虑的目标较多（至少是两个），而这些目标往往不是很协调，甚至相互矛盾，而且衡量这些目标优劣的数量指标的量纲也可能并不一致。那么，在一定的条件下，如何寻找一个使各个目标都能达到比较满意水平的方案呢？这类问题就是多目标优化与决策问题。多目标决策与多属性决策的主要区别是：前者的决策空间是连续的，即其备选方案数有无限多个，而后者的决策空间（决策变量）是离散的。

多目标决策常用的解决方法有多目标规划单纯形法、目标规划法、评价函数法、约束法与分层序列法及各种多目标进化算法等。

四、基于博弈理论的外交决策理性选择模式的发展态势分析

理性选择模式，它以人类的理性为理论前提，探讨的是以最小的成本换取最大收益的对外政策方案的过程。决策者可以使用各种奖惩手段，以便用最佳的方法实现预期目标，充分体现了博弈的原理，因此，博弈论在理性选择模式中有重要的应用，由此探讨博弈论在外交决策中的应用。

理性人是指能设身处地地考虑其他参与人的利益及其决策，从而最终选定对自身最有利的行动方案。可以根据博弈方的理性层次，分为完全理性博弈和有限理性博弈两大类。完全理性博弈是指博弈中的参与人有始终追求最大利益的完美意识、分析推理和准确行为的能力。不能完全满足理性要求的就是有限理性，以有限理性为基础的博弈称为有限理性博弈。有限理性博弈可以从多个角度进行探讨，最热点的是进化博弈，其有效分析框架是借鉴生物进化博弈理论发展起来的。

利用博弈论研究外交决策与利用决策分析研究外交决策的区别：决策分析讨论的一般是仅有一个决策者，他们从个人效用最大化出发进行决策；博弈论是研究互动决策的理论，博弈论中有多个决策主体，这些主体之间是利益相关的，博弈方之间行为和利益是交互作用和制约的。

当前在外交决策研究领域，博弈论的研究主要侧重博弈模型在实际中的应用研究，而博弈模型的类型选择、博弈模型的结构分析和构建方法、博弈模型解的精确性分析、博弈模型的稳定性和灵敏度分析等都是薄弱环节，本文将进行相关探讨。

对外交博弈模型的结构进行分析和构建方法进行研究，具体包括对局中人的选择、局中人可能采取的策略分析、策略集合的确定、支付函数的确定、博弈模型类型的选择、博弈模型解的精确性、博弈模型的稳定性和灵敏度等进行分析，下面具体分析。

（一）外交博弈模型的结构分析

1. 系统分析

构建外交博弈模型的前提是对要解决的问题有全面和本质的认识，即对所研究的问题进行系统分析，这就需要系统结构模型化技术。系统结构模型化技术是以各种创造性技术为基础的系统整体结构的决定技术。它们通过探寻系统构成要素、定义要素间关联的意义，给出要素间以二元关系为基础的具体关系，并且将其整理成图、矩阵等较为直观、易于理解和便于处理的形式，逐步建立起复杂系统的结构模型。常用的系统结构模型化技术有关联树法、解释结构模型化技术、系统动力学结构模型化技术等，其中解释结构模型化（1SM）技术是最基本和最具特色的系统结构模型化技术。

具体在利用1SM 技术对经济外交背景下外交决策问题进行系统分析时应采用改进的理念，寻找出系统构成要素中对系统内影响力大的要素，进行信息价值分析以提高精度；要素之间的关系不再是简单的二元关系，而是由贝叶斯网络表示的多元关系来寻找要素之间的关联关系和程度，以消除相互重叠和干扰的因素的影响；可达矩阵不只是简单表示要素是否有关的布尔运算，而是能表达不同关联程度的复合运算以减少主观性。

2. 策略的选择

外交博弈模型中的每一个策略实质上就是一个决策方案，策略集合的确定，需涉及风险决策、多属性决策等决策方法，当解决随机博弈时应结合贝叶斯决策的方法。因此应探讨采用融合决策思想的系统结构模型化技术，并利用风险决策、多属性决策、贝叶斯决策、信息的价值，进行外交博弈模型的策略集合分析。

3. 关于支付函数的获得

在应用博弈进行外交决策分析中，博弈方依据支付函数进行策略选择，支付函数的设计，直接影响实施结果，因此支付函数对于博弈模型的构建非常重要。支付函数的形式可以是连续函数、离散函数、随机函数、模糊函数、区间数函数、多目标函数等多种，然而由于人的认知水平的限制，信息的不完全因素、系统的结构性和随机性波动等因素的影响，使得人们在不确定情况下事先对其支付函数做出精确的判断十分困难。当前研究往往利用经验法，根据统计资料来选择支付函数，主观因素明显，且函数中参数的选择科学性欠缺，因此支付函数设计的合理性值得深入探讨。

可结合传统方法和曲线插值法及拟合法求出支付效用函数。通过设计传统的询问或打赌方法确定有限个数据点，如对于具体的外交博弈，可借助心理学，构建不同背景的风险事态体来获得数据点。曲线插值可根据数据点插值生成具有良好的数学性质和几何特征的曲线，利于曲线的设计、分析和处理的各个环节，进行曲线插值生成支付效用曲线，既可以表示同一个决策者不同阶段不同类型的效用曲线，又避免参数选择的主观性。有了通过插值得到的支付效用函数，再用曲线拟合进行校正，可以达到提高支付函数精度的效果。

（二）外交博弈模型的确定

外交决策博弈模型的确定应采用模式识别技术判断所研究的问题是合作博弈还是非合作博弈。如中美之间在很多问题上的博弈，由于没有有效的制约机制，本质上都是非合作博弈。但即使确定了是非合作博弈，那么是完全信息静态博弈、完全信息动态博弈、不完全信息静态博弈、不完全信息动态博弈中的哪一种呢？上述博弈模型又可以更进一步分析：是离散型博弈模型、连续型博弈模型、模糊博弈模型，还是区间数博弈模型、随机博弈模型呢？每一种还可以扩展为有多个非线性函数目标和约束的复杂博弈模型。如中美之间的石油战就是建立多个非线性函数目标和约束的连续型不完全信息动态博弈模型。

进一步研究，有些类型还可以细分，如模糊博弈模型可以分为离散型模糊博弈模型、连续型模糊博弈模型；又如随机博弈模型中，随机变量符合均匀分布、正态分布、负指数分布等中的哪一种？根据不同背景问题需要逐步建立起不同形式的博弈模型。而对这些方面的内容在当前的外交决策领域很少能看见有系统的研究。

若是合作外交博弈模型，或是有限理性外交博弈模型，也有类似讨论。

（三）外交博弈模型的求解

外交博弈模型的求解可分为求解方法研究和解的精确性分析。

在外交决策博弈模型的求解过程中，需涉及优化理论。如子博弈精炼纳什均衡、贝叶斯纳什均衡、精炼贝叶斯纳什均衡均是在纳什均衡的基础上获得，而求纳什均衡就需要用优化的方法得到，当前多采用一元和多元极值常规方法进行求解。但当出现对解决不确定问题有着独特的作用的模糊博弈、区间数博弈、随机博弈等复杂博弈模型时，其纳什均衡和其他各种均衡的获取很困难。可以对博弈模型的求解进行技巧性改进，具体包括采用线性规划、非线性规划、无约束的凹凸函数最优化条件、进化计算等方法进行博弈模型求解。

当博弈模型中局中人数量较多，或策略较多，或支付效用函数形式复杂，如高次幂的非线性函数，且具有多个非线性约束和多个目标的支付函数，其求解也相当困难，可通过探讨利用概率模型构建进化算法、贝叶斯多目标优化算法等进化计算的最新前沿技术进行博弈模型的求解，寻找快速、精确地处理在多项式时间内求解困难的博弈模型，以期达到各种博弈模型在实际中的应用更具有合理性、精确性。

外交博弈模型的稳定性和灵敏度分析，也可结合博弈模型解的精确性分析进行，利用信息的价值、灵敏度分析、预测技术等及相互的结合对外交博弈模型的参数的取值范围进行分析，以达到对外交博弈模型的灵敏度分析。除对系统内影响力大的要素和参数进行信息价值分析外，从支付的理性偏差及支付的非理性偏离两个角度分析支付效用函数的设计，进而为分析博弈模型的稳定性提供帮助。

五、需要采取的辅助措施分析

近年来，由于全球化作用的影响和中国与世界的不断融合，知识界在外交决策过程中的影响力日益扩大，不少专家、学者凭借自己拥有的知识资源，不时剖析时政、指点迷津。虽然中国外交决策科学化和民主化的程度有所提升，但为了更有助于提高中国对外决策趋向专业化和增强处理重大危机的能力，中国外交决策的研究机制仍有许多方面需要进一步完善。

（一）建立科学的信息收集和处理系统

科学的信息收集和处理是影响外交决策是否正确、及时的一个重要因素。由于外交决策往往信息来源更广阔且不可靠，具有相对缺少实验和重复的机会、信息分类构成特别等特点，且研究对象多为定性描述，不确定性程度强，很多问题属于小样本事件，一些现象不可能重复发生，相关数据没有过多的历史数据可统计、查询和推理。尤其是在信息爆炸的今天，当危机发生时，缺乏充足的时间论证，因此捕捉到真正有价值的信息，剔除假信息、无价值或低价值的信息非常重要。需要建立科学的信息处理收集和处理系统，有很多技术如数据筛选、数据的模式识别、数据的聚类分析、对小样本数据进行扩充、数据变量间潜在关系的定性定量分析、不完备条件下数据的分析等信息收集处理技术，可尝试应用在外交决策中。包括可利用大数据处理技术和云计算处理技术的专门机构和人员来处理复杂决策问题的数据分析。

（二）进行外交决策的规范化、智能化建设

为适应经济外交的大背景，外交决策研究领域应以知识性、系统性、实用性、创新性和科学性为原则，引入人工智能技术进行决策场景模拟，进行外交决策的量化分析，建立决策支持辅助系统，并保证外交政策的制定过程中的博弈分析和一致性研究，即建立外交决策数据模块化和智能支持化，并不断完善，使外交决策达到最优化。

随着“外交为国”向“外交为民”理念的转变，民间对中国外交的关心在逐渐增强，应利用民间的各方面力量为中国外交做出支持，成立跨行业外交决策机构或智库，不受现

有外交决策机构的影响，综合研究国家对外政治、经济、军事、文化、宗教等交往中的一切事务。研究机构应该是由具有多种专业背景的人员组成的团队，应包括政治学、国际关系学、经济学、金融学、管理学、计算机仿真、统计学、应用数学等不同学科的专业人员。

建立突发事件快速反应机制，中国要全面融入国际社会，将来针对中国的突发事件还会增加，关于突发事件快速反应机制的建设还要加强。建立民间外交决策咨询机构，如建立各种民间外交资讯机构，以帮助中国各级外交决策更加科学并易被社会各界赞同和支持。建立公众及舆论对外交决策的监督机制，以及民间意见的反馈机制。在处理重大外交事件的过程中，应采用数据说话，进行科学判断和决策。

六、结束语

本文是基于经济外交大背景的视角，在考虑经济外交对外交决策影响的前提下，结合决策学中的各种理论和方法及博弈论的理论体系，进行外交决策的理性选择模式探讨，也就是进行外交决策的量化分析，以达到为外交决策的规范化、智能化、科学化提供帮助的目的。本文首先是利用外交决策学是决策科学发展的产物，结合决策分析中的不确定型决策、风险型决策、多属性决策、多目标决策，以及一些量化分析的技术，如信息的价值、灵敏度分析技术、预测技术等，对外交决策理性选择模式进行深化研究；并进一步利用博弈论的理论体系，对如何进行外交博弈模型的结构分析和构建方法，外交博弈模型类型选择，解的精确性、稳定性和灵敏度等方面，进行理性选择模式拓广性分析。但还有很多问题有待解决：①应将理论研究和实践相结合，进行实证分析，即将研究结果进行应用性研究；②实证分析时需要将实际要解决的问题进行模型化处理，这需要采用定性语言描述问题定量化处理技术，还需要用到在博弈模型结构分析中提到的数据分析处理技术，所以应深入探讨适用于外交决策的量化处理、数据分析处理、模型化处理等技术；③对在外交决策中有重要作用的模糊博弈、区间数博弈、随机博弈以及有多个非线性函数目标和约束的复杂博弈模型应结合具体背景展开研究；④博弈模型的求解借助实验手段实现，包括用计算机实现，应探讨仿真算法如何实现；⑤将本文涉及的内容与已有的成熟理论方法进行结果对比分析，即将理论研究结果结合实际的应用背景，检验方法的正确性、有效性和实用性。

参考文献

[1]罗云峰．博弈论教程(第2版)[M]．北京：清华大学出版社，2020.

[2]苏若林．外交决策中的风险偏好：概念与形成[J]．国际政治科学，2021(11).

[3][美]罗纳德 A. 霍华德,阿里·阿巴斯. 决策分析基础[M]. 北京:机械工业出版社,2019.

[4]《运筹学》教材编写组. 运筹学(第5版)[M]. 北京:清华大学出版社,2021.

[5]章玲,周德群. 多属性决策分析方法与应用——基于属性间关联的研究[M]. 北京:科学出版社,2016.

[6][德]莱茵哈. 德泽尔腾. 策略理性模型[M]. 北京:机械工业出版社,2016.

[7]David W K Yeung, Leon A Petrosyan. Subgame consistent economic optimization: An advanced cooperative dynamic game analysis (Static & dynamic game theory: Foundations & Applications)[Z]. Birkhäuser Boston; 2012 edition. December, 2011.

[8]Terry L Friesz. Dynamic optimization and differential games (international series in Operations Research & Management Science). Springer; 1st Edition. September 2010.

独特的“有形之手”与中华民族伟大复兴

——经济发展的系统思维视角①

崔绍忠②

摘　要：中华民族伟大复兴的历史和实践表明，中国共产党的诞生，开辟了中国历史的新纪元，是实现中华民族伟大复兴的根本领导组织保证；中国共产党团结带领中国人民成立了中华人民共和国，确立了社会主义基本制度，消灭了一切剥削制度，为中华民族伟大复兴提供了根本政治前提和制度基础；中国共产党带领中国人民实行改革开放，开创了中国特色社会主义道路，实现了中华民族从站起来到富起来的伟大飞跃；党的十八大以来，中国共产党站在新时代的历史起点，带领人民不懈奋斗，开辟了新时代中国特色社会主义新境界，实现了中华民族从富起来向强起来的历史突破。中国共产党领导中国人民实现中华民族伟大复兴的历程，体现了经济发展的系统思维，体现了党和人民对马克思主义经济发展理论与传统发展经济学理论的整合与应用。中国共产党团结带领人民为实现中华民族伟大复兴而奋斗的历程启示我们：中国共产党作为中国特色社会主义事业的“有形之手”，是实现中华民族伟大复兴的根本保证，实现中华民族伟大复兴必须坚持党的领导。

关键词：中国共产党；中华民族伟大复兴；社会主义基本制度；改革开放；中国特色社会主义

一、引言

2021年，我们迎来了中国共产党成立100周年。中国共产党成立100周年，在中华民族发展史、人类社会发展史上具有里程碑意义。百年来，中国共产党带领全国人民经历了艰苦卓绝、不懈奋斗的光辉历程，实现了中华民族从站起来到富起来、强起来的伟大飞

① 本文为中央高校基本科研业务费专项资金项目“全球发展倡议（GDI）推动全球发展迈向平衡协调包容新阶段的学理和路径研究”（编号:3162022ZYE03）的研究成果。

② 崔绍忠，外交学院国际经济学院。

跃。在此关键时间节点，从经济发展的系统思维视角来总结中国共产党带领全国人民实现中华民族伟大复兴的经验，具有重要意义。

二、传统发展经济学的缺陷

二战后，发展经济学成为经济学一个非常重要的分支。传统发展经济学的理论主要是经济增长理论，包括凯恩斯的有效需求模型、刘易斯的两部门结构模型、索洛的外生增长模型和后来的内生增长模型等。这些模型要么是经济发展需求决定论、结构决定论、市场决定论，要么是人口决定论、资本决定论、技术决定论。这些模型基本上都把组织和制度等因素置于“黑箱”之中，忽视了组织和制度对经济发展的决定性作用。

经济学家徐滇庆指出，传统经济发展理论往往要么过度强调资本在经济发展中的作用，要么模型的主体选择有错误，因此，没有给发展中国家的脱贫提供合理的政策借鉴。20 世纪 80 年代，发展经济学备受责难，四面楚歌。有的经济学家甚至宣称，发展经济学已经到了消亡的时候。①

三、经济发展的系统思维及其在中国共产党领导人民实现中华民族伟大复兴实践中的应用

系统思维一直是中国共产党人的思维方法。党的十八大以来，习近平总书记在推进政治、经济、军事、科学、文化等方面的思维和决策，表现出系统思维方法的科学性与系统性。② 经济发展的系统思维（见图 1），意味着一方面要紧紧抓住马克思主义经济发展理论这个理论根本，另一方面吸收经济增长理论和其他经济学流派的合理成分。

马克思的经济发展理论指出，生产关系的调整对生产力的发展有着非常重要的反作用，政治、法律体系等生产关系范畴因素，是经济发展或国民财富增进的重要原因。经济学家熊彼特对马克思的经济发展理论做了进一步阐释，认为经济发展或者说可持续的经济增长，主要取决于组织和制度等非经济因素。诺贝尔经济学奖获得者、新制度经济学的代表人物科斯也继承了马克思的经济发展思想，指出组织（包括企业组织）是一个层级体系，它体现出的纵向决策框架关系与市场的并行关系为互补关系，两种关系的协调、平衡发展能够有效地降低经济运行的交易成本，推动经济发展。

经济增长理论和其他传统经济发展理论研究表明，资本、技术、市场和人口等因素，是经济发展的直接影响因素。如果没有这些因素的贡献，组织与制度对经济发展的贡献面

① 徐滇庆，等．终结贫穷之路[M]．北京：机械工业出版社，2009：33.

② 习近平的系统思维方法[EB/OL]．2021－01－14．中国新闻网．http://www.chinanews.com/gn/2018/08－11/8596972.shtml.

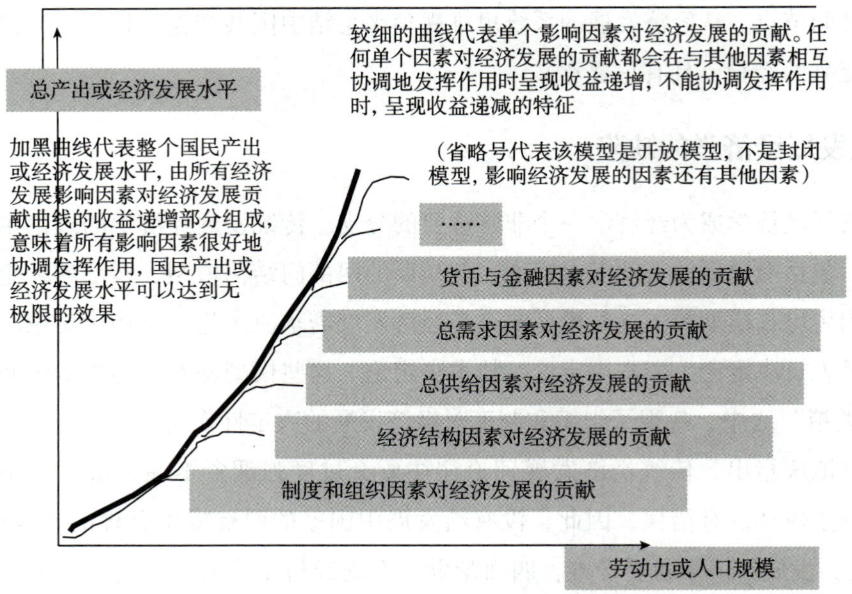

图1　经济发展的系统思维模型

临收益递减的困境；如果没有组织和制度对经济发展的根本性推动，资本、技术、市场和人口等因素对经济发展做出贡献就无从谈起。只有所有因素共同发挥作用，才能克服单个因素对经济发展的贡献面临的收益递减等困境，最终达到收益递增、经济增长无极限的效果。

中华民族伟大复兴的过程和实践表明，中国共产党的诞生，开辟了中国历史的新纪元，是实现中华民族伟大复兴的根本领导组织保证；中国共产党团结带领中国人民成立了中华人民共和国，确立了社会主义基本制度，消灭了一切剥削制度，为中华民族伟大复兴提供了根本政治前提和制度基础；中国共产党带领中国人民实行改革开放，开创了中国特色社会主义道路，实现了中华民族从站起来到富起来的伟大飞跃；党的十八大以来，中国共产党站在新时代的历史起点，率领人民不懈奋斗，开辟了中国特色社会主义新境界，实现了中华民族从富起来向强起来的历史突破。中国共产党领导中国人民实现中华民族伟大复兴的历程，体现了经济发展的系统思维。中华民族伟大复兴是一代一代共产党人率领人民在不同历史时期共同奋斗的结果。从中国共产党的成立，结束国家一盘散沙的局面，到成立新中国、推进社会主义建设，到实行改革开放、开创中国特色社会主义道路，到新时代进入中国特色社会主义新境界，体现了中国共产党这一独特“有形之手”的指挥和领导作用（见图2）。

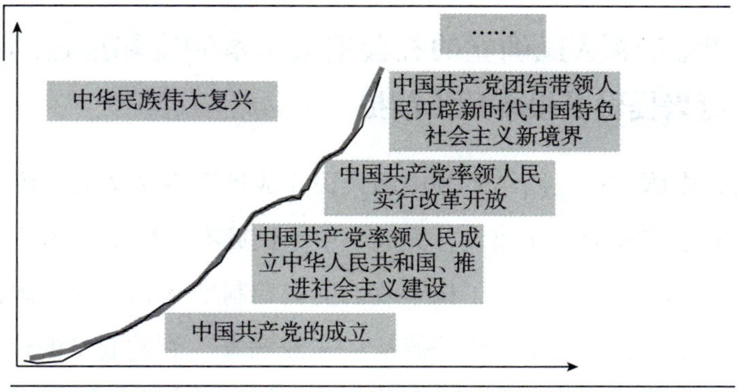

图2　独特的“有形之手”——中国共产党与中华民族伟大复兴的系统思维模型

四、中国共产党的成立是中华民族伟大复兴的组织基础

实现中华民族伟大复兴是近代以来中华民族最伟大的梦想。鸦片战争后，中国陷入内忧外患的黑暗境地。为了实现民族复兴，无数仁人志士不屈不挠、前仆后继，进行了可歌可泣的斗争，进行了各式各样的尝试，但终究未能改变旧中国的社会性质和中国人民的悲惨命运。

中国共产党的诞生，使灾难深重的中国人民有了可以信赖的组织者和领导者，中国革命、社会主义建设和改革开放事业有了主心骨和领头人，是实现中华民族伟大复兴的根本领导组织保证。中国共产党的成立，把全国人民凝聚成了同舟共济、同风共雨的整体，彻底结束了旧中国一盘散沙的局面。中国共产党坚持用马克思主义作为立党立国的根本指导思想，不断开展政治建设、思想建设、组织建设、作风建设、纪律建设、制度建设，成为最具生命力的政党。

习近平总书记说：“中国共产党成立后，中国人民谋求民族独立、人民解放和国家富强、人民幸福的斗争开始有了主心骨，中国人民从精神上由被动转为主动。中国共产党从成立那一天开始，就义无反顾地肩负起实现中华民族伟大复兴的历史使命，开始团结带领人民进行艰苦卓绝的斗争。经过28年浴血奋战，打败了日本帝国主义，推翻了国民党反动统治，完成了新民主主义革命，成立了中华人民共和国，彻底结束了旧中国半殖民地半封建社会的历史，实现了中国从几千年封建专制政治向人民民主的历史性跨越。”①

① 习近平在中国共产党第十九次全国代表大会上的报告［EB/OL］. 2021－01－14. 求是网. http://www.qstheory.cn/llqikan/2017－12/03/c_1122049424.htm.

五、中国共产党带领人民确立的社会主义基本制度和推进的社会主义建设为中华民族伟大复兴提供了根本政治前提

新中国成立后，中国共产党团结带领中国人民完成社会主义革命，确立了社会主义基本制度，并不断探索推进社会主义建设，完成了中华民族有史以来最为广泛而深刻的社会变革，为当代中国一切发展进步提供了根本政治前提和制度基础，为中国繁荣富强、人民生活富裕奠定了坚实基础，实现了中华民族从“东亚病夫”到站起来的伟大飞跃。①

在中国共产党的领导下，从新中国成立前夕通过的临时宪法作用的《中国人民政治协商会议共同纲领》《中国人民政治协商会议组织法》和《中华人民共和国中央人民政府组织法》，到新中国成立后通过的《中华人民共和国全国人民代表大会及地方各级人民代表大会选举法》《中华人民共和国宪法》及其全国人民代表大会、国务院、人民法院、人民检察院等组织法，这些政治和法律建设奠定了中国政治和法律体系的基础，其良好的执行降低了中国经济腾飞的政治层面的交易成本，为新中国成立后国民财富的增加、国民经济的恢复以及后来的改革开放和现代化经济建设、人民生活水平的改善提供了根本性的保障。

1949—1978 年，我们党领导人民在旧中国一穷二白的基础上，建立起独立的完整的国民经济体系、工业体系和国防工业体系，拥有了“两弹一星”，有效维护了国家主权和安全，我国社会主义建设事业迈出坚实步伐。

六、中国共产党带领人民实行改革开放，开创了中国特色社会主义发展道路，实现了中华民族从站起来向富起来的飞跃

20 世纪 70 年代末，中国共产党带领全国人民做出改革开放的重大决策部署，开辟了中国特色社会主义道路，形成了中国特色社会主义理论体系，确立了中国特色社会主义制度，发展了中国特色社会主义文化，极大地激发了广大人民群众的创造性，极大地解放和发展了社会生产力，极大地增强了社会发展活力，人民生活显著改善，综合国力显著增强，国际地位显著提高。

改革开放以来，在土地制度方面，实行家庭联产承包责任制，将土地的处置权、使用权和收益权分置，使产权更加清晰，激发农民的生产积极性；在企业改革方面，对国有企业实行放权、承包、抓大放小，引入现代企业制度的改革，进行公司制、股份制改造，大

---

① 韩振峰．中国共产党与中华民族伟大复兴[EB/OL]. 2021－01－16. http://theory. people. com. cn/n1/2019/0628/c40531－31202636. html.

力发展民营企业和民营经济；在对外开放执行机制方面，从经济特区创办到沿海城市开放再到自贸区建设；在金融体系方面，建立现代中央银行以及金融体制；在财政税收制度方面，从财政包干、利改税到“分税制改革”“营改增”。这些经济制度以及相关执行机制方面的建设降低了经济层面的交易成本，为中国经济腾飞和可持续增长提供了经济制度保障。

在中国共产党带领全国人民构建中国特色社会主义市场经济体制的过程中，中国第一产业、第二产业和第三产业获得长足发展，工业化进程稳步推进，技术进步取得重大突破，人口红利得以充分利用，人力资本不断提升，国民收入逐步增加，消费持续增长，储蓄稳定转化为资本积累，吸引了大量外国直接投资，同时进出口贸易发展迅速，成为贸易大国，政府提供了交通基础设施等大量公共产品，使总需求与总供给得到有效匹配，推动了中国经济腾飞和可持续增长。

七、新时代中国共产党站在新的历史起点，率领人民不懈奋斗，续写了坚持和发展中国特色社会主义崭新篇章，实现了中华民族从富起来向强起来的历史突破

党的十八大以来，以习近平同志为核心的党中央团结带领全党全国各族人民，全面审视国际国内新的形势，深刻揭示并回答了新时代坚持和发展什么样的中国特色社会主义、怎样坚持和发展中国特色社会主义这一重大时代课题，以巨大的政治勇气和强烈的责任担当，对党和国家各方面工作提出一系列新理念新思想新战略，出台了一系列重大方针政策，推出了一系列重大举措，推进了一系列重大工作，解决了许多长期想解决而没有解决的难题，办成了许多过去想办而没有办成的大事，推动党和国家事业发生历史性变革，开拓了中国特色社会主义新境界，实现了中华民族从富起来向强起来的历史突破。

党的十八大以来，全面深化改革取得重大突破，全面依法治国取得重大进展，全面从严治党取得重大成果，国家治理体系和治理能力现代化加快推进，中国共产党领导和我国社会主义制度优势进一步彰显；经济实力、科技实力、综合国力跃上新的大台阶，经济运行总体平稳，经济结构持续优化，预计 2020 年国内生产总值突破 100 万亿元；脱贫攻坚成果举世瞩目，5575 万农村贫困人口实现脱贫；粮食年产量连续 5 年稳定在 13000 亿斤以上；污染防治力度加大，生态环境明显改善；对外开放持续扩大，共建“一带一路”成果丰硕；人民生活水平显著提高，高等教育进入普及化阶段，城镇新增就业超过 6000 万人，建成世界上规模最大的社会保障体系，基本医疗保险覆盖超过 13 亿人，基本养老保险覆盖近 10 亿人，新冠疫情防控取得重大战略成果；文化事业和文化产业繁荣发展；国防和军队建设水平大幅提升，军队组织形态实现重大变革；国家安全全面加强，社会保持和谐

稳定。社会主义中国以更加雄伟的身姿屹立于世界东方，中华民族伟大复兴向前迈出了新的一大步。①

八、结论与启示

中国共产党团结带领人民为实现中华民族伟大复兴而奋斗的历程有着非常宝贵的启示：中国共产党是实现中华民族伟大复兴的根本保证，实现中华民族伟大复兴必须坚持党的领导。习近平总书记说："中国共产党是世界上最大的政党。实践充分证明，中国共产党能够带领人民进行伟大的社会革命，也能够进行伟大的自我革命。"②

中国共产党领导是中国特色社会主义最本质的特征，是中国特色社会主义制度的最大优势。办好中国的事情，关键在党。没有中国共产党，就没有新中国，就没有中国特色社会主义，也不可能实现中华民族伟大复兴。今天，我们比历史上任何时期都更接近、更有信心和能力实现中华民族伟大复兴的目标。向着目标继续前进，必须始终坚持中国共产党的领导。党政军民学，东西南北中，党是领导一切的。回顾百年革命、建设和改革发展历程，正因为有了党的坚强领导，我们才能战胜各种强大的敌人，克服无数艰难险阻，实现一次又一次重大历史转折，取得一次又一次伟大胜利。历史启示我们：在坚持党的领导这个决定党和国家前途命运的重大原则问题上，必须始终保持高度的思想自觉、政治自觉和行动自觉，丝毫不能动摇。③

参考文献

[1]徐滇庆，等．终结贫穷之路[M]．北京：机械工业出版社，2009：33.

[2]习近平的系统思维方法[EB/OL]．2021－01－14．中国新闻网．http://www.chinanews.com/gn/2018/08－11/8596972.shtml.

[3]习近平在中国共产党第十九次全国代表大会上的报告[EB/OL]．2021－01－14．求是网．http://www.qstheory.cn/llqikan/2017－12/03/c_1122049424.htm.

[4]韩振峰．中国共产党与中华民族伟大复兴[EB/OL]．2021－01－16．人民网．http://theory.people.com.cn/n1/2019/0628/c40531－31202636.html.

[5]中国共产党第十九届中央委员会第五次全体会议公报[EB/OL]．2021－01－16．求是

① 中国共产党第十九届中央委员会第五次全体会议公报[EB/OL]．2021－01－16．求是网．http://www.qstheory.cn/yaowen/2020－10/29/c_1126674174.htm.

② 邹贤启．党员干部应有的样子[EB/OL]．2021－01－18．人民网．http://opinion.people.com.cn/gb/n1/2019/0903/c1003－31332606.html.

③ 韩振峰．中国共产党与中华民族伟大复兴[EB/OL]．2021－01－18．人民网．http://theory.people.com.cn/n1/2019/0628/c40531－31202636.html.

网 . http://www. qstheory. cn/yaowen/2020 －10/29/c_1126674174. htm.

[6]邹贤启．党员干部应有的样子[EB/OL]. 2021 －01 －18. 人民网 . http://opinion. people. com. cn/gb/n1/2019/0903/c1003 －31332606. html.

[7]韩振峰．中国共产党与中华民族伟大复兴[EB/OL]. 2021 －01 －18. 人民网 . http://theory. people. com. cn/n1/2019/0628/c40531 －31202636. html.